G

P. 602.
///A.r

25839

LA GALLERIE DES FEMMES FORTES,

PAR LE
PERE LE MOYNE
de la Compagnie de IESVS.

Cinquiéme Edition, reueuë & corrigée.

A PARIS,
Par la Compagnie des Marchands Libraires
du Palais.

M. DC. LXV.
Auec Priuilege & Approbation.

A LA REYNE REGENTE.

ADAME,

    Les Femmes Fortes assemblées en cette Galerie, sont venuës de tous les pays de l'Histoire, pour mettre leurs Couronnes aux pieds de Vostre Majesté, & pour se resiouyr auec vous, de l'honneur que vous faites à vostre sexe. Il est vray, MADAME, que tous les yeux de l'Europe, sont auiourd'huy arrestez sur vous: Et il n'y a point de bouches si peu Chrestiennes, qui ne vous don-

ã iij

EPISTRE

nent des benedictions: il n'y a point de mains si peu libres, qui ne vous applaudissent serieusement & de bonne foy.

Ie puis dire pourtant, MADAME, que la compagnie que ie vous ameue, n'apportera point de confusion à la feste. Ce sont des Souueraines & des Illustres, qui ont esté comme vous, les plus beaux spectacles de leurs siecles. Ce sont des Victorieuses, que la vertu & la gloire ont couronnées de leurs propres mains. Et ce vous doit estre vne douce satisfaction, que tant de Souueraines & tant d'Illustres, soient descenduës de leurs Thrones & de leurs Theatres, pour estre vos spectatrices : Ce vous doit estre vn agreable concert, que le bruit & les acclamations de tant de Victorieuses, qui vous applaudissent les palmes aux mains.

L'importance est, MADAME, que ces applaudissemens ne sont pas des jeux de Theatre ; que ces acclamations ne sont pas des flatteries contraintes ou achetées. Ce sont

PANEGYRIQUE.

des tributs serieux & legitimes, que des Vaincuës rendent à leur Victorieuse : & vous les auez toutes vaincuës si legitimement, & auec tant de bien-seance ; les auantages que vous auez sur elles, sont si agreables; & vostre emulation a esté si modeste, qu'il n'en est point de si hautaine parmy elles qui ne vous soit soulmise auec ioye, qui ne vous remercie & ne vous sçache bon gré de vostre victoire.

Aussi, MADAME, elle est toute vôtre, cette victoire si agreable aux vaincuës. Elle n'est pas seulement de vôtre Regence ; elle est de toute vostre personne & de vostre vie, & quoy que paisible & nette de sang, elle vaut bien ces guerrieres & ces sanglantes, que vous auez gagnées dans la commune agitation de l'Europe. Il vous est certainement bien glorieux, d'auoir vaincu sur le Rhin & sur les deux Mers : au de là des Alpes & des Pirennées. Mais la gloire, est bien plus grande pour vous, MADAME, d'auoir vaincu dans

ã iiij

EPISTRE

les Histoires & dans les Annales, dans les siecles heroïques & dans les Regions des grands exemples. Et quelque bruit que fassent les armes de la France : la reputation est bien plus haute & plus éclattante, de vostre vertu victorieuse des Artemises, des Rodogunes, & des Panthées ; que de vôtre fortune victorieuse de tant d'Armées défaites, & de tant de Places prises de force.

Ie ne dois pas craindre icy, qu'on m'accuse de flatterie, ny qu'on reproche l'excez & l'enflure à mes paroles. Les vertus Payennes n'ont iamais esté de la force, ny de la taille des vertus Chrestiennes : & entre les Chrestiennes, les vostres, MADAME, sont des plus fortes & des plus hautes, sont des Heroïques & des Souueraines.

Vostre pieté est bien d'vne autre éleuation & d'vn autre zele, que celles qui sont bornées du tour de leur chapelet ; qui rapportent toutes leurs meditations, à la modestie des cheueux, & à trois larmes épreintes par force. Elle ne s'amuse pas à faire de la fumée en la

PANEGYRIQVE.

maison de Dieu, & à trafiquer auec luy, de flambeaux qui se consument, & de parfums qui s'éuaporent. Elle tire du fonds de vostre cœur, le feu, l'encens, & la victime des sacrifices qu'elle luy offre. Et ce qui luy est plus agreable, que toutes les gommes de la terre & de la mer : ce qui est plus à son goust que le sang & la graisse des troupeaux égorgez, elle luy presente tous les iours, la contrition d'vn cœur souuerain l'humilité d'vne teste couronnée, l'abaissement & le culte d'vne authorité soûmise & religieuse.

Ce culte priué & ces sacrifices domestiques, ne font pas toute son occupation : Elle a d'autres pratiques plus generales, & d'autres exercices plus exposez aux yeux du monde : Et ces pratiques sont des instructions qui valent des loix, ces exercices sont des exemples qui commandent : elle rapporte ses deuotions particulieres, à l'édification des peuples : elle prie & medite pour vne infinité d'ames, & la propagation de la foy, la deffense de l'Eglise, la seureté du Royaume, la paix &

EPISTRE

la tranquillité de tout le monde Chrestien, sont les points de ses meditations, & le but de ses prieres.

Les personnes publiques doiuent ainsi mediter & prier pour le public: leur deuotion doit estre vne deuotion d'ordre, & leur zele vn zele de discipline: Elles ne peuuent rien voüer de meilleur, que de bonnes loix & de bons exemples, rien de plus saint que la misericorde & le iugement: & ce qui est aspiration & desir en leur Oratoire, doit deuenir reglement & police au corps de l'Estat. C'est en ce sens qu'il est dit, que la pieté est vn bien vniuersel & à tout vsage, & en quelque sens qu'il soit dit, auiourd'huy, MADAME, l'estenduë de ce mot est remplie par l'étenduë de vostre pieté, qui est le merite general & le bien commun du Royaume.

N'est-ce pas elle, qui a fait violence au Ciel, & vaincu la resistance des années; qui a obtenu le fruit de benediction, l'Attendu & le Desiré des peuples, apres tous leurs desirs épuisez, apres leur attente & leur patience

PANEGYRIQVE.

consommées ? N'est-ce pas elle, qui a retenu dans nostre party, & la fortune que la mort du feu Roy auoit remise en liberté, & la reputation qui sembloit deuoir se retirer auec la fortune ? Ne fut-ce pas elle, qui couronna les cendres de ce bon Prince, & amena la Victoire à ses funerailles? Qui donna de la resolution & de la force au deüil de la France ? Qui fit voir à nos Ennemis des larmes courageuses & terribles: vne tristesse hardie & triomphante? N'est-ce pas elle, qui a fait le parfum, auec lequel nos mauuais Demons ont esté chassez, qui a lié l'Esprit de discorde, fatal aux Regences, & funeste aux minorités des Princes ?

Nous craignions d'en demander trop, MADAME, & croyions faire de trop grands souhaits, quand nous demandions pour vostre Majesté, vne Regence vnie & tranquille : & que nous souhaitions au Roy, vne minorité sans rebellion & sans trouble. Ce que nous voyons maintenant, MADAME, est bien plus grãd que nos souhaits,

EPISTRE

& va bien au de là de nos demandes. Nous voyons vne Regence, qui est conduite auec vigueur & auec adresse, qui est entreprenante & heureuse, qui a l'éclat & la reputation des plus beaux Regnes. Nous voyons vne minorité victorieuse & conquerante: vne minorité respectée des Sujets & terrible aux Ennemis: vne minorité qui est l'esperance & l'appuy du monde Chrétien. Nous voyons vne femme, qui destourne les mauuais vents, & change les mauuaises constellations: vne femme armée & suiuie de la fortune: vne femme intendante & directrice de la victoire. Nous voyons vn enfant, qui a le credit & l'authorité des Majeurs, qui est l'Arbitre des Princes, & le Maistre des Nations, qui balance & qui decide les affaires de l'Europe.

Toutes ces prosperitez, MADAME, sont apres Dieu, les ouurages de vostre pieté, sont le fruit de vos deuotions, & la recompense de vos bonnes œuures. Vostre Oratoire est le fort commun, & la munition generale de nos frontieres. Il est la principale piece de nos

PANEGYRIQVE.

Camps, & la plus redoutable à nos Ennemis. C'est là que se forme, ce qui détruit leurs machines, & ce qui deconcerte leurs desseins : ce qui prend leurs villes, & ce qui défait leurs Armées : & toutes nos victoires commencent dans vostre Cabinet, par le zele & par la priere, auant que la conduite des Chefs & la vaillance des soldats, les acheuent à la campagne.

C'est bien veritablement faire vne guerre sainte, & combattre en Heroïne Chrestienne, que de combattre de la sorte. Les bons Anges & les ames bien-heureuses, combattent ainsi pour les hommes : leur pieté est leur vaillance, & leurs oraisons sont leurs armes : Et vostre Maiesté qui employe si vtilement cette pieté victorieuse, & ces oraisons de combat, ne merite pas moins par là le nom de Femme Forte, & le titre de Conquerante, que si elle exposoit sa personne aux trauaux & aux fatigues des sieges, aux risques & aux hazards des batailles.

La force n'est pas si grande que l'on estime, à porter des habillemens de fer,

EPISTRE

à manier du feu & de l'acier : à battre vn pied de muraille, auec douze pieces de canon. La vraye & la grande force, est de défaire des Armées, en desirant leur défaire ; elle est de faire tomber des Citadelles & des Places fortes, en pliant les genoux, & leuant les mains au Ciel: elle est de prendre les villes & d'assujettir les Nations, auec vne larme qui est iettée à cent lieuës de là : auec vn mot qui n'est entendu de personne.

Cette force fut celle des Propheres Generaux des Armées de Dieu, celle de Moyse, de Gedeon, de Debore, qui menoient les élemens & les meteores à la guerre : qui auoient la nature & la fortune dans leurs troupes: qui faisoiét dauantage auec vn signe de la main, qu'on ne feroit auiourd'huy, auec des peuples de fer, & tout vn monde de machines. Elle fut celle de la victorieuse Vefue, qui défit toute l'Assyrie campée deuant vne ville, & la défit auec ses larmes & ses souspirs : Elle fut celle de sainte Helene, qui abbatit le party de Maxence, par ses bonnes œuures : celle de Pulcherie, dont les ieus-

PANEGYRIQVE.

nel & ses aumosnes furent les principales armes de deux Regnes : celle de Clotilde, qui sauua Clouis engagé dans vn combat desauantageux, & repoussa les Allemans débordez de leurs frontieres. Et encore auiourd'huy, MADAME, cette force est celle de vostre pieté, qui fait du pied des Autels, toutes les grandes actions de nos campagnes: & sans sortir de son Cabinet, gagne des batailles & prend des villes, en toutes les parties de l'Europe.

Mais, MADAME, cette pieté regnante & victorieuse, n'est pas la seule piece de vostre Regence : Elle est assistée de la Prudence & de la Iustice, des graces & de la magnificence, de toutes les Vertus qui seruent, & de toutes celles qui plaisent. Et ces nobles Cooperatrices agissent comme elles sont, en l'esprit & par la conduite de la pieté qui les gouuerne, sont bien d'vne autre esleuation, que toutes celles qui agissent en l'esprit du monde, & par la conduite de la Morale.

La prudence que le móde inspire, n'est qu'vne malice instruite & disciplinée,

EPISTRE

n'eſt qu'vn venin temperé de phlegme & détrempé auec methode. Celle de voſtre Maieſté, purifiée au dedans & à la ſuperficie, n'a rien de malfaiſant ny de trompeur, rien de captieux ny de double. Ses lumieres ne ſçauroient eſtre fauſſes, venant de ſi haut qu'elles viennent, & d'vne ſource ſi claire & ſi nette. Elles ne ſçauroient eſtre fautiues, allant ſi iuſte qu'elles vont, & viſant à vne fin ſi droite & ſi eſleuée : Et il ne luy ſçauroit eſtre reproché, que par méptiſe ou par foibleſſe, elle s'arreſte à ces fins baſſes & du dernier ordre, que la prudence humaine cherche dans le temps & autour de la matiere.

La Iuſtice qui n'eſt que morale, n'eſt à bien dire, qu'vne opiniaſtre authoriſée: n'eſt qu'vne farouche & vne cruelle qui offenſe legitimement. Sa force n'eſt qu'vne force d'obſtination & de dureté : en voulant trop bander le niueau, elle le rompt : elle caſſe la regle, en la voulant tenir trop droite: & aſſez ſouuent, abuſée par le peu d'interualle qu'il y a entre l'extremité du droit, &

l'extre-

PANEGYRIQVE.

l'extremité de l'iniure, elle fait de grandes cruautez, où elle croit faire de grands exemples. Vostre Iustice, Madame, esclairée & adoucie par la pieté qui la gouuerne, est également esloignée de ces deux extremitez. Elle est veritablement forte & entiere, mais c'est d'vne force temperée & sans rudesse ; c'est d'vne integrité pareille à celle des Loix qui sont sans fierté & sans aigreur : qui sont modestes & respectueuses. Et ordonnant des choses auec cette integrité & cette force, elle ordonne des personnes auec respect ; & leur adoucit le sentiment de ce qu'il pourroit y auoir de moins commode en ses ordres. On ne peut pas dire, Madame, que le Droit soit vne regle de plomb entre vos mains : il y a toute la iustesse & toute la fermeté qu'il doit auoir. Mais on ne peut pas dire aussi, qu'il y soit vne regle de fer, il n'en a point la dureté ny la pesanteur, & ne casse pas les choses qui ne veulent estre qu'ajustées.

Mais, Madame, il n'y a point de

EPISTRE

Droit si rude, qui ne pust estre adoucy par les graces auec lesquelles vous agissez. Et la Iustice, voire la plus inflexible & la plus vindicatiue Iustice, changeroit d'inclination & de visage, deuiendroit debonnaire & bien faisante en leur compagnie. C'est beaucoup dire, MADAME, & encore ce beaucoup n'est qu'vne partie de ce qui se pourroit dire.

Nous sçauons l'Histoire de la premiere domination que le monde a veuë, & sçauons par consequent, que ce furent les graces qui appriuoiserent la fierté des premiers hommes, qui leur mirent le ioug sur la teste, qui leur firent aymer la seruitude & les chaisnes. Cependant ce ioug n'estoit encore qu'ébauché : ces chaisnes estoient grossieres & mal limées, & la merueille est, que les graces qui les imposerent aux hommes, estoient des graces encore mal adroites & demy rustiques. Celles de vostre Maiesté sont bien d'vne autre naissance, & d'vne autre force que celles-là. Elles sont de

PANEGYRIQVE.

celles qui ont le commandement obligeant, & qui plaisent à ceux qu'elles attachent : de celles qui ostent la pesanteur aux deuoirs, & la dureté à la seruitude : de celles qui sçauent polir le Sceptre, & temperer le trop grand esclat de la Couronne : Et ie ne feindray point de le dire, MADAME, il s'en est veu de moins efficaces, qui ont adoucy l'iniustice, & donné de l'agrément à la tyrannie.

L'importance est, que ces graces de vostre Maiesté, ne sont pas seulement modestes & disciplinées, elles sont religieuses & toutes Chrestiennes. Vostre pieté leur a inspiré la deuotion & le zele : elle les a sanctifiées, comme elle a sanctifié vostre prudence & vostre iustice. Et cette sanctification des graces, MADAME, n'est pas vn ieu de l'Esprit, ny vn amusement de la raison desoccupée. La force y est plus necessaire, qu'au chagrin & à l'austerité des Vertus seiches & retirées : & ce ne peut estre que l'effet d'vn trauail continuel & opiniastre,

é ij

EPISTRE

d'vne ame toufiours ferme & toûjours tenduë, de plaire sans se relascher, de ioindre l'agreable au serieux; d'estre de bonne humeur & de bon exemple; de gagner les cœurs, sans faire d'auance messeante, sans hazarder vne seule parole indiscrete.

La magnificence qui est vne autre vertu des grandes fortunes & des grandes ames, est gouuernée comme toutes les autres vertus de vostre Majesté, par cette pieté directrice & de commandement, qui est l'Intendante de sa vie. Il n'est point nouueau, de voir la magnificence à la Cour: Elle est originaire de ce pays là: elle y a son theatre & ses exercices, & il n'y a point de particulier si bien logé ny si à son aise, chez qui elle ne soit incommodée & en contrainte. Mais disons la verité, MADAME, il est bien rare de voir à la Cour, vne magnificence ordonnée & sujette aux regles; purifiée de l'enflure & de l'orgueil, guerie de l'ostentation & du luxe, dégagée des sens, & sans attachement aux matieres qu'elle ma-

PANEGYRIQVE.

nie. Et cette magnificence d'ordre & reguliere, spirituelle & déchargée, est d'vne autre force, que la Frugalité, que la Modestie, que la Simplicité qui sont esloignées des objets qui chargent & qui engagent.

La Souueraineté, MADAME, a vn esclat qui est de sa condition ; elle a des lumieres qui luy appartiennent par estat, & qu'il ne vous est pas permis d'éteindre. Les Vertus de vostre fortune sont d'vn autre ordre, & doiuen auoir d'autres marques, que celles de vostre personne. Et par vne disposition toute contraire à celle de l'Arche d'Alliance, qui n'estoit couuerte que de simples peaux, & estoit parée d'or & de pourpre au dedans ; vostre Majesté peut bien reseruer la modestie à son interieur, & l'humilité à ses sentimens : mais elle doit du lustre & de la pompe à sa dignité, elle doit vn exterieur splendide & de montre aux yeux des peuples Ce temperament du splendide & du modeste, & cette alliance de la maiesté qui paroist, auec

é iij

EPISTRE

l'humilité qui est cachée, est la forme derniere, & la consommation de la magnificence Chrestienne. Et ie ne sçay, MADAME, si en toute vostre vie, il y a aucun endroit, où vostre vertu soit plus tenduë, où vostre esprit agisse plus hautement & auecque plus de force.

Il n'y a bien souuent qu'vne moderation contrainte & de necessité; il n'y a qu'vne disette artificieuse & de bonne mine, en ce que l'on appelle la vertu & la force des particuliers. Ce qui est humilité sous le sac, & abstinence dans vn cloistre, seroit peut-estre enflure & presomption sous la pourpre, seroit ambition & auidité dans vn Palais. La vraye force, MADAME, est de surnager comme vous faites, à l'abondance de sa condition, & à la plenitude de sa fortune; Elle est de conseruer l'esleuation de son ame & la liberté de son cœur, parmy vne infinité d'objets qui abattent doucement, & attachent auec plaisir : Elle est de se maintenir

PANEGYRIQVE.

dans vne posture d'esprit, pareille à celle des Cherubins de l'Arche, qui parmy l'or & les pierreries, au milieu de la pourpre & des parfums, ne détournoient point les yeux de dessus le Propitiatoire : Elle est enfin de garder la pureté de l'intention, & la droiture de la veuë, dans les actions les plus esclatantes & de plus grande pompe : & de faire en cela, comme font les Intelligences Regentes des Astres, qui ne regardent que Dieu, & ne visent qu'à sa gloire, dans la montre de leurs machines, & parmy les spectacles de lumiere qu'elles nous donnent.

Ces vertus, MADAME, qui sont toutes Heroïques & toutes Royales, ont trauaillé en commun à la Statuë, qui vous est erigée au milieu de cette Gallerie. La magnificence a fourny la matiere, qui est precieuse & digne du merite & de la reputation de l'ouurage. Les Graces, ie dis les Graces industrieuses & sçauantes, l'ont taillée : & luy ont donné tous les traits, qu'vne figure acheuée peut auoir d'vn

EPISTRE.

parfait modele. La Force l'a receuë de leurs mains, & l'a esleuée sur sa baze. La Iustice a graué l'inscription, & la pieté a esté l'intendante & la directrice de toute la besogne.

Ces ouurieres, MADAME, ne sont pas des ouurieres du commun, ny leurs ouurages des ouurages à tous les iours. Leurs mains sont bien d'autres mains, que celles des Anciens Sculteurs : & l'Eternité qu'elles ont à donner, est bien vne autre Eternité, que n'a esté celle des Heros de marbre, & des Dieux de bronze. Ils sont morts & enterrez il y a long-temps, tous ces Dieux & tous ces Heros de la façon des hommes. A peine en auons-nous la poussiere & quelques morceaux demy rongez par les années. Il n'appartient qu'aux Graces & aux Vertus, de trauailler pour l'Eternité. Non seulement les années, mais les siecles mesmes, qus sont plus iniurieux que les années, traittent leurs ouurages auec respect. Et encore auiourd'huy dans les liures, & dans la memoire des honnestes

Gens,

PANEGYRIQVE.

Gens, il y a des Antiques de leur façon, qui sont aussi nettes & aussi entieres, que si elles ne faisoient que de sortir de leurs mains. Les Images qu'elles ont faites de vous, MADAME, de quelque matiere qu'elles soient faites, seront traitées auec ce respect & cette estime: elle ne sont pas effacées & détruites; elles seront entretenuës & multipliées par le Temps ; & la moins curieuse Posterité, les Nations les moins cultiuées & les plus rudes en voudront auoir des copies.

En attendant ces honneurs & cette reconnoissance de la Posterité, agréez, MADAME, que la plus noble & la plus illustre partie de l'Antiquité, vous honnore en cette Gallerie. Ce ne sera pas vn culte impur & tumultuaire ; ce ne seront pas des honneurs desauoüez & sans authorité, qui vous seront rendus par tant de Sages, par tant de Magnanimes, par tant de Pudiques glorifiées. De si belles mains, ne vous sçauroient presenter qu'vn encens tout pur, ne vous sçauroient faire que de

EPISTRE

belles & precieuses couronnes. Et il ne peut sortir de tant de bouches souueraines, & si bien instruites, que des acclamations iustes & concertées; qu'vne harmonie d'honneur & des hymnes heroïques.

Ce culte MADAME, sera bien commun à toutes les Illustres de vostre Sexe; mais celles de vostre Race & de vôtre nom, y apporteront vn zele particuliere: comme elles y ont vn deuoir à part, & des interests qui leur sont propres. Et dans la foule de tant d'Heroïnes, qui se presseront pour estre veuës de vostre Maiesté, les Blanches & les Isabelles, soit celles de Castille, soit celles d'Autriche, feront remarquer leurs offrandes & leurs voix, parmy les offrandes & les voix des autres. Aussi, MADAME, elles vous appartiennent de plus prés, & vous doiuent dauantage que les autres: & l'honneur qu'elles ont de reuiure en vous, & d'estre éclairées de vostre Reputation, leur est vne seconde vie de plus grand lustre que la premiere; leur est vne Beatitude tempo-

PANEGYRIQUE.

nelle dont elles sont plus glorieuses que de l'Eternité dont elles iouyssent dans l'Histoire.

Mais, MADAME, il ne sera pas de ces honneurs que vous rendront les Femmes Fortes, comme des ceremonies de la bonne Deesse, où les hommes n'auoient point de part. Nous y serons tous receus en commun ; nous meslerons nos acclamations à leurs acclamations, & nos offices à leurs offices. Et il ne se fera de nostre encens & du leur qu'vn mesme parfum: il ne se fera qu'vn mesme concert de leurs hymnes, & des nostres. Vos bontez, MADAME, & nos deuoirs, vos Vertus & les merueilles operées par vos Vertus, seront la matiere de ces hymnes. Les prosperitez & les victoires de vostre Regence, y seront chantées hautement : & la Paix qui est le comble des prosperitez, & qui doit estre la fin des victoires, sera la fin de nos chants & le comble de vos loüanges.

Ouy, MADAME, cette Paix Victorieuse & coronnée sera la recompense

I ij

de votre pieté, & de vos bonnes œuures. Elle sera le fruit du zele & de la conduite de ces deux Princes qui seruent si auantageusement & auec tant de gloire;soit de leurs perils & de leur sang à la Campagne;soit de leur intelligence & de leurs bonnes intentions dans le Cabinet. Leur exemple donnera de la force & de la vigueur aux resolutions du Conseil:tant de testes si iudicieuses & si éclairées qui composent cet illustre Corps, contribueront à la conclusion de cette importante affaire, la ionction de leurs iugemens & le concert de leurs lumieres. Le Chef de la iustice, ce Caton Chrestien & François, qui pourroit faire tout vn Senat, & que nous pourrions opposer à toute l'ancienne Republique, y seruira de cette probité incorruptible, & de cette capacité sans bornes, qui sont l'esperance & l'ornement de ce Regne: & seront l'exemple & l'admiration de l'auenir. Cet autre Sage si iuste & si moderé,si bien-fait & si bien-faisant,à qui votre Maiesté a commis l'administra-

PANEGYRIQUE.

tion des Finances y apportera cette integrité genereuse & toute pure, ce zele desinteressé, & de bonne foy, qui l'ont tousiours porté au bien de l'estat, & au soulagement du Peuple. Et s'il a pû adoucir la plus rude partie du Ministere: s'il a introduit la ciuilité & les bienfaits dans l'Espargne, & reconcilié les Graces auecque le Fisque: il pourra bien encore adoucir l'aigreur des Partys: il pourra contribuer à remettre la tranquillité dans l'Estat, & à reconcilier la Paix auecque l'Europe.

Et icy, MADAME, ie ne dois pas oublier ce Ministre si capable & si fidele, qui vous ayde à soustenir le faix des affaires. Il est vne de nos principales esperances: & sera vn des principaux instrumés de la Paix que nous esperons. L'Esprit de l'ancienne Rome qui luy a esté donné auec plenitude, estoit vn Esprit de Direction & de Conseil, vn Esprit intendant des victoires & Arbitre des euenemens. Autrefois toute la Nature connuë, & tout le Monde capable de discipline, estoient soûmis aux

EPISTRE

mouuemens & aux impressions de cét Esprit: il ordonnoit souuerainement & auec authorité de la paix & de la Guerre: il disposoit des bonnes & des mauuaises Fortunes des Royaumes, & faisoit les destinées temporelles des Nations. Et si cét Esprit a esté si souuerain, & de si grande force en des Senateurs champestres & des Consuls demy sauuages, en des Sages materiels & sans lettres: il n'est pas à craindre, qu'il degenere & s'affoiblisse en celuy icy, qui est Senateur du Monde Chrestien: qui est Consul d'vne Republique spirituelle & sacrée; qui a ioint les lumieres acquises aux lumieres naturelles; qui a esté poly par les sciences Ecclesiastiques & par les Ciuiles. Il ne se peut, MADAME, que les ressorts de l'estat, gouuernez par cét Esprit, ne soient gouuernez iustement & auec adresse: & que le Genie & la pourpre du Senat, Successeur de l'ancien Senat, ne donnent de la force & de la dignité à nos affaires.

Il ne nuit de rien, MADAME, que cét Esprit soit l'Esprit de Rome; qui

PANEGYRIQVE.

estoit autrefois la teste du Monde Romain, & qui est encore auiourd'huy la teste du Monde Chrestien. Il n'y a point de membre où les Esprits de la teste soient estrangers : il n'y a point de contrée où la Sagesse & la Fidelité ne soiét naturelles. Et d'ailleurs, les choses les plus nobles & les plus parfaites, celles qui ont le plus de vertu & le plus de force, ne sont point originaires des lieux où elles agissent. Les grandes Riuieres ont leur source, à trois cens lieuës des pays qu'elles enrichissent & qu'elles cultiuent. Le feu, la lumiere, & l'esprit des Astres, qui font de si belles choses, dans la basse Region du Monde, sont originaires de la haute. Les Intelligences sont nées hors des Spheres qu'elles meuuent. Les Anges qui gardent ce Monde, ne sont pas de ce Monde: Et vostre belle Ame, MADAME, cette Ame si noble & si bien-faisante, si éleuée & si royalle, n'est qu'hostesse & que passagere dans le beau Corps qu'elle gouuerne.

Il n'y a donc point d'inconuenient,

I iiij

EPISTRE

MADAME, & il n'est ny contre le droit, ny contre l'ordre, que ce rare Esprit soit à nos affaires, ce que les Esprits Administrateurs, sont aux Spheres & aux Prouinces qui leur sont commises. On n'en peut attendre qu'vne conduitte moins fautiue & mieux concertée; qu'vne administratió plus dégagée de la matiere, & plus é'euée au dessus des nuages de l'interest, qu'vne tranquillité moins fortuite & plus reguliere, qu'vne prosperité plus generale & de plus grande étenduë.

Non, MADAME, cette prosperité ne sera pas vne prosperité resserrée & particuliere. Les Causes superieures ne sont point nationales ny proprietaires: elles ne font point de bien qui ne soit vniuersel: & toute l'Europe, voir tout le Monde Chrestien, aura sa part de ceux-là, apres la France. La reconnoissance aussi en sera commune, & les benedictions generales: Vostre Maiesté en receura des loüanges en toute langue: Et dans ce concert de loüanges, MADAME, ie seray peut-estre assez

PANEGYRIQUE.

heureux, pour éleuer ma voix audessus des autres: pour luy donner vn corps & de la lumiere, & la faire durer auec voſtre Nom & voſtre Memoire.

Vn ſi beau trauail, ne veut pas eſtre entrepris tumultuairement & en mauuais temps : ne veut pas eſtre touché d'vne main peſante & engourdie. Il luy faut vne ſerenité tranquille & commode: il luy faut des heures choiſies & aiuſtées. Ie les eſpere, MADAME, de la continuation des beaux iours, que nous promet voſtre REGENCE: & i'eſpere encore, que les Graces qui ſe meſlent de tout ce qui vous appartient, mettant la main à cette ouurage auec les Muſes, elles feront coniointement vn portrait, qui vous repreſentera autant que vous pouuez eſtre repreſentée. Ce que ie vous offre icy, MADAME, n'eſt que le crayon de ce portrait. Voſtre Maieſté y pourra voir en petit la hauteur de mon deſſein & la grandeur de mon zele: & cette auance luy fera connoiſtre, que par les communes obligations de noſtre Compagnie, & par mes incli-

EPISTRE PANEGYR.
nations particulieres, ie suis aussi parfaitement qu'aucun autre,

MADAME,

Vostre tres-humble, tres-obeïssant & tres-fidelle subjet & serviteur,

PIERRE LE MOYNE,
de la Compagnie de IESVS.

ODE
A
LA REYNE,

Sur les heureux succez de sa Regence.

Eynes des biens-faits & des
    charmes,
Conquerantes des volontez,
Par qui sans armes sont dontez,
Ces cœurs qui resistét aux armes:
Meres des Amours innocens,
Accortes Maistresses des Sens,
Graces filles du Ciel, c'est vous que ie reclame.
Les Muses sont pour ceux qui chantent les
    Guerriers:
Mó Sujet est tout vôtre; & ma nouuelle flame,
Vous demande du Myrte, & non pas des Lau-
    riers:

ANNE la Reyne sans pareille,
Est le beau sujet de ces vers;
Comme elle est de tout l'Vniuers,
Le beau spectacle & la merueille.

ODE A LA REYNE.

Adroites & sçauantes Sœurs,
Vous deuez toutes vos couleurs,
Vous deuez tout voſtre Art, à cét illuſtre
   Ouurage.
Ce que vous toucherez ne ſe pourra ternir.
Et voſtre nourriture encore en ſon image,
Regnera ſur les cœurs des Siecles auenir.

Vous bel Aſtre venu du Tage,
Pour en faire viure les traits,
Animez les d'vn de ces rays,
Qui ſont le luſtre de cét âge.
Il ne peut ſur voſtre tableau,
Luire vn iour plus doux ny plus beau,
Que de ces yeux puiſſans par qui nos Lys
   fleuriſſent:
Par qui malgré l'effort des orages paſſez,
La bonace renaiſt, les Oliues meuriſſent,
Et tous les mauuais Vents de l'Eſtat ſont
   chaſſez.

Mais quel art, fuſt-ce l'art d'Appelle,
Et quel aſſez ſçauant pinceau,
Pourroient d'vn chef-d'œuure ſi beau,
Faire vne copie aſſez belle?
Tout ce que les Siecles ont eu
D'honneur, de grace, de vertu,
Ne peut en ce deſſein tenir lieu que d'om-
   brage.
Et les plus forts tableaux que l'Hiſtoire ait
   tracez,
Les portraits que la Fable a fardez dauan-
   tage,
Se trouuent par l'éclat de ma Reyne effacez.

ODE A'LA REYN.

Ie voy le iour qui l'enuironne
Sur le Thrône des Fleurs de Lys :
D'vn Espoux, d'vn Pere, d'vn Fils,
Ie luy voy la triple Couronne.
Ie sçay que de toutes les Mers,
Qui ceignent ce vaste Vniuers,
Naissant elle receut des hommages suprê-
mes.
Ie sçay que du vieux Monde, & du Monde
nouueau,
Cent Sceptres attachez auec cent Diadémes,
Firent à son enfance, vn auguste berceau.

Mais la naissance est fortuite,
La vertu n'est pas du Blason :
Et la grandeur de la Maison,
Ne fait pas celle du merite.
Souuent sur les hauts monts il naist,
De la fougere ou du geneft :
Et de Palmes souuent les vallons sont ferti-
les :
Et comme il se produit des Aigles aux De-
sers ;
Dans les plus beaux Palais il se fait des re-
ptiles ;
Et iusques sous le Thrône il s'engendre des
vers.

Ma Reyne de soy-mesme illustre,
Est la source de sa splendeur :
Elle ne tient point sa grandeur,
De son Dais ny de son Balustre,
Sa mine est à la dignité,
Vne seconde Majesté,

ODE A LA REYNE.

Ses graces sont d'vn rang plus haut que sa noblesse,
Et ce regne visible estably sur nos Sens,
Qui l'auroit pû sans titre eriger en Princesse,
Est du droit de nature, & non du droit des Gens.

   Les piques, & les halebardes,
   Ne sont pas son authorité :
   Dans ses yeux, & dans sa bonté,
   Elle a ses Archers, & ses Gardes.
   Elle a dans nos affections,
   D'incorruptibles Legions,
Qui sont fortes sans fer, & sans or sont fidelles.
Elle a des Bastions, dans nos cœurs qu'elle a pris :
Et plus Reyne par là, que par cent Citadelles,
Elle possede autant de Thrônes que d'Esprits.

   Ainsi deuant que les conquestes,
   Eussent diuisé les Humains,
   Le Sceptre estoit aux belles mains,
   Et la Couronne aux belles Testes.
   Alors, des Reynes & des Roys,
   Le peuple libre auoit le choix :
Le droit des pretendans estoit sur leur visage.
La grace & non la force asseuroit leur pouuoir :
Et les yeux qui donnoient aux Princes leur suffrage,
Persuadoient encore aux Sujets leur deuoir.

ODE A LA REYNE.

Sous vne si charmante Reyne,
Les Esprits les plus factieux,
Pris par le cœur, pris par les yeux,
Sont ialoux de leur propre chaîne.
Le joug parfumé de ses loix,
Est recherché des plus grands Roys :
La France s'en est fait vne illustre couronne :
Nō moins que la raison, les sens luy sont sujets ;
Et l'Afrique n'a point de Beste si felonne,
Qui n'aimast à porter des liés qu'elle eust faits.

La belle & rayonnante Astrée
Regne auec moins d'agrément,
Sur vn Thrône de diamant,
Dans sa lumineuse contrée :
Elle est veuë auec moins d'amour,
Des petits Astres d'alentour,
A qui d'vn œil égal ses rays elle dispense :
Et moins de majesté sur sa teste reluit,
Au temps qu'elle decide auecque sa balance,
L'annuel differend du Iour & de la Nuit.

Il est peu de Beautez bien pures :
Les Estoilles ne le sont pas ;
Et les plus beaux corps d'icy bas,
Ne sont pas exempts de souillures.
L'or se ternit, & perd son teint :
L'éclat du Diamant s'esteint :
La flame a sa fumée, & le iour ses ombrages :
La Lune tous les mois se cache & s'obscurcit :
Les Cieux icy serains, ont ailleurs des nuages :
Et souuent le Soleil de vapeur se noircit.

ODE A LA REYNE.

Ma Reyne en tout émerueillable,
N'est pas de ces Astres tachez,
De qui les defauts sont cachez
Sous vne imposture agreable.
Vn air noble & de dignité,
Donne force à sa pieté;
Ce qui plaist d'elle est pur, & ce qui charme
 eclaire.
Elle instruit nos esprits en retenant nos cœurs:
Et sa Grace à ce siecle est vn double exem-
 plaire :
D'agrément pour les yeux, de vertu pour les
 mœurs.

La Rose en la saison nouuelle,
La Perle en son Thrône écaillé,
Le Lys de rosée émaillé,
Sont des beautez moins pures qu'elle.
Les artistes Filles du Ciel,
Dont le sang est l'esprit du miel,
Viuent moins purement dans leur palais de
 cire.
Et l'Ermine a le cœur moins à la pureté ;
Quoy que pour la garder, naturelle mart
Elle expose sa vie auec sa liberté.

L'Ermine mord, l'Abeille pique,
Et la Rose a son aiguillon,
Sous le naturel vermillon,
De son teint modeste & pudique.
La vertu d'ANNE, est vne fleur,
Innocente & de bonne odeur,
Et qui n'a rien de fier, aux mœurs ny dans la
 mine.

L'agreable

ODE A LA REYNE

L'agreable à l'honneste en sa cõduite est ioint,
Et sa seule pudeur, comme vn Lys sans épine,
Escarte les Serpens, & ne les pique point.

    La vertu n'est pas attachée
    A l'estat de la Royauté:
    Souuent le Thrône est infecté,
    Souuent la Couronne est tachée,
    Le beau métal dont on les fait,
    Comme il est de la Terre extrait,   [crasse.
Peut garder de la Terre, & la roüille & la
L'Innocence n'est pas Domestique des Grands;
A peine laisse-t'elle à la Cour quelque trace;
A peine y passe-t'elle vne fois en dix ans.

    Les Faustines, les Cleopatres,
    Les Messalines, ont fait voir,
    Qu'assez peu souuent le deuoir,
    Regne sur ces pompeux Theatres,
    Sur leurs portraits on voit encore,
    De la bouë attachée à l'Or:
La honte à leur memoire est encore imprimée:
Et leurs Ombres depuis tant de temps écoulé,
Sont encore auioud'huy noires de la fumée,
Des impudiques feux dõt leurs Corps ont brûlé.

    ANNE des vices l'ennemie,
    A iustifié la Beauté,
    A nettoyé la Royauté
    De cette celèbre infamie.
    Vn iour bien-faisant & serain,
    Et de sa teste & de sa main,
Se répand sur le Sceptre, entre dãs la Couronne;
Du lustre de ses mœurs sa Dignité reluit,

ODE A LA REYNE.

Et dans les cœurs du Peuple, où regne sa Personne,
Sa Vertu va deuant, & sa Fortune suit.

Quelles ames ne sont touchées,
De voir qu'aux besoins des Humains,
Elle daigne abaisser des mains,
De tant de Sceptres empeschées ?
Dans l'Estat de guerre agité,
Chacun attend de sa bonté,
Ou la Paix, ou la Gloire, ou l'Oliue, ou la
Palme.
Et ses bras tant de fois victorieux des vents,
Accueillans dans l'orage, accueillans dans le
calme,
Protegent les petits, & couronnent les Grands.

Mais quoy ? cette Fleur sans pareille,
N'a pas eu tousiours du repos :
Cette Perle a souffert des flots,
L'orage a troublé cette Abeille.
Les graces, l'honneur, la bonté,
N'ont pas gardé l'Aduersité,
De battre ce Soleil, de vent & de nuage :
Mais & nuage & vent l'ont vainement battu
Sans reculer d'vn pas, ny changer de visage,
Constant il a suiuy son Ange & sa Vertu.

Auons-nous veu quelque auanture,
Où son cœur ait degeneré ?
Où son noble sang alteré,
Ait perdu sa noble teinture ?
La Fortune qui l'entreprit,
Ne crût pas qu'vn si fort esprit,

ODE A LA REYNE.

[...]ust estre l'habitant d'vne teste si belle:
[...]t d'vne fraiche fleur luy voyant la beauté,
Ne pensa pas qu'au vent, qui passeroit sur elle,
D'vne Palme elle dust auoir la fermeté.

    Plus ferme pourtant qu'vne Palme,
    Dans la plus grande aduersité,
    Victorieuse elle a porté,
    La teste haute & l'esprit calme.
L'orage en vain la menaça:
En vain dessus elle il passa,
A peine ébranla-t'il vn cheueu de sa teste:
Et si ce front royal a quelquefois plié;
C'est sous la main du Dieu qui regit la tépeste,
Et non pas sous le vent, qu'il s'est humilié.

    Il est vray qu'on vit sa constance,
    Plier sous le coup dont la Mort,
    Par vn long & fatal effort,
    Osta son Espoux à la France.
    Pressé d'vne iuste douleur,
    Son Esprit sortit de son cœur,
Sur le sang qu'épandit son Ame diuisée;
Tout prest à s'enuoler il vint iusqu'à ses yeux:
Et si la France en deüil ne s'y fust opposée,
Il seroit à present vn Astre dans les Cieux.

    S'il estoit de Metamorphoses,
    Le iuste excez de son tourment,
    Par vn celebre changement,
    Eust accreu l'espece des Roses.
    Il se fust fait de ses cheueux,
    Transformez en de nouueaux feux,
Au plus beau lieu du Ciel vne courône ardente,

ODE A LA REYNE.

Et de ces yeux pleurant, apres ce coup fatal,
L'humeur, d'vn mesme esprit parfumée &
 brillante,
Eust fait tout à la fois de l'ambre & du
 cryftal.

 On applaudit à la Memoire,
 Des nobles Veufues d'autrefois;
 Dont les noms fans corps & fans voix,
 S'affligent encore en l'Histoire.
 Là par vn merueilleux deffein,
 Artemife fait de son fein,
Aux cendres de Maufole vne tombe animée :
Euadne d'vn bucher fe fait vn lit d'honneur :
Et du souffle d'Amour vne braife allumée,
De Porcie à iamais fera luire le Cœur.

 Plus d'amour, & plus de courage,
 Si le dépit s'y fuft meflé,
 De ma Princeffe euft signalé,
 La mort non moins que le veufuage.
 Mais la Vertu la releuant
 Apres le premier coup de vent,
Sa raifon fut bien-toft remife en exercice.
Il luy fouuint de Dieu, de fa charge, & de
 nous ;
De Regente & de Mere elle reprit l'office ;
Et le Fils en fon cœur, le gagna sur l'Ef-
 poux.

 Ainfi la Lune eft éperduë,
 Et fa face eft noire de deuil,
 Quand la Terre, comme vn cercueil,
 Eft fur le Soleil eftendue.

ODE A LA REYNE.

L'Ange mesme qui la conduit,
Paroist troublé de cette nuit;
Les Astres effrayez pallissent autour d'elle.
Mais aussi-tost aprés cét ombrage écarté :
Elle reuient au cris du Peuple qui l'appelle;
Et luy rend l'asseurance auecque sa clarté.

Telle de ma grande Princesse,
A ce iour de trouble & d'effroy,
Qui nous rauit nostre grand Roy,
Parut l'éclipse, & la tristesse.
Vne Pompeuse obscurité,
Vn deuil graue & de majesté,
Nous cachoit ses rayōs sous des toiles funebres,
Malgré la Mort, pourtant, & malgré la dou-
 leur,
De son Soleil esteint, elle eut en ces tenebres,
La vertu dans l'esprit, & le feu dans le cœur.

Mais de soy la Lune impuissante,
Ne peut que d'emprunt faire bien :
Et sans autre éclat que le sien,
ANNE est illustre & bien-faisante.
Nous deuons à son iuste cours,
La belle suitte des beaux iours,
Qui font vn Regne heureux, d'vne heureuse
 Regenc ;
Et de son ascendant la seule actiuité;
Sous vn Soleil mineur, nous donne par auance,
Les fruits dés le Printemps, le calme auant
 l'Esté.

L'Esprit de trouble & de tempeste,
Par tout où s'étend sa Vertu,

ODE A LA REYNE.

De respect sous elle abbatu,
Baisse les aisles & la teste.
Par vn concert iuste & sans bruit,
Le bon Ange qui la conduit,
Tient nos Astres sous elle en bône intelligence,
Et le feu qu'elle épand, penetrant & benin,
A corrigé du Ciel la mauuaise influence,
Et des Comettes mesme a seché le venin.

La Discorde à qui cent Viperes,
Font vn Diadéme d'horreur,
Eust ioint la ciuile fureur,
Sans elle aux fureurs estrangeres.
Par vn attentat inhumain,
Elle eust fait la torche à la main,
De son tragique esprit, de tragiques chef-
Et la France liurée à la Rebellion, [d'oeuures,
Eust plus souffert des dents d'vne de ses cou-
        leuures,
Que de tous les efforts de l'Aigle & du Lyon.

En sa noire grotte enchaisnée,
De depit ses bras elle mord:
Et n'oppose à nostre heureux Sort,
Qu'vne impuissance forcenée,
De longs & terribles serpens,
Autour de sa gorge rempans,
Au poids de ses liens aiustent leurs étreintes,
Sa rage sans effet tombe auec son poison:
Et la sombre vapeur de ses torches esteintes,
Redouble par sa nuict celle de sa prison.

Dans cette si douce bonace,
ANNE & son Ange nous ont mis,

ODE A LA REYNE.

Comme ils ont de nos ennemis,
Abbatu l'espoir & l'audace.
Insolens de la mort du Roy,
Dont le seul nom fut leur effroy,
Ils venoiét assieger son Cercueil & son Ombre,
Pareille à des Mastins, qui par vn lasche effort,
Quoy que munis de fer, quoy que fiers de leur nombre,
N'attaquent point sans peur la peau d'vn Lyon mort.

Vn Peuple orgueilleux de ses armes,
Par vn sacrilege attentat,
Venoit mettre en feu cét Estat,
Abismé déja dans ses larmes.
La France couuerte de noir,
De son Prince & de son espoir,
Preparoit cependant les doubles funerailles,
Sa lance estoit changée en vn triste flambeau :
Et l'Ange conquerât qui l'assiste aux batailles,
En deüil & desarmé pleuroit sur vn tombeau.

Dans cette fatale épouuante,
Nos troupes reprirent le cœur,
Par la force & par la vigueur,
Que leur inspira la Regente :
Son Genie au loin répandit,
Vn esprit sous qui reuerdit,
Dans la cendre & le deüil, la Palme & l'esperance,
Et ce qui ralluma le feu de nos Guerriers,
Deux branches de Ciprés, sur le front de la France,
Par vn presage heureux deuinrét deux Lauriers.

ODE A LA REYNE.

De vingt prouinces debordées,
ANGVIEN fut vainqueur de Rocroy:
Et de leur sang auec effroy
Les plaines furent inondées,
La Meuse, l'Escault & le Rhin,
Fuyant vers l'Empire Marin,
En desordre & sanglants s'y sauuerent à peine:
Le Tage de son lict leur clameur pût ouyr:
Et dans vn char de nacre, au Palais de la Seine,
Galatée & Doris vinrent s'en réiouyr.

De Palmes hautes & nouuelles,
De là nos Conquerans couuerts,
Firent trembler les tours d'Anuers,
Et les murailles de Bruxelles,
Le Lyon Flamand resserré,
Et dans son fort mal asseuré,
De ces Pays brulez vid de loing la fumée,
A ces yeux rugissans Thionuille fut pris;
Et l'Aigle d'Allemagne en trouble & déplu-
mée,
Vint tenter vainement d'en arracher nos Lys.

Ce n'est plus cette Aigle immortelle,
Si fiere & si prompte au butin:
Le Temps a changé son dessein,
Elle ne bat plus que d'vne aisle,
Est-il, precipice, ou rocher,
Qui puisse auiourd'huy la cacher,
Et contre nos Chasseurs luy donner asseurance,
Le haut comme le bas, sous ANGVIEN s'ap-
planit:
Et si la Paix bien-tost ne le retient en France,
Il la fera captiue & brusle ra son Nid.

Du

ODE A LA REYNE.

Du plus noble sang de ses veines,
Le sang de Fribourg est taché :
Et de son plumage arraché,
Norlingue a veu courir ses plaines.
Le Danube ouyt de ses bords,
La cheute de ces vastes corps,
Que la Baniere fit marcher pour la defendre.
D'vne mort de Geant Mercy fut abbatu ;
Et ses os foudroyez, sont encore en leur cen-
 dre,
Vn exemple, à l'Orgueil, de craindre la Vertu.

La Flandre demy déchaisnée,
De ses prisons nous tend les bras :
Et se promet de nos combats,
Vne nouuelle Destinée ;
Ses Gardes au nom de LOVYS,
Effrayez, confus, eblouys,
Ont ietté bas les clefs, & quitté leurs bar-
 rieres :
Et ces lieux si vantez, Ostande, Anuers,
 Nieuport.
Leurs Theatres iadis, auiourd'huy leurs ta-
 nieres,
Seront bien-tost encore leurs tombeaux à leur
 mort.

Graueline la sourcilleuse,
Maintenant sousmise à nos Loix,
De ses brauades d'autrefois,
A fait vne amande fameuse.
L'illustre sang de nos Ayeux,
Qu'Egmont défit deuant ses yeux,
Est par vn iuste arrest retombé sur sa teste.

ij

ODE A LA REYNE.

GASTON les a vengez, & leurs Man[es]
  hautains,
Toutes les nuits encore, sur ses tours en son
  feste,
Le laurier sur le front & les palmes au[x]
  mains.
  L'auare & superbe nourrice,
  Des Voleurs de toutes les Mers,
  Dunquerque à present dans les fers,
  Satisfait à nostre Iustice.
  Elle n'est plus comme deuant,
  L'écueil commun, le mauuais vent,
Et de tous les Nochers la terreur & l'orage,
Neptune à son Vainqueur applaudit sur le[s]
  eaux :
Et le debris fumant resté de son naufrage,
Annonce son supplice & le calme aux vais-
  seaux.

  Alexandre enchaisna Neptune,
  Pour entrer le Maistre dans Tyr :
  Il força les Dieux d'en sortir,
  Et de ceder à sa Fortune.
  La Mer captiue s'abaissa,
  Sous le joug d'écueils qu'il dressa :
Le vent y fut lié, la vague y fut sujette,
Ces faits, par les hauts faits d'ANGVIEN sont
  surnommez :
Et Dunquerque vaincuë, est plus que la défaite,
Et des Dieux fugitifs, & des flots arrestez.

  Dans les saisons les plus heureuses,
  Quel Planette si bien tourné,

ODE A LA REYNE.

Eust à l'Estat iamais donné,
Des auantures si fameuses ;
Cette haute prosperité,
Est d'ANNE & de sa Pieté,
Dans qui le mauuais sort a quitté ses menaces.
Elle adoucit pour nous, & le Ciel & les Vents :
Et sa Vertu nous fait comme vn Astre à deux
  faces,
La Victoire au dehors, & la Paix au dedans.

  Cette Pieté sans contrainte,
  N'est pas vne image de fard :
  N'est pas vn spectre instruit à l'art,
  De l'imposture & de la feinte.
  Elle a du fond, elle a du corps,
  Et telle au dedans qu'au dehors,
Elle sçait aiouster les ardeurs aux lumieres :
La montre en est illustre, & les effets puissans :
Et dans tous ses parfums, en toutes ses prie-
  res,
Il entre autant de feu comme il entre d'en-
  cens.

  De tout endroit, son Ame est preste,
  De voler au Souuerain Bien.
  Sa Couronne n'est vn lien,
  Que pour les cheueux de sa teste.
  Elle gardera sa liberté,
  Sous le joug de la Royauté :
Et sans la captiuer, le Thrône l'enuironne,
Elle ne se pese point du poids de sa grandeur :
Et les rets que la Cour tend à toute personne :
Entretiennent ses yeux, sans retenir son
  cœur.

ODE A LA REYNE.

Voyez ces Pompeuses Riuieres,
Qui roulent leurs eaux en des lits,
Par le luxe & l'art embellis,
De la despoüille des carrieres,
Orangers, Lauriers, & Iasmins,
s'offrent en vain sur leurs chemins,
Et pour les arrester leur laissent leurs images:
En vain Marbre & Porphyre interrompent
 leurs flots,
Elles touchent à peine, en passant leurs riuages,
Et dãs la grande Mer vont chercher leur repos.

Ainsi ma genereuse Reyne,
Parmy tant d'objets si pressans,
Tant de doux enchanteurs des Sens,
Est libre de charme & de chaisne.
Les Sceptres sous elle pliez,
Comme roseaux humiliez,
De son cœur éleué n'arrestent point la course:
Elle passe sur eux d'vn égal mouuement,
Et passant les incline à cette immense Source,
Où toutes les Grandeurs trouuent leur élemét.

Fleuue sans riue, Sources immenses,
Eternelle Mer de plaisirs,
Contente-toy de ses desirs,
Et laisse au Monde sa presence.
Qu'elle viue & regne long-temps,
Pour l'Eglise, pour ses Enfans,
Pour le bien de l'Estat commis à sa tutelle:
Et qu'apres l'auoir fait triompher sous ses loix,
Elle deuienne au Ciel vne Estoille eternelle,
Entre ses deux LOVYS dans la Sphere des
 Roys.

ODE A LA REYNE.

Qu'en attendant que sa belle Ame,
Se prepare à ce noble rang,
Sa main puisse arrester le sang,
De l'Europe qui la reclame ;
Qu'aux Lauriers de son grand Espoux,
D'vn lieu desiré de tous,
Autour des Fleurs de Lys, elle attache l'O-
   liue.
Et que du Nil enfin ses Fils victorieux,
Sur l'Egypte, à son tour, de la France ca-
   ptiue,
Aillent venger l'affront, fait à leurs Saints
   Ayeux.

SONNET.

D'Vn long rang de Heros descendante
    Rituale,
J'adiouste vn nouueau lustre à leur vieille splen-
    deur;
Et braue des Vertus de mon Sexe & du leur,
J'en surpasse les vns & les autres i'égale.

Mon humeur obligeante & ma main libera-
    le,
D'vn Peuple conquerant ont conquesté le cœur:
Sans armes ie sçay vaincre & forcer sans ai-
    greur;
Et les Graces me sont vne Garde royale.

Il n'est point de Sujets, il n'est point d'Enne-
    mis,
Par tout où va mon Nom, qui ne me soient sou-
    mis:
La Victoire a pour moy cessé d'estre volage.

Et pour faire fleurir vn Estat sous mes loix:
    Si ie n'ay le Sexe des Rois,
J'en ay receu du Ciel l'Esprit & le Courage.

PREFACE.

Ie n'ay pas entrepris cette Gallerie, afin de donner du mien, vn spectacle aux curieux, & vn amusement aux personnes desoccupées. La fin que ie me suis proposé est de plus grand vsage & plus relevée. Et au sens du plus illuminé des Philosophes, qui a crû que la vertu des Femmes, estoit vne des principales pieces de la felicité, si mon entreprise auoit le succez qu'elle peut auoir & que ie souhaitte, ie ne croirois pas auoir moins fait pour le Public, que les Fondateurs des Academies & des Colleges.

Les fruits commencent à se gaster par la terre; & les ruisseaux par les sources. Il n'y auroit point d'impureté dans les métaux, s'il n'y en auoit point dans les mines : toutes les figures seroient exactes & acheuées, si tous les moules où elles se font, estoient reguliers & sans défaut : & les vices seroient rares parmy les Hommes, si les Femmes dont naissent les Hommes, estoient toutes sages. N'en déplaise à la bonne Antiquité, & aux vieilles opinions, ce ne fut pas vn fort grand Maistre de Police, que ce Licurgue qui fit tant de reglemens pour les

ã iiij

PREFACE.

Hommes de Sparte, qui leur imposa tant de loix & tant de chaisnes ; & abandonna les Femmes à vn desordre public, & authorisa des libertez fondées en priuilege, & erigées en coustume. Il ne sert de rien d'émonder les arbres, si la terre qui porte les arbres, est laissée en friche : & en vain le Medecin agiroit auec méthode & par aphorismes, contre la teste malade ; s'il souffroit au corps les mauuaises humeurs, & les indigestions qui font les maladies de la teste.

Salomon l'entendoit bien mieux : & cette Morale diuine & inspirée, que la Sagesse luy enseigna elle-mesme, estoit bien vne autre Morale, que cette charnelle & cette licentieuse, qu'vn Demon imposteur, & couuert de l'habit d'vne Nimphe, apprit au Legislateur de Sparte. Ce Sage, qui fut particulierement choisi de Dieu, pour estre le commun Precepteur du genre humain, & pour faire des leçons à toutes les conditions & à tous les siecles, n'a pas moins trauaillé à l'instruction des Femmes qu'à celle des Hommes. Il ne leur a point esté auare de ses Paraboles ny de ses Prouerbes : & ses Paraboles sont des modeles de toutes les Vertus representées en petit : ses Prouerbes sont l'extrait & l'esprit de la Philosophie rectifiée.

Les Saincts Peres qui nous instruisent encor dans leurs Liures, où leur science est demeurée auec leur zele, ont fait grand cas de cette partie de la Morale. Et les ouurages reglez & de iuste forme qu'ils en ont laissez monstrent bien qu'ils ne luy ont pas donné leurs heures

PREFACE.

de relasche, & les soins renouans bons de leurs charges faites. S'il y a lieu où la doctrine soit demeslée & methodique; où l'eloquence soit aiustée & vigoureuse, où le zele ait de la douceur & de la force; où les graces soient instructiues & edifiantes, il faut auoüer que c'est en cét endroit de leurs œuures. Et ces grands Maistres, qui se sont ménagez si iudicieusement en leurs autres productions, ont déployé toute leur adresse & mis toute leur capacité en celles-là : y ont agy de tout leur esprit & répandu toute leur lumiere.

Le Pedagogue de Clement d'Alexandrie parle tousiours hautement & en grand docteur. Mais quand il entreprend d'instruire les Femmes, il ne se contente pas de la hauteur & de la solidité des dogmes; il y adiouste la dignité de l'expression & la magnificence des paroles : il donne la pointe & l'éclat aux sentences, la rondeur & le lustre aux periodes : & le mélange qu'il fait de l'vtile & de l'agreable, est si iuste & temperé si à propos, qu'il semble dire pour plaire & pour diuertir, tout ce qu'il dit pour persuader & pour instruire. Il y a de mesme de la grandeur & de la majesté en toutes les œuures de Sainct Chrysostome. Mais cette grandeur est polie & cultiuée, & cette majesté a des adoucissemens & des graces particulieres, en tout ce qu'il a écrit pour les Femmes. Et afin de ne rien dire des Liures qu'il a composez, soit pour instruire & pour affermir les Vierges; soit pour consoler & pour fortifier les Veufues; il se voit assez par les Lettres qu'il a écrites à Olympias, qu'il couloit de

PREFACE.

l'or de sa plume, aussi bien que de sa bouche: & qu'il prenoit vn soin particulier de polir cét or, & de luy donner vn nouueau lustre, & de belles formes, quand il l'employoit pour les Femmes.

Les Peres de l'Eglise Latine n'ont pas moins contribué à leur institution, que ceux de la Grecque : & ce qu'ils y ont contribué, n'est pas trauaillé auec moins d'art, n'y assaisonné de moins de grace, sans citer les iustes ouurages que Saint Cyprian, Saint Hierosme & Saint Augustin nous ont laissez sur cette matiere : chacun sçait que c'est à des Femmes, qu'ils ont écrit leurs plus belles Lettres. Ie dis ces belles & sçauantes Lettres, qui sont des volumes de peu de lignes, & de grands Liures reduits en petit. Saint Cyprian ne paroist point Africain en ces belles Lettres : toutes les rudesses de son pays y sont adoucies : il y est paré de tous les ornemens de sa Rhetorique. Saint Hierosme n'a rien là de cét austere, qui semble n'auoir écrit qu'auec de la bile, & non seulement l'aigreur que les Critiques luy reprochent, y est temperée, les epines de sa profession y fleurissent, & les pierres de son Desert y sont precieuses. Quant à Saint Augustin, la composition est merueilleuse, qu'il y a fait, de la douceur de son Esprit meslée à celle de son stile : & il y a laissé autant de pointes de lumiere, qu'il y a de sentences.

Ie ne dis rien de Saint Ambroise, qui a eu des Abeilles pour Nourrices : & qui a esté luy-mesme, pour luy rendre ses propres termes, vne Abeille intelligente & discoureuse.

PREFACE.

Chacun sçait qu'il a mis tout le miel de sa Ruche, dans les Liures qu'il a faits pour les Vierges, & dans celuy qu'il adresse aux Veufues. La diction en est si pure, si exquise & si delicate ; les sentences en sont si choisies & si estudiées ; & il y a par tout vne si grande profusion de fleurs, qu'il a crû estre obligé de la iustifier, par la condition des Personnes à qui elles dounent estre presentées. Il n'est pas iusques au plus chagrin, & au plus farouche de tous les Escriuains, qui n'ait écrit pour l'instruction des Femmes. Ie parle de Tertullien, qui outre le Liure qu'il a fait de Voile des Filles, en a fait vn autre de l'habillement des Femmes, & vn troisiesme de leurs atours. Et s'il y a de la rudesse & des duretez en ces ouurages, comme en tous les autres de sa façon ; cette rudesse au moins est magnifique, & pareille aux richesses des barbares : ces duretez ont du prix & de l'éclat : ont ie ne sçay quoy qui brille & qui blesse : qui ressemble à l'or mal poly, & aux diamans informes.

Non seulement les Saincts Peres ont employé la Morale & la Rhetorique, à l'instruction des Femmes : ils y ont fait seruir la Poësie & les Muses. Et ces Seueres qui ne viuoient que de pure lumiere & de pur esprit, n'ont pas crû qu'il fust indigne de la seuerité de leur vie, ny de la saincteté du Sacerdoce, de mesurer des syllables, d'aiuster des paroles, de peindre & de farder leurs discours ; pour donner de la pointe aux dogmes, & de la grace à la Vertu, pour instruire en diuertissant,

& faire passer l'vtile sous la couleur de l'agreable.

Adhelme qui a esté vn des plus saincts & des plus doctes Euesques d'Escosse, a laissé vn Poëme, où la virginité, la pudeur, la modestie, la deuotion, & les autres vertus des Filles, sont parées de tout l'or & de toutes les pierreries du Parnasse, qui est le Perou des Poëtes. Nous en auons encor vn autre de mesme matiere & de mesme forme, que S. Auitus Archeuesque de Vienne, composa pour couronner la virginité de sa sœur Fuscine. Et quoy que cette couronne soit du temps des premiers Lys qui furent enuoyez en France, leurs fleurs neantmoins encor auiourd'huy, en sont aussi belles & aussi fraisches, apres douze cens ans, que si elles venoient d'estre cueillies. Par là ces deux saints Pontifes ont rendu l'honneur aux Muses : ils les ont reconciliées auec la Pudicité : ils ont sanctifié leurs ornemens & leurs atours, ils en ont fait ce que Moyse & Aaron firent des miroirs & des pierreries des Dames d'Egypte.

Mon dessein n'est pas d'assembler icy tous les Autheurs, qui ont contribué leurs veilles & leurs écrits à l'instruction des Femmes. L'Assemblée seroit trop grande pour vn si petit espace : & ce seroit faire d'vne Preface vne iuste Bibliotheque. Il y en a assez de ceux que i'ay alleguez, pour conclure sur l'importance de cette instruction, & persuader qu'elle fait pour le moins la moitié de la Politique Chrestienne. Des Docteurs & des Prelats si illuminez de Dieu, si penetrez de l'onction du Sainct

PREFACE.

Esprit, si purifiez & si échauffez du feu de l'Autel, auroient-ils abusé de leur lumiere, & perdu leur feu à des productions inutiles? Auroient-ils consumé leur action & lassé leurs mains, pour ne rien faire à propos; Et Sainct Iean luy-mesme, auroit-il écrit à vne Femme, auec cette plume d'Aigle, dont il auoit écrit aux Anges & aux Eglises d'Asie, dont il auoit composé l'Euangile & l'Apocalypse, dont il auoit fait le crayon de ce qui estoit auant les temps, & de ce qui sera, apres le temps, s'il n'eust crû qu'vne Lettre écrite à vne femme, pourroit estre aussi canonique, & d'aussi grande vtilité, que les Lettres écrites aux Anges & aux Eglises.

Ces raisons & ces exemples qui valent d'autres raisons, m'ont engagé à ce trauail. Ma plume n'est pas vne plume d'Aigle, comme celle de Sainct Iean. Ie n'écris pas sous la Sagesse, ny à la lumiere du Sainct Esprit, comme faisoit Salomon. Ie n'ay pas de l'or à mettre en œuure, comme Sainct Chrysostome. Ie suis bien éloigné des idées & de la capacité des Peres alleguez. Et si ces grands Saincts & ces grands Hommes, n'ont pas crû que la matiere sur laquelle ie trauaille, fust indigne de leur capacité, & inferieure à leurs idées, ie ne dois pas craindre, qu'elle ne se trouue ou assez noble, ou assez precieuse pour les miennes. Et on ne doit pas douter de l'vtilité d'vne besongne, de laquelle tant de sçauantes mains ont laissé de si beaux modeles.

Il est vray que i'ay donné vne nouuelle forme à cette matiere : & que i'ay changé les

PREFACE.

traits & la figure de ces modeles. Il y a vne Philosophie, qui est plus agreable & n'est pas moins instructiue, que cette décharnée qui se fait écouter dans les Escoles. Ses agrémens sont modestes & accompagnez de force, elle est parée sans affeterie; & pour estre de meilleure mine que l'autre & mieux faite; elle n'en est pas de moindre edification, ny de plus mauuais exemple. Elle ne produit pas côme celle-là des axiomes tous crus & sans couleur, des decisions informes & toutes seches. Elle les embellit de façons exquises & de figures curieuses & recherchées: elle sçait ajouster le lustre à la force, & donner de la grace & de la dignité au solide.

I'ay pensé que mon dessein pourroit reüssir entre les mains & sous la direction de cette Philosophie inuentiue & agreable, magnifique en materiaux, riche en desseins. Et afin qu'elle n'eust pas toute la peine de la besongne, ie luy ay associé la peinture, la Poësie & l'Histoire, qui sont d'autres Ouurieres illustres de reputation: & ces trois nobles Cooperatrices, associées à cette noble Intendante, ont fait toute cette structure, que ie donne au public sous le titre de Gallerie des Femmes Fortes.

Ce titre n'est pas si limité, qu'il pourroit sembler à quelques-vns, qui ne connoissent les Vertus, que par les portraits qu'en font les Peintres; & ne croyent pas qu'il y ait vne autre Force, que celle qu'ils voyent auec vn casque à la teste, & vne colomne sur l'épaule. Cette force armée & robuste n'est que la fu-

PREFACE.

balterne d'vne autre Force generale, qui assiste toutes les Vertus; qui est de toutes les grandes actions, qui soustient toutes les bonnes œuures; qui est la directrice de tous les Heros de paix, & de tous les Heros de guerre. C'est cette Force que Sainct Ambroise & Sainct Gregoire, attribuent apres Platon, les victoires de l'esprit sur la chair, celles de la Vertu sur la Fortune, celles de l'honneste sur l'agreable & sur l'vtile. C'est de cette Force que le Sage parle dans cette Peinture, où la Femme Forte est tirée auec de si belles couleurs, & couronnée d'vn si magnifique eloge.

En effet, il faut de la Force aux temperantes & aux chastes : il en faut aux fidelles & aux constantes : il en faut aux modestes, aux retenuës & aux deuotes, & peut-estre leur en faut-il dauantage, qu'à ces Braues presomptueux & hautains, qui se font accroire qu'ils soustiennent les Estats, & que leurs bras sont les colomnes des Empires. Il faut de la force, & pour porter de bonne grace les chaisnes du mariage, qui ne sont iamais si bien dorées qu'elles ne blessent ; & pour en souffrir le joug, qui n'est iamais si poly qu'il n'incommode. Il en faut pour resister aux passions agreables & aux passions terribles, aux objets qui flattent, & aux objets qui effrayent. Il en faut pour regler l'Amour, voire l'honneste & legitime Amour. Il en faut pour contenir les ioyes permises & les plaisirs innocens, pour moderer les tristesses de deuoir, & les afflictions authorisées de la Nature & de la coustume. En vn mot,

PREFACE

il n'y a point de Vertu Chrestienne, ny de Vertu Morale, à qui la force ne soit necessaire. Et par cette raison, ma Gallerie a plus d'estenduë que son frontispice n'en promet. Il y a place pour toutes les Vertueuses, de quelque nom qu'elles s'appellent, & les prudentes, les Chastes, les patientes, les Fidelles, les Courageuses, les Constantes, les pieuses, y peuuent toutes entrer, & tenir rãg sous le titre de Femmes Fortes.

L'assemblée en pouuoit estre plus grande que ie ne l'ay faite, & quoy que Salomon ayt esté en peine de trouuer vne seule Femme Forte, depuis son temps neantmoins, il en est venu assez pour en faire icy vne iuste colonie. De tout ce grand nombre i'en ay choisi vingt des plus renommées & des plus illustres. Et afin de ne les produire pas confusément & en desordre; ie les ay rangées en quatre bandes. La premiere est des Iuifues, la seconde des Barbares, à prendre le mot de Barbare, au sens qu'il estoit pris par les Grecs, la troisiéme des Romaines, & la quatriéme des Chrestiennes. Ie fais vne peinture de chacune, & le sujet de cette peinture est pris de l'endroit le plus éclairé & le plus fort de sa vie. Ces peintures, au reste, ne sont pas seulement superficielles; & du simple de dehors, comme celles de Philostrate, qui s'est contenté de dire ce qui se voyoit, & de copier les traits du pinceau, des traits de sa plume. Elles sont principalement de l'interieur, & de cette partie secrette, qui ne peut estre veuë ny exprimée que des philosophes. Elles sont de tous les traits & de tous les mouuemens du cœur : de toutes les postures &

de

PREFACE.

toutes les couleurs de l'ame : & la maniere, qui en est toute morale, vise plus à l'instruction des mœurs, qu'à la satisfaction de la veuë. Chaque peinture est accompagnée d'vn Sonnet, qui est vn autre tableau fait en petit : & le Sonnet est suiuy d'vn Eloge Historique : où est abbregée la vie de l'Heroïne, qui sert de suiet à la peinture. I'adiouste à l'Eloge vne reflexion morale, qui va plus droit & plus immediatement au profit & au reglement des mœurs. Et là ie fais remarquer, ce qu'il y a de plus vtile & de plus instructif dans l'exemple qui l'a precedé : i'establis des axiomes de pratique & tire des consequences d'vsage: i'auertis les Femmes de leurs denoirs & de leurs obligations: & leur fais prendre en grains & par gouttes, le pur esprit de la philosophie Chrestienne, & l'extrait de ses maximes, qu'elles ne prennent gueres qu'auec dégoust dans les liures, où il est sans assaisonnement & en masse.

En suite de cette Reflexion, & à propos des maximes qui y sont données, ie propose vne Question morale, où il y a dequoy satisfaire la partie intellectuelle, & dequoy fortifier l'appetitiue. Et apres l'auoir decidée à l'auantage de la Vertu, & à l'edification des Femmes que ie veux instruire ; ie confirme ma decision par vn exemple moderne, que ie prens chez nous, ou que ie fais venir de chez nos voisins, afin qu'estant veu de prés, il fasse plus d'impression & agisse auec plus de force. Ces Exemples, au reste, sont tous illustres & tous heroïques : ils ont tous du grand & du merueilleux, & ie les ay choisis de cette forme, afin d'ap-

*

PREFACE.

prendre à ceux qui courent apres les Phantosmes des Romans, que la verité n'est pas seulement plus instructiue, mais qu'elle est encor plus belle & plus diuertissante que le mensonge : & que les corps naturels sont plus lumineux, & ont plus de grace que toutes les spectres que fait la Magie. Quant aux Payennes que ie mets sur la montre, ie ne les y mets pas comme des modeles acheuez : ie sçay bien que leurs vertus n'ont esté que des vertus ébauchées ; & que le iour de la foy leur ayant manqué, elles sont demeurées imparfaites. Mais ie sçay bien aussi, qu'il y a de si belles ébauches, qu'on en peut tirer de quoy faire d'excellens tableaux. Et que par la mesme raison que le Fils de Dieu a allegué Niniue contre Hierusalem, & proposé Tyr & Sidon à la Iudée ; on peut bien alleguer des Payennes & des Barbares à des Chrestiennes : on peut bien proposer des Panthées à des Catherines, & des Zenobies à des Agathes.

Ie declare particulierement, que ie ne pretens point iustifier la mort de celles qui se sont tuées de leurs propres mains : quelque couleur que la Philosophie de ce temps-là ait donné à leur mort, & de quelque fard que les Poëtes l'ayent parée. Si elles ont eu de la force & de la grandeur de courage, ç'a esté vne force enorme & disproportionnée, ç'a esté vne grandeur sans allignement & hors d'œuure. Cela n'empesche pas neantmoins, que ces forces enormes, & ces grandes disproportionnées, n'ayent quelque chose à imiter. Il se peut faire apres vn Colosse, vne figure de

PREFACE.

...aste taille & fort regulière : dans la Morale aussi bien que dans la Dialectique, l'erreur peut seruir à la verité, & il se peut tirer vne bonne consequence d'vn mauuais principe.

Voila ce que i'auois à dire du dessein & de la structure de cét ouurage. Ie n'ay rien à aioûter de la diction, que ce peu de mots, par lesquels Sainct Ambroise conclud le second liure qu'il adresse aux Vierges. Puisque les gousts " des hommes sont si differens, & qu'il y a " autant de iugemens que de testes; s'il paroist " de la propreté & du soin en quelques endroits " de mon discours, ces endroits-là ne peuuent " raisonnablement déplaire à personne : s'il y " en a de meurs & de serieux, ils seront au goust " de ceux en qui la maturité du sang accompa- " gne la maturité de l'âge : s'il s'en trouue de " fleuris & d'agreables, ils n'offenseront point " ceux qui sont en l'âge des fleurs & de la gra- " ce, & on m'auoüera qu'il faut écrire pour " ceux-là aussi bien que pour les autres. Il ne me reste plus rien à dire au Lecteur : il peut entrer dans ma Gallerie quand il luy plaira : la Femme Forte que i'ay fait venir du Palais de Salomon, & que i'ay habillée à nostre mode, & parée des ornemens de nos Muses, luy en ouurira la porte.

LA FEMME FORTE
IMITE'E DE SALOMON.

Mulierem Fortem quis inueniet?
Prou. cap. 31, 10.

ODE PREMIERE.

Nfatigable Messagere
Qui sers au commerce du bruit,
Et voles de iour & de nuit,
D'vne aisle inuincible & legere :
Nymphe à cent bouches, à cent
  yeux,
Qui nais & qui meurs en tous lieux,
Etrangere par tout, par tout originaire,
Renommée apprend moy, s'il est dãs l'Vniuers,
Quelque Femme de cœur, dont il se puisse
  faire,
Vn modele, au portrait que i'esbauche en ces
  vers.

Est-elle de ces Isles feintes :
De ces lieux des Sens reculez,

LA FEMME FORTE.

Où les Tancredes sont moulez,
Où les Bradamantes sont peintes?
Est-elle des extremitez,
De ces Climats deshabitez,
Où le Ciel est confus, où la nature est mor-
   te?
Est-elle de l'humide, ou du sec Element?
Et l'Astre qui fait tout, fait-il la Femme For-
   te,
De la mesme façon qu'il fait le Diamant?

De quelque Païs qu'elle vienne:
Soit du vieux Monde, ou du nouueau,
Il n'est sur la Terre & sur l'Eau,
Beauté qui s'egale à la sienne.
Ces Dieux des auares humains,
Ces Metaux si chers, & si vains,
Ont moins de vertu qu'elle, & sont moins
   agreables.
Et le Ciel du Perou si fertile en thresors,
Dans ses thresors n'a point de perles côparables,
En lustre à son esprit, en graces à son corps.

La Femme Forte & courageuse,
N'est vn beau Phantosme armé,
Vn nuage peint & formé,
D'vne matiere fabuleuse.
Toutes les Braues des Romans,
Ne sont non plus que leurs Amans,
Que des Spectres enflez, que des Femmes hau-
   taines:
Et leurs exploits fameux par tout où le iour luit,
Ressemblent aux côbats de ces figures vaines,
Que la vapeur compose, & que le vent conduit

* iij

LA FEMME-FORTE.

Non pas que l'esprit de conqueste,
Soit au Second Sexe estranger :
Non pas qu'on ne puisse ranger,
Le grand cœur sous la belle teste.
Les plus magnanimes efforts,
Ne sont pas des plus rudes corps :
La Grace se peut ioindre à la Vertu guerriere,
Les Heros n'estoient pas tous ongles & tous dents :
Et c'est d'vn feu tout pur & non de la matiere,
Du sang & non des os, que se font les Vaillans.

    Les Abeilles ces sœurs volantes,
Qui dans des pauillons de bois,
Tiennent leur camp, gardent leur Roy,
Sont toutes vierges & vaillantes.
Les graces & la majesté,
La modestie & la beauté,
En la Reyne des fleurs s'augmentent sous les armes :
L'esprit, le feu, l'éclair, s'espandent de son cœur ;
Ses traits n'empeschent point l'vsage de ses charmes,
Et l'audace en son teint se mesle à la pudeur.

    Telle on vid iadis Rodogune,
Vaincre des mains, vaincre des yeux,
Suiuie aux perils glorieux,
Par les Graces & la Fortune.
Telle aux Perses pris & deffaits,
Par son courage & ses attraits.
De Thomyre parut la fameuse victoire ;
Et Zenobie encore fut telle en ces exploits,

LA FEMME FORTE.
Du Brave ambitieuse, elle affecta la gloire,
D'aller l'arc à la main à la chasse des Roys.

    Non loin des rives de la Meuse,
  La noble & sage Saint-Balmon,
  Conserue l'exemple & le nom,
  De cette grace courageuse.
  Son épée est à sa pudeur,
  Ce que l'épine est à la fleur ;
Et d'vn double Laurier la Gloire la cou-
    ronne.
Elle a tout ce qui force, elle a tout ce qui
    plaist :
Et ioint Muse guerriere & sçauante Bellon-
    ne,
Les arts de la Campagne aux arts du Ca-
    binet.

    Mais cette vertu violente,
  N'est pas tout l'esprit d'vn grand cœur :
  Et le sang n'est pas de l'honneur,
  La teinture la plus brillante.
  Il est vne valeur de paix,
  Aussi noble & d'aussi beaux faits,
Que cette turbulente à la guerre occupée :
Loin du bruit & sans fer il se rend des com-
    bats :
Tout laurier ne veut pas se couper de l'épée ;
Et la teste a sa force aussi bien que le bras.

    La crainte de Dieu, la constance,
  La pudeur, la fidelité,
  D'vne Femme de qualité,
  Sont les armes, sont la vaillance.

LA FEMME FORTE.

Ses vertueuses actions,
Luy donnent des occasions,
De combats non sanglans & de victoires calmes.
Et sans tacher ses mains, sans aigrir sa vertu,
Sedentaire Heroïne, elle rient sous ses palmes,
La passion liée, & le Vice abbatu.

Le Plaisir ce doux aduersaire,
Sous qui tant de fameux Vainqueurs,
Portent vn joug tissu de fleurs,
Est trop foible pour la défaire.
Ses sens de pudeur sont armez,
Contre ses traits enuenimez,
Qui sans blesser le corps, blessent le cœur des Braues,
Et libre des filets que tend la Volupté,
Elle rompt ces liens, par qui les Roys esclaues,
Sans perdre leurs Estats perdent leur liberté.

Il luy souuint de Cleopatre,
Dont le celebre desespoir,
Encore aujourd'huy se fait voir,
Auec pompe sur le Theatre.
Elle diffama la Beauté,
Prostitua la Royauté,
Abusa des thresors de la terre & de l'onde,
Et par vn luxe enorme & fatale à sa Cour,
Ses Ayeux auoient fait les Miracles du Monde,
A beaucoup moins de frais qu'elle ne fit l'amour.

LA FEMME FORTE.

De longs & tragiques supplices,
Furent les fruits de cét amour :
La saison des pleurs eut son tour,
Apres la saison des delices.
Le Sceptre enfin luy fut osté ;
Son Phantosme à Rome porté,
Esclaue de parade, entra chargé de chaisnes.
L'Aspic qui luy fit vn trépas parfumé,
A son ame liurée à d'eternelles gesnes,
Deuint dans les Enfers vn Serpent enflame.

De ma sage & forte Heroïne,
La teste non moins que le cœur,
Est incorruptible à la fleur,
Est impenetrable à l'épine,
Sous les pointes du mauuais sort,
Elle aura iusques à la mort,
L'esprit tousiours égal, & l'Ame tousiours belle ;
Comparable à la Rose, à qui l'aduersité
De cens petits poignars qui naissent autour d'elle,
N'altere point l'odeur, ny n'oste la beauté.

Qu'vn bien luy vienne ou se retire,
Sans estre prise elle le prend :
Et sans violence le rend,
Du moment que son temps expire.
Tout cét appareil de dehors,
Le train, les honneurs, les Thresors,
Luy sont ce qui est à l'Arbre vn verdoyant feüillage ;

**

LA FEMME FORTE.

Elle en connoiſt le prix & ſçait bien s'en ſeruir
Mais ſans ſe plaindre au Ciel, ſans ployer ſou
 l'orage,
Elle les quitte au vent, qui les luy vient
 rauir.

Son cœur n'eſt pas vn cœur de roche;
Et ſon eſprit pour eſtre fort,
N'eſt pas inſenſible à la mort,
D'vn Eſpoux, d'vn Fils, ou d'vn Proche.
Ses pleurs coulent en leur faiſon;
Le ſens les donne à la raiſon:
Vn deuoir les épand, vn autre les eſſuye:
Et ſa triſteſſe en fait vn ornement pareil,
A celuy qui reçoit d'vne brillante pluye,
Vn nuage éclairé qui ſe fond au Soleil.

Voyez ces beaux corps ſans matiere,
Qui nous diſpoſent les ſaiſons,
Et de leurs mobiles maiſons,
Font la chaleur & la lumiere:
Qu'il greſle ou qu'il tonne ſous eux,
Ils n'en ſont pas moins lumineux,
Ny leurs faces n'en ſont moins belles dans l'o-
 rage,
D'vn pas iuſte & conſtant ils fourniſſent leur
 tour:
Et quelque tourbillon qui regne au bas eſtage,
Ils conſeruent au leur l'harmonie & le iour.

Telle eſt la Femme de courage;
La foule affreuſe des mal-heurs,
Ne peut deconcerter ſes mœurs;
Ne peut alterer ſon viſage.

LA FEMME FORTE.

Dans les temps les plus turbulens,
Sous les vents les plus violens,
L'orage, au tumulte, elle fait resistance.
Et sous les traits pressãs du mal qui la poursuit,
Semble vn Soleil d'hyuer, que son intelligen-
ce,
A la pluye, à la gresle, également conduit.

Cette fameuse Descendante
De Martyrs & de Conquerans,
Mariamne eut sous des Tyrans,
L'esprit haut & l'Ame constante.
Ses graces & sa majesté,
Suruirent son aduersité,
En des temps inégaux sa vertu fut égale
Iusques dans la prison elle garda son rang :
Elle mourut debout, & son Ame royale,
Ne quitta point sa pourpre, en respandant son
sang.

Telle sous la hache & la chaisne,
Et parmy les rigeurs du sort,
Stuart fut iusques à la mort,
De l'esprit libre & du cœur Reyne.
Son courage également haut,
Sur le Throne & sur l'échaffaut,
Ne bransla point du coup qui fit tomber sa
teste,
Et parmy les éclats de son Sceptre abbatu,
Le fatal accident, de la mesme tempeste,
Qui defit son bon-heur, acheua la Vertu.

Quand vn meilleur temps luy ramene,
Le bien, la gloire & la grandeur,

** ij

LA FEMME FORTE.

Le bon vent n'enfle point son cœur,
Ny ne luy rend l'ame hautaine.
Modeste en la prosperité,
Constante dans l'aduersité,
Elle est telle au dessus, qu'au dessous de la rou
La Fortune iamais ne luy tourne le sens :
Elle ne l'abbat point luy iettant de la bouë;
Et ne l'enteste pas luy donnant de l'encèns.

LA FEMME FORTE.

SECONDE,

Il se voit de vaines poupées,
   Qu'vn masque, vne iuppe, vn
      miroir,
   Tient du matin iusqu'au soir,
   Inutilement occupées.
Leur esprit se perd dans vn gan ;
Il embarasse d'vn ruban ;
Du bout de leurs cheueux sa sphere est limitée,
Leur plus haute science est le tour d'vn collet.
Toute leur vie est vuide ; & leur teste éuentée,
Se remplit d'vne mouche & d'vn point de fi-
    let.

   Ce sont des Idoles de plastre ;
   Des Phantosmes peints à grands frais ;
   Qui se figurent n'estre faits,
   Que pour la pompe & le theatre.
   Vn peu de sueur sur leur front,
   Détrempe leur fard & les fond :
Vn rayon de Soleil ternit toute leur grace :
Et comme en se iouant la Fortune les peint ;

          ** iij

LA FEMME FORTE.
En se loüant aussi la Fortune les casse,
Pour peu qu'à contre-temps sa boule les atteint.

   Loin de ces molles Affetées,
  La Femme Forte a ses employs :
  Sur les deuoirs & sur les loix,
  Ses actions sont concertées.
  Tranquille & sans oysiueté,
  Actiue auec serenité,
Elle sçait allier le labeur & les Graces,
Et ressemble aux porteurs des celestes flambeaux,
Qui font sãs s'abaisser les choses les plus basses:
Qui trauaillent tousiours, & qui sont tousiours beaux.

   Les affaires qu'elle manie,
  Prennent leur iour de sa raison :
  Elle est l'esprit de sa maison ;
  Elle en fait l'ordre & l'harmonie.
  Aux estranges non moins qu'aux siens,
  Elle est vne source de biens :
Elle est des affligez l'Estoille & le bon Ange :
Et quoy que le mal-heur aux Vertus soit fatal
La fortune vaincuë à la sienne se range ;
Et de sa boule enfin luy fait vn pied d'estal.

   Des Biens-faits, les canaux chez elle
  Vont tousiours, & sont tousiours pleins,
  On y puise de toutes mains ;
  La course en est perpetuelle,
  Pareille aux vaisseaux que le vent,
  Ramene chargez du Leuant.

LA FEMME FORTE.

Elle est de son Païs la richesse publique.
Et sa bonté s'égale en ses profusions,
A ces fleuues fameux dont le cours magnifique,
Sans espoir d'interest nourrit les Nations.

 Sans mesurer les interualles,
Ny les differences des rangs,
Pour les petits & pour les grands,
Ses bien-veillances sont égales.
 Ainsi ce beau Distributeur,
 Qui des iours est l'illustre autheur,
Auec égalité sa lumiere partage :
Il en donne aux Palais, il en donne aux Pri-
  sons ;
Et sans distinction de forme ny d'étage,
Il a la mesme face en toutes ses maisons.

 La sagesse regne en sa bouche ;
Et là d'vn discours mesuré,
Se compose vn lien doré,
A prendre les cœurs qu'elle touche.
 Sa mine & le ton de sa voix,
 Font des leçons, valent des loix,
Et donnent de la force à quoy qu'elle propose :
La grace en sa parole est iointe à la vigueur :
Et le bon sens s'éclost de ses léures de rose,
Comme sort vn bon fruit d'vne agreable fleur.

 Sa parole vaut vn dictame ;
Et les traits les plus mal-faisans,
Sous sa main rendus complaisans,
Sortent de blessures de l'Ame.
 Elle sçait arracher du cœur,
 Les épines de la douleur,

* * iiij

LA FEMME FORTE.

Elle sçait accoiser les troubles de la vie :
Le plus fort desespoir se rend à sa raison
Et des esprits piquez du serpent de l'enuie,
Sa bouche a la vertu de tirer le poison.

 Ses enfans sous sa nourriture,
 D'auis & d'exemples instruits,
 Dés la fleur luy rendent les fruits,
 Qui suiuent la bonne culture.
Leurs mœurs ont aussi de ses mœurs,
La viue empreinte & les couleurs :
Leur vie est de sa vie & l'eloge & l'image.
Elle se pare en eux & fait d'eux son atour :
Et comme s'ils estoient ses yeux & son visage,
Où leur vertu reluit, sa beauté fait du
 iour.

 Son Espoux heureux & fidelle,
 Croit auoir en elle vn thresor :
 Et prefere aux couronnes d'or,
 Le beau joug qu'il porte auec elle.
 L'amour est leur commune loy :
 Du nœu precieux de leur foy,
Iamais aucun soupçon ne rompa la tissure :
Nul filet d'interest n'entre dans ce lien :
L'vne est riche sans dot & belle sans parure :
Et de son amitié l'autre fait tout son bien.

 Elle n'est pas de ces hautaines,
 Qui font gloire de leur aigreur,
 Qui n'ont que du fiel dans le cœur :
 Que de la bile dans les veines.
 Deuote sans serenité,
 Pudique auec ciuilité,

LA FEMME FORTE.

Elle est sans aiguillon plus chaste que l'Abeille.
Sa beauté compatit auec la bonne odeur,
Et par sa modestie, à la rose pareille,
Sans en auoir l'épine, elle en a la pudeur.

    Sans se plonger dans la matiere,
    Ny s'empestrer de ses appas,
    Elle sçait des biens d'icy bas
    Tirer l'esprit & la lumiere.
L'Abeille ainsi tire des fleurs,
    Ces pures & claires sueurs,
Et ces gouttes d'émail dont elles sont baignées :
Ainsi de leurs esprits elle suce l'extrait ;
Et laisse pour les vers, & pour les araignées,
Les grossieres humeurs dont le venin se fait.

    Si l'honneur & la complaisance
    L'appellent à quelques ébas,
    Le deuoir gouuerne ses pas,
    Et la tient dans la bien-seance.
    Elle est instruite en tous les lieux,
    A garder ce iuste entre-deux,
Où iamais la vertu ne se trouue ternie.
Elle sçait distinguer le plaire du pecher :
Et dans le repos mesme obseruant l'harmonie,
Sans rompre aucun accord, elle sçait relascher.

    Ces Beautez de feu couronnées,
    Qui brillent dans le Firmament,
    Ainsi d'vn iuste mouuement,
    Dansent les mois & les années,

LA FEMME FORTE

Ainsi sur la route des iours,
Les plus beaux Anges vont aux Cours,
Dans des Globes d'argent meus auecque iu-
 stesse.
Ainsi Dieu fait son jeu des œuures de ses mains:
Et sans quitter son rang, la Diuine Sagef-
 se,
S'ébat dessus la Terre auecque les Humains.

Elle est propre sans artifice :
Et n'eut iamais l'ambition,
D'ériger en deuotion,
La negligence & l'auarice.
Dans l'éclat des meubles de prix,
Dans la richesse des habits,
Son esprit, de l'orgueil ne prend point la tein-
 ture,
L'or ne l'éblouyt point de sa vaine lueur :
Elle a sous le brocar des sentimens de bure :
Et ce qui luit sur elle, est obscur en son cœur.

Esther dans cét estat suprême,
Où l'éleua la Royauté,
Osta l'enflure à la Beauté,
Et l'arrogance au Diadéme,
Dans la gloire de ses atours,
Pareille aux Roses des beaux iours,
Elle sçeut à la pompe allier le cilice :
Et d'vn piquant habit son corps enuiron-
 né,
Satisfaisoit à Dieu, par vn libre supplí-
 ce,
Pour l'orgueil de son front de pourpre cou-
 ronné.

LA FEMME FORTE.

Iudith allant à la conqueste,
D'vn fier & barbare vainqueur,
Auoit la cendre sur le cœur,
Et les diamans sur la teste,
Les manicles, l'appretador,
Les colliers & les chaisnes d'or,
Pour elle auoient du sac le merite & l'visage,
Et dans vn attentat de zele & de vertu,
Holoferne se vit défait par son visage,
Auparauant qu'il fust de son bras abbatu.

Mais l'atour le plus magnifique,
Qui pare vne Femme d'honneur,
Ne vient ny du sein ny du cœur,
De la precieuse Amerique.
Ses ioyaux les plus estimez,
Ne sont pas de force exprimez,
D'vne coste Barbare, ou d'vne veine More.
Elle a des ornemens inconnus au Leuant :
Et son éclat n'est pas l'éclat d'vn Meteore,
Fait d'vne bouë illustre & porté sur le vent.

L'Or n'est que la bile éclaircie,
D'vn corps lourd, obscur & brutal,
L'Argent à nos yeux si fatal,
N'en est que l'écume endurcie.
Les diamans & les rubis
Ont peu de graces & moins de prix :
Les lumieres n'en sont ny, viues ny bien nettes :
Le luxe a corrompu leur plus pure clarté :
S'ils couronnent vn Astre, ils fardent cent Cometes,
Et le Vice s'en pare autant que la Beauté.

LA FEMME FORTE.

Ainsi sur la route des iours,
Les plus beaux Anges vont aux Cours,
Dans des Globes d'argent meus auecque iustesse.
Ainsi Dieu fait son jeu des œuures de ses mains:
Et sans quitter son rang, la Diuine Sagesse,
S'ébat dessus la Terre auecque les Humains.

Elle est propre sans artifice :
Et n'eut iamais l'ambition,
D'ériger en deuotion,
La negligence & l'auarice.
Dans l'éclat des meubles de prix,
Dans la richesse des habits,
Son esprit, de l'orgueil ne prend point la teinture,
L'or ne l'éblouyt point de sa vaine lueur :
Elle a sous le brocar des sentimens de bure :
Et ce qui luit sur elle, est obscur en son cœur.

Esther dans cét estat supréme,
Où l'éleua la Royauté,
Osta l'enflure à la Beauté,
Et l'arrogance au Diadéme,
Dans la gloire de ses atours,
Pareille aux Roses des beaux iours,
Elle sçeut à la pompe allier le cilice :
Et d'vn piquant habit son corps enuironné,
Satisfaisoit à Dieu, par vn libre supplice,
Pour l'orgueil de son front de pourpre couronné.

LA FEMME FORTE.

Iudith allant à la conqueste,
D'vn fier & barbare vainqueur,
Auoit la cendre sur le cœur,
Et les diamans sur la teste,
Les manicles, l'appretador,
Les colliers & les chaisnes d'or,
Pour elle auoient du sac le merite & l'vsage,
Et dans vn attentat de zele & de vertu,
Holoferne se vit défait par son visage,
Auparauant qu'il fust de son bras abbatu.

Mais l'atour le plus magnifique,
Qui pare vne Femme d'honneur,
Ne vient ny du sein ny du cœur,
De la precieuse Amerique.
Ses ioyaux les plus estimez,
Ne sont pas de force exprimez,
D'vne coste Barbare, ou d'vne veine More.
Elle a des ornemens inconnus au Leuant :
Et son éclat n'est pas l'éclat d'vn Meteore,
Fait d'vne bouë illustre & porté sur le vent.

L'Or n'est que la bile éclaircie,
D'vn corps lourd, obscur & brutal,
L'Argent à nos yeux si fatal,
N'en est que l'écume endurcie.
Les diamans & les rubis
Ont peu de graces & moins de prix :
Les lumieres n'en sont ny viues ny bien nettes :
Le luxe a corrompu leur plus pure clarté :
S'ils couronnent vn Astre, ils fardent cent Cometes,
Et le Vice s'en pare autant que la Beauté.

LA FEMME FORTE.

Les rays que la Vertu difpenfe,
Dans fon efprit & fur fon corps,
Luy font d'agreables threfors :
Luy font des atours fans dépenfe,
Les charmes en font innocens :
Sous les rides des plus vieux ans,
Ils gardent leur vigueur & conferuent leur grace :
Ils ont leur luftre à l'air, ils l'ont à la maifon :
La mode en eft par tout, iamais elle ne paffe :
Et leur fleur dure encore en l'arriere-faifon.

Qu'eft la Beauté la plus parfaite,
Sans honneur & fans pieté,
Qu'vn beau Temple des-habité ;
Et qu'vn agreable Comete ?
Qu'eft-ce qu'vne vapeur qui luit ;
Qu'vn Aftre qu'vn Demon conduit ;
Qu'vn éclattant fujet de fiéure & de tempefte ?
Qu'eft-ce qu'vn Bafilic funefte & glorieux ?
Elle naift comme luy la couronne à la tefte,
Et donne comme luy la mort auec les yeux.

La Femme deuote & pudique,
Merite feule de l'honneur :
Elle eft des fiens tout le bon-heur,
Elle eft leur Grace domeftique,
La pudeur & la pieté,
Iointes en elle à la beauté,

LA FEMME FORTE.

Font comme vn doux encens sur vn autel
 d'yuoire,
Elle est dessus la Terre vn celeste flambeau :
Et par son double lustre, elle égale la gloire,
D'vn bel Astre habité d'vn Ange encore plus
 beau.

TABLE

Des Peintures, des Questions Morales, & des Exemples de ce Second Volume.

Les Fortes Iuifues.

DEBORE, page 1. son Eloge, 6. Question Morale, *Si les Femmes sont capables de gouuerner*, 10. Exemple, ISABELLE Infante d'Espagne, Archiduchesse des Pays-bas, 14. MARGVERITE D'AVTRICHE Duchesse de Parme, Gouuernante des Pays-bas. 29

IAHEL, 35. son Eloge. 39. Question Morale, *S'il y eut de l'infidelité en l'actiō de Iahel*, 41. Exemple, IEANNE DE BETFORD Reyne d'Escosse, & CATHERINE DV GLAS. 45

IVDITH, 51. son Eloge, 57. Question Morale, *Du choix que Dieu a fait des Femmes pour le salut des*

Estats reduits à l'extremité, 60. Exemple, MARVLLE DE STILIMENE. 64

SALOMONE, 69. son Eloge, 75. Question Morale, *Si la religion est la principale vertu de la Femme Forte*, 77. Exemple, MARGVERITE MORVS, fille de Thomas Morus Chancelier d'Angleterre. 81

MARIAMNE, 87. son Eloge, 92. Question Morale, *Pourquoy les Femmes les plus parfaites sont ordinairement les moins heureuses*, 96. Exemple, BLANCHE DE BOVRBON Reyne de Castille, 99

Les Fortes Barbares.

PANTHE'E, 105. son Eloge, 111. Question Morale, *De l'ordre que la Femme doit garder en l'amour coniugal*, 114. Exemple, INGONDE ET CLOTILDE de France. 119

CAMME, 131. son Eloge, 135. Question Morale, *Pourquoy l'Amour coniugal est plus fidele du costé de la Femme que du costé de l'Homme*, 138. Exemple. SANCHE DE NAVARRE. 144

ARTEMISE, 153. son Eloge, 158. Question Morale, *Quel doit estre le deuil de la Femme Forte, & quels les deuoirs de son venfuage*, 160. Exemple. BLANCHE DE CASTILLE Reyne & Regente de France, 164

MONIME, 173. son Eloge, 179 Question Morale, *S'il est du deuoir de la Femme Forte, d'exposer sa vie pour donner à son Mary le repos d'esprit*, 182. Exemple. LA BRAVE HONGROISE, 187

ZENOBIE, 193. son Eloge, 199. Question Morale, *Si les Femmes sont capables de vertus militaires*, 204. Exemple. IEANNE DE FLANDRES Comtesse de Montfort, 210

Les

Les Fortes Romaines.

LVCRECE, 217. son Eloge, & son Apologie 224. Question Morale, *Si la Chasteté est de l'honneur des Heroïnes & des grandes Dames*, 227. Exemple, GONDEBERGE DE FRANCE Reyne de Lombardie, 234.

CLELIE, 245. son Eloge, 252. Question morale, *Si la vertu des Femmes est d'aussi grande vtilité, pour le Public, que la vertu des Hommes*, 255. Exemple, THEODELINDE reyne de Lombardie, 264.

PORCIE, 273. son Eloge, 278. Question morale, *Si les Femmes sont capables de la haute generosité*, 281. Exemple, FRANÇOISE DE CEZELY Dame de Bary, 288. *& suivantes*.

Fin de la Table des Peintures de ce Premier Volume.

***

TABLE

Des Matieres principales contenuës au premier Volume de la Gallerie des Femmes Fortes.

A.

Abelites conseruez par la prudence d'vne Femme. 64
Abradate, sa peinture, & sa mort. 105. *& suiuant*.
Adalulfe accuse Gondeberge, & apres est puny de sa calomnie. 231
Aduersité, elle est ordinaire aux choses parfaites, & aux personnes excellentes. 96 raison de cela. 97. l'Aduersité est Instructiue, ibid. elle sert aux belles, ibid. elle doit estre soufferte auec patience, afin qu'elle profite. 98. & 99.
Amaulry, sa cruauté enuers Clotilde sa Femme. 127
Amans, les yeux des Amans sont penetrans & prophetiques. 120
Amitié, Il y a des Amitiez honnestes entre personnes de Sexe different. 242. ces Amitiez doiuent estre discrettes & retenuës, ibid. Voyez au 2. Volume.
Amour est le plus grand de tous les Sorciers. 101
Amour, il y a des Amours austeres & philosophes. 109. l'Amour coniugal doit estre fort & serieux. 113. l'Amour ordonné est difficile & de grande vertu. 114
Amour, quel ordre il faut obseruer en l'A-

DES MATIERES.

mour. ibid. l'Amour ordonné est necessaire à la Femme Forte, & est la forme de toutes les Vertus, 115. quel doit estre l'Amour de la Femme enuers son mary, ibid. *& suiuant*. Voyez au 2. Volume.

Artemise, sa peinture. 153. son Eloge. 158 *& suiuant*: En quoy elle est imitée par les Dames Chrestiennes. 159

Aurelian espouse la fille de Zenobie. 202

B.

Balagny, courage, hardiesse & vaillance de la Mareschale de Balagny. 208

De Barry prefere son deuoir à sa vie, & ayme mieux mourir que de se rendre. 290. *& suiuant*, sa constance & sa generosité. ibid.

Beauté, elle est vtile & de grande efficace pour le gouuernement, ibid. toutes choses sont bien-seantes aux belles personnes. 107. la beauté est vn bien dangereux. 137

Beauté chasse aux yeux, & aux cœurs. 193

Beauté est dangereuse & de difficile garde. 217

L'inclination au Beau est naturelle aux Femmes. 286. Voyez au 2. Volume.

Biens de cette vie sont incommodes & dangereux. 137. Voyez Biens au 2. Volume.

Blanche de Bourbon Reyne de Castille, son mariage auec Pierre le Cruel tres-malheureux. 100. sa prison & sa mort, ibid. tout le monde se ligue en vain pour le remettre. 101.

Blanche Mere de saint Loüys fut la plus Illustre des quatre Veufues celebres de son

*** ij

TABLE

siecle 164. ses misericordes publiques 169 elle est le modele d'vne viduité forte & constante, ibid. & 167. ses soins pour l'instruction du Roy son fils, ibid. la force & l'adresse de sa conduite, 168. ses victoires militaires & pacifiques, 169. elle est attaquée par la calomnie, & la surmonte, ibid. & suiuant.

Bonsuique Angloise, vaillante & ennemie des Romains. 208.

C.

Calomniateur puny exemplairement, 237. & suiuant.

Camme, sa peinture, sa fidelité; son courage, & sa mort, 131. & suiuant, son Eloge. 135

Catherine du Glas, son courage & sa fidelité, 47

Catherine Lisse, fille vaillante ; sauue la ville d'Amiens. 208

Chasteté, quelle doit estre la chasteté des Chrestiennes, 227. la Chasteté est de l'honneur des Heroïnes & des grandes Dames aussi bien que des autres Femmes 229 Voyez Chasteté au 2. Volume

Clelie, sa peinture 245. son Eloge. 252. la belle leçon qu'elle fait aux Dames Chrestiennes. 254

Clotilde, son Mariage auec Amaulry est funeste, 127 sa constance en la foy, ibid. elle enuoye en France son mouchoir teint de son sang. 128 Childebert va en Espagne pour la retirer. ibid.

DES MATIERES.

La Colere est glorieuse quand elle succede à l'Amour. 185

Colere, elle aiguise la force & fait la vaillance. 205

Comte d'Atholles, son crime execrable. 46
sa punition. 48

D.

Dames, les grandes Dames sont plus obligées à la pudicité que les autres, 230. elles ont des devoirs à part. 284

Debore, ses vertus & ses perfections. 6. elle harangue sous la palme. 1

Delicatesse, elle n'est pas incompatible auec la Vaillance. 206. Il se voit quantité de choses delicates qui sont vaillantes, ibid.

Delicatesse du corps n'empesche pas la force de l'Ame. 273

Deüil, le deüil des Veufues Chrestiennes, doit estre moderé. 160. Il doit estre fort & laborieux. 163

Deuotion, les grandes n'en doiuent pas moins auoir que les petites, 28. quelle doit estre la deuotion des Grandes, ibid. *& suiuant.*

Dieu montre sa puissance & sa sagesse au choix qu'il a fait des Femmes pour le salut des Estats. 63. L'Esprit éleué en Dieu est seul capable de force. 80

Droit des Payens a esté defectueux. 225

E.

Eleuation de l'Esprit en Dieu fait toute seule la force d'vne Ame. 80. quels

fruits reuiennent de cette éleuation. ibid.
Elisabeth de Hongrie Vefue charitable.
  L'Empereur Frederic en sa canonisation
  luy presenta trois couronnes d'or. 166
Espagne, elle doit sa foy à la France, 119. elle
  est estimée fatale aux Princesses de France,
  128. elle a engendré la matiere des grandes
  Princesses que la France a formées. 164.
Esprit, la force de l'Esprit se fait de son éle-
  uation en Dieu. 80.
Estats côseruez par des Femmes, 64. & suiuant.
Exemple, le mauuais Exemple que donnent
  les Personnes de condition est le plus scandaleux. 232.

F

Felicité, elle n'est pas dans les grandeurs
  ny dans les richesses, 94. 181. & 182. La
  Felicité des Grandes est vne Felicité de
  Theatre, ibid. fausse peinture de la Felicité
  ibid., la Felicité exterieure n'est pas pour la
  vertu. 96
Felicité exterieure n'est pas le partage des
  personnes parfaites ibid.
Femmes choisies pour la deliurance du Peuple de Dieu. 40
Femmes, elles sont capables de gouuerner. 10
  leur temperament n'est pas incompatible
  auec la prudence & la magnanimité. 11
  Exemples de celles qui ont gouuerné heureusement, 13. & suiuant. Elles ont esté
  choisies de Dieu pour le salut des estats de-
  sesperez & pourquoy 61. & 62. Exem-

DES MATIERES.

ples de ce choix. 64.

Femme forte, elle ne peut estre sans Religion, 77. & 78.

Femmes, elles ont le cœur de mesme matiere que les Hommes; & sont aussi capables de grandes actions, 63 64. comme elles se doiuent preparer aux grandes actions, ibid. en quoy elles doiuent seruir l'Estat, 113. leur principal ornement est en la gloire de leurs Marys, ibid. elles ayment plus constàmment & plus fidellement que les Hommes, 138 & suiuant.

Femmes, Exemples des Femmes qui sont mortes pour l'Amour de leurs Marys, 138 les Femmes sont plus melancoliques & plus humides que les Hommes, 140. elles sont parties de l'Homme, ibid. elles en reçoiuent des offices continuels, ibid. leur honneur est dans la fidelité, ibid. leur repos dans l'amour de leurs Marys, 142. le cœur de la Femme n'a qu'vne pente par où il se peut décharger, ibid. la colere des Femmes est dangereuse, 145. la felicité des Femmes ne consiste pas en la grandeur, 181. à quoy les Femmes sont obligées pour guerir leurs Marys Ialoux, 182. & suiuant. Elles sont capables des Vertus militaires aussi bien que les hommes, 204. & suiuant.

Femmes, elles sont éloignées des fonctions de la guerre par la seule coustume, 214. leur delicatesse est plus de la mauuaise nourriture que de leur temperament, 206. elles seroient aussi fortes que les hommes, si elles se desseichoient par le trauail du corps, ibid.

TABLE

Exemple des Femmes vaillantes & victorieuses des hommes, 107. & suiuant. Deux Femmes ont esté fondatrices de la Republique Romaine, 154. la Vertu des Femmes est vne vertu dépendante & particuliere, 157. Si la Vertu des Femmes est de plus grand vsage pour le public que celle des Hommes, 155 & suiuant.

Femmes, leur vertu est capable d'autant de force, & d'agir aussi generalement que celle des Hommes, 159. elles regnent dans les familles, 261. la bonne naissance & la bonne nourriture dépend d'elles, ibid. leur Vertu est plus suiuie que celle des Hommes, 263. les Femmes doiuent estre assistantes & cooperatrices de leurs Maris, dans les affaires, 280. Exemples des Maris qui se sont conseillez auec leurs Femmes, ibid. les Femmes ne doiuent pas estre loüées de generosité, 281. elles sont capables de toutes les fonctions de la haute generosité, 283. La Noblesse est des Femmes aussi bien que des Hommes, ibid.

Femmes, l'inclination au beau leur est naturelle 286. Voyez Femme au 2. Volume.

Ferrand Gonçales Comte de Castille, sa generosité, sa bonté, 146. est deux fois tiré de prison par sa Femme, ibid.

Feu materiel respecte le feu de la charité, 73.

Force, elle ne peut estre sans Religion, 77. elle a quatre deuoirs principaux, ibid. sans la Religion elle ne peut satisfaire à ces deuoirs, 78. l'éleuation d'Esprit qui fait la Religion peut

DES MATIERES.

peut toute seule fortifier vn Esprit. 73

Force, elle n'est pas vaillante, si elle n'est aiguisée par la colere. 295

Fortune, les grandes Fortunes sont les plus Inquietes & les plus tourmentées, 94. La Fortune est ordinairement contraire à la Vertu. 99

Fortune, son inconstance enuers Mitridate, 173. Voyez a 12. Volume.

Françoise de Cezely Dame de Barry, sa constance, & suiuant, sa generosité en la conseruation de Laucate, 288. & sa generosité apres la mort de son Mary, 295. elle demeure seule Gouuernante de Laucate, 298 son Eloge fait par la bouche de Henry le Grand. ibid.

G

Generosité, sa definition & ses fonctions, 282. Les Femmes en sont aussi capables que les hommes, ibid. La generosité se fait de l'Inclination au beau, 287. les femelles des animaux ont plus de generosité que les masles, ibid.

Gondeberge Reyne de Lombardie, sa pudicité calomniée & iustifiée, 236. *& suiuans*.

Gouuernement des Femmes est particulierement assisté de Dieu, 9. Il peut estre aussi fort & aussi iuste que celuy des Hommes. 11. Exemples de l'heureux Gouuernement des Femmes. 13

Gosunde, sa cruauté enuers Ingonde qu'elle tasche de peruertir. 120

****

Gufman le bon ayme mieux perdre son fi
que sa fidelité, 297. sa generosité est comparée à celle de Madame de Barry, ibid.

H

Hardiesse de Mucius. 251
Heduigue Duchesse de Silesie canonisée apres vn veufuage de 30 ans. 165
Hermenigilde est conuerty par Ingonde, 125
Il fait la guerre à son Pere, ibid. Il meurt Martyr. 126
Herode, sa Peinture, 90. furieux & repentant. 91
Hommes, ne se piquent pas de la constance à aymer, 142. Le bon Mary n'est pas vne qualité estimée parmy eux, ibid. leur cœur est sans contrainte, ibid. Ils sont sujets à plus de passions que les Femmes, ibid. Si la vertu des Hommes est de plus grande vtilité pour le public que celle des Femmes. 255
Hommes, leur Vertu est vne vertu de commandement, 256. elle semble plus vniuerselle & plus forte que celle des Femmes, 257. Ils doiuent communiquer leurs affaires à leurs Femmes, 280. Exemples là dessus ibid. *& suiuant.*
Hongroise courageuse qui meurt pour guerir la Ialousie de son Mary. 189. & 190.

I

Iahel loüée dans l'Escriture, 42. elle fut infidelle à Sixare, ibid. en quoy elle doit estre

DES MATIERES.

imitée par les Femmes, 40. sa fidelité heroïque. 44

Ialousie, sa description, ses emplois, 95. ses serpens & leur vsage, 90 combien elle est dangereuse. 95

Ialousie est vne maladie bizare & facile à prendre, 183. ses extrauagances, & ses visions, ibid. à quoy vne Femme peut estre obligée pour en guerir son Mary, 184. raisons de conscience & d'honneur qui obligent vne Femme d'en preseruer son Mary, ibid. étrange effet de la ialousie, 189. Exemple d'vne Femme qui meurt pour guerir la Ialousie de son Mary, ibid. Voyez Ialousie au 2. Volume.

Ieanne de Betfort, sa fidelité & son affection enuers son Mary. 45. & 46

Ieanne de Montfort Duchesse de Bretagne, son Eloge, ses guerres & ses exploits, 211 & suiuant.

Impudicité, elle est plus sale dans les Grandes Dames que dans les autres, 231. elle y est plus scandaleuse. 232

Ingonde, sa foy & sa constance, 120. elle conuertit Hermenigilde son Mary, ibid. elle meurt sainctement. 126

Isabelle Infante d'Espagne, ses auantages pour le gouuernement, 15. sa capacité & son Esprit, ibid. son action continuelle, 18. son courage & ses vertus militaires, 19. sa charité enuers les Soldats, 21. son adresse à la chasse, 22. sa mort bien-faisante, 24. sa vertu spirituelle & ciuile, 26. son authorité, 27. sa pieté serieuse & solide, 29. agreable seue-

**** ij

TABLE

rité de l'Infante. 25

Iudith, elle défait Holoferne, 51. ses armes 52. combien de sortes d'ennemis elle a vaincuë, 58. elle fut plus forte toute seule que la Iudée & l'Assyrie, ibid. belles Instructions que Iudith a laissées aux Femmes. 60

Iustice Diuine, elle arriue touslours à temps quoy qu'elle parte tard, 245. elle interuient en toutes les actions humaines, ibid.

L

LAucate conseruée au Roy par Madame de Barry, 188. & suiuant.

Lucrece, son Histoire, & sa peinture 217. son Apologie & son Eloge. 224

Lune, constancee de la Lune Vefue doit instruire les Femmes. 163

MAchabées, leurs combats & leurs victoires, 69. & suiuant.

Marguerite Morus, son Esprit, sa Science, 81 elle se fait prisonniere auec son Pere, & l'exhorte au Martyre, 83. Sa pieté, sa charité, sont approuuées par vn miracle, ibid. sa confession illustre. 84

Marguerite sœur de Philippe Auguste prend la croisade. 164

Marguerite d'Austriche Duchesse de Parme, son esprit, sa capacité, son courage, son

DES MATIERES.

adresse au Gouuernement des Pays-Bas. 30 *& suiuant.*

ariamne, sa Peinture, 87. son Eloge & ses Vertus, 92. *& suiuant.*

Marie Padille, ses Amours auec Pierre le Cruel. 100

Marulle, Fille courageuse & vaillante, chasse les Turcs de Stilimene, 65. son Eloge & ses vertus. 66

Mary, il faut de la prudence à le choisir. Il ne se doit pas choisir sous les armes, 67. La gloire du Mary est l'ornement de la Femme. 113

Mary, quels sont les deuoirs d'vne Femme enuers son Mary Ialoux. 183. 184

Mausolée, sa magnificence, & ses richesses, 153. *& suiuant.*

Mediocrité, elle est plus à estimer que la grandeur. 95

Mithridate, abandonné de la Fortune. 173. Il se fait mourir auec vne bague empoisonnée, ibid. sa ialousie & sa cruauté enuers sa Femme 175

Modestie, elle doit estre le commun ornement des Femmes. 122

Melancolie est la matiere de la constance & l'huile de l'amour. 140

Monime, sa Peinture & sa mort, 173. Sa constance, sa pudicité & son courage, 179. elle se veut estrangler de son Diadéme, ibid. elle est mal-heureuse dans la grandeur, 180. quels enseignemens elle donne aux Femmes, ibid. *& suiuant.*

Morale des Payens a esté tres-imparfaite,

**** iij

TABLE

224. & suiuans.
Mort tragique de Iacques Roy d'Escosse. 41
Mort exemplaire du Comte d'Atholles, ibid.
Mort des Iustes est heureuse quoy qu'auancée, 76. Voyez Mort au 2. Volume.
Morus Chancelier d'Angleterre, sa constance en la foy, & son Martyre, 81. & suiuans.
Mucius, sa hardiesse & son courage. 251

N

Noblesse, elle a vne obligation particuliere à la pureté. 229
Noblesse, elle est commune aux Hommes & aux Femmes. 283

O

Obeïssance renduë aux Princesses, est plus souuent benie de Dieu. 9

P

Paix entre Haber, & les Cananéens, 44.
Panthée, sa peinture & sa mort, 105. son amour genereux enuers son Mary, 108. & 109. sa pudicité, 112. en quoy elle doit estre imitée des Chrestiennes. 113
Payens, leur Droit a esté imparfait, & leur Morale defectueuse. 224
Pierre le Cruel Roy de Castille charmé de l'amour de Marie Padille, 100. Il met sa Femme en prison & la fait mourir, ibid. on le croit ensorcelé, 101. Vn Phantosme

luy apparoist, 102. son obstination. ibid.

Porcie, sa peinture & sa mort, 273. son Eloge, 278. sa constance & sa fidelité, 279. belle leçon qu'elle a laissée aux Dames. 280

Prediction estrange, & son succez, il est dangereux de se fier aux Predictions. 48

Pudeur, est le commun tein des honnestes Femmes, 220. elle est l'ornement de toutes les Femmes, 230. & 231. Voyez Pudeur au 1. Volume.

Pudicité est l'ornement naturel des Femmes, particulierement des Grandes Dames, ibid. & suiuant.

Pudicité accusée à faux, & iustifiée, 236 & suiuant.

Pudicité, elle est libre, & ennemie de toutes sortes de chaisnes & de seruitude. 254

Puissances legitimes doiuent estre respectées de quelque Sexe qu'elles soient, 8. & 9. Puissance veritable, & puissance d'Imagination. 34

R.

Raymond Comte de Thoulouse, vaincu & reduit à l'obeïssance de l'Eglise par Blanche. 168

Religion, elle est la forme & l'Ame de toutes les Vertus, 77. Elle est la Vertu dominante de la Femme Forte, ibid. elle est necessaire à toutes les fonctions de la force, ibid. quel est le propre deuoir de la Religion, 78. & suiuant.

Rome doit sa Republique & sa liberté à deux

Femmes.

Roys, leur vie, & leur sang sont des choses sacrées, 48. Voyez Royauté au 2. Volume.

S

Salomone, sa Peinture, 69. ses combats & ses victoires pour la foy de ses Peres, ibid. ses vertus & son Eloge, 75. Instructions qu'elle a laissées aux Femmes. 76

Sancie de Nauarre, sa constance, sa fidelité, & son Amour Heroïque enuers son Mary prisonnier. 146

Semiramis fut vne Colombe dans le Cabinet, & vn Aigle à la Campagne, 218. Voyez Semiramis au 2. Volume.

Siget, sa prise par les Turcs, 187. exemple memorable d'vne Femme de Siget qui meurt auec son Mary ialoux. 188

Sinorix, son crime, & sa punition. 131

Sizare tué par Iahel, 35. auec Iustice. 42

Stilimene deliurée des Turcs par la vaillance d'vne Fille, 65. & 66

T

Tasse, sa doctrine scandaleuse, touchant l'honneur des Heroïnes, & l'honneur des Femmes, est refutée, 227. & suiuant.

Tarasie Reyne de Leon, sa colere implacable, & ses perfidies. 145

Theodelinde Reyne de Lombardie, abregé de sa vie, 264. son esprit & sa capacité, 265

DES MATIERES.

Authare Roy de Lombardie se deguise pour l'aller voir, & l'Espouse, 265. elle est esleuë Reyne de Lombardie apres la mort d'Authare, 267. elle a épousé Agilulfe, & le fait Catholique auec tout le Royaume, 268. elle remet l'Eglise dans ses droits, elle esteint la guerre qui menaçoit l'Eglise, 270. elle est louée de Sainct Gregoire.   ibid.

Thibaut Comte de Champagne est vaincu & reduit à l'obeïssance de Saint Loüys par la beauté de Blanche.   169

Thomyris Reynes des Scythes est victorieuse de Cyrus.   207

V

Vanité ridicule de quelques hommes, 236
Veufuage, quel doit estre le veufuage des Dames Chrestiennes, 160. Les veufues les plus desesperées ne sont pas les plus prudes, les larmes & la tristesse des veufues doiuent estre moderées, ibid. Les veufues doiuent estre dans leurs maisons, ce que la Lune est au monde en l'absence du Soleil. 162

Veufues saintes & illustres du temps de Blanche.   164

Vertu, elle est belle, & a de la grace en tout âge.   70

Vertu heroïque est du cœur, & non pas du sexe, 60. toutes les vertus sont fausses sans Religion.   76. 77

TABLE

Vertu, les vertus Payennes iugées par le droit Chrestien sont toutes coupables, 224
Vertus de la Cour sont des Pauures habillées richement & des laides fardées, 236

Vertu, celle qui commande la plus vtile, 256 La vertu des hommes est vne vertu de commandement, plus vniuerselle & plus forte que celle des Femmes, ibid. La vertu des Femmes est capable de commander aussi bien que celle des hommes, 259. autrefois elle a agy aussi vniuersellement que la nostre, ibid. elle est capable de vraye force, 260. La bonne disposition des Familles & des Republiques dépend d'elles, 261. La bonne naissance & la bonne nourriture seruent beaucoup à la vertu, 262. La vertu des Femmes est plus suiuie que celle des Hommes, 263. les vertus militaires sont plus celebres, & plus regardées que les autres & pourquoy. 264

Vertu, les vertus Payennes sont de folles Vierges, & ne seront point receuës au Ciel, 203 Les vertus modernes & Françoises, sont autant à estimer que les anciennes & les estrangeres, 288. Voyez au 2. Volume, Vertu.

Victoria Femme courageuse, & vaillante d'Occident. 202

Z

Zenobie chasse aux Lyons, 193. son courage, son adresse & sa beauté, 194. son

DES MATIERES.

portrait tiré de l'Histoire, 199. son eloquence, & sa pudicité, elle compose l'Histoire de Leuant, 200. son courage & sa vaillance à la guerre, 201. elle est vaincuë par Aurelian, ibid.

Fin de la Table des Matieres principales contenuës au Premier Volume de la Gallerie des Femmes Fortes.

DEBORE. lib. Judicum. Cap. 4.

LA GALLERIE DES FEMMES FORTES.

LES FORTES IVIFVES.

DEBORE.

CETTE contrée si agreable à la veuë, & si parée des richesses & des ornemens de la Nature, est la partie Occidentale de la Palestine. Il n'est pas que vous ne l'ayez reconnuë d'abord, & à cette verdure qui luy fait comme vn Printemps perpetuel: & à ces touffes de Palmes & de Cedres, qui sont comme des bouquets naturels qui la couronnent. Ces Bourgs & ces Villes qui se montrent de loin, ne sont pas de la fondation

A

des Israëlites. Ils n'ont encore dressé en tout ce pays, que des Bourgs volans & des Villes ambulatoires. Ils n'ont basty que de toiles & de cordages, toutes leurs maisons n'ont esté iusques icy que des tentes: Et dans les guerres opiniastres & continuelles qui les ont occupez, ils ont plus pensé à aguerrir des Soldats & à former des Capitaines, qu'à loüer des Massons & à faire des Architectes. Encore aujourd'huy, tout le pays est en bruit de la guerre qui se prepare contre les Cananéens. Dix mille hommes choisis de deux Tribus, se sont déja auancez vers le Mont Thabor: & les Gens que vous voyez en armes autour de cette grande Palme, sont les Notables du peuple, que Debore Prophetesse & Gouuernante d'Israël, a retenus auec Barach, pour les instruire des ordres de la guerre, & les exciter à bien faire.

Vous ne vistes iamais vn Tribunal pareil à celuy de cette Gouuernante. Il entre veritablement plus d'éclat & plus d'orgueil dans les Thrônes des Roys: mais il y entre moins de majesté naturelle, & moins de vaine gloire. Ce n'est pas la besongne d'vn an, ny le chef-d'œuure d'vn Sculpteur: il est de la façon du Soleil, de cét Ouurier illustre & vniuersel, qui fait les métaux & les pierreries. Et vous pouuez croire, qu'y ayant trauaillé tout vn siecle, il ne luy a pas épargné cét esprit de souueraineté, & ces rayons agreables & majestueux, qui attirent le respect en ébloüissant la veuë. Son plus grand lustre pourtant, & sa principale gloire, luy viennent de Debore, qui luy a

DES FEMMES FORTES.

donné son nom, & l'a choisi pour le Siege de sa Iustice. Les graces quand elle donne audience sous cette Palme, luy seruent de Heraux & de Gardes; & à tous les arrests qu'elle prononce, il semble que chaque feüille se plie pour couronner ses paroles.

Certes, aussi on n'ouyt iamais vne femme parler plus souuerainement, ny auec vne authorité accompagnée de plus de douceur & de plus de force. La Prophetie & le Droit ne s'expliquerent iamais par vne plus puissante bouche. Et cela est merueilleux, que toutes les charges de la Royauté, qui sont si lourdes & si embarassantes, ne pesent point à vne si belle teste. Cent fois elle a rendu des iugemens, & reglé des parties sous cette Palme. A present elle y donne des ordres pour le combat, & exhorte des Capitaines: Et dans peu d'heures, on la verra à la teste des troupes, ioindre l'action au commandement, & contribuer son courage & son exemple, à la victoire qu'elle a prophetisée. Quoy que vous n'entendiez point sa langue, & que sa voix mesme n'arriue pas iusques à vous, sa mine pourtant est intelligible & persuasiue toute seule: son geste & ses regards donnent de la force & de l'éclat à sa parole; & de ses yeux qui sont les deux plus belles pieces de son eloquence, il sort ie ne sçay quoy de vigoureux & de brillant, qui se feroit entendre des sourds, & persuaderoit les incredules, qui mettroit le feu dans les ames les plus froides, & exciteroit les plus assoupies & les plus pesantes.

Barach & les autres Chefs qui l'écoutent, en ont pris vn second courage & vn nouueau zele : Ils combattent desja du desir & de la pensée, de l'agitation de leur cœur & de la fierté de leur visage. La meslée est chaude en leur imagination, & les ennemis defaits y prennent la fuitte. Il n'y a point là de soldat si mal armé, il n'y a point de Chef si peu aguerry, qui n'ayt des visions victorieuses, qui tout seul & sans coup frapper, ne chasse toute vne troupe de Cananéens, qui ne se figure tenir la teste de leur General, & la couronne de leur Roy mis à la chaisne. Mais il ne s'est pas encore versé vne goute de sang en ces combats imaginaires: il ne s'y est pas rompu vne lance ny jetté vn trait, & les Ennemis auroient beau jeu, s'ils n'auoient point d'autre défaite à craindre. Il y a bien vn autre champ de bataille & d'autres dangers qui les attendent. Ils n'auront pas à se défendre de si loin ny à combattre des feintes. Et par vne reuolution qu'ils n'attendent point, & que la prudence humaine ne sçauroit preuoir, leur fortune qu'ils croyent si bien establie, & qui est gardée d'vne si grande multitude de chariots armez & de machines offensiues, sera bien-tost abatuë par deux femmes.

Voyez comme cette Palme en couronne déja l'vne par auance. Elle n'a pas seulement le nom de Debore, elle semble estre animée de son esprit, & auoir comme elle vne ame guerriere & vn instinct prophetique. Sa verdure plus gaye & plus agreable que de coustume, est vn presage de victoire : Ses bras mesme courbez autour de la Regente, applaudissent à ses promesses, & donnent courage à ses Auditeurs: Vous diriez qu'ils luy conjoüissent de son

DES FEMMES FORTES.

Triomphe prochain, & qu'ils luy demandent pour leur part du butin, vn Trophée d'armes du General des Ennemis. Mais voila Debore armée & toute preste au combat. Son bras esleué témoigne l'impatience de son zele: Et son cœur paroist desia tout en feu dans ses yeux & sur sõ visage. Sa grace pourtant n'en est point alterée, son animosité est bien-seante & modeste; & de cette petite fierté, qui est comme vne fleur de bile, & vne teinture de zele adjoustée à ses agrémens naturels, il se fait vne troisiéme qualité, & vn meslange de force & de douceur, qui fera vn double effet sur les Ennemis, & leur imprimera tout à la fois & d'vne mesme veuë, la terreur & la reuerence.

SONNET.

Debore parle.

SIBILLE Conquerante, & Prophetesse armée,
Ie seruis Israel du bras & de la voix:
Et mes predictions iointes à mes exploits,
Firent d'vn double bruit retentir l'Idumée.

De mes iustes Arrests l'equité renommée,
Sous ma palme erigea mes paroles en loix:
Et la marque qui fait les Iuges & les Rois,
Me fut du doigt de Dieu sur le front imprimée.

Que ne peut la Vertu conjointe à la beauté?
Sans pourpre elle me mit dans vne Royauté,
Qui n'éprouua iamais ny ligues ny rebelles:

I'y fus en seureté sans Gardes & sans Forts,
Et sans faire à mon peuple vn ioug de citadelles,
En regnant dans les cœurs, ie regnay sur les corps.

ELOGE DE DEBORE.

L'HISTOIRE n'a point de Femme Forte plus ancienne que Debore, à qui ie donne le premier lieu en cette Gallerie. Elle succeda à Moyse & à Iosué. Et herita du premier l'esprit de Prophetie, du second le courage & la vertu militaire ; & de tous les deux, la Magistrature & l'Authorité. La Prestrise exceptée, elle exerça toutes les charges, & remplit toutes les dignitez de ce temps-là ; & de ses graces diuisées, il se fust fait vn Prophete, vn Iuge, & vn Capitaine. Ses Audiences auoient ie ne sçay quoy de militaire : elle y exerçoit comme vne Magistrature de campagne, & les donnoit sous vne Palme de son nom, qui luy faisoit comme vn Tribunal de triomphe, & qui couronnoit ses arrests aussi bien que ses victoires. Dieu l'ayant choisie pour rompre le ioug de son peuple, & le tirer de la seruitude des Cananéens, elle assista à la bataille que leur donna Barach, & contribua ses predictions, sa conduite & son courage à la gloire de cette iournée. Elle y contribua iusques à ses dernieres esperances : & quoy qu'elle fust vefue, & que son mary ne luy eust laissé qu'vne estincelle de reste, pour vser d'vn mot sacré, elle y hazarda auec cette estincelle, la ressource de son sang, le fondement de sa maison, & la semence de sa posterité. Ie par-

-le au sens des Docteurs, qui ont crû que Barach estoit fils de cette excellente mere, qu'il estoit deuenu Soldat & Capitaine sous sa discipline, & auoit appris d'elle à combattre, à commander & à vaincre. De sorte que de son temps, pour ioindre mes paroles à celles de saint Ambroise, il se vid vne vefue Gouuernante d'vne Nation sainte : Vne Vefue distributrice des droits & arbitre des deuoirs : vne Vefue mediatrice entre Dieu & son peuple : vne Vefue Intendante de la paix & de la guerre : vne Vefue directrice des combats & de la victoire : vne Vefue Generale d'Armée, voire Mere & Maitresse d'vn General d'Armée. Et les Iuifs intraitables & mutins, que nulle prudence d'homme ne pouuoit gouuerner en temps de paix : les Iuifs lasches & abbatus, que nulle vaillance d'homme ne pouuoit deffendre en temps de guerre, furent policez & aguerris, deuinrent dociles & victorieux sous la Regence d'vne Vefue. La merueille est, & il faut l'adjouster icy pour couronner sa memoire, qu'il ne s'est fait aucune plainte, ny ne s'est remarqué aucune faute de cette Regence. Et l'Ecriture sainte qui n'a pas caché les manquemens des Patriarches, & qui a montré à la Posterité, la défiance de Moyse & d'Aaron, l'imprudence de Iosué, l'incontinence de Sanson, la cheute de Dauid, & les folies de Salomon, n'a rien trouué à dire en Debore, & ne nous a laissé que ses Propheties & ses Hymnes, que ses loix & ses victoires. Cét exemple est merueilleux, & nostre Sexe a quelque sujet d'en prendre de la ialousie. Il y eut en cette femme dequoy faire trois

A iiij

grands hommes; & ce triple esprit qui luy fu donné tout à la fois & en gros, pouuoit suffire au gouuernement de trois Races, s'il eust esté mis separément & donné par interualles.

REFLEXION MORALE.

IL se voit de temps en temps de ces exemples, afin que nous soyons auertis, qu'il peut bien y auoir des Ames de la premiere grandeur en des Corps du second sexe, que les instrumens que Dieu employe, ont leur vertu de sa main, & non pas de leur matiere : & que l'authorité & l'impression de son doigt sur quelques visages qu'elles soient, meritent du respect & demandent de l'obeyssance. Nous deuons estre sousmis aux Puissances qu'il a establies, comme nous sommes sousmis à son Soleil & à ses Astres. Et comme nous n'entreprenons pas de donner des loix aux Astres, & de regler les routes du Soleil : mais nous les laissons à la conduite des intelligences qui les meuuent, & souffrons également & sans murmurer, la douceur & la force de leur action : Nous ne deuons pas aussi, par vne vsurpation illegitime, & qui seroit vn sacrilege d'Estat, nous eriger en Magistrats, & entreprendre de iuger nos Iuges, & de gouuerner nos Maistres : nous ne deuons pas degrader l'Authorité, ny faire de nos Souuerains nos Subalternes. Contentons-nous de prier Dieu qu'il les inspire, & cette priere faite, laissons-les à l'inspiration de Dieu, & à la conduite de leurs bons Anges, qui sont leur Conseil inuisible. Et quoy qu'il nous vienne de leur

DES FEMMES FORTES.

part, souffrons-le auec égalité d'esprit: & nous souuenons qu'il n'y a point de perte, qui valle la perte de l'obeyssance.

Certainement, si saint Paul veut que toute Ame soit sujette aux puissances Superieures, & qu'on souffre iusques aux Maistres les plus pesans & les plus insupportables : encore est-il plus iuste de se soûmettre aux Puissances qui ont le commandement doux & bien-seant, & qui sont comme Debore, assistées des belles vertus & des graces. Il semble que Dieu agit plus visiblement auec celles-là: & que son Authorité est plus lumineuse, & paroist plus nettement au trauers de la leur. L'obeyssance aussi qui leur est renduë, est plus ordinairement benie & victorieuse: & si nous considerons ce qui s'est fait sous Debore en Iudée, sous Pulcherie à Constantinople, sous Amalasonte en Lombardie, sous Isabelle en Espagne: & encore dernierement en Flandre, sous Marguerite d'Austriche, Duchesse de Parme, nous auouërons qu'il s'est fait des miracles sous le gouuernement des femmes, qui n'ont pas esté faits sous le gouuernement des hommes.

La main de Dieu n'est pas racourcie, & NOSTRE REGENTE, pour ne parler point des autres, a beaucoup de traits de la Regente Iuifue, elle a l'esprit de Sagesse qui est vne Prophetie habituelle, constante, & tranquille. Elle gagne des batailles de son Cabinet & du pied des Autels : Elle donne ses iugemens sous les Palmes du feu Roy, & sous les siennes : & si ses bonnes intentions ne sont empeschées, elle les rendra bien-tost sous l'Oliue, &

la paix fera le couronnement de ses Victoires.

QVESTION MORALE.

Si les femmes sont capables de gouuerner.

IE sçay bien qu'il y a des Politiques, qui ne sont pas pour le gouuernement des femmes: Mais ie sçay bien aussi, que ces Politiques ne sont pas les Euangelistes, & qu'il ne s'est point encore fait de Symbole de leurs dogmes. L'exemple de Debore est contre leur doctrine vne preuue celebre & prophetique. C'est vne declaration de Dieu, à laquelle il n'y a point d'axiomes à opposer. Et quand on void vne femme Regente de son peuple & Generale de ses Armes: vne femme qui a rendu des iugemens, & gagné des batailles : vne femme qui a eu la mission des Prophetes, & l'authorité des Iuges, qui estoient en ce temps-là des Souuerains particuliers, & des Roys sans onction & sans Diadéme: on ne peut dire que les femmes soiẽt absolument incapables de gouuerner : qu'en mesme temps on ne s'inscriue en faux contre l'Histoire sacrée: ou qu'on n'accuse de mépris, le choix que Dieu fit de celle-là pour le gouuernement de la Nation qu'il auoit sanctifiée.

Les Estats ne se gouuernent pas auec la barbe, ny par l'austerité du visage : Ils se gouuernent par la force de l'esprit, & auec la vigueur & l'adresse de la raison : & l'esprit peut bien estre aussi fort, & la raison aussi vigoureuse & aussi adroite dans la teste d'vne femme, que

DES FEMMES FORTES.

dans celle d'vn homme. Il y a des Astres qu'on appelle masles, il y en a qu'on appelle femelles, ceux-cy ne sont pas moins reglez ny moins actifs que ceux-là, ils n'ont pas moins de lumiere, ny ne sont conduits par de moins parfaites intelligences. Quant au defaut de chaleur & à l'excez d'humidité qu'on reproche aux femmes : outre que ce sont des differences superficielles, qui ne vont pas iusques à l'ame, ny ne peuuent mettre d'inégalité entre les esprits : on m'aduouëra que ce ne sont pas les chauds & les bilieux, les froids & les flegmatiques qui sont les Sages.

Disons encore, que s'il n'importe de quelle couleur & de quelle étoffe soit habillé le Pilote d'vn vaisseau, pourueu qu'il entende la Carte, & qu'il ayt la science des vents & des Estoiles: Il n'importe gueres plus, de quel sexe & de quelle complexion soit le corps, qui n'est que l'habillement de l'ame qui gouuerne. L'importance est, que cette ame soit instruite & bien conseillée : Et ce n'est pas de la masse que se forme l'instruction: ce n'est pas de la force des nerfs que naissent les bons conseils. Si l'esprit & la prudence venoient de si bas, les Legislateurs & les Sages de la Grece, auroient esté des Athletes. Cét ancien Senat, qui estoit la plus pure & la plus spirituelle partie du monde Romain, auroit esté vne compagnie de Gladiateurs : & encore auiourd'huy, les Ministres d'Estat se deuroient faire à la lutte & à la course, il faudroit les choisir entre les Forgerons & parmy les gens de Marine. Il s'est veu des Princes infirmes & delicats, à qui les affaires de deux Mondes ne pesoient point, & qui gouuernoient deçà & delà la Mer sans sortir d'vn Cabinet. Il s'en est veu de forts & de robustes, qui ployoient sous les plus legeres affaires, & qui se piquoient aux plus aisées & aux plus douces. Ils pouuoient estre d'excellens Lutteurs, mais ils ne valoient rien pour Princes : Ils estoient de la matiere des bras ou des pieds de l'Estat, & en pouuoient porter toutes les charges : mais ils n'estoient pas de la matiere de la Teste, ils n'en auoient pas la forme ny n'en pouuoient faire les fonctions.

Ce n'est donc pas la partie vegetable qui fait les grands Princes: la bonne conduite n'est pas de la roideur des bras ny de la fermeté des espaules: le gouuernail se manie autrement que la rame, & il faut bien d'autres forces & d'autres mains pour le Sceptre que pour la coignée. Les femmes peuuent non moins que les hommes auoir ces mains & ces forces : la prudence & la magnanimité, qui sont les deux principaux instrumens de la Politique, sont de l'vn & l'autre sexe. Il se parle autant de la veuë & du courage des Aigles femelles, que des Aigles masles. Le cœur de la Lyonne est aussi grand que le cœur du Lyon : Et la palme peut aussi bien que le palmier, seruir à faire des couronnes & à porter des trophées.

Les femmes sont accusées de luxe, d'inconstance, de foiblesse: & on en allegue des exemples de grand bruit, & qui ne peuuent estre desauouez. Mais certes, les vices sont des personnes, & non pas des sexes : & si nous quittons la raison, pour agir par productions & par me-

DES FEMMES FORTES.

noires: ie crains fort que le Regiſtre des mauuais Princes ne ſe trouue plus gros & plus remply, & leurs actes plus noirs & plus tachez de ſang, que ceux des mauuaiſes Princeſſes. Diſons-le franchement, noſtre Achab ne valoit gueres mieux que leur Ieſabel, ny noſtre Manaſſez que leur Athalie. Noſtre Tibere & noſtre Caligule n'eſtoient pas meilleurs que leur Cleopatre & leur Meſſaline: & trois ou quatre heures du regne de Neron, ont eſté plus funeſtes à l'Empire Romain, que toute la vie d'Agrippine ſa mere, ſi l'on en excepte la nuict qu'elle le conceut, & le iour qu'elle en accoucha.

Non ſeulement les femmes nous peuuent reprocher les Monſtres de noſtre ſexe, qui ont des-honoré les Diadémes & ſaly les Sceptres. Elles peuuent encore alleguer les vertus & les graces du leur, qui les ont portez auec dignité, & maniez auec adreſſe. Et pour ne faire point venir icy les Amazones, & les autres du temps des Fables, qui ſont les Eſpaces imaginaires de l'Hiſtoire: Zenobie conſerua les conqueſtes d'Odenate ſon mary, & ſouſtint ſans ployer toutes les forces de l'Empire. Pulcherie gouuerna ſous Theodoſe & ſous Marcien: & eut aſſez de vertu pour fournir aux deuoirs de deux Empereurs, & à la felicité de deux Regnes. La Regence de Blanche a eſté plus heureuſe à la France, que toutes les vies des Roys faineans. Mais il n'eſt pas neceſſaire de retourner ſi auant dans l'Hiſtoire, pour trouuer des femmes qui ayent gouuerné ſagement & auec courage. Il y en a dont la memoire eſt toute fraiſche, & qui ne font que ſortir de deſſus le Theatre.

EXEMPLE.

Isabelle Infante d'Espagne, Archiduchesse des Pays-bas.

J'Entends tous les iours, qu'on dit le mesme des Espagnols que des Eperuiers : & c'est vn mot commun, que les femelles valent mieux que les masles. Mais à mon goust, le mot est piquant & a trop d'aigreur : & il seroit bien plus ciuil, de dire auec vn de nos Autheurs, que les grandes Reynes & les femmes de commandement sont d'Espagne : comme les grands Roys & les Vaillans hommes sont de France. Pour n'alleguer que des exemples celebres & de bonne marque, Blanche mere de saint Loüis, Isabelle femme de Ferdinand, Marguerite fille de Charles-Quint, & Isabelle sa niepce, fille de Philippes second, sont d'assez bon lieu, & ont assez de credit pour deffendre cette verité : & leurs noms seuls sans autre discours, peuuent estre des argumens inuincibles & d'authorité souueraine, à ceux qui voudront prouuer que les Princesses d'Espagne entendent l'art de regner fortement & de bonne grace, qu'elles sçauent manier le Sceptre auec adresse : & qu'il n'y a point de si pesante couronne, qui ne soit bien appuyée sur leur teste. Ie reserueray les deux premieres à vn autre sujet, & me contenteray de donner icy vn crayon des deux dernieres. Elles ne sont pas encore tout à fait hors de nostre veuë, & nous auons leurs portraits au

DES FEMMES FORTES.

if, & leur sang auec leur esprit en nostre bonne Reyne leur Niepce.

Isabelle Infante d'Espagne, & Archiduchesse des Pays-bas, a montré iusques où peut aller l'esprit des femmes en la science de regner : & si la fortune n'en fit vne grande Reyne, la vertu en fit vne Heroïne, qui ne cede en rien à celles qui font le plus de bruit dans l'Histoire. Il n'est pas besoin d'alleguer là-dessus des témoins, ny de citer des Liures & des Autheurs. Tout nostre siecle est également sçauant en la vie de cette sage Princesse. Sa memoire est honorée publiquement en toutes les Cours de l'Europe : & ceux-là mesme qui n'estoient pas amis de sa maison, ont eu pour elle le cœur Castillan & l'esprit Flamand : luy ont applaudy de bonne foy, auec des mains libres de la domination d'Espagne : & tous les iours encore elle est couronnée à Paris & à la Haye, aussi bien qu'à Madrid & à Bruxelles.

Ses vertus n'estoient pas des ombres & des ébauches de vertus; c'estoient des vertus solides & consommées, des vertus à tout vsage & de toute forme : & la Politique n'en connoist point qui n'eust en elle toute sa force & toute son estendue. Quoy qu'elles soient toutes alliées, elles ne se ressemblent pas toutes neantmoins, ny n'ont les mesmes fonctions dans la vie ciuile. Il y en a qui naissent auec nous, & qui sont comme des auances & des graces de la Nature. Il y en a qui veulent estre acquises, & qui sont des fruits du trauail & de l'estude : Il y en a de fortes & de vigoureuses qui sont pour l'action : Il y en a d'agreables & de polies qui

ne sont que pour la montre. L'Infante les auoit
toutes : & l'importance est, qu'elle les auoit
toutes grandes, & en estat de seruir vtilement
& auec éclat.

Premierement elle estoit née auec cette Souueraineté agreable & de droit naturel, qui a
son titre & ses forces sur le visage des belles
personnes : Et cette Souueraineté est vne piece
puissante & de grand vsage quand elle est bien
maniée : Elle gouuerne par la veuë les cœurs
les plus rudes & les moins dociles : Elle amollit
les plus durs commandemens & leur oste ce qui
pique & ce qui pese : elle donneroit mesme de la
douceur & de la grace à la tyrannie. Il est vray
que ce n'est pas la beauté qui delibere & qui iuge, qui fait les loix & les ordonnances. Mais le
menu peuple pour qui se font la pluspart des
loix & des ordonnances, est vn animal où il entre plus de corps que d'esprit, & qui obeït plus
par les sens que par la raison. Il est vray encore, que cette fleur ne dure guere, & qu'elle n'est
que du Printemps : Mais les roses passées sont
encore de bonne odeur, & outre que l'Infante
retint toute sa vie d'assez beaux restes de cette
premiere fleur : ces restes estoient soustenus d'v-
ne majesté si douce & si bien seante, ils estoient
accompagnez de tant de graces & de ciuilité,
& tant d'autres fleurs de l'arriere saison y é-
toient meslées, que personne n'y trouuoit à dire celles de la ieunesse.

L'esprit est l'œil de la prudence & le guide
de toutes les vertus. Il est le premier Ministre
des Princes & leur Conseiller naturel : & la
Politique ne peut rien faire s'il ne l'esclaire.

L'esprit

L'esprit de l'Infante estoit des plus élevez & les plus capables, & pouuoit suffire à toutes les parties & à tous les deuoirs du gouuernement. Il n'y auoit point d'affaires si vastes ny si pesantes, qu'il ne remplit & ne maniast auec aisance : il n'y en auoit point de si obscures qu'il n'éclaircist, point de si embarassées où il ne mist de l'ordre. Ses Conseillers n'estoient iamais occupez à luy trouuer des moyens & des expediens, ils n'auoient qu'à donner leur approbation à ceux qu'elle fournissoit du sien : & iamais elle n'en fournissoit qui ne fussent commodes & de la mesure des affaires. Outre cette capacité d'esprit & cette prudence interieure & née auec elle : elle apportoit de grands soins & vne diligence extraordinaire à estudier la capacité des autres, & auoit l'adresse de s'approprier par vne docilité discrette & iudicieuse, l'esprit & la prudence des Ministres qui l'assistoient. Cette docilité aussi que les Politiques estiment si fort, & qu'ils preferent à la suffisance opiniastre & presomptueuse, luy estoit comme vne science vniuerselle, & vne seconde capacité du plus grand vsage & moins sujette à faillir que la premiere. Par-là, estant encore en Espagne & à l'Ecole du Roy Philippes second son pere, elle se remplit des lumieres & de la science de ce Prince, le plus habile de son siecle en la science des Roys. Par-là elle se fit vn abregé de l'experience & du grand âge des Ministres d'Espagne, & l'accommoda à ses vsages. Par-là estant demeurée seule au Gouuernemēt de la Flandre, apres la mort de l'Archiduc Albert, elle fit sien l'esprit du Cardinal de la Cue-

B

ua, elle adjousta à sa prudence celle du Marquis de Spinola, & celle du Président Rose: & le bon sens de tout ce qu'il y auoit de grands hommes à sa Cour luy deuint propre.

Au reste, cette capacité ne se consommoit point en speculations vaines & en idées vagues & sans effet. Elle estoit actiue & entreprenante, hardie & laborieuse: & il s'est veu des Princes de grande reputation, qui agissoient moins fortement & auec moins de vigueur, que ne faisoit cette Princesse. Le trauail est incroyable qu'elle prenoit aux Audiences: iamais elle ne faisoit attendre les affaires: iamais son Cabinet ny son esprit ne leur estoient fermez: iamais elle ne les accusoit d'importunité, ny ne se plaignoit de leur foule. Aussi ne les renuoyoit-elle iamais aux soins de ses Officiers: elle en estoit aussi ialouse, que si ses mains leurs eussent porté bon-heur, que si elles eussent pris l'adresse & la lumiere de sa presence. Les Secretaires luy estoient plustost des Officiers de montre que de besoin. Elle faisoit elle-mesme ses plus difficiles & plus importantes depesches, & quand il falloit écrire en termes de commandement & en stile de Majesté: quand il falloit employer le caractere des Graces & les expressions ciuiles & obligeantes: elle ne payoit pas de paroles empruntées, ny de pensées prises à gage: son esprit luy fournissoit en abondance tout ce qui pouuoit persuader souuerainement & auec dignité, tout ce qui estoit capable de gagner les cœurs ou de les prendre de force.

Aussi-tost qu'elle eut resolu le siege de Bre-

DES FEMMES FORTES.

d2, qui seruit si long-temps d'exercice & de spectacle à toute l'Europe, & qui estoit auant le siege de la Rochelle, l'idée & le chef-d'œuure de la science militaire : elle écriuit de sa propre main, à tous les Princes alliez de sa maison pour le secours: à toutes les Communautez de ses Pays, pour les contributions & pour les conuois : à tous les Chefs de ses Troupes, pour les commissions & pour les ordres. Et il se peut dire, que les principales machines de cette fameuse entreprise, receurent de sa voix, de sa main & de sa veuë, vn esprit d'authorité qui leur donna vigueur, & les fit agir auec succez.

La force mesme & l'adresse militaire ne luy manquoient pas : mais sa force paroissoit liée, & son adresse estoit retenuë : & si elle n'eust esté si celebre & de si grand exemple, entre les modestes & les pieuses, elle pouuoit estre des premieres entre les vaillantes & les braues. N'estant pas de condition à combattre de la main, elle combattoit de conseils virides & de resolutions hardies: Elle employoit la vaillance du cœur & la force du visage, où il ne luy estoit pas permis d'employer celle du bras: Elle alloit asseurément iusques auprés des perils, & les attendoit quelquefois de pied ferme, quoy qu'elle ne fust armée que de la fermeté de son esprit & de la dignité de sa mine. Ceux qui ont écrit l'Histoire des guerres de Flandre, disent qu'auant la bataille de Nieuport, elle voulut assister à la montre que l'Armée fit deuant Bruges : & qu'elle alla de bande en bande, animant les soldats, auec le feu qui luy sortoit des yeux

& de la bouche, & l'argent qu'elle répandoit des deux mains. Ils adjouſtent qu'au ſiege d'Oſtende elle viſitoit à cheual les quartiers & les logemens : Elle encourageoit les ſoldats, & les enuoyoit au combat fortifiez de ſes preſens & de ſes promeſſes : Elle diſpoſoit les batteries, & braquoit elle-meſme les Canons : comme ſi elle euſt voulu montrer par là, pour dire ce mot de Poëſie, que les Déeſſes peuuent tonner non moins que les Dieux : & que comme eux, elles ont leur Arſenac & leurs foudres. Certainement, ſi l'on a dit, que la ſueur militaire des premiers Conſuls, & ces mains qui ſentoient la liberté & la vertu, donnoient à la terre qu'ils cultiuoient, vne fecondité ſuperbe & meſlée de gloire : ie ne doute point, que les Canons braquez par cette Princeſſe, ne receuſſent de ſes yeux & de ſon courage, vn ſecond feu qui donnoit eſprit au premier, & luy redoubloit la force.

Mais ſa plus ordinaire faction dans ſes Armées, n'eſtoit pas de faire des bréches, & de ruiner des murailles. C'eſtoit vne faction charitable & de ſalut, vne faction de pieté & de miſericorde : & cette pieté contribuoit à la victoire, cette miſericorde aidoit à prendre les villes & à gagner les batailles. Sçachant qu'il y a des Ennemis plus redoutables que ceux contre leſquels on s'arme & on ſe retranche ; & que le Canon tout plein qui eſt de fer & de feu, défait moins d'Armées que les neceſſitez & les maladies : elle prenoit vn ſoin particulier des ſoldats malades, elle leur faiſoit fournir liberalement & en abondance les choſes neceſſaires, elle leur

-isoit prendre en drogues ses pierreries & l'argent de ses menus plaisirs : & les heures perduës qu'vne autre eust employées au jeu ou à la promenade, elle les employoit à preparer des ciroines & à faire des bandes pour les bles-sez. I'ay bien ouy parler de quelques Princes, à qui il est arriué de déchirer leurs chemises pour bander les playes de leurs soldats: Ie connois le nom de celuy qui fit vne fois seruir son propre Diadéme à cét vsage. Mais en cette matiere, ie n'ay rien appris de nouueau & n'ay rien leu d'ancien, qui ne soit fort commun, s'il est comparé à la charité de l'Infante. Il est bien à croire, que la vertu des remedes n'estoit pas affoiblie par cette charité: & ie ne doute point, que les ciroines & les bandes qui passoient par des mains si pures & si bien faisantes, ne conseruassent plus de soldats, que les casques & les cuirasses. Surquoy il me souuient de cette courageuse victoire, qui fut appellée la Mere des Camps & des Armées. Ce nom est veritablement plein de gloire, & vaut à mon gré les Statuës & les Triomphes de plusieurs Empereurs: mais de quelque prix qu'il soit, l'Infante l'a merité à meilleur titre que Victorine: non seulement elle a esté la Mere de ses Armées, elle en a esté la Conseruatrice : ses charitez les ont fait subsister, sa presence & sa pieté les ont fait vaincre.

Il faut rapporter à ces exercices de Campagne, l'inclination & l'adresse qu'elle auoit à cette guerre innocente & de passe-temps, qui se fait dans les bois sans effusion de sang humain, & sans laisser des vefues ny d'orphelins. Elle mettoit là sa modestie vn peu plus au large, & souffroit des bornes vn peu plus estenduës, & vn peu moins de contrainte à la bien-seance. Nous sçauons aussi qu'elle y faisoit tout ce que les plus courageux & les plus adroits eussent pû faire. Et comme si elle eust pris plaisir dans vn peril, où elle pouuoit estre vaillante humainement, & vaincre sans faire du mal : on l'a veuë souuent receuoir des Sangliers échauffez l'épieu à la main, & montrer dans vn simple passe-temps, vne valeur aussi serieuse & autant de iuste force, qu'il en eust fallu sur vne bréche ou dans vne bataille rangée.

Il y a vne capacité orgueilleuse, & vne prudence enflée; il y a vn courage farouche, & vne magnanimité qui fait la terrible. Cét alliage de biens & de maux ne se remarquoit point en l'Infante : Elle estoit tout à la fois modeste & capable, elle estoit humble & prudente, & sa magnanimite, quoy qu'esleuée & courageuse, estoit adoucie par vne bonté victorieuse sans armes, & conquerante sans violence, qui luy gaignoit plus de cœurs, que toutes les forces d'Espagne n'en eussent pû vaincre. Non seulement cette bonté luy acqueroit l'amour de ses Sujets, elle luy acqueroit des Sujets où elle n'auoit point de iurisdiction, elle luy entretenoit des seruiteurs sans pensions & sans gages, elle faisoit son regne de plus grande estenduë que son pays, elle l'a fait de plus longue durée que sa vie. Aussi estoit-ce vne bonté vniuerselle & à tout vsage, vne bonté sans remise & sans reserue : de toutes les heures & de toutes les mesures, vne bonté de source, qui ne s'épuisoit our aucune effusion : vne bonté ingenieuse à faire le bien, & à le faire iustement & à propos, à le faire de bonne façon & auec dinité.

Cela est merueilleux, que cette Terrible, qui donne quand il luy plaist des bornes à la fortune & à l'ambition, & qui éteint les passions les plus embrasées : cela, dis-ie, est bien merueilleux, que la mort ne pust suspendre l'inclination qu'elle auoit à bien faire. Et le dernier soufflet de sa vie, fut vn esprit de grace & vn épanchement de bonnes œuures. Elle auoit receu les derniers Sacremens, & son ame munie du pain des Forts, & preparée par l'Extreme-Onctiõ, n'attendoit plus que le moment de partir, lors qu'il luy souuint qu'il estoit demeuré dans sa Cassette, quantité de Requestes qui restoient à expedier. C'estoient des Requestes d'affligez & de malheureux, & apparemment ces affligez & ces malheureux estoient en danger de ne sortir iamais de leur mauuaise fortune, si elle ne les en tiroit auant le changement que sa mort alloit mettre dans les affaires. Elle commanda que ces Requestes luy fussent apportées, & se faisant appuyer la teste & soustenir la main, elle employa ce qui luy restoit de veuë & de mouuement, à les signer le mieux qu'elle pust. Elle ne pouuoit certes finir plus glorieusement, ny par vne plus noble & plus naturelle effusion de bonté : & cela me fait souuenir du Soleil, qui éclaire encore la terre, & luy fait du bien quand il s'éclipse. Par là elle soustint des maisons entieres qui alloient tomber, elle en releua qui estoient desia tombées : &

ce dernier tremblement de sa main, appuya des Communautez, & opera le salut de plusieurs familles. C'estoit regner bien charitablement, & exercer vne Souueraineté bien salutaire, de donner des remissions & de faire des graces, à la veuë & entre les bras de la mort. Mais c'estoit mourir royalement & d'vne maniere bien heroïque, de se leuer du lict de la mort, pour tirer du naufrage les familles qui perissoient: d'employer le dernier souspir de sa vie, pour faire reuiure les malheureux : de leur rendre l'esperance & le bien, le repos & la fortune en rendant l'esprit. Certainement, ces anciens Heros qui se piquoient de mourir debout, & ayát le corps droit & l'ame éleuée, ne mouruient iamais si noblement ny en si bonne posture. Et ce Prince, les delices du genre humain, qui contoit entre ses acquisitions, tous les biens qui luy sortoient des mains, & contoit entre ses pertes tous ceux qui luy demeuroient, quelque grand ménager qu'il fût des graces & des bienfaits, ne fut iamais iusques à gratifier de son dernier souffle, à bien faire du dernier mouuement de son ame.

Il y a des graces forcées & des bienfaits de contrainte, qui ne coulent que par gouttes : il y en a qui sont comme les herissez de rebuts & de mauuaises paroles, & qui ne seruent qu'à piquer ceux qui les reçoiuent. Il ne partoit rié de pareil des mains de l'Infante. Ses graces ne se faisoient iamais attendre, & souuent elles preuenoient les demandes : elles estoient toutes pures & sans épines, & ses bienfaits ressembloient à de l'or qui naistroit sans terre & sans crasse:
non

non seulement ils estoient de prix, & auoient de la solidité; ils auoient encore du lustre, ils surprenoient l'Esprit & éblouïssoient la veuë.

Cette grace à faire le bien, estoit le caractere particulier, & comme le propre air & la difference personnelle de l'Infante. Toutes ses actions, je dis ses plus serieuses & ses plus fortes actions en estoient imbuës: sa Pieté mesme en auoit pris la teinture: & quoy que sa Vertu fust des plus hautes & des plus éloignées de la galanterie; elle ne faisoit rien fierement & auec chagrin: elle ne faisoit rien qui ne fust galand & ciuil, qui ne fut fait spirituellement & auec étude, qui n'eust de la pollitesse & de la magnificence. On dit méme que ses seueritez n'offençoient point, & que ses rigueurs estoient obligeantes. Surquoy on raconte qu'au temps qu'elle estoit encore en Espagne, vn Caualier moins blessé au cœur qu'a la teste, luy ayant tenu quelques discours où il entroit du feu & de l'adoration; la sage Princesse qui connut bien qu'il y auoit de l'Endymion & de la Lune en cét Homme, en eut plus de pitié que de colere : & pour se déliurer adroittement de ses importunitez, luy fit donner par le Roy son Pere, vn employ honorable & de grand reuenu, qui le porta bien loin de l'Espagne. Par là elle satisfit à la Vertu, sans aigrir les Graces : & fut tout à la fois si rigoureuse & si indulgente à ce Melancolique, que d'vn méme coup elle punit son Amour & fit sa Fortune.

Sur tout, cette bonté de l'Infante a parû merueilleuse à soûtenir les Puissances abbatuës, à conseruer le lustre & la dignité aux

Astres éclipsez, & mis hors de leurs maiso[n] & de leur route. Pour faire de semblables m[i]sericordes, il faut bien auoir vne autre chari[té] que celle qui s'exerce dans les Hospitaux: & la douleur d'vn Prince vlceré, demande bie[n] d'autres lenitifs, que la douleur d'vne jamb[e] cassée & d'vn bras couppé. L'Infante a fait souuent de ces bonnes œuures: & ses charitez ont monté jusques à des Testes couronnées Des Princes refugiez & des Princesses decheuës, ont trouué chez elle leur Maison & leu[r] rang: ils y ont trouué des appareils & des remedes à leurs playes, voire des appareils precieux, & des remedes agreables & parfumez: & la main qui les a traittez a esté si adroite, qu'elle a charmé leur douleur, & leur a osté le sentiment, & quasi le souuenir de leur chute.

L'Authorité qui est aux Princes vne Couronne sans matiere, & vn caractere de Majesté inuisible, qui leur est vne Vertu d'agir sans se mouuoir, & de se faire obeïr sans violence & sans forces: cette Authorité, dis-je, qui se forme de la Vertu du Prince, & de l'estime des Peuples, estoit souueraine en l'Infante, & faisoit plus toute seule, que n'eussent fait toutes les machines d'Espagne, assistées de toutes les mines des Indes. Il ne luy falloit point d'Armées ny de Citadelles, pour appuyer ses commandemens: ce qu'elle faisoit auec deux paroles, vne autre ne l'eust pas fait auec quatre Citadelles, & autant d'Armées. Ses Subjets obeïssoient à ses intentions, quelques signes qu'ils en eussent, & de quelque bouche qu'elles leur fussent declarées. Les Estrangers mesmes & les Ennemis déferoient a son nom, & auoient pour elle des soûmissions de respect & des complaisances d'estime. Iusques-là, que des François qui n'auoient pas respecté l'Authorité du Roy, deuant les barrieres du Louure & à la Place Royale, respecterent l'Authorité de l'Infante, jusques sur la frontiere de son Païs, & firent conscience de se battre à soixante lieuës de Bruxelles.

Toutes ces Vertus de paix & de guerre, qui estoient comme les Ordinaires & les Domestiques de l'Infante, qui l'assistoient dans le Cabinet & la suiuoient à la Campagne, qui estoient sous la conduite d'vne autre Vertu Superieure & de plus grande naissance qu'elles. Ie parle de la Religion, qui est la Tutrice des Estats, & qui doit estre l'Intendante de la Politique. Celle-là estoit veritablement la Vertu dominante de cette grande Princesse: Mais ce n'estoit pas vne Religion superstitieuse & timide; vne Religion de scrupules & de grimasses. Bien moins encore estoit-elle de ces artificielles & de ces fardées, qui se composent & s'aiustent pour faire montre: qui ont des mines étudiées & des larmes de reserue pour le Public: qui se mocquent dans le Cabinet, des Personnages qu'ils ont iouez à l'Eglise. L'Infante estoit religieuse solidement & auec force d'Esprit: elle estoit humble & soûmise à Dieu sans bassesse, elle le craignoit de cette crainte genereuse & de respect, qui est la seule crainte des Sages & des Constans: sa noblesse & sa dignité luy estoient si inherantes, qu'elles entroient quasi malgré elle en toutes ses bonnes œuures ; & dans ses moindres deuotions, il y auoit touſiours vne teinture de majeſté, & je ne ſçay quoy qui ſentoit la grandeur de ſa naiſſance. Certes auſſi pour en dire ce que ie penſe, il n'eſt pas permis aux Grands d'eſtre moins deuots que les Petits, & les Teſtes couronnées ne doiuent pas moins de ſoûmiſſion à Dieu que les autres. Mais la deuotion des Grands doit eſtre plus magnifique & de plus grand appareil que celle des Petits : & les Teſtes couronnées dans leurs ſoûmiſſions meſmes, & quand elles s'humilient, ont vn luſtre & vn mouuement de dignité que n'ont pas les autres. Le feu des Montagnes que Dieu a touchées, eſt bien vn autre feu que tous ceux qui s'allument de la graiſſe & de l'humidité des vallées : Et la majeſtueuſe ſoûmiſſion d'vne Palme courbée ſous la peſanteur de ſes fruits, fait bien plus d'honneur au Ciel, que la legereté d'vn Roſeau, qui plie ſous le premier vent qui le pouſſe.

Comme la Grandeur & la Dignité de l'Infante aſſiſtoient ſa Pieté, & auoient leur place & leur part en toutes ſes deuotions. Sa Pieté auſſi entroit en toutes les actions de Grandeur & de dignité, qui eſtoient ou de ſa condition ou de ſa charge. Elle auoit le premier rang & la principale authorité dans ſon Conſeil : elle ſe trouuoit au commencement & à la fin de toutes ſes entrepriſes : elle luy donnoit les plans & les deſſeins de tout ce qu'il y auoit à faire dans ſes Eſtats & au dehors : Et quelque propoſition qu'il ſe fiſt, ou pour la Paix ou pour la Guerre, elle eſtoit toûjours écoutée la premie-

e. Elle auoit encore sa part aux liberalitez & aux profusions de l'Infante : & les dispensoit si Chrestiennement & auec vne charité si generale, qu'elles débordoient iusques dans les maisons des Pauures. Par-là, les Eglises & les Hospitaux estoient de toutes les festes du Palais : le Bourgeois ne iouïssoit point de la bonne chere du Courtisan : & la misericorde faisoit l'honneur du Public aussi bien que la Magnificence. Les diuertissemens mesmes & les ieux se faisoient à la veuë de cette Pieté à tout vsage : elle y apportoit de l'ordre & de la discipline : elle leur ostoit iusques à l'indecence du geste & à l'immodestie de la parole ; elle ne leur laissoit qu'vne galanterie reglée & serieuse, & vne réjoüissance toute pure & sans taches. Les affaires aussi estoient benies & prosperoient entre les mains d'vne Princesse si religieuse. La Flandre ne fut iamais plus heureuse que de son temps : & il a bien parû depuis sa mort, que la Guerre & la mauuaise Fortune l'auoient respectée pendant sa vie. Mais les Vertus de cette grande Princesse nous retiennent trop long-temps : voilà plus de matiere qu'il n'en faut pour la couronner : faisons le crayon que nous auons promis de la Duchesse de Parme sa Tante, & voyons s'il se trouuera dequoy faire vne belle Couronne à sa Memoire.

MARGVERITE D'AVSTRICHE
Duchesse de Parme, Gouuernante
des Païs-bas.

MARGVERITE d'Austriche Duchesse de Parme, peut bien estre adioûtée à l'Infante Ifabelle fa Niepce, & faire apres elle, preuue auantageufe & moderne pour le gouuernement des Femmes. Elle eut beaucoup de l'Efprit & de l'adreffe de Charles-Quint fon Pere : Ie dis de cét Efprit de gouuernement & d'authorité, & de cette adreffe politique, qui firent plus de mal à la France, que toutes les forces & toutes les machines de l'Empire reünies & bandées contre elle. Eftant fpirituelle & dé-ja capable de naiffance, il ne luy fut pas fort difficile de fe polir par l'vfage : & d'adioufter à vn excellent naturel, comme à vne matiere rare & de prix, des habitudes parfaites & des façons exquifes & acheuées. Elle receut les premiers traits de fes habitudes à la Cour de Florence, où l'Aduerfité luy donna tout ce qu'elle peut donner de meilleurs plis, & de plus iuftes & plus belles formes. Vn fecond Mariage l'ayant fait paffer en la maifon de Farnefe, la difcipline & les foins de Paul troifiefme, le plus habile de fon temps en l'Art des Princes, acheuerent en fon Efprit, les ébauchemens qu'elle auoit apportez de l'Ecole des Medicis

Quelque temps apres, elle fut appellée au gouuernement des Païs-bas par Philippe fecond qui eut moins d'égard en ce choix au fang & à la memoire de Charles fon pere, qu'à fon propre intereft, & à la conferuation d'vn Patrimoine de dix-fept Prouinces. Elles eftoient encore toutes calmes & obeïffantes, quand la Ducheffe de Parme y arriua ; & il ne s'y parloit ny de Party ny d'Eftats, de Gueux, ny d'Heretiques. Mais ce calme ne fut pas de longue durée : Et les Herefies d'Allemagne &

Geneue, qui s'y estoient glissées, y attirent bien-tost la Rebellion apres la Discorde.

Ce changement de temps donna bien de l'exercice à la Gouuernante; mais ce fut vn exercice glorieux & de reputation, où elle eut des Rois & des Princes exhortateurs, & fut regardée de toute l'Europe auec étonnement. Aussi fut-ce aux Sages & aux Speculatifs de ce temps-là, vn merueilleux spectacle, de voir vne ieune Femme lutter toute seule contre vn si grand & si dangereux orage. Elle en vint à bout neantmoins: & apres neuf ans d'agitation, elle remit au port le Vaisseau, malgré les Vents & les Marées qui l'en auoient arraché. Ie dis qu'elle eut toute seule à lutter contre l'orage; parce que le trouble auoit commencé par le Conseil, & que les Ministres payez pour sauuer le Vaisseau, auoient esté les premiers à le diuiser, & à faire ouuerture aux vagues.

Granuel Euesque d'Arras, que Philippe auoit donné à la Gouuernante, pour vn Espion d'honneur, ou pour vn Pedagogue erigé en titre de Ministre, luy faisoit plus d'ombrage qu'il ne luy donnoit de lumiere, & luy estoit moins vne aide qu'vn obstacle. Ses Concurrens & ses Ennemis l'accusoient de tout le mal qui estoit arriué: & les indifferens le soupçonnoient d'entretenir le tumulte dans le Vaisseau, afin que le Gouuernail luy fust laissé tout entier. Quant au prince d'Orange, aux Comtes d'Egmont & de Horn, au Marquis de Berg, & autres Seigneurs Flamans, estans tous ennemis declarez de Granuel, & Riuaux secrets les vns des autres, estans tous soupçonnez de Rebellion, & mal affectionnez à la Domination Estrangere, ils n'apportoient au Conseil qu'vn Esprit de contradiction & de brouillerie, que des opinions interessées & partiales, que des conspirations cachées & des animositez couuertes. De sorte qu'ils embarassoient plus la Gouuernante qu'ils ne l'assistoient : & n'osant ny reietter leurs aduis ny les prendre ; elle se pouuoit dire veritablement abandonnée parmy tous ces Guides ; parce que c'estoient des Guides ou soupçonnez ou infideles ; & qu'il estoit également dangereux de les quitter ou des les suiure.

Neantmoins elle surmonta par force toutes ces difficultez, elle se demesla par adresse de ces intrigues : & apres des conspirations éuentées & diuerties, apres des seditions esteintes & chastiées, apres des villes reuoltées reduites à l'obeïssance, elle chassa de Flandre la Rebellion & l'Heresie ; & r'attacha doucement & auec adresse le Lion qui commençoit à respirer la liberté ; & qui auoit dé-ia rompu vne partie de sa chaisne. Les Estats de Hollande seroient encore auiourd'huy vne Republique en idée : & Amsterdam seroit aussi soûmis à l'Espagne que Bruxelles, si Philippe eust laissé plus long-temps le gouuernement de la Flandre à la Duchesse de Parme. Ruy Gomez & le Duc de Feria auoient bien esté de cét aduis : c'estoient aussi des Ministres indulgens & populaires, qui n'ignoroient pas que la clemence est plus persuasiue, & se fait mieux obeïr que la seuerité. Mais l'aduis du Cardinal Spinola & du Duc d'Albe l'emporta sur le leur, & le Roy conclut à la rigueur & à la force. Le Duc d'Alme enuoyé afin de les mettre en vsage, r'ouurit auec le fer & le feu, les playes que les lenitifs auoient fermées : & ce que l'adresse & la douceur d'vne Femme sage & bien faisante auoient restably, fut ruiné par les violences d'vn Ministre de sang & de rigueur. Philippe pour reparer cette faute, voulut rendre la Duchesse à la Flandre qui la luy demandoit instamment, ne croyant pas que la guerison luy pust venir d'vne autre main que de la sienne. Mais il le voulut trop tard & hors de saison. Dieu iugea qu'elle auoit assez trauaillé & assez vaincu : & l'appella pour luy donner le repos & les couronnes qu'elle auoit meritées. Les Flamans n'esperant plus d'auoir sa Personne, conseruerent sa Memoire : ils l'honorerent en public & dans leurs maisons : & au lieu qu'ils auoient rompu solemnellement & au son des cloches, l'insolente & superbe Statuë, que le Duc d'Albe s'estoit fait dresser dans la Citadelle d'Anuers : ils erigerent dans leurs Cœurs, qui estoient plus forts que toutes les Citadelles, vne Statuë de pure estime & de pure gloire à la Duchesse de Parme.

IAHEL lib. Iudicum Cap. 4

DES FEMMES FORTES.

IAHEL.

'Est fait aujourd'huy des Cananéens & de leur Fortune. Leur armée composée de tant de troupes & de machines, a esté défaite par les Israëlites, qui en poursuivent encore les restes. Et tous les presages sont faux, & la Prophetie est trompeuse, ou leur Empire ébranlé de ce coup, ne fera plus guere attendre sa chutte. La Terre est couuerte des pieces sanglantes d'vn si formidable Corps. Il en est tombé sur toutes les montagnes & dans toutes les vallées du Païs : Et sa Teste orgueilleuse qui a roulé iusques icy, vient d'estre cassée de la main de cette Femme. C'est Iahel qui a acheué la défaite des Cananéens, par la mort de leur General, qu'elle a tué d'vn clou dans sa Tente, où il s'estoit sauué apres la deroute de son Armée. Elle est encore émeuë du corp qu'elle vient de faire. Certainement aussi elle n'en pouuoit pas faire vn plus hazardeux, ny de plus grande consequence. Et le siecle de nos Peres, qui a esté le siecle des miracles & des auantures prodigieuses, n'a iamais rien veu de pareille force, n'y de si grand bruit.

La ioye que luy a laissée le succez d'vne si haute entreprise, aiouste vn nouuel éclat à ses yeux, & vne seconde grace à son visage. L'asseurance de sa mine repond à la hardiesse de son action : ses mains armées du marteau fatal, qui a esté plus fort que les machines des ennemis, & a plus fait que toutes les lances & les espées des Ifraëlites, se preparerent à vaincre vne seconde fois : & encore tout eschauffées comme elles sont, d'auoir rompu la chaisne & le ioug d'Israël sur la teste de Sisare, elles semblent vouloir faire vn pareil coup sur le phantosme du Roy Cananéen, que son imagination luy a amené captif & chargé de fers.

Sisare cependant lutte vainement contre la terre. En mesme temps il pousse des bras, comme pour la faire retirer, & par vn contraire effort, il semble la vouloir enleuer auec la teste. Son cœur se debat au dedans, pour secourir la partie blessée : & ne pouuant l'assister par soy-mesme, il y enuoye auec tout ce qu'il luy reste de force, la colere, la rage & le desespoir. Ces Passions impuissantes & furieuses, paroissent confusément & auec horreur sur son visage enflé du sang & des esprits, qui s'y sont répandus de tout le corps. Il seroit difficile de les distinguer par leurs propres traits, & par les couleurs qui leur sont naturelles. Elles ont toutes pris le mouuement de la douleur qui leur est meslée : & sont toutes, ou pasles de la mort qui est entrée par cette blessure, ou rouges des ruisseaux de sang qui en coulent.

Ses yeux qui luy ont esté des gardes malauisez & infideles, & qui se sont laissé surprendre à la Beauté & au Sommeil, pleurent la funeste faute qu'ils ont faite, & semblent vouloir ietter auec leur sang & leurs larmes, l'agreable poison qu'ils ont pris des regards de Iahel. Encore se trouuent-ils dans leurs dernieres peines comme s'ils la cherchoient pour luy reprocher sa perfidie : & la veuë de Debore & de Barach, suruenus à ce tragique spectacle, augmentent leur tourment, & luy causent vne seconde confusion. La victoire de ses ennemis luy est vn supplice, la mort, voire vne telle mort, luy en est vn autre : Mais ce luy en est vn troisieme encore plus sensible & plus cruel, que ses ennemis en sa presence & à sa veuë, iouïssent de sa mort & de leur victoire.

Certes aussi, cette veuë se peut dire la mort de Sisare, & la playe qu'il en reçoit au cœur, quoy qu'elle ne iette point de sang, luy est plus douloureuse que celle de sa teste percée. Vous diriez qu'il va sortir de sa bouche ouuerte, mille iniures contre le Ciel, & autant d'imprecations contre Iahel. Mais sa voix est estouffée de la presse de ses Passions, & meurt dans sa gorge. Il n'en sort que de l'écume, qui est le sang de la rage échauffée, & ne pouuant blasphemer de la parole, il blaspheme de la mine & du mouuement des lévres. Debore & Barach le regardent en silence, & auec vne espece de religieuse horreur. L'estonnement qui leur ouure la bouche, leur oste la respiration ; & leurs mains estenduës, semblent vouloir parler pour leurs langues qui sont liées.

Ceux de leurs gens qui les ont suiuis, se trouuent frappez d'vn pareil estonnement : Et comme s'il y auoit du charme en ce spectacle, il leur oste la voix par la veuë. Sisare qui n'a pû les étonner par sa valeur, & ayant l'épée à la main ; les étonne par son supplice, & auec vn clou à la teste. Et quand tout le Peuple seroit défait, quand l'Arche mesme seroit captiue, & que les Cherubins qui la gardent seroient prisonniers; il n'y auroit pas plus de trouble dans l'Esprit de Barach, ny plus d'émotion sur le visage de Debore. Mais l'émotion & le trouble seront bien-tost suiuis de la ioye, & chacun reprenant ses fonctions, que ce spectacle a suspenduës; Debore animée de l'Esprit de Prophetie, chantera vn Hymne au Dieu des merueilles, qui a terminé vne si grande guerre auec la pointe d'vn clou; & abatu l'Empire des Cananéens, d'vn coup de marteau, & par la main d'vne Femme.

SONNET.

D'Vn esprit de Heros Iahel est animée;
Son courage en ses yeux aguerrit sa pudeur:
Et ses regards de feu monstrent de quelle ardeur,
Son bras en vne teste a défait vne Armée.

Sisare se debat; son Ame ennen'mée
Dépite de n'auoir vn homme pour vainqueur:
Irritée & confuse elle sort de son cœur;
Et laisse dans son sang sa colere allumée.

Voyez que c'est de l'Homme & de l'Orgueil humain.
Et que de ce Balon si leger & si vain,
Auecque peu d'effort la Fortune se ioüe:

Comme d'vn souffle en l'air elle peut l'éleuer;
Sans qu'elle y mette aussi tout le poids de sa Roüe,
La piqueure d'vn clou suffit à le creuer.

ELOGE DE IAHEL.

Iahel donna le dernier coup à l'Orgueil des Cananéens ; & acheuant la victoire que Debore auoit commencée, montra que Dieu auoit choisi les mains des Femmes pour rompre le ioug de son Peuple. Sisare Lieutenant general de Iabin, voyant son Armée défaite par les Israëlites, se sauua à pied dans la Tente de Iahel. Mais la mort ne reconnoist point d'Aziles, ny de lieux de refuge : & apparemment elle l'auoit laissé passer dans la chaleur du combat, pour le tuer apres plus à son aise, & auec plus de loisir hors de la meslée. Iahel inspirée de Dieu le receut : & pour éteindre l'extréme soif, que le trauail, la fuitte, & la peur luy auoit laissée, luy presenta du lait à boire.

Il y a des charitez dangereuses, & des courtoisies dont il se faut garder : Et quelquefois les presens des femmes, en ont défait qui n'auoient pû estre vaincus par des machines ny par des Legions armées. L'ennuy, la lassitude & la fraischeur de ce breuuage, ayant endormy le mal-heureux Sisare, Iahel tira sans bruit vn des clous dont sa Tente estoit suspenduë, & à coups de marteau le luy mit si auant dans la teste, qu'il la luy perça de part en part, & entra dans la terre auec son sang & son ame. Cette Femme valut toute vne Armée ; & vn clou en sa main, fit ce que dix mille lances & autant d'épées, n'auoient peu faire.

Il est bien à croire que cette action luy fut inspirée : autrement elle n'eust pas violé l'Hospitalité qui est sainte naturellement & par le droict des Gens : Elle n'eust pas corrompu le Bien-fait & la Grace, ny ne les eust soüillez de sang & de meurtre : Elle eut au moins respecté la douceur de son Sexe, & la sainćteté de sa Tente. Mais Dieu voulut ce iour là, que deux Femmes operassent le salut de tout vn Peuple : & que par cét exemple, elles apprissent à la Posterité, que les grandes forces ne sont point necessaires aux grandes actions: Que les Puissances de la Terre creuent pour peu qu'on les touche. Et que sans dresser des Machines ny rouler des Montagnes, il ne faut qu'vne piqueure pour faire tomber vn Colosse.

REFLEXION MORALE.

IE crains que si ie propose l'exemple de Iahel aux Femmes Fortes ; elles reietteront ma proposition, & auront horreur du sang & de la dureté de cét exemple. Elles peuuent l'imiter neantmoins, sans violer les droits de l'Hospitalité ; sans aigrir la douceur de son Sexe; sans effaroucher ny ensanglanter les Graces. Il n'y a plus de Cananéens a vaincre, ny de Sisare à défaire : Mais il y a des Vices Incirconcis & des Habitudes estrangeres : Il y a des Passions dominantes & tyranniques, qui sont aux Fideles d'aujourd'uy, ce que Sisare & les Cananéens estoient autrefois aux Israëlites. Non seulement les Hommes doiuent prendre les armes contre ces Tyrans spirituels ; les Femmes mesmes doiuent entrer en cette guerre : & la neutralité qu'elles auroient auec eux, seroit vne
espece

pece de trahifon & de perfidie. Sur tout, s'il est quelqu'vne qui ait retiré quelque Sifare à fon Cabinet, qui ayt ouuert fon cœur, & tomis feureté à quelque Paffion dominante, le doit eftre auertie que cette forte de Charité eſt ruineufe & de mauuaife foy, & qu'enuers de femblables Refugiez, la Mifericorde eſt cruelle, & la Fidelité fcandaleufe & de dangereux exemple. Saül fut reprouué par vne pareille mifericorde, exercée enuers le Roy des Amalecites : & parce qu'il fit le pitoyable hors de faifon, & contre la volonté de Dieu, il perdit la Couronne & la vie. Gardez-vous d'vne femblable faute, fi vous n'eftes preparée à vn femblable mal-heur : & fi vous auez donné retraitte à quelque Paffion fouueraine, à quelque Vice general & de commandement ; fouuenezvous qu'il eft de voftre honneur de le trahir & de luy manquer de parole. Comme il vous eft vn Sifare, vous luy deuez eftre vne Iahel : & vous luy ferez vne Iahel heroïque & victorieufe, fi vous l'endormez auec le fang de l'Agneau, & luy plantez à la tefte vn clou de la Croix.

QVESTION MORALE.

S'il y eut de l'infidelité en l'action de Iahel.

L'Action de Iahel n'eft pas de celles qui gagnent d'abord l'approbation, & qui inftruifent l'Efprit d'vne fimple veuë. La couleur n'en eft pas fi belle, ny la montre fi agreable.

D.

Il y paroist bien de l'adresse & du courage, mais il y a de la tromperie en cette adresse, & ce courage a quelque chose de barbare. La mauuaise foy sur tout semble s'y faire voir à découuert : & les Declamateurs de Cabinets & de Ruelles, ne peuuent manquer d'en grossir leurs lieux communs, & d'en faire vne piece contre l'Infidelité des Femmes. Mais icy, & par tout ailleurs, il se faut défier des illusions de l'apparence ; & des faux iours de la superficie. Il se faut garder d'asseoir son opinion sur le dehors des choses, & de les iuger par la couleur. Le dehors est trompeur, & en fait à croire : & font souuent les couleurs sont plus viues, & ont plus de lustre autour du Vice qu'autour de la Vertu. D'ailleurs puisque le Saint Esprit a fait luy-mesme la loüange de Iahel ; puis qu'il l'a inspirée à vne bouche prophetique, & l'a mesme dictée à vn de ses Escriuains ; nous ne deuons pas craindre de hazarder nostre estime sur son approbation, ny faire scrupule d'honorer la memoire d'vne Vertu, dont il nous a laissé l'Eloge, & le Portrait de sa façon.

Il y eut donc de la prudence & de la conduitte, de l'addresse & de la force en cette action de Iahel : & la fidelité particulierement, que l'on y trouue à dire, y fut courageuse & magnanime, y fut fortifiée de zele & consacrée à la Religion. Ie ne sçay si Iahel pouuoit deuoir quelque chose à Sisare & aux Cananéens, qui estoient les ennemis de Dieu, les Tyrans de son Peuple, & les Oppresseurs publics de la Posterité des Patriarches. Mais ie sçay bien qu'elle ne pût leur engager vne seconde foy,

ntre la premiere foy qu'elle deuoit à Dieu,
ontre la loy de ses Peres, & à la ruine de la
ation des Saints. Vn Traitté de cette forme
st esté vne Apostasie d'estat & de Religion ;
elle n'eust pû tenir sa parole sans manquer
sa foy ; sans trahir ses Freres ; sans pecher
ontre Dieu & contre Moyse.

L'Escriture Saincte remarque bien, qu'il y
auoit quelque sorte de paix entre la maison
d'Haber son mary & les Cananéens : Mais
cette paix n'estoit pas vne paix reguliere &
selon les formes : ce n'estoit qu'vn bon interualle, acheté auec peine & à grands frais, par
les plus foibles : ce n'estoit qu'vne cessation
de courses & de pillages, que les Cananéens
accordoient à la maison d'Haber, moyennant
les contributions qu'ils en tiroient. Et sans
doute, cét accord du costé d'Haber estoit sans
preiudice de la foy qu'il deuoit à Dieu & à son
Peuple : & ce repos particulier qu'il achetoit,
n'estoit pas vne apostasie de la cause commune. Apparemment il estoit de mesme nature,
que sont encore aujourd'huy les traittez particuliers des Communes de la frontiere, qui
repoussent le fer & le feu auec de l'argent : &
détournent le debordement & les courses des
ennemis, par les contributions qu'ils leur opposent. Cela s'appelle proprement & sans
abuser des termes, coniurer vne tempeste, &
charmer des bestes farouches. Mais ces charmes & ces coniurations ne lient point les Communes qui les mettent en vsage : elles demeurent dans le droit, & mesme dans le deuoir, de
ioindre aux occasions les troupes du Prince,

d'aller contre l'Ennemy commun, de courir les bestes qu'elles auoient enchantées.

Le traité d'Haber auec les Cananéens estoit de cette forme. Ce n'estoit pas vne cession de son droit, ny vne dispense de son deuoir. c'estoit vn charme innocent contre le fer & le feu, contre les Tyrans & les Oppresseurs: & la Guerre entreprise contre-eux, estant de la volonté de Dieu, signifiée par reuelation expresse, & declarée par la Prophetesse Regente, comme il pouuoit sans perfidie entrer dans les troupes, & ioindre ses armes aux armes communes pour la liberté du Peuple: Iahel aussi, pût de bonne foy & auec merite, mettre la main au mesme ouurage, elle pût ayder de son adresse & de ses forces, à rompre la chaisne de ses Freres: elle pût acheuer par vne inspiration particuliere, la victoire que Debore auoit commencée d'authorité publique, & par esprit de Prophetie.

Cette conspiration particuliere appuya l'interest commun, & fit valoir la raison naturelle: & Iahel excitée d'vne part, & persuadée de l'autre, exposa pour son Peuple, sa vie & sa reputation, à vne entreprise hazardeuse, & qui luy pouuoit laisser vne mauuaise renommée. Par-là, elle fit vn acte de fidelité heroïque enuers Dieu, à qui elle obeït, enuers la loy de ses Peres, qu'elle affermit par la ruyne d'vne puissance contraire: enuers son Peuple, dont elle rompit le ioug & cassa la chaisne: enuers la Posterité, à qui elle conserua la Religion & le Sainctuaire, la liberté & l'esperance.

Neantmoins cette action est de ces extraordinaires, qui passent les loix receuës, & qui debordent des mesures qui sont en vsage. Elle peut bien nous donner de l'ambition & du respect: mais nous n'en deuons pas faire vn modele, & en tirer des copies. Et puisque la Fidelité est vne partie essentielle à la Femme Forte; il est à propos d'en apporter quelque exemple, où la Vertu toute pure, & sans apparence de tache, soit pour l'imitation aussi bien que pour la montre.

EXEMPLE.

IEANNE DE BETFORD, Reyne d'Escosse, & Catherine Du Glas.

IL est de l'Histoire d'Escosse, comme de ces peintures terribles, où il ne se void que des morts & des blessez, que des embrasemens & des ruines. On ne s'y peut engager, qu'on ne passe sur du sang & parmy des meurtres; voire sur du sang sacré, & parmy des meurtres qui sont des parricides. Et cela est bien estrange, qu'vne Couronne si petite, ait pû estre diuisée par tant de factions; & tant de fois souillée de la mort de ceux qui l'ont portée.

Celle de Iaques premier fut vne Tragedie, qui pouuoit passer pour vn Original du temps d'Atrée; ou du siecle d'Oedipe. Mais comme il ne s'en represente iamais de si cruelle, où il n'interuienne quelque Personnage de bonnes mœurs, qui fait des leçons de Vertu sur la Scene, & qui corrige le scandale que donnent les autres : deux Femmes qui se trouuerent à la mort de ce bon Prince, donnerent vn exemple de fidelité, qu'on ne peut voir encore aujourd'huy dans l'Histoire, sans battre des mains, & le couronner au moins de la pensée.

Le Comte d'Attholes Escossois, possedé de l'ambition de regner, qui est vn Demon sanguinaire, & instigateur des parricides, conspira contre le Roy Iacques son Neueu : & parce qu'il ne pouuoit le deposseder que par la mort, il se resolut d'auoir sa teste pour auoir sa Couronne. Cette resolution prise auec temerité, & arrestée auec obstination, il cherche des Executeurs fideles & determinez : & sans sortir de sa Race, il en trouua qui furent veritablement dignes Artisans d'vn tel Entrepreneur. Au iour assigné, vn Valet de la Chambre du Roy les introduit, & leur montre la porte sans défense. Ce traître, débauché par le Comte, en auoit osté le verrouil, comme si par là il eust voulu la corrompre, & l'associer à son crime.

Toutes choses estant preparées à l'execution, & le moment du dernier acte approchant ; vn Officier découurit les Coniurez, & voulant regagner la Chambre du Roy d'où il venoit de sortir, il attira sur soy leurs premiers coups, & l'auance de leur fureur. Au bruit de ce premier assassinat, Catherine

DES FEMMES FORTES. 47

lu Glas qui estoit au seruice de la Reyne, court à la porte : & la trouuant sans arrest, & incapable de resistance ; pressée de son courage, & de la necessité qui est inuentiue, & qui fait arme de tout, met le bras à la place du verroüil, que le traistre Valet de Chambre auoit enleué. Asseurément si son bras eust esté de la force de son cœur, la porte eust tenu contre le fer & le feu, voire contre des machines & des canons. Mais n'estant pas fait à cet vsage, le premier effort le rompit, & les Assassinateurs passant sur le ventre à la fidelle du Glas, entrerent de furie sur le Roy, qui n'estoit plus gardé que de la Reyne.

Cette bonne & courageuse Princesse ne s'effraya point à la lueur de tant d'épées, déja teintes de sang & chaudes du meurtre qui venoit d'estre fait à la porte. Elle s'auança hardiment deuant son Mary, & fit toute seule pour tous les Archers de la Garde. Mais la partie estoit trop mal faite : & la Fidelité abandonnée & sans armes, n'auoit garde de resister à la foule, & de vaincre la fureur armée.

Le Roy estant porté à terre la Reyne se ietta sur luy, & le couurit de son corps ; afin qu'au moins il ne fust blessé que par ses blessures, ny ne receut la mort que par la sienne. Son Sexe ne fut point respecté : les Vertus mesmes & les Graces ne furent point inuiolables sur sa Personne : elle receut deux coups sur le corps de son Mary : & ces Furieux l'en ayant enfin arrachée auec violence, le pauure Prince déchiré de coups, rendit l'esprit dans les larmes & dans le sang de sa Femme. L'Autheur de cét execrable Parricide & les cruels Executeurs qui luy auoient presté leurs mains, ne porterent pas loin le sang de leur Prince. La Iustice diuine, & l'Ange vengeur des Roys, les suiuirent à la trace & à la voix de ce sang qui crioit contre eux: il n'y en eut pas vn qui ne fut ramené au supplice. Il s'en fit vn mesme exemple en diuers spectacles: & le Peuple eut tout le loisir de s'instruire & de se souler de leurs peines. Le detestable Comte d'Atholles fut reserué pour le dernier acte de la Tragedie qui dura trois iours: à tous les trois iours il parût en diuerses machines de tourment & de terreur, ayant vne Couronne de fer ardent sur la teste. Et par là se verifia mal-heureusement & contre son sens, la vaine prediction d'vne Femme, qui l'auoit asseuré qu'il seroit vn iour couronné solemnellement, & dans vne grande assemblée de Peuple.

On apprend de cette Histoire, que la Majesté des Roys est sacrée, que leur sang & leurs vies sont des choses sainctes, & qu'il y a dans le Ciel vn Tribunal particulier, & des Executeurs de reserue, établis contre ceux qui les violent. On en apprend encore, que la fin de l'Ambition est ordinairement sanglante & tragique: Et qu'il fait mauuais hazarder des crimes & des attentats, sur les promesses d'vn diseur de bonne auanture. Enfin pour rentrer dans mon sujet, on en apprend,

que

DES FEMMES FORTES.

...e la force des mains n'est point necessaire
a force de l'action : que les Graces delicates
cultiuées, peuuent faire tout ce que font
Vertus courageuses & robustes : & que les
...mmes sont capables d'vne Fidelité aussi
...eroïque & d'aussi grande montre, que les
...ommes.

IVDITH *libro Iudith Cap*

IVDITH.

CEtte Place forte, qui semble estre née sur la pointe de ce rocher, est la ville de Bethulie : Et ce Camp qui tient toute la plaine d'alentour, est le Camp des Assyriens qui l'assiegent. Vous pouuez en approcher hardiment ; & aller à couuert & sans crainte jusqu'à la Tente d'Holoferne. Le vin & le sommeil ont défait tous les Corps de garde. Ils n'ont pas laissé vne Sentinelle qu'ils n'ayent couchée à terre. Les feux mesmes qui deuoient veiller pour tout le Camp, sont assoupis & demy éteints. Vous diriez qu'on les a gagnez, ou qu'ils ont oublié l'ancienne discipline. N'en accusez point la licence des Soldats ny la negligence des Chefs. Vne Vertu plus forte que les Soldats, & de plus grande authorité que les Chefs, a vaincu les vns & les autres, & confondu les deuoirs & les ordres de la guerre.

Cette défaite sans meurtre & sans effusion de sang, est vn coup de l'Ange d'Israël, qui est venu en personne deffendre la frontiere de son Pays. Il a fait des tenebres, où il y a je ne sçay quoy de celles qu'il fit autrefois en Egypte. Et la nuict s'est auancée par son commandement, pour contribuer son silence & son obscurité, à la grande action qu'il prepare. Mais cette obscurité n'est que pour les ennemis du Peuple de Dieu ; & cette nuict intelligente & discrete, comme l'estoit celle d'Egypte, sçait bien distinguer les Fideles & faire acception de personnes. Ce qui est brouillars & tenebres pour les autres, sera lumiere pour nous. Et quand il n'y auroit que de la clarté de ces lumineux Esprits, aioustée à la lueur du zele & des yeux de Iudith, qui semblent mettre le feu à toutes les pierreries de ce superbe pauillon, encore y en auoit-il assez, pour voir d'icy la Tragedie qui se commence dans la Tente d'Holoferne.

Toutes choses y sont disposées à vne étrange reuolution : Et cette fatale conioncture, a conduit tout à la fois à l'extremité, la vie d'Holoferne, l'honneur de Iudith & le salut de Bethulie. La forte & vertueuse Vefue, qui expose si courageusement son honneur pour le salut de son Peuple, n'a plus que ce moment à ménager : Et si elle ne le ménage heureusement & auec succez, c'est fait de son honneur & du salut de son Peuple : c'est fait de Bethulie, voire de Ierusalem mesme & du Temple assiegé dans Bethulie. Elle a tout cela à sauuer : & tout cela ne se peut sauuer que d'vn coup, & par la mort d'Holoferne. Voyez comme elle s'est preparée à faire ce coup fatal & important, qui doit oster la Teste à cent cinquante mille hommes, & redonner l'esprit & le cœur à douze Prouinces abbatües. Elle n'a pas fait marcher deuant soy des Legions, ny des Elephans armez : elle n'est pas venuë accompagnée de Geans ny de Machines, elle n'a autour de soy, que la Beauté & les Graces; mais c'est vne Beauté hardie & victorieuse, ce sont des Graces magnanimes & conquerantes. Elle n'est munie que d'attraits & d'agrémens ; mais ce sont des attraits violents, & des agréments qui forcent. Elle est dangereuse autant qu'elle est agreable, & blesse par où elle plaist. Non seulement ses yeux sont perçans, & les éclairs que Dieu y a mis éblouïssent : ses pieds mesmes ont contribué à la victoire : & les cordons de ses botines, ont pris Holoferne par les yeux, & ont attaché son Ame.

Ces armes quoy que renforcées diuinement, & affinées d'vn rayon celeste, n'auroient pas vaincu toutes seules. Elles n'ont rien fait qu'apres l'oraison, apres le ieusne, apres les larmes : Et si celles-cy qui sont spirituelles & d'vne trempe inuisible, n'ont pas donné dans la veuë d'Holoferne, elles ont donné dans le cœur de Dieu, & ont fait l'ouuerture, par où le salut est tombé sur son Peuple, & la mort sur ses ennemis. Iudith va donner commencement à l'vn & à l'autre. L'Ange Exterminateur qui l'assiste, ne luy met pas à la main vne lance de feu, ny vne pointe de foudre apportée du Ciel. Des armes si nobles, & venuës de si haut, ne sont pas necessaires à cette execution. Et Dieu n'a pas coustume de laisser aux Orgueilleux le titre d'vne mort éclatante & de grand bruit. Il luy presente l'épée mesme d'Holoferne : & en la luy mettant à la main, il luy met dans le cœur la confiance & la hardiesse. Vous la prendriez cette épée fatale pour vn traict de foudre : vous iureriez qu'elle est toute composée d'eclairs. Mais ces éclairs ne sont pas de ceux qui se forment dans les nuës : ils luy viennent d'vn Diamant & d'vn Rubis, qui font toute sa poignée : Et quelque lustre qu'elle reçoiue de ces feux de pierre qui la parent, elle en attend dauantage de l'innocence, & de la Vertu de cette belle main qui va l'employer. Vous diriez qu'elle brille de l'impatience qu'elle a de seruir à vn coup qui vaudra quatre batailles, & qui sera ouy de tous les Siecles.

Iudith la reçoit courageusement & auec asseurance : mais son courage est sans fierté, & son asseurance paroist modeste & soûmise. Sa Foy renouuellee en ce perilieux moment, & son zele poussé au dehors éclairent son visage & s'épandent par sa bouche : Et ses yeux sont leuez au Ciel, comme s'ils montroient le chemin aux prieres, qu'elle y enuoye en silence & accompagnées de l'esprit de ses larmes. Il n'y a rien, qu'vn si pur esprit, & de si sainctes larmes ne puissent obtenir : & la voix de ce silence est trop forte & trop pressante, pour n'estre pas exaucée. Mais quoy qu'assez forte pour penetrer le Ciel, & se faire exaucer de Dieu ; elle ne vient pas iusques icy, ny ne se fait ouyr d'Holoferne. Le brutal qu'il est n'a garde de s'éueiller à cette voix : Il ne s'éueilleroit pas à celle du Ciel, quand il tonneroit de toute sa force. Non seulement il a perdu l'Esprit & le mouuement, il a perdu iusques à la veuë & à l'oüye : Et il est plus attaché de la fumée du vin, & des vapeurs du sommeil, qu'il ne seroit de six grosses cordes & d'autant de chaisnes.

Ne croyez pas qu'en cét estat là, ses res-

DES FEMMES FORTES.

...ries soient de la prise de Bethulie, ny du ...c de Hierusalem : qu'il se fasse de Siege ny ...u'il se donne de bataille en sa teste. Il n'y a ... maintenant ny Armées à conduire, ny ...oyaumes à conquerir : Iudith y est toute ...eule, ce que la Guerre, ce que la Gloire, ce ...ue Nabuchodonosor y estoient auparauant. ...ais ce n'est pas cette Iudith, que la Vertu, ...e Zele & ces Anges ont amenée. C'est vne ...udith de la façon d'vn Songe imposteur, qui ... fait d'vne Heroine vne Coquette : Et cette ...udith Coquette & imaginaire sera bien-tost ...batuë par la vraye & la pudique. L'épée que ...ous luy voyez à la main, luy fera iustice de ...e Songe imposteur : & toutes ces vaines ima-...es seront noyées dans le sang du Songeur, & ...omberont auec sa teste.

Tandis qu'elle mesure encore vne fois la ...grandeur de son entreprise, & que ses dernieres ...armes demandent à Dieu vn courage & des ...o.ces qui luy soient égales ; les Anges qui ...ont amené sont en garde autour d'elle, & à ...a porte de la Tente. Celuy là l'éclaire auec vn ...lambeau, & en mesme temps baissant la pique ...'Holoferne qu'il a saisie ; semble l'asseurer ...e la mine & du geste, qu'il sera son second si ...a main luy manque. Prenez-vous garde à l'a-...ction de ceux-là qui se iouënt d'vn casque & ...'vne cuirasse ? Il y a du mystere en leur ...action, & ce qu'ils iouënt est l'asseurance & ...'instruction de Iudith. Ils cassent l'armure ...'Holoferne, que l'on croyoit toute composée ...'enchantemens inuincibles, & qui a esté si ...ong-temps la terreur generale de toute l'Asie.

E iiij

En la cassant, ils se rient de l'infirmité des Puissances humaines. Et vous voyez qu'ils en monstrent les pieces à Iudith, pour l'asseurer qu'elle n'a rien à craindre, ayant des Gardes & des Seconds, à qui le diamant & l'acier ne sont que du verre & de la toile.

Quant à ceux que vous voyez à la porte de la Tente, ils sont là pour chasser la Peur & les Spectres d'autour de cette Fille que Iudith y a mise en garde. Ils y sont pour repousser les Demons ennemis du Peuple de Dieu, qui pourroient venir au secours d'Holoferne. Leurs armes quoy qu'apparemment obscures, sont d'vne matiere celeste & toute lumineuse : mais parce qu'il en pouuoit sortir des éclairs qui auroient éueillé tout le Camp, ils les ont eux-mesmes obscurcies, & en ont supprimé toute la lumiere. Neantmoins cette retenuë ne leur est plus necessaire. Voila Iudith qui sort auec la teste d'Holoferne, & le cœur de tous ces corps differens, qui sont demy assommez de vin & de sommeil, & qui seront tantost acheuez par les Israëlites. Le sang fume encore apres l'épée, & par tout où elle passe, la terre boit auidement les gouttes qui en tombent.

Vous voyez bien que la ioye de cette victoire n'est pas petite dans le cœur de la Victorieuse. Elle y est si grande qu'elle s'est répandue iusques sur son visage : & ses yeux en ont receu vn second feu, & vne nouuelle lumiere. Elle sera tantost encore plus grande dans Bethulie, où la genereuse Vefue est attenduë auec impatience : & où elle va porter auec la teste & la mort de l'ennemy public, la vie & la liberté de tout le Peuple.

SONNET.

Holoferne est couché, ce flambeau qui som-
    meille,
A meslé sa lumiere auec l'obscurité,
Et Iudith fait de l'ombre un voile à sa beauté,
De peur qu'à son éclat le Barbare s'éueille.

Le fer que tient en main cette chaste merueille,
Adiouste en son visage une fiere clarté;
Et pour la confirmer en cette extremité,
Son bon Ange luy tient ce discours à l'oreille.

Asseure-toy, Iudith, tu vas tuer un mort;
Le sommeil & le vin par un commun effort,
Ont desia commencé son meurtre & ta conqueste:

Ton Captif ne doit pas te donner de la peur,
Et ton bras sans danger pourra coupper la teste,
D'un homme à qui tes yeux ont arraché le Cœur.

ELOGE DE IVDITH.

Il n'est point necessaire que ie die qui fut Iudith, ny quelle action elle a faite. Elle est assez connuë de chacun : & il y a plus de deux mille ans, qu'en tous les Païs-bas & à la veuë de toutes les Nations, elle couppe encore la teste à Holoferne, & fait leuer le siege de Bethulie. Cét endroit de sa vie a bien esté le plus éclattant & le plus regardé, mais peut-estre n'a-t'il pas esté le plus laborieux ny le plus Heroïque ; & Holoferne enuironné de toute vne Armée, luy cousta moins à défaire, que le plaisir & la Douleur, que la conuoitise & la Crainte, que sa Beauté propre & sa Ieunesse. Elle fut pourtant victorieuse en toute sorte de combats : & vint à bout également, & des ennemis qui plaisent, & de ceux qui épouuantent. A la mort de son Mary : elle vainquit la Douleur par la situation, & montra qu'auec le sang des Patriarches ses predecesseurs, elle auoit herité leur foy & leur constance. Cette premiere Aduersaire vaincuë, elle vainquit encore l'Oysiueté, les Delices, & les secondes Affections, qui sont les plus dangereuses ennemies des ieunes vefues. Ne pouuant pas quiter sa ieunesse, ny se defaire de sa Beauté, qui luy estoient comme des Domestiques mal asseurées & de difficile garde ; elle les tenoit continuellement enfermées ; & encore de peur qu'elles n'échappassent, elle les affoiblissoit par la priere & par le trauail, auec le ieusne & le cilice.

Elle s'aguerrit par ces combats domestiques & particuliers : & se prepara à faire toute seule & en vne seule nuict cette fameuse campagne, où la Fortune des Assyriens fut défaite de sa main. Au reste, en cette entreprise de si grand hazard & si magnanime, elle n'eut pas seulement à vaincre vn Homme que l'Amour auoit desarmé ; & que le Sommeil & le Vin auoient lié : elle eut à vaincre la force de l'Or, à qui les Legions armées obeïssent & les Places fortes se rendent : elle eut à vaincre l'eclat des

DES FEMMES FORTES.

ierreries, qui bleſſent les Ames que la pointe du fer ne peut bleſſer: elle eut à vaincre la Volupté, qui eſt plus forte que la Vaillance; & qui triomphe tous les iours des Victorieux.

Outre ces ennemis agreables & flateurs, ils s'en preſenta de cruels & de terribles qu'il luy fallut encore vaincre. Son entrepriſe ne luy pouuoit reüſſir que par miracle: & ſi elle ne luy reüſſiſſoit, il luy falloit paſſer par toutes les mains d'vne Armée furieuſe; il luy falloit ſouffrir tous les ſupplices & toutes les morts que peut donner la Tyrannie échauffée. Elle meſura tous ces ſupplices & compta toutes ces morts; & aprés auoir conſideré ſerieuſement les vns & les autres, elle entreprit à leur veuë & en leur preſence, cette memorable action, par laquelle d'vn ſeul coup, elle ſe monſtra non ſeulement plus courageuſe & plus forte, mais encore plus intelligente & plus ſage, & que toute la Iudée qu'elle conſerua, & que toute l'Aſſyrie qu'elle défit.

REFLEXION MORALE.

LEs Femmes n'ont pas tous les iours des Holofernes à défaire; Mais tous les iours elles ont à combattre le Luxe, la Vanité, des Delices, toutes les Paſſions agreables & toutes les faſcheuſes. La memoire de cette Femme heroïque, les peut dreſſer à toutes les factions & à tous les exercices de cette Guerre, qui pour ſe faire à l'ombre & ſans effuſions de ſang, ne laiſſe pas d'eſtre laborieuſe, & de ſe faire auec force d'Esprit & fermeté de courage. Qu'elles apprennent donc de cette illustre & glorieuse Maistresse, à discipliner les Graces, & à leur donner de la deuotion & du zele ; à renfermer la Beauté dangereuse, & à luy oster toutes les armes dont elle peut nuire. Qu'elles en apprennent à reformer le Vefuage, & à se mettre sous le ioug de Dieu, apres qu'elles sont déchargées du ioug des Hommes. Qu'elles en apprennent enfin, à garder la foy à la Memoire de leurs Marys decedez : à ne faire iamais diuorce auec leurs noms, & à mettre sous leurs cendres tout le feu qui leur peut estre demeuré de reste. Quant à cette celebre action, par laquelle Iudith défit toute la Syrie en vne Tente, & couppa d'vn coup la Teste à toute vne Armée, elle apprend aux Hommes, que la Vertu Heroïque est du Cœur & non pas du Sexe : Que la Vaillance habillée de fer n'est pas toûjours la plus victorieuse : Et que les mains les plus foibles & les plus delicates peuuent sauuer les Peuples quand Dieu les gouuerne.

QVESTION MORALE.

Du choix que Dieu a fait des Femmes, pour le salut des Estats reduits à l'extremité.

IL est remarqué au liure des Iuges, & il y est remarqué par merueille & comme vn prodige, que la Douceur estoit vne fois née de la force : & que des dents de celuy qui deuore, il eſtoit ſorty de la nourriture. C'eſt vne merueille qui ne tient pas moins du prodige, & qui pourtant n'a point encore eſté remarquée, que la force ſoit partie de la Douceur : & que les mains accuſées d'auoir fait la mort, ayent operé le ſalut & donné la vie. Elle eſt veritable neantmoins cette ſeconde merueille, & n'eſt pas moins ſurprenante que la premiere, ny moins propre à faire vn Probleme curieux, & vne Enigme de belle montre. Les exemples auſſi en ſont moins rares & plus connûs : Il s'en voit quaſi en toutes les Religions de l'Hiſtoire : & Dieu l'a renouuellées autant de fois, qu'il a choiſi les mains des femmes, ſoit pour affermir les Eſtats ébranlés, ſoit pour ſoûtenir leurs ruines.

La grande merueille en cecy eſt, qu'il a preſque touſiours fait ce choix, à l'extremité des conſeils & de l'eſperance, & dans la derniere confuſion des affaires. Et en des occaſions où les bras des forts eſtoient abbatus : & les ſages teſtes ſe trouuoient épuiſées ; il a ſuſcité des femmes, qui ont fait les fonctions des Forts & celles des Sages, qui ont eſté le ioug & l'épée de deſſus la teſte des nations ; qui ont chaſſé des villes priſes les Armées deſia victorieuſes ; qui ont rendu la force & le courage aux Roys vaincus ; qui ont releué les Troſnes abbatus & les Couronnes tombées. Il nous ſuffit de croire, que de ſemblable œuures, ne ſe font point que Dieu n'y mette la main ; & qu'il n'y ait beaucoup de ſon eſprit & de la Vertu des miracles. Il y a neantmoins des apparences & des raiſons, dans la portée de noſtre veuë, qui ſont en cela pour ſa Prouidence.

" Premierement ſa Puiſſance y paroiſt plus indépendante, & ſa Sageſſe plus infaillible & plus efficace. Il y a bien ſouuent de l'abus en nos penſées, & de la mépriſe ou de l'incongruité dans nos termes. Nous prenons la force pour la debilité; & ce que nous appellons Puiſſance, ſe deuroit appeller vne infirmité embaraſſée, & vne foibleſſe de grand attirail. Ce ſeroit veritablement eſtre puiſſant, de prendre des Villes & de défaire des Armées, non pas auec des Canons & d'autres Armées, mais auec des pots caſſez & vne machoëre d'Aſne. Ce ſeroit auoir des forces extrémes, non pas d'abbatre vne ſtatuë de terre auec douze machines: mais de briſer vn Coloſſe de bronze en luy ſoufflant au viſage: de rompre vne Montágne auec des floccons de neige, & l'art auſſi bien que le pouuoir, ſe pourroit dire diuin en vn Pilote, qui dans le fort de l'orage, ſauueroit vn vaiſſeau demy briſé, auec des voiles de creſpe, & vn gouuernail de carte. C'eſt à peu prés de la ſorte que Dieu agit, lors que dans le tumulte des affaires, & au bruit d'vn eſtat qui tombe, il reprouue les bras des Geans & les teſtes des Politiques: & choiſit des femmes infirmes & des Filles delicates, pour abbatre des Victorieux & releuer des Vaincus; pour ſoûtenir des ruines, & reparer des naufrages.

Secondement il verifie par là, ſon titre de Dieu des Armées, & de Seigneur puiſſant à la Guerre. Il monſtre que la Victoire eſt ſa Suette, qu'elle suit ses ordres & obeït à sa Prouidence : & que ce Mars commun & iournalier, & cette Fortune aueugle & bizarre, dont il se fait tant de contes, ne sont que des Fantosmes de l'inuention des Hommes. Par là encore en troisiéme lieu, il enseigne l'humilité aux Glorieux de la terre : Il apprend la modestie aux Conquerans & aux Braues : & fait voir aux vns & aux autres, que les couronnes sont de ses graces, & non pas de la force de leurs mains : qui les oste quand il veut aux testes orgueilleuses, pour les mettre sur les humbles : qu'il en a pour les femmes aussi bien que pour les hommes ; pour les Bergers comme pour les Princes : & que sur quelques testes qu'il les mette, il en demeure tousiours le Maistre.

En quatriéme lieu, ces merueilles operées de temps en temps par les mains des femmes, sont des faits iustificatifs, & des instructions illustres pour tout le Sexe. Par là les hommes médisans sont refutez, & la calomnie iniurieuse au second ouurage de Dieu est confonduë. Par là encore, les femmes sont auerties qu'elles ont le cœur de mesme matiere & en aussi bon lieu que les hommes : pourueu que le Luxe ne le gaste point ; pourueu qu'ils ne soit point abbatu par la molesse. Elles en apprennent, que leurs mains pour estre plus tendres, & accoustumées à la laine & à la soye, ne sont pas moins propres aux grandes actions : qu'vne longue iuppe n'embarasse point la Vertu heroïque, ny ne l'empesche d'aller à la Gloire : que pour se preparer de bonne heure aux actions de courage & aux belles auantures, elles doiuent s'accouſtumer à vaincre, & commencer leurs victoires au logis & par elles-meſmes. Iudith ne fut pas victorieuſe du premier coup & ſans eſſay : elle s'y prepara par des exercices particuliers & des combats domeſtiques, & ce ne fut qu'apres auoir defait l'Amour & le plaiſir; qu'apres auoir chaſſé de ſon cœur les Paſſions & les vices qu'elle défit Holoferne, & chaſſa les Aſſyriens de deuant Bethulie.

Arreſte, cét exemple n'eſt pas l'vnique de ſon eſpece. Il y en a de plus d'vn ſiecle, & de plus d'vne Nation. Long-temps auant Iudith, Debore & Iahel auoient deliuré le Peuple de la Tyrannie des Cananéens. Quelques annees aprés, Eſther le ſauua des mains d'Aman, & du maſſacre general qui luy eſtoit preparé par toute la Perſe. Sous le Regne de Dauid, les Abelites aſſiegez par Ioab, & menacez du ſac de leur ville, furent deliurez du ſac & du ſiege meſme, par la prouidence d'vne femme ſage, qui leur perſuada de ſe défaire d'vne Rebelle qu'ils auoient retiré; & d'en ietter la teſte par deſſus les murailles. Cette teſte iettée, fit plus que n'euſſent fait tous les bras & toutes les machines de l'Armée : la Paix demeura aux Abelites : & Ioab ſans prendre la Ville ſe retira auec la Victoire.

EXEMPLE.

MARULLE DE STILIMENE.

LA Pucelle d'Orleans peut bien eſtre adiouſtée à ces fortes Iuifues, quoy que bien
eſloignée

éloignée de leur temps & de leur Pays. La France eut en elle vne Prophetesse & vne Guerriere, vne Debore & vne Iudith; & ce qu'elle fit pour la deliurer des vsurpateurs, qui luy auoient desia mis le ioug sur la teste, est vne celebre preuue du don de miracle, conferé diuinement à quelques femmes, pour le salut des Estats oppressez & des villes reduites à l'extrémité. Mais toutes les Vertus salutaires & guerrieres de ce Sexe, ne sont pas de si grand âge: les derniers siecles ont eu les leurs aussi bien que les precedens: & il y en a qui sont quasi nées à la veuë de nos Peres.

Du temps de Mahomet second, les Turcs conduits par le Bacha Soliman, descendirent en Stalimene, & s'attacherent à Coccin qui est la Capitale de l'Isle. Apres diuers assauts donnez courageusement en diuers endroits, & repoussez auecque pareil courage: enfin par artifice ou de force, il gagnerent vne porte, sur laquelle le combat fut longuement opiniastré; iusques-là que le Gouuerneur de la Place, qui estoit Homme de conseil & de main y perdit la vie. Il auoit vne Fille appellée Marulle, qui estoit alors sur la muraille, auec d'autres Femmes preparées à bien receuoir l'ennemy, & à faire pour leur honneur & pour leur Religion, plus que ne demandoit leur Sexe. Cette courageuse Fille, qui auoit les yeux & le cœur au combat, & l'accompagnoit de ses gestes & de ses mouuemens, quoy que blessée du coup qui auoit tué son Pere, ne fut pas pourtant abbatuë auec luy, ny ne perdit l'esprit & le courage par sa playe. Elle descend

F

de la muraille à la porte : elle penettre au trauers du fer & du feu, iusques au corps de son Pere : elle releue son épée & son bouclier : & comme si auec son bouclier & son épée, elle eut pris la hardiesse de son cœur & la force de ses bras, elle se presente à ceux des ennemis, qui paroissoient les plus pressans, & qui estoient les plus auancés. Elle repousse les vns, & abbat les autres : elle combat auec tant de hardiesse, & sa hardiesse assistée d'enhaut, & sonstenue des habitans ralliez ; est si heureuse, qu'elle met en fuite tout ce qui se trouue des Turcs deuant elle ; & les mene battant iusqu'à l'urs Galeres. Dés le mesme iour, ils se remirent en mer, & laisserent la victoire entiere à Marulle & la liberté à Stimilene.

Le lendemain, le General de la flotte Venitienne, croyant arriuer au combat, ne se trouua qu'à la feste. Le peuple paré, & les Magistrats en habit de ceremonie, sortirent au deuant de luy, & luy menerent en triomphe leur liberatrice. Il la fit venir en presence de l'Armée rangée sur le Riuage : & là apres l'auoir couronnée d'vn Eloge, qui valoit bien le Laurier & le Chesne des Anciens : il ordonna que chaque Soldat luy fit vn present : & luy offrit pour Mary, telle Capitaine qu'elle voudroit choisir, auec promesse de faire auprés du Senat, qu'elle fust adoptée de la Seigneurie, & que son mariage luy fust donné du Tresor public. Marulle qui estoit veritablement hardie & courageuse, mais qui étoit encore plus auisée & plus spirituelle, remercia le General de ses presens & de ses offres : & luy répondit, *Que la différence*

DES FEMMES FORTES. 67

estoit grande entre les Vertus de campagne & les Vertus de menage : que d'vn excellent Capitaine, il se pouuoit faire vn fort mauuais Pere de Famille ; & que le Mariage n'estoit pas vne milice, le hazard eust esté trop grand & l'election trop temeraire, de choisir vn Mary sous les armes, & le prendre dans vn champ de bataille. Cette responce adiousta vn second prix à l'action de Maiulle : & fit voir qu'il y auoit beaucoup de lumiere en son feu, & que sa valeur estoit spirituelle & iudicieuse : & délors on ne la regarda pas seulement comme vne Amazone égale à celles des Fables ; on la regarda comme vne Sçauante du temps des Muses.

SALOMONE Mac. lib. 2 Chap 7

SALOMONE.

LE combat que vous voyez, bien qu'il soit sanglant d'vne part & cruel de l'autre, n'est pas de ceux où la Vaillance doit estre brutale & faire des meurtres. Elle y est bien resoluë & courageuse, mais elle y est desarmée & souffrante. En de semblables occasions, les foibles sont les forts; les montans sont les victorieux, & ceux qui frapent & qui tuent sont les vaincus. Le combat est pour le Dieu d'Abraham & de Moyse, pour la Loy des Patriarches & des Prophetes. D'vne part, cette cause est défenduë par la Foy abandonnée & toute nuë, & de l'autre elle est attaquée, par l'infidelidé armée de machines & de supplices. La partie vous semble mal faite, & vous auez peine de croire, que l'infirmité & la tendresse puissent estre plus fortes que le fer & le feu : qu'vne Mere foible de son Sexe & de son âge, & des enfans sans armes & sans deffence, puissent surmonter vn Tyran furieux & armé, & défaire tous les bourreaux de sa suitte. Ils les défont pourtant, & dé-ja il y a de leur costé autant de victoires que de morts.

Salomone a esté de tous ces combats particuliers: Toute entiere que vous la voyez, elle a dé-ja liuré six parties de son cœur : & ie pense qu'elle en est à present à son dernier Fils & à sa septiesme couronne. Son visage porte autant de vertus que d'années. Il y a ie ne sçay quoy de venerable & d'auguste en ses rides ;

Et vous diriez que c'est la Loy elle-mesme, qui est sortie du Propitiatoire en forme humaine pour donner du zele à ses Sectateurs, & leur enseigner la fidelité & la constance.

La Beauté certes, quoy qu'on en die, n'est pas seulement de la ieunesse. La Vertu a de la grace en tout âge: Ses Fleurs sont de son arriere saison non moins que ses fruicts: Et soit de droit naturel, soit par vn priuilege immemorial, elle s'est tousiours conserué l'auantage d'estre tout à la fois belle & ancienne; & de se faire aymer sous des cheueux gris & auec des rides. Vous m'auoüerez au moins, qu'elle a des agrémens maiestueux en cette peau demy seche, & sur ces ioües éteintes: Et vous aymeriez bien autant ces ruines venerables, & cette caducité heroïque & courageuse, qu'vne ieunesse affetée, & vne vigueur scandaleuse & de mauuais exemple.

Ne croyez pas au reste, que ce soit vne constance aueugle & d'opiniastreté que la sienne: Elle est forte auec sens & par raison: & sa solidité, aussi bien que celle du Diamant est éclatante & penetrée de lumiere. Comme si elle n'auoit pas assez de celle qui luy est interieure, & qui se répand de son Esprit: il luy en vient d'enhaut vne plus forte & plus pure, qui luy met le feu dans le cœur: & son cœur ambrazé de ce feu semble vouloir sortir par ses yeux pour l'aller receuoir iusques dans sa source. A la clarté de cette diuine lumiere, elle a reconnu la courte & ruineuse carriere du temps; & l'immense & solide étenduë de l'Eternité, elle a vû le vuide & les défauts de la Fortune,

DES FEMMES FORTES.

au trauers du plaſtre & des déguiſemens dont elle ſe farde: Et vn meſme rayon a miraculeuſement eſteint dans ſon apprehenſion, tous ces buchers qui ſont allumez pour ſes enfans, & pour elle, & luy a fait voir de loin entre les mains d'Abraham & de Iacob; les couronnes qui leur ſont preparées.

Eclairée de ces lumieres, & fortifiée de cette veuë, elle a dé-ja vaincu iuſques à ſix Morts: & la voila aux priſes auec le ſeptiéſme, qui l'attaque par le plus petit & le dernier de ſes enfans. Il y a bien de la tendreſſe de ce coſté-là, mais il n'y a rien de foible: & cette derniere partie de ſon cœur, pour eſtre la plus ſimple & la moins fortifiée par le temps, ne ſera pas la moins inuincible. Le Tyran croit la prendre par là, mais il ne l'a pas bien reconnuë. Il ſe perſuade qu'au moins auec cette ſeule goutte de ſang qui luy reſte, elle voudra conſeruer l'eſperance & la reſſource de ſa Race. Mais le ſang des Machabées ne veut pas qu'on le fouille pour le conſeruer; & vne ſi ſaincte & ſi glorieuſe Race, ne ſçauroit finir plus hautement que par ſept Martyrs.

Bien loin de preſter ſa voix & ſes careſſes à l'Iniquité, & d'eſtre la Tentatrice de ſon Fils; elle luy fortifie l'Eſprit, & luy affermit le courage, elle luy allegue ſon ſein & ſes mammelles, qui ſont des raiſons d'autant plus fortes, qu'elles ont plus de tendreſſe: elle luy monſtre le Ciel ouuert, & le Dieu d'Abraham, ſpectateur de ſon combat, auec les Patriarches & les Prophetes. Ie penſe meſme qu'elle luy parle de ſes Peres les **Machabées**: & luy fait entendre, que cette grande lumiere, est celle de leurs Ames Conquerantes, qui sont descendues pour assister à sa victoire & pour acheuer par sa constance, la gloire & les couronnes de leur Nom, le Triomphe & la Saincteté de leur Race.

Le courageux Enfant l'écoute auec vne constance virile, sa resolution se produit dé-ja par ses yeux, & donne couleur à son visage : & bien-tost sa fermeté dans les supplices, fera voir qu'il est né deux fois de cette Mere heroïque : qu'il n'est pas moins le fruict de son cœur que de son ventre : & qu'il a tiré auec son lait l'Esprit & le suc de sa Vertu, le sang & la moëlle de son Ame. A present qu'on ne le bat encore que de grandes promesses & de paroles magnifiques, il n'opose que son silence à cette vaine batterie : & vn mouuement de teste, accompagné d'vn geste de mépris fait tomber toutes les montagnes d'or qui luy sont offertes. Le Tyran irrité s'en mord les lévres : la Colere prepare dans son cœur de nouueaux feux contre la Mere, & contre le Fils : on luy en void dé-ja sortir les éteincelles par les yeux, & la fumée par la bouche : & bien-tost deux grands buchers s'allumeront icy de son souffle & du feu de sa colere.

Salomone iouyt cependant du courage de son Fils : Elle l'anime derechef au combat, & luy propose l'exemple de ses Freres. Elle luy monstre leurs Ames dé-ja couronnées, qui sont à la porte du Ciel, & qui n'attendent plus qu'aprés la sienne, pour commencer leur Triomphe. Ce sont leurs Corps que vous voyez là la entre les bourreaux & les supplices. De six qu'ils estoient, on en a liuré deux à ce poteau enuironné de feu : & les quatre autres ont esté partagez entre deux chaudieres. Ils n'ont plus de vie, & ils resistent encore: ils semblent combattre auec l'insensibilité, qui leur est comme vne seconde constance, & vne force naturelle que leurs Ames leur ont laissée en les quittant. Vous diriez qu'ils veulent faire montre d'vne vertu distincte de la vertu de l'Esprit: & auoir leurs trauaux & leurs merites à part en cette commune cause. Vous diriez que chaque membre a vn cœur qui luy est propre, & vne vie particuliere à exposer. Leur sang quoy que repandu, garde sa vigueur, il en sort vne fumée, qui vient du feu de leur zele : & il n'est pas iusques à leur peau attachée, & aux tronçons de leurs pieds & de leurs mains, qui n'ayent encore quelque chose de l'esprit des Machabées, & ne semblent chercher vne seconde Victoire.

Il ne reste plus aussi que ces deux Bourreaux autour d'eux. Tous les autres sont hors de combat & ont perdu la resolution auec les forces. Les feux qui auoient esté allumez pour consommer ces sainctes Victimes, sont vaincus par le feu diuin, qui ne leur a laissé que le dehors à brûler. Ie ne sçay mesme s'ils n'en respecteront point les traces, qui paroissent encore sur ces restes sanglans & déchirez. Certes ils doiuent cela & dauantage, à ce feu superieur de tous les autres feux : Et l'impression de la Charité, deuroit bien au moins leur estre en pareille reuerence & aussi sacrée, que l'im-

G

pression de la foudre. Autrefois les flammes de la fournaise de Babylone, eurent cette discretion, ou naturelle ou diuinement inspirée : elles respecterent les trois Hebreux, que la Foy & la Charité auoient consacrez, & par vne saillie pareille à celle d'vn Lyon appriuoisé, qui laisseroit sa proye, & se ietteroit sur son maistre : elles deuorerent les ministres d'impieté qui les attisoient.

Mais il ne sera icy que des miracles de courage & de patience. Dieu permettra que le sacrifice s'acheue, & en receura toute la fumée. Salomone elle-mesme qui n'a encore combattu que du cœur, & ne s'est éprouuée que contre la compassion, s'éprouuera bientost contre la douleur. De la mesme force qu'elle a retenu toutes ses larmes, elle épandra tout son sang, elle vaincra la Cruauté comme elle a vaincu la Nature : Et apres sept Morts souffertes en esprit & par pieces, elle en souffrira vne derniere, qui sera la recompense & le couronnement de toutes les autres.

SONNET.

AVx yeux de tout le Ciel, aux yeux de la
    Nature,
Salomone combat l'Amour & la Douleur,
Qui de sept coups mortels ont fait en son grand
    Cœur,
Par les Corps de sept Fils vne large ouuerture.

Il ne tombe ny sang ny pleurs de sa blessure :
En elle tout est fort, tout tient de sa valeur.

Sa foy defend la bresche, & son Ame en chaleur
Au milieu des tourmens croit plus qu'elle n'en-
 dure.

Que ne fait point l'Amour ? que ne fait point
 la foy ?
L'Amour de sept enfans qu'elle ayme plus que
 soy ?
Luy fait souffrir sept morts & luy laisse la vie.

La Foy fait dauantage, & par vn rare effort,
Qui ne laisse à l'Amour qu'vn beau suiet d'éuie,
La fait iusqu'à sept fois Martyre auant la Mort.

ELOGE DE SALOMONE.

LA Mere des Machabées a esté peut-estre la premiere Femme Forte qui a combattu sans armes, & vaincu en mourant. Elle fut fille de Saincts Conquerans, & mere de Martyrs : & donna à la Iudée vne Heroïne Chrestienne auant le Christianisme. Dans la commune ruine de sa Patrie, & le Martyre general de sa Nation, toutes sortes de machines furent bandées pour retirer ses enfans de la Religion de leurs Peres. Ils eurent à se défendre des choses agreables & des terribles ; & à vaincre vn Tyran armé de fureurs & de supplices.

La courageuse Mere assista à tous leurs combats, & contribua sa voix, son zéle, & son Esprit à leur victoire. Bien loin de les cacher aux tourmens & à la Mort ; les produisoit l'vn apres l'autre, armez de sa Vertu &

fortifiez de ses remonstrances. Elle les animoit de sa foy & les échauffoit de ses larmes. Elle recueilloit leur peau arrachée, & leurs membres tronçonnez, comme les matieres de leurs couronnes & de la sienne. Et autant qu'elle contoit de morts, elle croyoit conter autant de victoires accomplies.

Ce n'est pas qu'elle fust moins Mere que les molles & les pleureuses. Son Ame souffroit le fer & le feu dans les corps de ses Enfans, elle tomboit par pieces auec leurs membres, & son cœur s'écouloit par leurs blessures; mais elle connoissoit l'ordre & les titres de ses obligations: Elle croyoit deuoir plus à Dieu qu'à son sang, & plus à sa Religion qu'à sa Race: Et sçachant qu'vn Iuste mort, est plus heureux qu'vn Pecheur qui vit & qui regne, elle ayma mieux faire vne Famille de Saincts que d'Apostats, & estre Mere dans le Ciel que sur la Terre.

REFLEXION MORALE.

Que nos Dames apprennent de cette Iuifue, à estre Meres & Chrestiennes. Qu'elles apprennent par son exemple, que des Enfans donnez à Dieu, ne sont pas des Enfans perdus: qu'il vaudroit beaucoup mieux les auoir innocens dans vn cercueil, que vicieux sur vn Throsne: Qu'vne bonne mort est la meilleure Fortune qu'ils puissent faire: Et qu'il est de la gloire des Meres, & du bien des enfans, qu'ils soient sauuez, voire auant le temps, voire auec beaucoup de peines, voire par leur sang & à trauers de toutes les Machines de la mort, & non pas qu'ils soient damnez, apres vne vieillesse chargée de regrets & de pechez. Il est glorieux à la Terre, que les Marbres qui sont sortis de son sein deuiennent d'excellentes Figures sous le marteau: Et il vaut mieux qu'vn reietton soit couppé, quand il est encore tendre, & qu'il soit anté dans le iardin d'vn Prince, que s'il vieillissoit sur son tronc, pour ne seruir que de matiere à vn bucher.

QVESTION MORALE.

Si la Religion est la principale Vertu de la Femme Forte.

IL y a bien des Vertus de plus grand bruit & plus éclatantes que la Religion. Mais il n'y en a point de plus grand vsage, ny de plus necessaire à la Femme Forte. Toutes les autres, quelque bruit qu'elles fassent, & quelque couleur qu'elles ayent, ne sont sans elle que des vertus de Theatre. Elles ressemblent à ces corps superficiels & de montre, qui sont tout de masque & de robbe : elles n'ont ny vie ny esprit: elles sont sans forme & sans consistence: & quoy qu'elles semblent agir & se remuer, elles n'agissent pourtant qu'à faux, ny ne se remuent que par ressorts & par artifice. La Force mesme & la Valeur qui ne sont point appuyées de la Religion sont lasches & impuissantes : tout au plus elles n'ont qu'vne fougue de colere, & ne sont qu'vne brutalité precipitée. La Prudence est aueugle sans sa lumiere,

& les Graces ne peuuent plaire si elle ne les parées & instruires.

Il n'y a donc point de Vertu solide & parfaite sans la Religion, & par cette commune raison, quand toutes les autres cesseroient, la Religion deuroit estre la forme principale, & la qualité dominante de la Femme Forte & solidement vertueuse. Mais cela se voit encore par vne raison plus precise, & qui regarde particulierement la force, dont il s'agit en cét endroit. Il y a quatre fonctions de la force, & comme quatre deuoirs generaux, qui soûtiennent tous les deuoirs particuliers, & donnent vn estat solide & de consistence à toute la vie. Par le premier, elle fait agir également & auec vne iustesse constante & reglée. Par le second, elle fortifie l'Esprit contre l'vne & l'autre Fortune, & le tient quelque vent qui souffle, entre l'éleuation & la chûte. Par le troisiesme, elle munit le cœur contre les corruptions de la Chair & du Sang, & le preserue des Passions de la Matiere. Par le dernier enfin elle l'asseure contre les apprehensions de la Mort; & le rend victorieux de cette terrible, qui est le commun épouuentail du genre humain, & la terreur de la Nature.

Ces deuoirs sont nobles & releuez; mais la Force auroit beau se roidir & faire des violences extraordinaires, elle ne s'en acquiteroit iamais auec le secours de la seule Morale. Elle a besoin d'vne ayde plus puissante qui l'appuye, d'vne Cooperatrice surnaturelle & diuine qui trauaille coniointement auec elle, & cette Cooperatrice ne peut estre que la Religion, qui il appartient de détacher l'Esprit des choses basses, & de l'éleuer à Dieu. Cette éleuation aussi quand elle est bien prise, & qu'elle se fait sans détour, peut toute seule affermir l'Esprit, & suffir sans autre Philosophie, à tous les deuoirs de la Force.

Premierement toutes les actions de la vie estant soûmises par là à la Loy eternelle, & appliquées au droit souuerain & à la Regle essentielle & primitiue, en reçoiuent vne iustesse égale & constante, & vne droiture incapable de gauchir & de rompre. Secondement l'Esprit approché de Dieu par cette éleuation, & par consequent éclairé de sa lumiere, & instruit des ordres establis dans le Monde, par la Prouidence qui le gouuerne, ne reçoit point en grondant & auec chagrin, la part des euenemens qui luy est assignée: il s'accommode de gré a gré aux reglemens de cette vaste Famille où il est entré: il fait sa part du concert, & contribuë au moins sa resignation au dessein du grand Ouurier, & à l'harmonie generale de son Ouurage. Quant au Hazard & à la Fortune, sçachant bien que ce ne sont que des Figures que l'Erreur a peintes & erigées, & qu'il n'y a que les Enfans & les Niais qui les considerent: il se moque également de leurs faueurs & de leurs menaces. Et quoy qu'il luy arriue de bien ou de mal, il le reçoit auec pareille satisfaction d'Esprit, & y reconnoist les soins & la bonté du Pere qui le luy enuoye.

En troisiesme lieu, l'Esprit se purifie par cette éleuation, & se décharge de la masse: & cette éleuation l'approchant plus de Dieu, plus elle est forte & vigoureuse ; la pureté aussi qui luy en reuient est plus exacte, & son dégagement plus parfait : il en est moins susceptible des Passions de la Matiere : & il peut s'éleuer à tel degré, & s'vnir de si prés & si étroitement auec le premier Esprit, qu'estant deuenu vn mesme Esprit auec luy, il s'oublie de l'alliance & des interests de son Corps, & assiste indifferemment & comme estranger à ses douleurs & à ses ioyes.

Enfin l'esprit rapporté par cette éleuation à la Source de la Vie, & introduit à l'entrée de l'Eternité qui luy est promise ; apprend à mépriser ces petits mouuemens qui roulent dans le Cercle du Temps, & qui marquent à chacun l'espace & la durée de sa vie. Et bien loin de craindre la Mort, & de s'effrayer à la veuë de ses plus terribles armes. Il la regarde comme sa Liberatrice, comme celle qui doit rompre ses liens, & le détacher de la Rouë des reuolutions & des vicissitudes humaines. La Synagogue sur le declin de son âge, eut en Salomon vn exemple de cette Force religieuse. L'Eglise en son commencement en eut vn pareil en Saincte Felicite, qui fut vne Salomone Romaine, & qui de sept Fils que Dieu luy auoit donnez & qu'elle rendit à Dieu, fit sept Machabées Chrestiens. En ces derniers siecles, où les Tyrans Schismatiques ont succedé aux Tyrans Idolatres, & l'Heresie déchaisnée & furieuse, a fait la Guerre à l'Eglise & à la Foy, il s'est trouué assez de Femmes Heroïques, qui ont donné des exemples de leur Force & de leur Religion. En voicy vn de marque, & choisi chez nos Voisins, où l'on verra vne Femme exhortatrice, non pas de ses enfans ; mais de son Pere Martyr : vne Femme plus forte que l'Interest & que la Nature : & également victorieuse de la Fortune & de la Mort.

EXEMPLE.

MARGVERITE MORVS,
Fille de Thomas Morus, Chancelier
d'Angleterre.

Il n'y a personne qui n'ayt ouy parler de la naissance du Schisme d'Angleterre : & qui ne sçache les cruautez qui suiuirent cét Amour incestueux & tragique, & ce dépit fatal, qui firent d'vne Prostituée vne Reyne, & d'vn Laïque excommunié, d'vn Membre pourry & couppé, vn Pontif sans onction & sans ordre, vne Teste Schismatique & monstrueuse. Le Chancelier Morus fut vne des premieres & des plus nobles victimes immolées à Anne de Boulain, & au Schisme qui étoit né de son infortuné Mariage. Henry n'oublia aucune sorte de tentation, pour gagner ce sçauant & sage Vieillard, qui auoit blanchy au seruice de l'Estat, & auoit fait plus de quarante ans l'honneur de son Pays & de son Siecle. Mais toutes ses tentations se trouuerent foibles, & ses offres aussi bien que ses menaces, retournerent à luy sans rien faire. Morus fut plus fort que toutes les machines qui furent dressées contre luy : les prieres & les larmes de sa Parenté affligée & en deuil ne le purent fleschir :

les armes & la colere de la Tyrannie échauffée & furieuse ne le purent rompre.

Il auoit vne Fille nommée Marguerite, qui n'estoit pas moins Fille de son Esprit que de son Corps. Il l'auoit formé de la langue & polie auec la plume: Il luy auoit imprimé trait à trait & en diuerses Figures, la fleur de sa science & la plus spirituelle partie de son Ame. Et qui s'imaginera vn Sculpteur exact, & jaloux de la perfection de sa besogne, qui passeroit les iours & les nuits autour de quelque rare piece de marbre, dont il auroit à faire vne Muse ou vne grace, aura vne iuste imagination des assiduitez & des soins que ce bon Pere auoit apporté à l'instruction de cette excellente Fille. Ses soins aussi luy reüssirent, & son assiduité fut heureuse, & si l'on dit communément que les Liures sont enfans de leurs Autheurs, on peut bien dire, que cette Fille a esté le plus docte Liure & le plus poly, qui soit sorty de l'esprit de Morus, Son Vtopie & ses autres Ouurages qui viuent encore, ne sont qu'en vne langue & d'vne seule matiere, celuy-là estoit Grec & Latin, estoit en prose & en vers, estoit plein de Philosophie & d'Histoire.

De toute la Famille de Morus, il n'y eut que cette Femme sçauante & courageuse, qui ne plia point sous le Temps, ny ne s'inclina deuant l'Interest. Elle estoit vniquement aymée de son Pere, & quatre paroles de sa bouche, accompagnées de deux larmes, l'eussent battu plus dangereusement, que tous les Supposts de Henry, & toutes les Machines du Schisme.

DES FEMMES FORTES.

Neantmoins ces paroles si puissantes, & ces larmes si fortes qui pouuoient l'ébranler, furent toutes employées pour l'affermir. L'Amitié & les tendresses fortifierent la Foy, & donnerent courage à la Constance : & la pieté de la Fille, aioustée au zele du Pere, acheua le Martyr. Morus estant prisonnier en la Tour de Londres, où il n'estoit visité que de Dieu, & n'auoit de commerce qu'auec ses Muses, qui souffroient auecque luy : sa courageuse Marguerite fit courir vne lettre supposée, par laquelle elle feignoit de vouloir le gagner à la volonté du Roy, & obtint par cette tromperie innocente & de charité, la permission de le voir & de le seruir. Estant receuë en la Tour, elle laissa à la porte, auec le personnage qu'elle auoit pris, les sentimens de la Nature, & les foiblesses du Sexe, & entra auec le pur Esprit du Christianisme, & vne Foy courageuse & preparée au combat.

Bien loin de le tenter, & de le battre des ruynes de sa Maison ébranlée, elle luy representa l'importance de sa Confession, les Anges & les Hommes spectateurs de sa victoire, les applaudissemens & la coniouyssance de l'Eglise, la gloire de sa Famille éleuée à la parenté des Martyrs. Elle ne luy dit rien qu'il ne sçeust; mais elle, ne luy dit rien qui ne le confirmast. Les vieilles raisons receuoient vne clarté nouuelle de ses larmes, & sortoient auec plus de force de sa bouche. Et soit que Dieu mist en sa voix & sur ses lévres quelque teinture d'Esprit diuin, soit que ces personnes qui plaisent ont vn charme naturel, & vne eloquence sans art,

& que leur seule presence est persuasiue : ie ne sçay si vn Ange qui se fust apparû à Morus, l'eust échauffé de plus de zele, ny penetré de plus de lumiere. Estant enfin condamné à la mort, apres quatorze mois de prison, & vne Confession illustre & solemnelle, faite à la face de tous les Ministres du Schisme ; sa bonne Fille voulut estre spectatrice de son combat, & se munir de la veuë de sa foy, & du dernier acte de sa constance. Elle l'attendit au passage, & l'alla embrasser au milieu de tout le Peuple, qui se retira par respect, & honora de son admiration & de ses larmes vne pieté si resoluë & de si grand exemple. A ces derniers embrassemens, la chaleur de l'Amitié meslée à celle du Zele, luy montant du cœur à la teste, en fit couler quelques larmes. Mais ce furent des larmes courageuses, & telles qu'autrefois les premieres Heroïnes du Christianisme, les versoient dans les playes & sur les couronnes, ou de leurs Peres ou de leurs enfans encore tous chauds du Martyre.

Apres l'execution de l'arrest impie, qui auoit soûmis à l'épée d'vn Bourreau le Chef de la Iustice : Marguerite se prepara à rendre les derniers deuoirs au corps de son Pere ; & en cela sa pieté & sa foy eurent sensiblement l'approbation du Ciel, & furent fortifiées d'vn miracle. Car estant sortie auec l'argent qu'il luy falloit, pour acheter les choses necessaires à ce pitoyable office ; & ayant laissé cét argent piece à piece entre les mains de tous les pauures qui se rencontrerent en son chemin ; il luy fut remplacé miraculeusement à la mesme heure,

DES FEMMES FORTES.

à propos, qu'il se trouua dans sa bourse, qu'elle sçavoit auoir vuidée, dequoy payer tout ce qu'elle auoit pris chez le Marchand. Quant à la teste de son Pere, apres qu'elle eût seruy tout vn mois de monstre d'horreur sur le pont de Londre; elle la racheta de l'Executeur, & fit enchasser en argent, afin qu'elle fust auec ses écrits, la Relique de sa Famille & sa Deuotion domestique. Cette deuotion pourtant eut des Accusateurs, & fut poursuiuie en Iustice. On en fit vn crime d'Estat, pour auoir lieu de persecuter Morus encore apres sa mort: & de faire souffrir vn second martyre à la partie de son Cœur & de son Esprit qu'il auoit laissé à sa Fille. Elle fut mise en prison & interrogée au Tribunal du Schisme: mais elle porta tant de constance en sa prison; elle répondit si sagement & auec tant de vertu deuant le Tribunal; elle fit vne Confession si ferme & si heroïque, que ses Commissaires mesmes deuenus ses admirateurs, iugerent plus à propos de la renuoyer, que de donner vne seconde victoire à Morus, & de multiplier les Martyrs & les couronnes dans sa Famille.

MARIAMNE *Iosephus Antiq Iudaic lib 15 C 4*

MARIAMNE.

CEtte terrasse couronnée d'vne balustrade de Iaspe, est du Palais d'Herode: Et ce ne peut estre que Mariamne qui en sort auec tant d'éclat & si magnifiquement habillée. Le Diadême & le Sceptre ne luy estoient point necessaires pour la faire connoistre. Ce n'est pas vne dignité artificielle & d'emprunt que la sienne: Elle est de sa Personne & non pas de sa Fortune: Et sa taille heroïque, sa mine majestueuse, & sa beauté souueraine, sont des Machabées aussi bien que son sang & son courage. Croiriez-vous, la voyant si belle & si asseurée, qu'elle allast au supplice? Elle y va toute belle & toute asseurée que vous la voyez, & toutes les Graces & les Vertus y vont auec elle. Des Iuges assassinateurs, achetez par son Mary, par sa belle Mere, & par sa belle Sœur; viennent de la condamner à la mort. Elle a comparu deuant ce Tribunal de Tyrannie & d'Iniustice, auec vne mine d'authorité, & vne souueraineté de cœur, égale à celle de son visage. Vous eussiez dit que la Criminelle auoit à prononcer, & que la vie des Iuges étoit en sa bouche. Mais comme les bons interualles ne durent pas aux méchans adoucis, ny aux Viperes charmées; la malice & le venin sont bien-tost reuenus à ces Iuges d'iniquité. Leur fureur qu'vne Innocence & vne Beauté également imperieuse auoient liée de respect, s'est défait de ce lien, & s'est confirmée, & ils luy ont enfin prononcé ſon arreſt : mais ils l'ont prononcé en tremblant, & auec crainte. Comme ſi leur viſage euſt accuſé leur conſcience, & deſauoüé leur langue, comme ſi leur langue ſe fuſt elle-meſme retractée ; leur paſleur & leur begayement ont fait vne declaration contradictoire à leur arreſt, & ont iuſtifié l'innocence qui eſtoit condamnée. De quelle façon croyez-vous qu'elle ait receu cette ſentence ſi iniuſte, & ſollicitée par ſon Mary ? Auec plus d'égalité d'eſprit, auec plus d'indifferéce qu'elle n'auroit receu ſes careſſes. Et quand c'euſt eſté vne mort feinte qu'on luy euſt annoncée, elle n'auroit pû en paroiſtre moins émeuë. Elle eſt venuë iuſques icy auec tout le calme de ſon cœur : les reproches & les iniures de ſa mauuaiſe Mere qui s'eſt iointe à ſes ennemis, ne l'ont point touchée. Et ſi elle alloit à vn ſacrifice public, ou à quelque feſte ſolemnelle, elle n'y porteroit pas vne modeſtie plus tranquille, ny vne majeſté mieux compoſée. Puis qu'il faut qu'elle meure, elle mourra fortement & en Machabée : Et non ſeulement il y aura de la conſtance en ſon ſupplice, il aura encore de la dignité & de la grace. Il eſt dommage pourtant qu'vne lumiere ſi parfaite ſoit éteinte à ſon Midy : Et les broüillas doiuent eſtre bien épais & bien malins, qui n'en ont pû eſtre diſſipez.

Mais tandis que nous nous amuſons à la plaindre, nous perdons ſa derniere lueur, & les derniers exemples de ſa Vertu. Elle eſt déja arriuée au lieu du ſupplice : & l'enuieuſe Salomone a tellement preſſé l'execution, qu'à

l'heure

DES FEMMES FORTES. 89

heure que ie parle c'est fait de la pauure Ma-
iamne. Herode luy-mesme est venu trop tard
pour la sauuer: sa retractation a esté infru-
ctueuse: on ne luy a pas laissé le loisir de suspendre l'arrest d'iniquité, ny de retenir mesme
pour vn moment le bras de l'Executeur: Et
l'Amour repentant qui l'a amené, n'a trouué
que des regrets à faire, & des larmes inutiles
à repandre. L'effroy, l'horreur & le desespoir
sont entrez en son Ame, à la veuë de Mariamne morte. Le dépit, la colere & la ialousie en
sont sorties en mesme temps. Et les marques
des vnes & des autres, meslées à leur rencontre, ont fait ce trouble en ses yeux, & la confusion que vous luy voyez sur le visage. Son
corps demy renuersé, & ses bras estendus, suiuent la posture de son Ame, qui est comme
suspenduë entre l'estonnement & l'auersion;
entre le respect & l'horreur de ces pitoyables
reliques. Il voudroit tout à la fois, & s'en
oster la veuë, & se sacrifier sur elle, pour expier le sang iuste par le sang coupable: & im-
moler le ialoux repentant à l'innocente executée. Il voudroit pouuoir au moins s'arracher
le cœur, & se défaire auec luy de son crime &
de son supplice. Ses yeux assiegez d'vne mort
encore toute chaude & sanglante, & de deux
Spectres également funestes, trouuent par tout
du tourment & des reproches.

Il semble que cette Furie vous fasse peur.
Certes aussi elle est effroyable, & les Ames les
plus fermes & les plus Heroïques, celles qui
se moquent de la mort, & de tous ses masques,
ne la verroient point sans trembler, si elle

H

s'étoit apparuë à elles. De ces serpens que vous luy voyez à la teste, les vns font les rapports sinistres, & les mauuais bruits : les autres inspirent les soupçons & les défiances : il y en a qui se glissent par les yeux des Maris : il y en a qui entrent par les oreilles des Femmes : Les plus belles fleurs se flétrissent aussi-tost qu'elles en sont piquées : les cœurs les mieux vnis se separent pour peu qu'ils en soient mordus : Et c'est de leur bouche que tombe, & le fiel qui aigrit les plus agreables humeurs, & le venin qui corrompt les plus beaux fruits du Mariage. La torche qu'elle a à la main n'est pas moins pernicieuse que les serpens de sa teste. Toutes les mauuaises couleurs auec lesquelles on noircit les plus innocentes actions, se composent de son charbon. Sa fumée obscurcit les lumieres les plus pures & les plus nettes : elle tire des larmes aux plus beaux yeux : elle oste l'éclat & l'agrément aux plus beaux visages. Son feu se prend & aux Esprits & aux Corps : Il cause des frenesies & des fiévres chaudes : Et dés cette vie il fait des Demons & des Ames damnées, Tout cela vous apprend, que cette Furie est la Ialousie, l'ennemie des Graces & la corruptrice de l'Amour. Elle en est comme vous voyez à son second personnage : & fait la vengeresse du meurtre, dont elle a esté l'instigatrice. Tous les serpens qui manquent à sa teste, sont autour du cœur d'Herode, & déchirent sa conscience. L'epée sanglante qu'elle luy montre, est vn miroir funeste à son imagination. Il y voit l'horreur de son crime, il y voit les playes de son cœur, & les taches de son ame.

Ce Spectre veritablement est terrible ; mais l'Ombre irritée qui s'éleue de ce beau Corps, l'est encore dauantage, & Herode en souffre bien vn autre feu & d'autres morsures, que de la torche & des couleuures de la Furie. Ses yeux errans & troublez changent de place à tout moment : ils sont obsedez de ces deux Spectres qui les suiuent par tout : & pensant les reposer sur cette Beauté mourante, qui estoit auparauant sa felicité, il y trouue vn Tribunal & vn échaffaut ; sa condamnation & son supplice. Son Idole d'hier, est aujourd'huy son Bourreau. Ce sang iuste qui fume encore, est vn feu deuorant qui remplit son imagination alterée : il en sort des imprecations & des plaintes, des voix de reproche & de vengeance. Ces mains froides & liées luy déchirent le cœur : & cette belle teste qui faisoit ses ioyes & ses beaux iours, est à present la principale piece de son tourment. Cependant elle n'a changé que de place : le coup qui l'a abatuë, n'en a pas encore fait tomber la fleur : sa grace & sa beauté en ont bien vn peu pasly, mais elles n'en sont pas effacées : Et ses yeux ouuerts & encore serains semblent attendre vne autre mort comme s'il en falloit plus d'vne pour les éteindre. Ainsi la Lune éclipsée est encore belle : & le Soleil tombe tous les iours, sans perdre vn seul rayon, ny changer de face. Le mal est, que la Lune reuient de ses defauts, & guerit de ses éclipses, & que le Soleil se releue dés le lendemain de sa chute ; mais il n'y a ny renouuellement de lumiere, ny nouueau iour à esperer pour Mariamne.

LA GALLERIE

SONNET.

MARIAMNE n'est plus, sa belle Ame eschapée
N'a laissé sur son corps qu'vne belle pasleur:
Le sang pur & Royal qui luy donnoit couleur,
S'écoule à longs filets de sa teste couppée.

Aux yeux de son Tyran Megere offre l'épée,
Qui luy fait vn Miroir de crime & de douleur;
Il y voit le cruel les taches de son Cœur;
Il y voit de son sang son image trempée.

A ce funeste objet il devient furieux:
Deux Phantosmes vengeurs luy portent dans les yeux,
Le fer étincelant & la torche allumée:

Mais l'insensé craint peu leur torche ny leur fer:
Ce sang qui boult encore, de sa seule fumée,
Sans feux & sans Demons, luy fait tout vn Enfer.

ELOGE DE MARIAMNE.

MARIAMNE a parû trop souuent sur le Theatre, pour n'estre pas reconnuë en cette peinture. Toutes choses furent grandes en elle : la naissance, la beauté, la Vertu, le courage, & la mauuaise Fortune. Elle fut petite Fille de Patriarches, de Prophetes, de Rois & de Pontifes. Son visage appriuoisa Herode,

& son Portrait disputa le cœur d'Antoine à Cleopatre. Sa vertu pourtant ne consentit point à cette concurrence : & bien loin de penser à des acquisitions defenduës ; elle ne daigna iamais se contraindre, pour conseruer ce qu'elle possedoit legitimement. Sa chasteté fut si seuere, & si peu indulgente au dehors, qu'il luy en demeura à la maison ie ne sçay quoy de hautain & de piquant, qui effaroucha Herode & le fit retourner à son naturel. Mais elle fut la mesme aux morsures de cette Beste irritée, qu'elle auoit esté à ses caresses. Elle retint son asseurance, & conserua toute sa majesté, parmy les Accusateurs apostez, & des Iuges partisans & corrompus. Le visage de l'Executeur n'altera point la serenité du sien ; & la teste luy fut ostée sans que le front luy pasist, ny que son cœur changea d'assiette. Sa Constance ne commença point par son supplice, elle commença par ce qu'on appelloit sa bonne fortune. Ayant épousé vn Tyran & vn Ialoux, il luy fallut estre aussi courageuse dans le Palais que dans sa Prison : & la Force luy fut necessaire sous le Diadéme aussi bien que sous l'épée. Le coup qui luy osta la teste, fut moins sa mort que la fin de son supplice : pour vne Couronne qu'il couppa, il rompit douze chaisnes ; & ce fut vn liberateur & non pas vn bourreau qui la déliura d'Herodes.

REFLEXION MORALE.

Herode glorieux & tourmenté, & Mariamne couronnée & malheureuse, nous apprennent que les plus hautes Regions du monde ne sont pas les plus tranquilles : qu'il n'y a point de Terres priuilegiées & sans malediction : qu'il se voit bien des Patians dans les prisons & sur les échaffauts ; mais que les plus mal-traitez sont dans les Palais & sur les Throsnes. Ceux-cy neantmoins font plus d'enuie que de pitié. Le Peuple admire ce qu'il deuroit plaindre : Et quand il a à faire le Potrait de la Felicité, il la represente sur vn Throsne, & luy met vn Sceptre à la main, & vne Couronne sur la teste.

Mais c'est vn Iuge tres-ignorant, & vn Peintre fort mal habile que le Peuple : tous les iours il iuge au hazard & sans connoissance de cause : tous les iours il debite des chimeres & des caprices pour des figures regulieres. Il sçait assez de quelle matiere sont les Couronnes, & voit bien par où elles brillent : mais il n'en sçait pas la pesanteur & la dureté, ny ne voit par où elles blessent. Il assiste bien aux sacrifices qui sont faits aux Fortunes couronnées : il tient conte de tous les grains d'encens qu'on leur brûle. Mais il n'assiste pas à leur agitation ny à leurs supplices : il ne voit pas leurs rouës, ny les clous dont elles sont piquées sur ses rouës : & encore moins voit-il le feu qui se met dans leurs piqueures. Il a les yeux éblouïs & l'imagination toute pleine d'vne Felicité de Theatre, qui n'a qu'vn beau masque & vne robbe de pourpre, & qui n'est fait que pour la montre. Mais il ne voit pas toutes les larmes qui coulent sous ce beau masque : il ne voit pas toutes les playes qui saignent sous cette Pourpre.

Apprenons donc à ne commettre pas aisément nos opinions à nos sens : à n'estimer jamais les choses par le dehors : à faire plus de cas d'vne douce & tranquille mediocrité, d'vn repos obscur & sans bruit, que d'vne Grandeur amere & agitée, que d'vn supplice de grande pompe, & exposé à la veuë des Peuples. Et sçachons que ce mot si commun, qu'vn Galant Homme dit de la Fortune des Laboureurs, se peut dire generalement de toutes les Fortunes mediocres : elles seroient heureuses si les biens & la Mediocrité leur estoient connus.

Quant à la mort de Mariamne qui fut le crime & le supplice de son Tyran ; elle nous apprend que c'est vne dangereuse beste que la Ialousie : qu'elle ne reconnoist personne, & n'espargne pas mesme celuy qui la nourrit ; qu'elle est ce Serpent ingrat & cruel, qui ne laisse rien d'entier en la maison de son hoste : Et que si l'on n'esteint pas le feu auec du souffle, si l'on ne guerit pas les playes en les déchirant, c'est faire vne fort dangereuse experience, de penser éteindre le depit auec la colere, & guerir les morsures de la Ialousie, auec les dents & les ongles de la cruauté. Il y a encore vne autre Reflexion à faire sur cette Peinture : mais elle seruira de matiere à la Question suiuante.

QVESTION MORALE.

Pourquoy les Femmes les plus parfaites sont ordinairement les moins heureuses.

IE ne parle point de la satisfaction interieure, & de cette Felicité solitaire & retirée, qui ne se produit point en public; qui s'acheue toute dans le Cœur; qui se fait du calme de la conscience, & de l'acquiescement d'vn Esprit iuste, & disposé à trouuer par tout vne assiette ferme & commode. Ie parle de cette Felicité superficielle & de montre, qui est toute composée de pieces exterieures & de hazard; & que le Vulgaire attribuë à la Fortune. Ie dy que cette Felicité n'a iamais esté l'Alliée de la Vertu, ny la Domestique des Graces: & qu'à prendre les choses dans le train commun les personnes du plus grand merite, ont tousiours esté les moins heureuses & les plus trauersées. Mariamne n'est pas la premiere sur qui cette obseruation s'est faite. L'histoire ne nous entretient que des funestes auantures des Belles Malheureuses. Il n'y auoit autrefois d'accidens tragiques, & de morts violentes que pour elles : Il n'y a qu'elles auiourd'huy qui pleurent, & qui sont pleurées sur les Theatres.

Afin qu'on ne s'en prist point à des Fantôsmes, & qu'on n'en accusast, ny la dureté du Destin, ny la ialousie que la Fortune a de la Vertu; Dieu a voulu que dans la Nature mesme, me, qui est gouuernée par vne Intelligence si iuste & si regulicre, les choses les plus excellentes & les plus rares, eussent quelque image de mal-heur, & ie ne sçay quoy qui ressemble aux aduersitez des Personnes dont ie parle. Il n'y a que les grands Astres qui ont des taches, & qui souffrent des défaillances & des éclipses. La Rose qui est la Fleur Vierge, voire la Fleur Souueraine & habillée de Pourpre, comme a dit quelqu'vn, est la plus chargée d'épines & la plus suiette aux maladies du hâle & de la bise. Les Diamans & les Rubis naissent dans les precipices & sur les rochers: & les Perles sont de l'Élément des tempestes & de l'amertume. Ce n'est donc pas vne petite consolation à ces Personnes excellentes qu'elles soient au pareil degré, & de mesme condition que les premieres pieces du Monde, & les plus precieuses parties de la Nature. Et si elles ne sont extrémement delicates, elles trouueront, ie m'asseure, que leur amertume & leurs épines, leurs éclipses & leurs maladies sont quelque chose de plus honorable, que la douceur fade & croupissante, que la mollesse de la mauuaise odeur, que la seureté obscure & la santé sans marque, où languissent les choses vulgaires.

Mais outre l'honneur & la dignité, le profit y est grand d'ailleurs: & c'est principalement à l'égard de ces Personnes excellentes, que le vieux mot est veritable, qui dit que l'Aduersité est instructiue, & que les afflictions valent des Dogmes. Premierement elles sont conseruées par là dans l'humilité Chrestienne, & sont gueries d'vne certaine enflure interieure &

I

secrete, qui est la maladie ordinaire des belles Testes. Pour le moins elles apprennent, que la Diuinité dont on les traite, n'est qu'vne Diuinité poëtique & de Theatre; que le culte qui leur est rendu n'est qu'vn ieu & vne mascarade; Et leur cerueau fortifié par les aduersitez, ne se gaste pas si aisément à la fumée de l'encens que leurs Adorateurs leur donnent.

Dauantage, elles sont auerties par là, que Dieu ne les a pas faites pour la Terre : & que le Ciel est leur propre Region, comme il est la Region des Esprits & de la lumiere. Et certes si vn Prince ne seroit pas estimé sage, qui se seroit fait vne statuë d'or pour la mettre dans vne basse cour ou dans vne estable ; ces Creatures si parfaites, qui sont les plus belles & les plus precieuses Images de Dieu, peuuent-elles croire sans blaspheme, qu'elles ayent esté acheuées auec tant de soin, seulement pour parer le bas estage du monde ; pour embellir la Region du desordre & des miseres, l'Element des espines & des larmes ? Dieu les a donc faites pour son Palais, voire pour la plus haute & la plus lumineuse partie de son Palais. Et parce qu'il les y veut toutes pures & sans tache, il les met dans le feu des afflictions, qui les purifie de la rouille & des souillures qu'elles prennent sur la Terre, & les prepare à receuoir plus nettement, & à reflechir auec plus de force, le grand iour de sa face & les effusions de sa Gloire.

C'est là le dessein de Dieu dans les aduersitez qu'il enuoye aux Personnes parfaites: ces aduersitez sont des remedes à l'enflure, &

DES FEMMES FORTES.

[...]es preseruatifs contre la corruption: ce sont [l]es semences de salut & des matieres de Cou[r]onnes: Mais ces remedes & ces preseruatifs [ve]ulent estre pris auec courage: ces semences [de]meurent infructueuses, si elles ne sont cul[ti]uées: & ces matieres ne deuiennent iamais [d]es Couronnes, si la patience ne les met en [œ]uure. Les Parfaites malheureuses auront pour [se] consoler & pour s'instruire, vn modele de [c]ette patience dans l'Histoire suiuante.

EXEMPLE.

[B]LANCHE DE BOVRBON Reyne de Castille.

QVI sçaura l'Histoire de Blanche de Bourbon Reyne de Castille, ne croira [pl]us que la Vertu soit vn charme contre le mal[he]ur, ny que les Graces puissent enchanter la [F]ortune. Cette Princesse la meilleure & la plus [b]elle de son temps, fut de ces Lys, que l'Escri[tu]re Saincte nous represente assiegez d'épines. [E]lle fut de ces Perles qui sont noyées dans l'a[me]rtume, & abandonnées aux tempestes. Tous [se]s iours furent serains, & toutes ses heures [do]uces & tranquilles sous le Ciel de France: [&] par vn destin contraire à celuy des Roses, [q]ui n'ont d'épines que sur leur tige, & qui [v]eulent estre cueillies pour estre honorées: elle [fu]t heureuse & en honneur, tant qu'elle fut [f]ille, & en la maison de Iean Duc de Bourbon [s]on Pere. L'orage, l'amertume & la tragique [re]uolution de sa vie, commencerent du moment de son mariage auec Pierre le Cruel Roy de Castille. Certes aussi l'alliance estoit trop inégale, & l'vnion trop mal faite, entre l'Innocence & la Cruauté, entre vne Grace toute pure & vn Demon composé de sang & de bouë.

Auant que Blanche allast en Espagne, le Prince n'auoit dé-ja plus de cœur à luy donner, Marie de Padille s'en estoit renduë la maistresse : & fut-ce conqueste ou vsurpation, elle y regnoit si absolument & auec tant d'empire, qu'il fallut toute l'authorité de la Reyne sa mere, & toute la faueur d'Albuquerque son principal Ministre, pour le disposer à consommer son mariage. Les nopces ne furent pas celebrées, elles furent precipitées tumultuairement & en silence, sans appareil & sans pompe. Ce fut plûtost vne action funebre, qu'vne feste de resioüissance : Et si le Prince violenté n'y porta que du chagrin & de l'auersion, la Princesse infortunée y assista auec l'esprit en deüil, & la contenance d'vne victime destinée à la mort. Ils n'auoient pas esté deux iours ensemble, que Pierre se resolut de la quitter. Il ne pouuoit viure content loin de son cœur, & son cœur estoit entre les mains de sa maistresse, qui luy faisoit son procez sur le mariage de Blanche, & le traittoit en Suiet rebelle & en Esclaue fugitif.

La Reyne sa Mere & sa Tante Eleonore, auerties de son dessein, luy remettent deuant les yeux la colere de Dieu offensé, la mauuaise opinion de son Peuple scandalizé, les armes de la France irritée. Il se défait de toutes

DES FEMMES FORTES.

les chaines, passe sur tous ces obstacles, & va en poste où son Amour & son mauuais Demon l'appelloient. Apres quelques mois donnez à l'vn & à l'autre, il reuient à sa Femme, traisné par les instantes prieres de sa mere, par les offices d'Albuquerque, par les conseils & les sollicitations de ses Princes. Mais il reuient pour la quitter deux iours apres, & luy faire par vn second diuorce, vne seconde playe plus iniurieuse & plus sensible que la premiere. Le bruit fut grand, & l'Histoire le dit encore, que cette si violente auersion luy fut causée par vn charme : & qu'vn Magicien Iuif, gagné par les Freres de Marie de Padille, attacha ce charme à vne ceinture de pierrerie que Blanche auoit donné au Roy. Mais certes, si quelqu'vn a dit que l'Amour estoit vn Sophiste & vn Charlatan, ie puis dire qu'il est vn puissant Sorcier, & vn grand Operateur de prestiges. Il a bien sçeu peruertir sans caracteres, & corrompre sans malefices, des Testes plus saines & plus fortes, & des Cœurs de meilleure constitution que celuy de ce Prince. Et quoy qu'on die du pouuoir de la Magie, elle ne connoist point d'herbes plus efficaces, ny ne peut composer de breuuage, qui soit plus à craindre, que les mauuaises habitudes d'vne Ame abandonnée de Dieu, & liurée à vn sens reprouué.

Quoy qu'il en soit, non seulement ce Roy Cruel quitta sa Femme vne seconde fois, pour ne la reuoir plus : il la relegua mesme en vne petite place, où il luy fit de sa chambre vne prison, & luy assigna autant de geoliers &

d'espions que de Gardes. Et la cruauté alla si auant, qu'il mit en deliberation s'il luy donneroit des Commissaires, pour la faire assassiner iuridiquement & selon les formes.

Ce traittement si barbare & si iniuste, fait à la plus belle & à la plus vertueuse Princesse de son siecle, scandalisa toute l'Europe. Le Pape enuoya vn Legat armé d'excommunications & d'anathemes, pour deliurer l'Innocente opprimée, & chastier le Scandaleux incorrigible. Les Princes de Castille & d'Arragon, se liguerent auec les Peuples de Tolede, & Cordouë, & des autres villes principales, & ioignirent en commun leurs offices & leurs armes. La France offencée de la calamité d'vne Princesse de son sang, accourut pour estre de la partie. Le Ciel mesme entra dans cette cause : & le Roy estant à la chasse, vn Spectre se presenta à luy, sous la figure d'vn Pasteur hideux & terrible, qui le menaça de la vengeance diuine, s'il ne rappelloit sa Femme. Tout cela n'amollit point la dureté de ce Prince, au contraire s'estant persuadé, que la vie de Blanche estoit le tison fatal, qui entretenoit tous ces feux : & qu'ils s'eteindroient tous auec elle, il la fit empoisonner à Medine d'Andaloufie, où par vne pieté courageuse & magnanime, elle sceut si bien ioindre la deuotion à la patience, & l'encens à la myrrhe, qu'elle sanctifia sa prison, & en fit vne maison de sacrifice & de prieres.

Ie ne sçay s'il fut iamais vne Princesse plus parfaite que celle-la ; mais apparemment il n'en fut iamais vne moins heureuse. Elle

DES FEMMES FORTES.

épousa en deüil: elle fut vefue durant son mariage, & le iour des nopces, qui est serain pour toutes les autres, & qui fait naistre des fleurs rusques sur les chaines des esclaues, noircit son Diadéme, obscurcit sa pourpre, & ne luy fit que de la fumée & des épines. Mais Dieu la vouloit acheuée & toute pure: il vouloit que l'Aduersité & la Constance luy donnassent le dernier trait; & que les Princesses apprissent par cét exemple, qu'il se peut faire des Martyrs entre les Ballustres & sous les Dais: comme il s'en est fait sur les échaffauts & dans les Amphitheatres.

PANTHEE Xenoph. Cyrop. lib. 7.

LES
FORTES BARBARES.
PANTHE'E.

VOVS voyez que la Iournée n'a pas esté petite, qui a esté fatale à la Lydie vaincuë : & a pensé l'estre à la Perse victorieuse. Le sang coule encore des playes de ces deux grandes Riuales : Et la terre est toute couuerte des pieces de leurs armes rompuës. Mais la Lydie n'en a pas esté quitte pour vn peu de sang, & pour de legeres blessures. Elle y a perdu ses meilleurs hommes : Et ceux qui luy sont demeurez, ont esté mis à la chaisne. On ne sçait pas encores ce que la Fortune & le Victorieux ordonneront de Cresus. Il vient d'estre forcé dans sa Ville capitale : & ses Richesses au lieu de combattre pour sa defense & de le sauuer, ont esté prises & menees captiues auec luy.

La Perse aussi n'a pas eu pour rien cette importante victoire : Elle y a perdu beaucoup de son plus pur sang, & vn grand nombre de vies vtiles & precieuses. Celle d'Abradate a esté la plus vniuersellement regrettée. Sa mort quoy qu'illustre a noircy cette belle iournée, & mesle le Deüil au Triomphe : Et dans la iouïssance mesme de la Victoire, elle a fait soûpirer Cyrus victorieux, & luy a tiré des larmes. Si nous fuſſions venus vn moment pluſtoſt, nous les euſſions veuës couler ces nobles & genereuſes larmes : Elles nous euſſent appris, que les yeux des Heros ne ſont pas des yeux de diamant : Et que le Vulgaire ſe trompe, s'il prend les grands cœurs pour des cœurs de bronze. Cyrus à donc pleuré Abradate ; mais il l'a pleuré magnifiquement & d'vne façon Heroïque. Ses pleurs ont eſté ſuiuies d'vne profuſion de richeſſes, qui ſeront tantoſt enſeuelies auec le Defunct : Et il vient de retourner au Camp, pour donner les ordres de la pompe funebre, & choiſir luy-meſme les victimes qui doiuent eſtre immolées à l'Ombre de ſon Amy. Il la croit encore ſur le Champ de bataille, où elle iouït de ſa reputation, & compte les morts & ſes victoires.

Quant à ces triſtes preparatifs, & à ces dépenſes lugubres elles ſe font pour la conſolation de Panthée, non moins que pour l'honneur d'Abradate. Mais Panthée n'eſt plus en eſtat de ſe conſoler auec de la pourpre bruſlée & de l'or reduit en cendres, auec la fumée d'vn bucher & le ſang d'vn troupeau égorgé, auec la grande ombre & les grandes images d'vne vaſte ſepulture. Sa douleur eſtoit trop forte, pour attendre des remedes ſi ſuperficiels & ſi foibles, & ſe guerir auec des ceremonies & des ſuperſtitions. Elle a eu recours à vne conſolation de moindres frais & plus efficace, elle a crû que trois doigts de fer plongez en ſon ſein, ſeroient à ſa douleur vn remede plus infaillible & plus prompt, que des ruines

DES FEMMES FORTES.

d'or & des carrieres de iaspe erigées en colonnes & en Pyramides sur le corps de son Mary. Et ce remede qu'elle a crû le plus prompt & le plus infaillible, elle vient de le prendre courageusement, & auec vne hardiesse qui meritoit d'estre reseruée à quelque occasion moins tragique.

Voyez sur son visage l'asseurance de son Esprit, & la bonne grace de sa douleur. Toutes choses sont bien-seantes aux belles personnes : leurs tristesses & leurs coleres ont bonne mine : leurs larmes les parent, leurs dépits les embellissent : & il n'est pas iusques à leurs maladies qui ne plaisent ; il n'est pas iusques à leur mort qui ne paroisse agreable de leurs agrémens, & qui n'éclatte du lustre mesme qu'elle éteint. Celle de Panthée n'a rien de hideux ny de farouche : vous la prendriez plustost pour vn doux sommeil, que pour vne mort violente. Les Graces, s'il y en a de telles que les font les Peintres & les Poëtes, ne sçauroient dormir plus modestement : & vne fleur que la bise auroit sechée, ne baisseroit pas plus doucement la teste, ny ne mourroit auec plus de bienseance. Ce n'est pas encore paleur, ce que vous luy voyez sur le front & sur les ioües ; C'est vn teint pareil à cette lueur mourante, qui se voit dans vne claire nuë lors que le Soleil en retire ses rayons. Ne vous fiez pas à ses yeux, quoy qu'ils commencent à se fermer : Le feu brusle encore quand il s'éteint ; & le Soleil éclipsé ne laisse pas d'estre dangereux & de faire mal à la veuë. Il en pourroit bien estre de mesme de ces yeux mourans :

les étincelles qui en tombent ont encore dé de l'éclat & de la chaleur: & ie ne doute point que si Araspe estoit icy, & qu'il en fust entré quelqu'vne en son cœur, elle n'y allumast vne seconde fiévre; & ne mist le feu à sa premiere blessure.

Tandis que ses yeux demy fermez repandent leur derniere lueur, & que sa bouche est ouuerte à ses dernieres paroles, vous obseruez peut-estre le passage de son Ame; & voulez sçauoir si elle sortira par ses yeux, ou par sa bouche. Assurez-vous que par quelque endroit qu'elle passe, elle passera genereusement & sortira en victorieuse & par vne belle porte. Il est à croire pourtant qu'elle sortira par celle qui est la plus proche du cœur, & qu'elle mesme vient de faire de sa main. Vn ruisseau de sang qui va deuant cette grande Ame, luy prepare le chemin: & iaillissant iusques sur le corps d'Abradate, y entre par toutes ses playes, comme s'il vouloit remplir ses veines épuisées; comme s'il vouloit penetrer iusques à son cœur, pour y rallumer la chaleur éteinte; & le disposer par les esprits qu'il luy porte, à receuoir l'Ame qui les doit suiure. Son visage quoy que languissant, tesmoigne de la ioye de cette rencontre. Il semble que c'est tout de bon que sa vie passe auec son sang dans le corps de son mary: & que son Ame est asseurée d'y trouuer vne seconde demeure, qui luy sera plus heureuse que n'a esté la premiere.

Consolée de cette douce & vaine imagination, elle a laissé tomber sa teste sur la teste d'Abradate. Vous diriez qu'elle se prepare à expirer sur ses lévres : Et qu'apres luy auoir transmis son sang & ses esprits, elle veut encore luy mettre ses soûpirs & son dernier souffle à la bouche. Vn Amour la soustient en cette derniere action. Mais c'est vn Amour heroique & magnanime, vn Amour qui l'a instruite à la Vertu, & luy a fortifié le courage. Car les Amours, si vous estes encore à l'apprendre, ne sont pas tous effeminez & voluptueux. Il y en a d'austeres & de pudiques : il y en a de Soldats, & de Philosophes ; & parmy eux, la Gloire & la Vertu ont leurs partisans & leurs sectateurs, aussi bien que le Plaisir & le Vice. Celuy qui assiste Panthée auec tant de soin, est de ces partisans de la Vertu, & de ces sectateurs de la Gloire. C'est luy qui l'a fortifiée contre les tentations & les recherches d'Araspe, qui luy a inspiré sa pudeur & la foy coniugale : qui luy a appris à faire son ornement de la reputation de son mary, & à se parer de ses victoires, qui l'a persuadée d'aymer mieux Abradate glorieux & mort en homme de bien, qu'Araspe viuant & infame.

Cette façon d'aimer fortement & en Heroïne, estoit bien selon le cœur d'Abradate : Et vous voyez en quel estat il s'est mis pour y répondre. Nous ne l'auons pas veu dans la mélée, rompant l'escadron des Egyptiens, & poursuiuant la Victoire sur vn char à quatre limons. Mais nous voyons les glorieuses enseignes qu'il en a rapportées, & qu'il a receuës entre les bras mesme de la Victoire. Il semble que sa Valeur n'a pû mourir auec luy : pour le moins elle paroiſt encore échauffée en ſes playes & hautaine ſur ſon viſage. Les ſuperbes armes, que ſa genereuſe Femme luy auoit achetées de toutes ſes perles, ſont percées en diuers endroits; comme ſi vne grande Ame n'euſt pû ſortir par vne ſeule ouuerture. Son ſang qui coule par là, ſe répand ſur le ſang de ſes ennemis dont il eſt couuert, & ſemble vouloir encore vaincre. Toutes choſes ont en luy quelque marque d'honneur & de generoſité: Et la mort meſme eſt hardie ſur ſon front & y reſſemble à la Victoire. En cét eſtat ſi glorieux & ſi funeſte, ſa Vertu a donné de la pitié à ceux-là meſme, à qui dans le combat elle auoit donné de la ialouſie. Elle a eſté honorée du ſang des ennemis & des larmes de ſes Riuaux; de la terreur des vns & de l'affliction des autres. Et bien-toſt vn ſomptueux Monument, erigé ſur ſon corps, & ſur celuy de Panthée, enſeuelis d'vne meſme robe, ſera à l'vn & à l'autre comme vne ſeconde vie, qui ſera reſpectée de tous les ſiecles.

SONNET.

Ce braue Mede eſt mort, les Palmes trop pe-
　　ſantes,
Qu'il a voulu cueillir, ont abbatu ſon Corps:
Le front luy ſuë encore de ſes nobles efforts:
Et ſes armes en ſont humides & ſanglantes.

Les flames de ſon Cœur deſia tiedes & lentes,
Pouſſent auec ſon ſang leur fumée au dehors,

DES FEMMES FORTES.

Et maintenant encore son Ombre entre les morts,
De ceux qu'il a vaincus suit les Ombres errantes.

Panthée, ah que fais-tu? modere ta douleur:
Au moins de ton Mary sauue le second Cœur;
Et qu'vne mort suffise à vos communes peines.

Il vit en toy, cruelle, il peut en toy mourir:
Et le fer inhumain qui va t'ouurir les vaines,
D'vne seconde mort le va faire perir.

ELOGE DE PANTHE'E.

Panthée eut vn Esprit Philosophe dans vn Corps de Femme, & vne Ame instruite & disciplinée, sous vn Ciel barbare. Il n'y eut iamais rien de foible ny de rude en sa vie: toutes ses actions eurent de la force & de l'adresse: Et la Pudeur, la Grace & la modestie exceptées, il ne paroissoit rien en elle qui fust de son Sexe. Etant demeurée captiue apres la défaite des Assyriens vaincus par Cyrus, elle fut mise à part, comme la plus precieuse piece du butin, & le plus rare fruict de la Victoire. Et en cette occasion, sa Vertu parut encore plus rare & de plus grand prix que sa Beauté. Vn Seigneur Persan ayant eu l'effronterie d'attaquer son honneur, la discretion, la pudeur, & la fidelité le defendirent: & la victoire qui luy demeura fit bien voir que la Fortune ne l'auoit point abbatuë, & que toute captiue qu'elle estoit, elle auoit encore le cœur libre & l'Ame souueraine.

Son affection enuers Abradate son Mary

estoit serieuse & virile : elle ne le consumoit point en des caiolleries affectées, ny en des apprehensions superfluës. Elle aymoit veritablement sa vie & son repos ; mais elle estoit ialouse de sa reputation & de sa gloire : & luy eust plustost souhaitté vne mort auancée & glorieuse, qu'vne vieillesse des-honorée & complete. Bien loin de luy faire perdre en son Cabinet les heures de la Compagnie ; & de le cacher aux belles occasions & aux perils honorables, elle l'y enuoyoit equippé superbement & en Triomphateur : & aymoit à luy voir vne vaillance parée & somptueuse : qui esblouist & épouuantast, qui donnast tout à la fois de l'admiration & de la crainte.

Aussi mourut-il victorieux, dans les armes d'or qu'elle luy auoit achetées de ses perles & de ses pierreries comme si elle eust voulu par là, ou embellir sa mort, ou donner du prix & du lustre à ses victoires. Luy ayant esté rapporté tout couuert de son sang & de celuy de ses ennemis, elle le receut courageusement & auec vne tristesse virile & meslée de constance & de maiesté. Elle ne laissa pas de pleurer, mais ce ne fut auec ces larmes modestes & bienseantes, qui n'amolissent point le cœur & qui parent le visage. Ne pouuant faire reuenir son Ame en son Corps, elle essaya de luy substituer la sienne. Pour cela elle s'ouurit le sein d'vne large playe : & panché sur luy, comme si elle eut voulu luy donner sa vie & luy remplir les veines de son sang ; elle rendit l'Esprit sur sa blessure.

REFLEXION

DES FEMMES FORTES.

REFLEXION MORALE.

JE ne mets pas icy l'espée en la main des Femmes; ny ne les appelle au poison, à la corde, & au precipice. La Mort volontaire a pû parestre de belle couleur, & bien-seante à cette Barbare: elle seroit noire & hideuse en vne Chrestienne. Mais la Pudeur, la Fidelité, la Constance sont à l'vsage de toutes les Nations & du deuoir de toutes les Sectes, & nos Chrestiennes sans se noircir ny se defigurer, peuuent imiter par là cette Barbare. Qu'elles apprennent d'elle, que l'Amour coniugal, n'est pas vne Passion molle, vne affection effeminée, qu'il est fort & serieux: qu'il est capable de grands desseins & de pensées nobles & courageuses. Qu'elles entendent, que si leur Sexe est dispensé des dangers & des charges de la guerre; leurs Fortunes & leurs Esprits ne le sont pas: Qu'elles doiuent seruir de leurs commoditez & de leurs aises, si elles ne seruent de leurs Personnes: Et qu'il leur seroit bien honteux d'épargner deux perles & trois feuilles de point couppé, en des occasions où les Princes donnent leur sang, & les Roys exposent leurs Couronnes & leurs testes. Qu'elles sçachent enfin, que leur principal ornement, se fait de la gloire de leurs Marys: qu'elles s'embelissent de tout ce qu'elles donnent à leur credit & à leur reputation: & qu'vn homme sans honneur, est vn aussi grand defaut à vne Femme parée, qu'vne teste de boüe à vne Figure d'yuoire.

QVESTION MORALE.

De l'Ordre que la Femme Forte doit garder en l'Amour Coniugal.

S'Il faut de bons yeux & vne grande lumiere pour aymer reglément ; il y faut encore plus de courage & plus de vertu ; & la Charité ordonnée, quelque douceur qu'elle promette, est la plus penible & la plus rare perfection de la Femme Forte. Ils s'en treuue assez qui ayment tendrement leurs Marys : le cœur d'vne Tourterelle, ou l'Ame d'vne Colombe, sans autre Philosophie, suffiroient à cette tendresse. Mais certes il en est peu qui les ayment de mesure, & par rapport à leurs deuoirs : peu qui sçachent donner de iustes proportions à leurs bien veillances, & mettre chaque office en sa place, & dans le degré qui luy est propre: peu enfin qui puissent auec l'Epouse des Cantiques, se vanter d'auoir vn Amour d'ordre, & vne Charité bien rangée. Et c'est pourtant cét Amour d'ordre, & cette Charité bien rangée, qui doiuent acheuer la Force d'vne Femme; comme selon le mot de S. Augustin, elles donnent le caractere & la teinture à toutes les autres Vertus, de quelque Sexe qu'elles soient & de quelques noms qu'elles s'appellent.

Cét ordre au reste, pour en faire icy le dessein en petit, & l'enseigner par abregé, se doit prendre sur l'ordre mesme des Obiets qui sont aymez. En quoy cette proportion est à obseruer exactement, que chaque Obiet soit

DES FEMMES FORTES.

rangé dans l'estime, selon le rang de son merite : que les plus precieux & les plus importans ayent les premiers soins, & soient les plus auant dans le cœur : que les autres qui sont de moindre consequence, demeurent à la superficie, & se contentent des secondes pensées, & des affections qui seront de reste : Et generalement que l'amour se roidisse ou se relasche, s'éleue ou s'abbaisse, agisse ou se repose, selon le poids different, selon les diuers degrez, selon le prix des Biens qui sont à aymer & à poursuiure.

Cette regle doit estre à la Femme Forte, ce que la toise estoit à l'Ange à qui Ezechiel vid mesurer le Temple. Elle ne doit aymer que par proportion, & sur le pied du merite : & de quelque grand fonds que soit son cœur, elle se doit garder de l'épancher tumultuairement & au hazard : elle n'en doit rien donner qu'auec poids & par mesure. Ce n'est pas que ie luy permette de le diuiser, & d'en faire part à qui il luy plaira. Elle le doit tout entier à son mary : mais elle ne le doit pas également à tout son Mary. Et comme elle en doit plus à sa Personne, qu'à son habillement & à sa liurée, plus à sa teste qu'à ses cheueux, & plus à ses mains qu'à ses ongles : de mesme elle en doit plus à son honneur qu'à sa vie, plus à sa conscience qu'à son honneur, & plus à son Ame & à son salut qu'à son corps & à sa Fortune.

Ces mesures & ces proportions sont prises de la Philosophie Morale, qui nous enseigne, que les Amours qui se détachent de nous & s'écoulent au dehors, ne sont que des filets de celuy qui nous demeure. Elles sont prises de la Philosophie Chrestienne qui veut que la Charité, soit qu'elle se termine en nousmesme, ou qu'elle se répande sur le prochain : soit de mesme nature en sa source & en sa décharge : & aille de part & d'autre à la mesme fin par les mesmes routes. Or il n'y a point de Femme si mal instruite, qui ne sçache que par la loy de la Charité bien ordonnée, elle doit les parties essentielles & principales, & pour ainsi dire, le cœur de son cœur à son honneur & à son salut : & n'en doit que les accessoires & superficielles à sa vie & à sa Fortune. Par cette loy donc, comme celles-là s'ayment déreglement & en desordre, qui ne donnent à leur honneur & à leur salut, que leurs secondes affections, & les soins reuenans bons de leur vie asseurée & de leur Fortune establie : Celles-là de mesme, ayment leurs Marys fort confusément & sans discretion, qui se tourmentent de iour & de nuict pour leur santé ; qui demandent pour eux à toute heure des richesses & des charges à la Fortune, & se mettent aussi peu en peine de leurs Ames & de leur Salut, que si le Corps estoit tout l'Homme ; & qu'au de là du tombeau, il n'y eust que des Fables à esperer & que des Phantosmes à craindre.

Certainement vn Amour si inconsideré doit auoir de fort mauuais yeux : & ce doit estre quoy qu'on en die, vn Amour bien enfant &

bien niais, de priser les choses par le son & par la couleur: de quitter le solide obscur & sans bruit, & de courir apres le superficiel qui est luisant & qui resonne. Que diroit-on d'vne Femme, qui tous les matins prendroit la peine de porter des fleurs à son Mary; qui feroit venir de loin & à grands frais, des essences & des poudres precieuses pour en parfumer ses habits & son linge, qui se chargeroit elle-mesme du soin de nourrir ses valets & ses chevaux, qui pleureroit inconsolablement vn cheueu qui luy seroit tombé de sa teste, ou vne piqueure qu'vne épingle luy auroit faite à la main: Et apres toutes ces tendresses & tous ces soins, pourroit sans émotion & d'vn esprit tranquille, le voir étouffé d'vne appoplexie, déchiré par ses chiens, attaché sur vne roue? Ce qui se diroit de cette Femme, se doit dire des plus Prudes & des plus Sages, j'entends des Prudes & des Sages au sens du Monde. Il est de ces Sages & de ces Prudes, qui employent toute sorte de soins & d'artifices, autour du Corps & des Passions d'vn Mary. Vn coup de lancette qui ne fera que luy égratigner la peau, leur percera le Cœur, & leur fera sortir l'Esprit par les yeux: vne petite fiévre qui luy tirera deux gouttes de sueur, leur gelera le sang dans les veines. Et quant à son Ame, qui est la piece essentielle & de consequence pour l'Eternité; elles plaindront moins ses chentes & ses blessures, qu'elles ne plaindront vn collet rompu ou vne Porcelaine cassée. Elles souffriront sans peine qu'elle soit tourmentée d'autant de bourreaux qu'il y a de pechez ; qu'elle soit confisquée à la Iustice diuine & à ses Executeurs eternels ; qu'elle soit la proye de l'Enfer & de la Mort seconde.

La Femme Forte n'aura point de soins si confus ny de bienueillances si disproportionnées, tous ses offices seront iustes & en ordre. Et si Panthée qui n'estoit qu'vne Payenne, voire vne Payenne barbare, eut le cœur assez noble & assez Philosophe, pour aymer mieux à son Mary, vne mort precipitée & honorable, qu'vne vieillesse lache & sans honneur: nostre Chrestienne qui a plus de lumiere & vn meilleur guide, fera encore vn pas au delà : & pour la derniere perfection de son Amour, souhaittera plustost que son Mary aille au Ciel auant le temps, y dust-il aller sans pieds & sans mains, comme parle l'Euangile, voire sans peau & sans teste, que s'il tomboit en Enfer tout entier, & tout chargé de Sceptres & de Couronnes. Cette Vertu n'est pas sans exemple : il s'en est treuué iusques dans les Palais des Roys, où les interests du present ont tant de relief & font tant de foule, & les pretensions de l'auenir sont si petites & si abandonnées. Ceux que ie vay mettre sur la montre sont de cette nature : non seulement ils donneront de l'instruction aux Femmes, ils feront de l'honneur à la France, qui a nourry des Reynes Sainctes, & des Princesses Martyres.

EXEMPLE.

INGONDE ET CLOTILDE de France.

L'Espagne n'a pas touſiours eſté ſi cultiuée, ny ſi Catholique qu'elle eſt à preſent. Elle a eu des Monſtres & des Hereſies, des Gerions & des Ariens, en vn temps que la France eſtoit encore vierge, & que les Rebellions & les Erreurs, n'eſtoient point encore venuës l'effaroucher & la corrompre. Il nous a fallu faire des alliances & des guerres, pour inſtruire cette bonne Voiſine : & la Foy dont elle ſe vante auiourd'huy, nous a couſté des Princeſſes expoſées & des Armées perduës. Ingonde fille de Sigebert, fut de ces Princeſſes expoſées pour la propagation de la Foy, & pour la reduction de l'Eſpagne Arrienne. Leouigilde la fit demander pour Hermenigilde ſon Fils aiſné : le Conſeil fut long-temps ſans pouuoir ſe reſoudre à l'Alliance d'vne Maiſon excommuniée. Mais Dieu qui vouloit faire d'Ingonde vne Sainte, l'emporta enfin ſur Sigebert, qui craignoit qu'en voulant en faire vne Reine, on en fiſt vne Heretique.

Les premiers iours de ſon mariage eurent vne ſerenité toute pure, & des fleurs ſans épines & ſans amertumes. Hermenigilde n'euſt pas voulu changer à toutes les Couronnes de la Terre, l'agreable lien qui l'attachoit à vne si rare & si parfaite Princesse : & possedant en elle la Vertu & les Graces, il croyoit n'auoir plus rien à demander à la Gloire ny à la Fortune. Mais vne si douce saison n'estoit pas pour durer long-temps. Il s'amassa bien-tost des nuages, qui troublerent cette premiere serenité : il vint des épines & de l'absinthe parmy ces fleurs : & ce doux lien qui estoit le Diadême du cœur d'Hermenigilde, fut rompu par la malice de Gosuinde sa Marastre.

Cette mal-heureuse Femme, possedée du Demon de l'Arrianisme, entreprit de peruertir Ingonde : & luy proposa de receuoir le prophane Baptesme de sa Secte. Les ruses & les artifices ne luy succedant point ; elle y employa la violence & la Tyrannie : iusques-là qu'elle la fit plonger toute nuë dans vn estang, auec menace de la faire noyer, si elle ne changeoit de Religion. La courageuse Princesse ne s'effraya point de la mort qu'elle auoit deuant les yeux, & presque sur le bord des lévres. Elle fut tirée de là auec vn Martyre commencé & vne victoire entiere. Et pour se vaincre encore soy-mesme, comme elle auoit vaincu Gosuinde & l'Heresie, elle supprima le ressentiment de cette iniure, & la cela mesme à Hermenigilde. Mais les yeux des Amans sont plus spirituels, & voyent plus loin que les autres : ils ont quelque chose de prophetique : & la Dissimulation la plus artificieuse, auec toutes ses mines &

tous

tous ses masques, ne sçauroit leur en faire à croire. Le Prince ne l'eust pas plustost veuë encore pasle du combat qu'elle venoit de rendre, qu'il eut mauuaise opinion de cette pâleur : & ne sçachant s'il la deuoit prendre, ou pour vn reste de quelque mal passé, ou pour vn presage de quelque mal auenir ; il souffrit en vn moment, tout ce qu'Ingonde auoit souffert, & tout ce qu'elle pouuoit encore souffrir. Ses prieres enfin luy ayant tiré la verité de la bouche ; il sortit de la Cour auec elle, & se tira à Seuille.

Ce fut là que la Princesse desembarassée des importunitez & des malices de Gosuinde, attaqua l'Heresie à son tour : & emporta sur elle vne seconde victoire, qui fut apparemment la recompense de la premiere. Elle estoit souueraine dans le cœur de son Mary : & quoy que cette souueraineté d'Amour, luy tinst lieu de tous les Empires de la Terre, elle auoit scrupule de regner dans vn Cœur, où le Fils de Dieu estoit degradé. Ayant vn Mary heretique, elle ne se pouuoit croire Catholique toute entiere : & faisant vne mesme chair & vn mesme corps auec vn Excommunié ; elle apprehendoit d'estre bruslée, ou noircie de son Anatheme : elle apprehendoit que la partie saine, n'attirast la pourriture & l'infection de la corrompuë. Mais quand elle eust esté asseurée de son salut, par vne caution expresse enuoyée du Ciel, l'Eternelle reprobation de son Mary, estoit vn Spectre qui la réueilloit toutes les nuits, & luy causoit d'estranges songes. A tout

L

moment il luy sembloit voir l'épée de la Iustice diuine, qui separoit deux moitiées si bien vnies : & les Anges Executeurs, qui en saisissoient l'vne & la iettoient dans les flammes.

D'autre part elle apprehendoit, que la conuersion d'Hermenigilde, ne fut fatale à la vie de l'vn & de l'autre : ou pour le moins qu'elle ne mist le feu dans l'Estat. Elle craignoit auec raison, la fureur d'vne Marastre irritée, & les mains d'vn Pere heretique & deuenu Tyran. Il luy sembloit qu'il seroit plus à propos, de laisser faire Dieu : d'attendre en patience les effets de sa misericorde, & de iouïr cependant de la fleur de sa ieunesse, des fruits de son mariage, & des offres de la Fortune ; que de perdre tout cela, par vne pieté indiscrette & de surérogation, & par vne entreprise plus grande que ses forces. La Foy neantmoins peza dauantage en son Esprit, que les considerations humaines, & les interests de l'Eternité l'emporterent sur les interests du Temps. Elle resolut, quoy qu'il en pût arriuer, de n'endurer plus ce diuorce de Religion qui prophanoit son Marige & la separoit de son Mary : de ne souffrir pas dauantage, l'Excommunication & l'Anathéme de sa Teste, l'heresie & la reprobation de son Mary.

L'Amour fut le premier Docteur qui commença la Conference auec Hermenigilde, les Graces qui sont persuasiues sans parler, se ioignirent à l'Amour & furent de la partie Il n'y eut ny textes citez, ny raisons alleguées en cette dispute : tous les Argumens furent de larmes & de prieres, & les larmes & les prieres firent plus, que n'eust fait toute la Theologie mise en Dilemnes & en Syllogismes. Hermenigilde ébranlé par cette premiere Conference, rendit moins de combat à la seconde qu'il eut auec l'Euesque S. Leandre. Et la lumiere de la Verité, agissant plus efficacement & auec plus de force, sur vn Suiet que le feu de l'Amour auoit preparé, il se soûmit enfin à l'vn & à l'autre. Ce changement fit vn grand bruit : Et luy-mesme pour en aduertir toute l'Espagne fit battre vne Monnoye, qui fut comme vn Acte public de sa Foy, & vne abiuration d'heresie, que son image & son nom firent par toutes les Villes.

En suite, le Pere irrité de la conuersion de son Fils, & le Fils embrazé de sa Foy encore toute chaude, en vinrent à vne rupture ouuerte, Gosuinde enragée, & les Heretiques furieux attisoient la colere du Pere : l'Eglise d'Espagne souffrante, & les Catholiques maltraittez augmentoient le zele du Fils. Ingonde essaya toute sorte de moyens pour remettre les choses dans la douceur : & pour reconcilier Hermenigilde auec son Pere, comme ,, elle l'auoit reconcilié auec Dieu. Elle luy re-
,, presenta serieusement & auec larmes, le
,, mauuais exemple & les perils de cette Guer-
,, re : & luy fit voir, qu'apres vne longue agi-
,, tation, elle ne pouuoit le mener qu'à vne vi-
,, ctoire décriée & scandaleuse, ou à vne dé-
,, faite funeste & suiuie d'vne mort tragique,

L ij

,, Elle le fit ressouuenir des maximes heroï-
,, ques de la Foy qu'il auoit embrassée : luy
,, repeta souuent, que selon cette Foy, les in-
,, iustices estoient moins bonnes à faire qu'à
,, souffrir : & qu'il n'y auoit point de Patient
,, de si mauuaise condition, qui ne valut
,, mieux que le plus heureux Coupable du
,, Monde. Mais le feu estoit dé-ja trop allumé :
& il y auoit trop de mains qui l'attisoient, &
trop de bouches qui le soufflloient de part &
d'autre. Hermenigilde qui preuoyoit qu'il seroit grand & de durée, ne voulut pas s'y ietter
tout entier & sans reserue. Il crût que si la
plus chere partie de luy-mesme en estoit eloi-
gnée, l'autre partie qu'il y exposeroit, en seroit plus courageuse, & mieux disposee à tous
les coups de la Fortune.

Il se resolut donc de faire passer Ingonde
en Afrique : & Ingonde n'eust pas peu de peine de se resoudre à ce passage. Elle craignoit
extrémement pour la vie & pour la liberté de
son Mary ; mais elle craignoit beaucoup dauantage pour sa Foy encore tendre, & pour
son salut commencé. Aussi apres l'auoir con-
iuré à son depart, de se racommoder auec son
Pere : & de tascher plustost à le gagner qu'à le
vaincre : elle aiousta d'vn ton plus serieux, &
,, d'vne mine plus affirmatiue : Mais Herme-
,, nigilde, de quelque costé qu'incline le sort
,, des armes, & quelque proposition qui vous
,, soit faite, gardez-vous d'entrer en aucun
,, Traitté, où vostre Religion n'entre auec
,, vous. Si la Paix veut estre achetée de quel-

„ que perte, perdez à la bonne heure pour ga-
„ gner la Paix ; mais que la perte soit de vostre
„ Fortune, & non pas de vostre Pieté. Aban-
„ donnez librement au mauuais temps, vos
„ pretensions & vos droits, vostre Couronne
„ & vostre Succession, voir vostre teste auec
„ vostre Couronne, & vostre vie auec vostre
„ Succession : Mais faites en sorte, qu'au-
„ moins la Foy vous demeure : & asseurez-
„ vous, que la Foy conseruée, vous rendra
„ toutes choses auec vsure. Hermenigilde luy
promit de se souuenir de ses instructions : il en
prit luy-mesme l'esprit & le zele de sa bouche :
& tout ce qu'il luy promit, il le tint fortement
& auec constance.

La Guerre ne luy ayant pas esté heureuse,
& les Imperiaux qu'il auoit appellé à son secours l'ayant trahy, il perdit Seuille & Cordouë apres vn long siege. En cette extremité
il se souuint des larmes d'Ingonde, & fit entendre à Leouigilde la disposition qu'il auoit à
la Paix & à l'obeissance. Le Vieillard qui sçauoit que le desespoir est vne arme dangereuse,
& que les derniers efforts des vaincus, & les
morsures des bestes mourantes sont également
à craindre, luy enuoya son Frere Recarede
qui acheua de le persuader : & le luy amena,
sans luy donner d'autre asseurance que sa
parole. Cette confiance estoit hazardeuse & de
grande risque : & il est à croire, que le souuenir d'Ingonde, y opera plus que les persuasions
de Recarede. Aussi le Vieillard l'ayant en son
pouuoir, s'oublia de son Sang & de la Nature :

& apres auoir inutilement essayé sur luy le Pere & le Tyran, les promesses & les menaces, les chaisnes & la prison, ne pouuant luy oster la Foy, il luy fit oster la Teste.

Ingonde recent cette nouuelle auec vne satisfaction triste : & vn sentiment, où malgré elle, la Nature se trouua auec la Grace. Elle pleura son Mary mort, & couronna son Mary Martyr, & elle ne pouuoit le couronner plus richement que de ses larmes. Peu de iours apres, Dieu l'appella pour la couronner ellemesme. L'Affliction, l'Amour & le Zele détacherent son Ame : elle mourut victorieuse de la Nature & de l'Heresie : & répandit en mourant vne lumiere qui éclaira toute l'Espagne ; & acheua de la conuertir sous le regne de Recarede, qui succeda à Leouigilde.

Les combats de Clotilde ne furent pas moins celebres, ny moins glorieux à la France, que ceux d'Ingonde. Mais l'Espagne n'en retira pas le mesme auantage : & le mauuais traittement qu'elle luy fit, n'eut pas vne suite si heureuse. Elle estoit fille du grand Clouis, & de cette saincte & sage Clotilde, que la France Chrestienne reconnoist pour sa Mere & pour son Instructrice. Le Roy son Pere luy fit épouser Amaulry, qui estoit Got de naissance & Arrien de profession. Il n'ignoroit pas quel Monstre il se fait de la Barbarie & de l'Heresie assemblées en vn mesme Corps: Mais il crut qu'vn Monstre encore plus étrange & plus terrible, pourroit estre charmé de la vertu & de la beauté de sa Fille : il crut que le nom de Clotilde estoit vn nom Apostolique & de miracle : & que la seconde pourroit bien faire en Espagne, vne Conuersion pareille à celle que la premiere auoit faite en France. Mais le temps de cette conuersion n'estoit pas encore venu : Amaulry fit comme ces Aspics obstinez, dont il est parlé dans l'Escriture : il ferma les yeux & se boucha les oreilles, de peur d'estre charmé par Clotilde. Bien loin de respecter les Graces qui l'instruisoient, & de se rendre à vne Vertu si douce & si efficace; il deuint leur Tyran & leur Bourreau : il vsa de tous les artifices possibles pour peruertir ces Graces : il employa toute sorte de violence pour tirer cette Vertu dans l'Heresie. Il n'auoit garde de vaincre le courage de Clouis, & la Saincteté de Clotilde en leur Fille. La bonne Princesse munie de leur Esprit, & fortifiée par le souuenir de leurs Triomphes & de leurs miracles, resista à ses artifices & à sa violence. Pour peu qu'elle eut voulu fléchir & ceder au Tentateur, elle eut appriuoisé le Tyran, & en eust fait vn bon Mary. Mais elle prefera des playes honorables, à des caresses infidelles & dangereuses : & ayma mieux vn Tyran qui la couronnast, qu'vn Mary qui la corrompist.

Il ne se peut dire combien luy cousta cette Couronne, & combien elle souffrit d'vn Prince & d'vn Peuple également Barbares & possedez du mesme Demon & de la mesme Heresie. Son Mary la tourmentoit au logis, auec vn visage de Bourreau, & des paroles de mort.

& de sang : & au dehors, elle souffroit les outrages d'vne Populace insolente & furieuse, qui la poursuiuoit auec iniures & à coups de pierres, quand elle alloit à l'Eglise. Les Ministres de l'Heresie donnoient chaleur à cette violence publique : & Amaulry luy-mesme, qui l'authorisoit de son exemple, battit vne fois si courageusement la pauure Reyne, qu'il la mit tout en sang, & la laissa demy morte. Estant reuenuë de son énanoüissement, elle enuoya son mouschoir sanglant aux Roys ses Freres. Le sang de l'innocence eut de l'esprit & de la voix sur le linge, & porta l'indignation & la colere par toute la France. Childebert monta à cheual & alla requerir sa Sœur à la teste de trente mil hommes. Ce voyage cousta la vie à Amaulry, & l'Espagne punie en paya les frais. Quant à Clotilde, elle fut appellée au Ciel, auant qu'elle arriuast en France. Peut-estre que Dieu preuoyoit que son merite souffriroit du dechet dans le repos, & que sa Couronne en pourroit estre diminuée. Et voulant la luy donner complette & toute ronde, il la luy donna immediatement aprés sa victoire. Quoy qu'il en soit, Clotilde aioûtée à Ingonde, à Blanche de Bourbon, & à d'autres qui les ont suiuies, ont fait croire que l'Espagne estoit fatale à nos Princesses, comme on l'a cruë fatale aux Astres qui semblent y aller mourir. En effet, toutes celles qu'on y a enuoyées, y sont mortes fort ieunes, & pleines de vie & de lumiere. Mais cette mort n'a esté qu'en apparence comme celle des Astres :

DES FEMMES FORTES.

Dieu les a fait passer de là à vne meilleure vie, & à vn Royaume de plus longue durée. Et il est à croire, qu'elles ont là vn lustre particulier, & qu'elles tiennent rang de Princesses, parmy les Martyres de grande Maison, & les nobles Patientes.

CAMME. plutar de Mulierum virt

CAMME.

QVE les esperances de l'Homme sont vaines! & que ses desirs sont de dangereux Imposteurs, & des Guides peu fideles! Sinorix estoit venu icy, pour donner commencement à son mariage. La mort qui se trouue par tout, a voulu estre de la feste malgré la ioye publique. Ce qui est bien étrange, l'amour l'y a luy-mesme amenée: & par vne nouuelle & fatale reuolution de toutes choses, la Vertu y est trompeuse & homicide: & les Fiancez y seruent de victimes, au Sacrifice preparé pour la ceremonie de leurs nopces.

La fidelité & la perfidie sont le sujet de cette Action, Camme & Sinorix en sont les Acteurs; & ce Temple en est la Scene. Sinorix ne pouuant vaincre la chasteté de Camme, fit dernierement tuer Sinnate son Mary, afin de succeder à son Lit & à son Throsne, & Camme ne pouuant autrement se faire raison de Sinorix, l'a pris par le feint consentement qu'elle a donné à ses recherches. Elle n'a pas remis sa vengeance au Temps & aux occasions qui pouuoient venir: Elle n'a pas voulu en attendre l'obscures & de domestiques: Elle a crû qu'elle se deuoit satisfaire hautement & auec éclat, et sans donner à son ennemy vn moment de réue, elle vient de s'empoisonner publiquement auec luy, du breuuage qui auoit esté preparé, pour confirmer en ceremonie, & par vn sacrifice solennel le contract de leur mariage.

La declaration qu'elle a faite, d'vne action si courageuse & si peu attenduë, a mis le tumulte dans le Temple, & la confusion parmy le peuple. Il n'y a plus là personne qui pense à la Deesse, ny qui se souuienne du sacrifice. Les victimes qui estoient desia au pied de l'Autel, couronnées de festons, & parsemées de pure farine, se sont effrayées au bruit qui s'est fait autour d'elles : & se sauuant auec leurs guirlandes & leurs rubans, ont renuersé les cassolettes & les encensoirs : & écarté les Assistans surpris d'étonnement, de superstition, & de crainte. Au lieu de les remener, les plus asseurez s'en sont fuis auec elles. Il n'est demeuré que les Filles de Diane, encore ont-elles esté retenuës par la frayeur, qui leur a lié les pieds, & glacé le sang dans les veines. Leur étonnement & leur effroy paroissent sur leurs visages, qui sont de la couleur de leurs robes. Il semble mesme que les fleurs de leurs couronnes pallissent à leur exemple & de leur crainte. Les flambeaux tombez de leurs mains, s'éteignent dans le laict & dans le vin des couppes qui sont renuersées. Et de ces deux liqueurs confondues, il s'en est fait vne troisième, qui a la couleur de l'vne & de l'autre.

Dans ce tumulte general, Camme toute seule est tranquille & asseurée. Elle ne fut iamais plus belle, ny n'eut plus de grace que vous luy en voyez : Elle ne but iamais rien de plus doux, ny de plus à son goust, que le reste de la mort qu'elle vient de donner à son Ennemy. La douceur de la vengeance qu'elle en a prise, a gagné son cœur auant le poison, &

penetrré le fond de son ame. Il s'est fait de là
sur son visage vne effusion de ioye accompagnée d'vne petite fierté maiestueuse & agreable; la colere mesme y a de la bien-seance; &
les dernieres gouttes de son fiel s'y sont adoucies. On ne luy voit rien de la mort qu'elle a
prise: sa mine est d'vne Victorieuse, & dans
ses parures il y a de la feste & du triomphe.
Les fleurs mesmes dont elle est couronnée,
semblent se rejoüir de ce qu'elle ne les portera
point dans vne couche prophane & souillée, &
qu'elles mourront chastes & sans tache en sa
compagnie. On croyoit qu'elle les eust prises
pour sacrifier auec plus de décence: & pour
faire honneur à son Ministere & à son nouueau
mariage; & c'estoit pour aller mieux parée à
Sinnate, & pour triompher de Sinorix auec
plus de pompe.

Le Malheureux abbatu de sa conscience, &
percé des reproches de Camme, vient de tomber à terre auec la couppe fatale qui l'a deceu.
La palleur de la mort qu'il a beuë, commence
à s'épandre sur son visage. Et troublé de son
desespoir, non moins que de sa colere; il regarde Camme auec des yeux, qui ne sont ny
d'Amant ny de Mary. Ie pense mesme qu'il
vomit contre-elle tout le fiel de son Esprit,
qui est plus aigre, & qui vient d'vne plus mauuaise source, que le poison qu'il a beu. Et ne
pouuant luy faire pis, il la démembre au moins
de son desir & de son geste: & fait de son
corps autant de pieces qu'il luy fait d'imprecations, & luy dit d'iniures. Elle l'écoute
froidement & sans trouble: on peut dire qu'elle

l'aime en cét estat : & ne l'ayant iamais veu fans horreur, elle le voit maintenant auec ioye. Cependant le poifon gagnant fes parties nobles, & trouuant le cœur demy ouuert, par l'effort que fon Ame y fait pour en fortir, & s'aller reünir à Sinnate ; elle tombe entre les mains de fes Filles.

Elles font bien reuenuës de leur premier trouble ; Mais elles ne font pas en eftat de la fecourir, fi leurs larmes ne luy valent du contrepoifon. Tout ce qu'elles peuuent de mieux, c'eft de leuer les yeux & les mains à la Deeffe : & luy demander de leurs geftes & de leurs foûpirs, la conferuation d'vne fi haute Vertu, pour l'honneur & pour l'exemple de leur Sexe. Ne croyez pas qu'elles foient exaucées. Camme s'oppofe à leurs prieres, & en fait de toutes contraires. Elle voit dans la fumée des flambeaux éteints & des caffollettes renuerfées, l'Ombre de Sinnate encore fanglante de fa bleffure, qui luy fait figne qu'il eft temps de partir, & qu'elle eft attenduë en la Region des Chaftes & des Fidelles. Son impatience redouble à cette veuë & fon cœur acheuant de s'ouurir ; elle prend congé de la Deeffe ; luy demande pardon de ce qu'en fon Temple & au pied de fon Autel & de fon Image, elle a facrifié à l'Amour & à la Vengeance : Et auec ces dernieres paroles ; rend l'Efprit d'vn vifage ferein ; & tel que l'auroit vn Victorieux, qui apres vne bataille gagnée, expireroit dans la iouïffance de fa gloire.

SONNET.

D'Vn genereux despit cette Reine animée,
Le poison à la bouche & la mort prés du
   Cœur,
Reproche à Sinorix, desia tremblant de peur,
Le crime de sa main au meurtre accoustumée.

L'Ombre de son Mary tant de fois reclamée,
Teinte encore de sang, & pasle de langueur,
Preste à la receuoir l'attend dans la vapeur,
Que ces flambeaux esteints luy font de leur
   fumée.

Belle Ame, ne sors pas de ta belle prison;
Ne va pas à Sinnate, auant que le poison
T'ait fait de son meurtrier vne pleine iustice :

Toute chose y conspire auec son mauuais Sort;
Et l'Amour mesme a pris pour haster son supplice
La torche de Megere, & les traits de la Mort.

ELOGE DE CAMME.

CAMME Princesse de Galatie & femme de Sinnate, fut doublement souueraine, & regna par le droit de son sang & par celuy de son visage. Sa beauté qui fut sa premiere Couronne, luy attira des Pretendans, & luy causa des combats ; & les combats aguerrirent son Esprit, & firent reconnoistre son courage & sa fidelité. Sa vertu donna de la ialousie à la Fortune, & sa beauté de l'amour à Sinorix : mais n'accordant rien à Sinorix, & abandonnant tout à sa Fortune, elle demeura victorieuse de l'vn & de l'autre. Les sollicitations, & les seruices ne reüssissant pas à Sinorix, il employe le desespoir & les crimes, & persuadé qu'vne place vacante, seroit defenduë laschement & auec moins d'opiniastreté, il assassine Sinnate, & de son corps se fait vn degré à son lit & à son trosne. Ce coup affermit la courageuse Princesse au lieu de l'abbatre. Elle n'ecouta point l'Ombre sanglante de Sinnate qui l'appelloit, & auant que de le suiure elle voulut le venger.

Apres vne perfidie si noire & si lasche, Sinorix renouuella ses poursuites & les adoucit du nom de Mariage. Il se presenta à Camme auec tous les artifices & tous les déguisemens, dont il crût luy pouuoir cacher son crime : elle ne laissa pas de le voir au trauers de tous ses déguisemens & de tous ses artifices : & de sentir le meurtre & le sang qui estoient encore tous frais sur luy. Elle se contraignit neantmoins : & de peur qu'elle manquast son coup, si elle leuoit trop tost la main, elle resserra son dessein dans son cœur auec son dépit. Enfin apres forces difficultez étudiées, & beaucoup d'irresolutions contre-faites, elle feignit de se rendre aux offices de ses Parens qui la sollicitoient pour Sinorix : & leur donna son consentement & sa parole. Au iour assigné pour la ceremonie du mariage, toutes choses estant prestes pour le sacrifice, elle prit vne couppe de poison détrempé : & apres en auoir versé par honneur, deux ou trois gouttes sur l'Autel de la Deesse, elle

elle en but vne partie & donna le reste à Sinorix. Le mal-heureux s'attendant d'y gouster
les premieres douceurs de son mariage, y but
la mort & la punition de son crime. Camme
eut la satisfaction de le voir mourir auant elle:
& apres auoir iouy deux ou trois heures de sa
vengeance, & de la gloire de sa Fidelité, elle
alla porter la nouuelle de l'vn & de l'autre à
Sinnate.

REFLEXION MORALE.

Tous les traits de cette Peinture sont in-
structifs, & les ombres mesme en sont lumineuses & eclairent l'esprit. Nous apprenons
de l'infortunée beauté de Camme, que comme il y a des fleurs qui empoisonnent, il y a
de mesme des Biens qui rendent mal-heureux
ceux qui les possedent : Et qu'assez souuent
nous ne sommes picquez, que de ce qui brille
autour de nous, que de ce qui nous plaist &
nous paie. Nous apprenons aussi de son courage, que dans les combats de la Vertu, la victoire est de la force de l'esprit, & non pas de
celle du corps : Que le Sexe le plus foible y
peut disputer l'auantage au plus fort : Et que la
Couronne est plus pour le cœur que pour les
bras, ny pour la teste. D'autre-part, nous apprenons
du crime de Sinorix, que c'est vn dangereux hoste que l'amour impudique. Il entre
les bouquets à la main, & la guirlande sur
la teste, & si-tost qu'il est dans la maison, &
qu'il y a fait habitude, il met en ieu les poisons
& les épées. Nous apprenons encore de sa

punition, que la Iustice diuine, quoy qu'elle part tard, ne laisse pas d'arriuer à temps : & que sans faire venir des Bourreaux de loin, elle fait souuent de nos Idoles, nos Executeurs, & de nos pechés nos supplices.

QVESTION MORALE.

Pourquoy l'Amour Coniugale est plus fidele du costé de la Femme, que du costé de l'Homme.

IE suppose la verité de la these, & la suppose sur le rapport de l'Histoire, qui est la Conseruatrice de la Verité & la Depositaire des beaux Originaux & des grands exemples l'ay esté là consulter la dessus en tous les pays & en tous les siecles : & i'auouë qu'en quelque pays & en quelque siecle que ie l'aye consultée, elle m'a fait voir par troupes, des Femmes Heroïques, qui sont mortes dans la fidelité & pour l'amour de leurs Marys. Mais quand ie luy ay demandé des Marys de pareille vertu, & d'aussi bon cœur, à peine m'en a-t'elle pû fournir assez pour faire nombre. Cela certainement est merueilleux ; mais il est veritable pourtant : & ceux qui n'auront pas assez de foy pour le croire sur ma parole, pourront eux-mesmes s'en informer sur les lieux.

On leur montrera en Grece, les cendres d'Enadne, qui se ietta dans le bucher de son Mary : & fit par vn Amour honneste & legitime, ce qu'vn Heros furieux, & des Philosophes fanfarons ont fait, ou par vn desespoir brutal, ou par vne vanité ridicule. On leur monstrera la toile de laquelle Penelope se conserua à Vlysse : la Couppe en laquelle Camme but la mort & la vengeance, vne autre Couppe dans laquelle Artemise prit les cendres de Mausole. On leur fera voir à Rome, les charnes que Porcie aualla : le poignard d'Arrie, & ces deux grands mots, dont elle donna de la reputation à sa mort, & du courage au foible Petus : la lancette dont Pauline se fit ouurir les veines, pour mourir auec Seneque : & quantité d'autres pieces fameuses, qui sont en veneration chez les Anciens : & qu'on void encore teintes du sang & marquées de la fidelité des Femmes. La montre de ces pieces, peut toute seule & sans autre preuue, persuader que les Femmes ayment plus constamment & auec plus de fidelité que les Hommes. Mais ie suppose cét auantage de la fidelité des femmes, sur celle des Hommes, qui n'a point encore laissé de reliques : & en cherche les raisons dans la Philosophie naturelle & dans la morale. I'en trouue iusques à huict, lesquelles aioustées aux memoires de l'Antiquité, affermiront cette proposition, contre les mauuaises allegations dont on a coustume de la battre : & en pourront faire au moins vn Article de Foy humaine.

Premierement si la Philosophie & l'Experience ont assez d'authorité pour en estre cruës, les Affections suiuent les humeurs : & prennent leurs qualitez & leur teinture, du temperament qui leur sert comme de matiere. Or on ne doute point que la melancolie ne soit l'humeur dominante de la femme : on ne doute point que son temperament ne soit plus humide, & sa complexion plus molle que la nostre : on ne doit donc pas douter aussi, que ses Affections ne soient plus adherentes & plus fermes ; & qu'elle ne s'attache plus fortement, à quoy que ce soit qu'elle s'attache. Pourquoy en douteroit-on ? puisqu'on a crû iusques-icy que la melancolie estoit la matiere de la Constance, l'huile la plus propre à nourrir le feu de l'Amour ? puis qu'on void que les choses molles se lient mieux que les dures : & que sans humidité il ne se peut faire d'vnion qui soit de durée. De là est venu l'ancien mot, qui dit que les Affections des femmes ne souffrent point de mediocrité : & que tout ce qu'elles veulent elles le veulent obstinément & sans relasche.

Adioustons l'Instinct à l'humeur, & la necessité à la complexion ; & suppose ce que la foy nous enseigne de la creation de la femme tirée du costé de l'homme ; Disons pour seconde raison, que l'Instinct de la Partie au Tout, estant de necessité, & par consequent plus fort que l'Instinct du Tout à la Partie, qui n'est que de bien-seance : il estoit de l'ordre naturel, que la femme fist par vne inclination intelligente & iudicieuse, ce que toutes les autres Parties separées font par vne inclination aueugle & insensible. Et puisque l'Homme de qui elle a esté tirée, est necessaire à sa conseruation ; il n'y a rien d'estrange, qu'elle s'attache à luy plus constamment, & luy donne plus d'affection qu'elle n'en reçoit : & encore ce plus qu'elle luy donne, est moins vne auance

& vne interrogation qu'vn deuoir & vne reconnoissance.

Apres cette seconde raison, il en vient vne troisiéme qui est fondée sur l'assistance & sur les offices que les femmes reçoivent des Hommes. Cette assistance est assiduë & iournaliere, & ces offices sont continuels & de toutes les heures. Ceux que le corps reçoit de la teste, ne sçauroient gueres souffrir moins d'interruption ; ceux que la Lune attend du Soleil, ne luy sçauroient estre gueres plus necessaires. Et partant si les offices sont les liens des cœurs, & les chaisnes des esprits ; n'est-il pas raisonnable, que les femmes ayment plus qu'elles ne sont aymées : & soient attachées plus fortement qu'elles n'attachent ; puisque dans la societé domestique, elles seruent moins qu'elles ne sont seruies : & sont plus obligées qu'elles obligent ? Auroient-elles moins de naturel que le Lierre, qui se lie inseparablement à l'Arbre qui luy donne de l'appuy, ne le quitte ny en la vie ny à la mort ? Aimeroient-elles moins constamment que la Palme, qui ne se console iamais, qui ne reçoit iamais de verdure, qui est incapable de renouueau, apres la mort du Palmier à qui elle estoit alliée ?

Cette fidelité n'est pas seulement du deuoir de la gratitude des femmes : Elle est de leur honneur & de leur gloire : & soit que dans leur persuasion il y ait de la nature & de l'Instinct, soit qu'il n'y ait que de la tradition & de l'ouyr dire, elles sont toutes persuadées, que la Constance est apres la Pudicité, la Vertu dominante & la qualité essentielle des

Prudes. Les Hommes ne mettent pas là leur point d'honneur : il n'y a point de titre moins allegué parmy eux, il n'y a point de qualité à plus bas prix, que le bon Mary : à peine luy donnent-ils place, & le font-ils de quelque vsage en l'Honneste homme. Et de là vient, que la Constance & la Fidelité dont ie parle, n'estant point contestées aux femmes, elles les ont prises toutes pour elles : & ont laissé aux Hommes en leur place, la Valeur, la Science, la Iustice & les autres qualitez qu'ils ont creu estre plus-de la dignité de leur Sexe.

Dauantage, c'est la principale ambition des Honnestes Femmes, d'estre aymées de leurs Marys vniquement, & auec perseuerance. Cela fait au logis leur repos & leur satisfaction : cela fait au dehors leur bon bruit, & la bonne odeur de leur renommée. D'ailleurs elles sçauent, & la nature le leur a appris, que le cœur est le seul appas dont se peut prendre vn autre cœur. & que l'amour à qui on donne des aisles, est vn Oyseau qui ne se prend qu'auec vn autre Amour. De là vient, que pour auoir cét Amour qui leur importe tant, elles en font des auances qui les épuisent, & dont bien souuent il ne leur demeure qu'vne habitude d'aimer solitairement, & vne Fidelité opiniastre & d'accoustumance.

De plus il est du cœur de la femme, comme des Riuieres qui sont contraintes & resserrées, & qui n'ont qu'vne pante par où la décharge leur est libre. La Conscience & l'Honneur, la Pudeur & la Crainte, les loix de Dieu & les

oix du monde, sont les obstacles qui l'enuironnent de tous costez, & il ne se peut répandre sans les rompre, ny les rompre sans vne
violence extraordinaire. Aussi lors que parmy
tant d'obstacles, la decharge luy est ouuerte
du costé d'vn Mary, il s'épand de ce costé-là
auec plus d'impetuosité & moins de reserue,
que ne fait le cœur de l'Homme, qui ressemble
à ces Riuieres vagues, qui n'ont ny bords ny
leuees, & qui ont cent ruisseaux ouuerts par où
elles se déchargent.

Disons encore, que les femmes estant déchargées de beaucoup d'affaires qui chargent
les Hommes, & l'Amour estant comme a dit
quelqu'vn, l'occupation des personnes desoccupées, & l'employ de ceux qui sont de loisir,
il est necessaire qu'ils ayment plus fortement,
& auec plus d'application d'esprit qu'elles ne
sont aymées.

J'ajouste enfin pour huictiesme raison, que
l'Amour a des ialousies de Roy : il est aussi la
Passion Princesse & Souueraine : & dans vn
cœur où il regne, il n'en peut souffrir qui aille
de pair auec luy, & qui fasse la Maistresse. Or
les cœurs des Hommes sont plus diuisez, &
suiets à plus de Passions que les cœurs des
Femmes. Tous les iours, les occasions & les
affaires y en introduisent vne nouuelle : &
chacune veut commander à son tour, & regne
pour le moins le iour de son arriuée. L'Amour
parfait, qui est ialoux de son authorité, &
ennemy du desordre & de la confusion, ne
pouuant estre en repos & en honneur parmy ces
turbulentes, leur quitte la place, & se retire

dans le cœur des Femmes : Et là il est moins troublé & plus absolu : il ne trouue point de Riuale qui s'éleue contre luy : il ne trouue point de Passion qui ne luy obeïsse. Par cette raison, la Fortune, les Affaires, & les Passions de leur suitte, estant quasi toutes pour le Mary, il ne reste pour la Femme, que l'Amour coniugal accompagné de la Fidelité & de la Constance. I'en pourrois apporter plus grand nombre de raisons ; mais c'est le poids & non pas la foule des raisons, qui doit persuader. Terminons cette question, par vn Exemple ou fera voir en dépit de Montaigne, qu'il y a des fidelitez modernes aussi bien que des fidelitez antiques : & qu'il s'est trouué de bonnes Femmes, long-temps apres le siecle d'Arrie & de Pauline.

SANCIE DE NAVARRE.

I'Ay à faire en cette Histoire, la peinture de deux Sœurs, qui n'ont pas vne goutte de sang dans les veines, ny vn seul cheueu à la teste par où elles se ressemblent. Cela n'est pourtant ny estrange ny nouueau : la rose & l'épine naissent bien d'vne mesme tige : & vn mesme feu produit bien la lumiere & la fumée. La representation n'en sera pas pour cela moins agreable, & par vne opposition pareille à celle qui se fait, par les impostures de la Perspectiue, vne Grace & vne Furie, vne extréme Fidelité & vne Perfidie extréme, s'y verront sur vn mesme fonds & quasi sous vne mesme ligne.

Sanche second Roy de Nauarre, fut tué par Ferrand Gonzales Comte de Castille, & en Duel public & reglé, entrepris solennellement & à la veuë de deux Armées, pour terminer leurs differens & épargner le sang de leurs Peuples. Ce mal-heur laissa vn ressentiment si vif, & vne douleur si opiniastre à Therasie Fille du Roy mort, & femme du Roy de Leon, qu'elle iura de n'admettre iamais aucun lenitif, que de sa vengeance, & du sang de Gonzales. Elle chercha par tout ce lenitif de sang, & cette vengeance capables de le guerir : ne voyant point d'occasion honorable & legitime, qui la luy pust faire auoir de bonne foy, elle se resolut de l'auoir au moins en trahison & par surprise. C'est veritablement vne dangereuse colere, que la colere d'vne femme, tout ce qu'elle a de plus doux, s'aigrit & se tourne en fiel, quand elle est blessée, & malgré sa complexion naturelle, il luy sort du venin des yeux, il luy vient des dents de serpent en la bouche. Mais quoy qu'elle soit à craindre en toute façon, il s'en faut principalement défier, quand il y a de la cendre sur son feu : quand ses dents sont cachées : & que son fiel & son venin sont couuerts d'vne douceur apparente ; et on peut prendre encore en ce sens, le mot de l'Escriture, qui nous auertit de n'attendre pas la fureur d'vne Colombe irritée.

Ce fut cette cendre de reconciliation platrée, & cette feinte douceur de Colombe, qui firent perdre Gonzales. Il se fust gardé

N

d'vn feu découuert : & se fust defendu d'vne Aigle qui l'eust arraqué de force. Therasie contrefait la traittable & la pacifique, s'offre la premiere à la reconciliation, & pour établir entre la Nauarre & la Castille, vne Paix solide & de durée, fait proposer à Gonzales le mariage de sa sœur Sancie. L'appas certes estoit trop beau, & preparé trop finement & auec trop d'adresse, pour ne rien prendre. Gonzales qui estoit genereux, & n'estoit pas ennemy de la Paix, écoute cette proposition, reçoit de la Reine de Leon commise pour les fiançailles, la promesse de Sancie absente, & luy donna la sienne. Apres toutes choses accordées, il entreprend le voyage de Nauarre, sans autre suitte que sa maison : Aussi ne croyoit-il pas aller à vn siege ny à vne bataille : il croyoit aller à vn traité de mariage : & on ne traite pas de mariage auec des Armées & des machines : on n'épouse pas tambour battant & enseignes déployées.

Comme il arriue en Nauarre, le Roy Garcias complice de la trahison de sa sœur Therasie, le reçoit outrageusement & auec reproches : & sans luy donner temps de se reconnoitre, l'arreste prisonnier, & le fait charger de chaisnes, plus rudes & plus pesantes que celles qu'il estoit venu chercher. Sancie auertie d'vne trahison si noire, à laquelle elle auoit contribué innocemment & de bonne foy ; se crut obligée pour la iustification de sa parole, & pour l'honneur de son nom, de secourir vn Prince qu'on auoit pris en son nom & auec sa parole. Elle trouua moyen de le voir en prison

& cette veuë luy attendrit le cœur : & l'ouurit à vne Passion qui n'y auoit point encore eu d'accez. La Pieté qui n'est point honteuse, & qui n'est soupçonnée de personne, entra la premiere hardiment & sans resistance : l'Amour s'y glissa timidement apres elle; & y fut receu sur les auances faites par Gonzales; & sur la foy qui luy auoit esté donnée. Sancie estoit desia bien liée de sa promesse, qu'elle auoit commise au Roy de Nauarre son Frere, & à sa Sœur la Reine de Leon : mais elle se trouua là beaucoup plus étroittement liée des chaisnes de Gonzales. Elle luy confirma de nouueau, la foy qu'elle luy auoit enuoyée par les Ministres de la perfidie de son Frere : & apres auoir donné les ordres necessaires à sa liberté; le tira de prison, & se sauua auec luy en Castille, où elle l'épousa en grande pompe, & auec vn general applaudissement de tout le Peuple.

J'auouë qu'il y eut bien de la hardiesse en cette action, & ie ne la pardonnerois pas à vne Fille, qui auroit suiuy vn feu follet, & auroit voulu faire la Cariclée ou la Leucippe. Mais si l'on considere que Sancie n'estoit plus à soy ny à son frere; qu'elle estoit promise & fiancee à Gonzales : qu'elle luy auoit donné sa foy par obeissance : & qu'elle deuoit plus à sa foy donnée, qu'à la perfidie de sa Maison; sa hardiesse ne sera point reprochée à sa Memoire : & on luy donnera vn rang honorable entre les Heroïnes, plustost qu'on ne l'adioûtera aux vagabondes & aux coureuses des Romans. Neantmoins le Roy son Frere ne le prit pas de

ce biais-la : si-tost qu'il fut auerty de la fuite
de son Prisonnier, & de celle de sa Sœur, il
leua promptement vne Puissante Armée, & se
ietta dans la Castille. Mais il s'y ietta sous vne
si mauuaise Etoile, qu'il fut défait à la premiere iournée : & par vn ieu de la fortune, qui
mesle comme il luy plaist, les chaisnes & les
Couronnes, & les met tantost sur vne teste, &
tantost sur l'autre, ou pour parler plus Chrestiennement, par vne iuste disposition de la
Prouidence diuine, qui voulut punir l'iniustice & la perfidie, le Roy de Nauarre demeura
à son tour prisonnier de son Fugitif, & fut
chargé des chaisnes qu'il luy auoit apportées.

Apres quelques mois de prison, Gonzales
fléchy par les prieres de sa femme, le remit en
liberté ; & le renuoya auec honneur en son
Royaume. Ces bien-faits deuoient estre de
ces charbons, que le Sage dit qui réchauffent
la charité refroidie, & rallument la bien-veillance éteinte. Mais ils échaufferent la haine:
& allumerent vne seconde guerre, qui alloit
faire vn grand embrazement, & de grandes
ruynes : si la sage & courageuse Sancie auant
qu'il y eust vne goutte de sang versé, ne se fust
ietrée entre son Mary & son Frere, & n'eust
éteint de ses larmes, le feu qui s'estoit pris de
part & d'autre. Ces larmes qui eurent assez de
vertu, pour éteindre vne guerre desia ardente,
& pacifier deux Royaumes aimez, n'en eurent
pas assez pour adoucir l'animosité d'vne femme. La Reyne de Leon excepta sa passion de
tous les traittez qui furent faits : & à tous les
articles qui luy furent proposéz, quoy que

jurassent ses lévres, & sa langue, & quoy qu'elle signast de la main, elle mentoit de l'esprit, & signoit du cœur la mort de Gonzales.

Cette Princesse obstinée, non contente d'auoir trauaillé inutilement & à grands frais, pour deshonorer le nom du Roy son frere; d'auoir corrompu sa foy, & peruerty sa parole; osta encore l'honneur & la reputation au Roy son Mary, & luy persuada de faire de sa parole & de sa foy vn second piege à Ferrand Gonzales. La foy des Roys est sacrée: leur parole est saincte: & c'est vne prophanation & vne espece de sacrilege, de les mettre en fourbes & en trahisons; & d'en faire des amorces de tromperies. Ce Prince neantmoins seduit par sa femme, consentit à la prophanation de sa parole & de sa foy. Il conuoqua les Estats de son Royaume, & y manda le Comte de Castille. Le Comte eut la veuë assez bonne, pour voir de loin le piege qui luy estoit preparé: mais il auoit le cœur trop bon, & l'ame trop asseurée, pour éuiter vn piege, dont il ne se pouuoit éloigner qu'en s'éloignant de son deuoir, & tournant le dos à sa reputation. Il fut donc sans detour à sa reputation & à son deuoir ; & commit à la fortune sa liberté & sa vie. La fortune pourtant, qu'on dit estre si fauorable à la hardiesse, ne luy fit pas meilleur traitement à Leon, qu'elle auoit fait en Nauarre. Il y trouua vne seconde prison, & des chaisnes aussi fortes & aussi pesantes que les premieres: & n'y trouua point de Sancie, qui rompist ses chaisnes & luy ouurist sa prison. Mais l'amour qui est plus iuste que la fortune, & qui fait bien

d'autres miracles qu'elle, ne tarda gueres d'
mener sa liberatrice : & si elle auoit esté fidelle
& courageuse Fiancée, elle se monstra encore
plus fidelle & plus courageuse femme.

Si-tost qu'elle eut appris la captiuité de son
Mary, sa premiere pensée fut d'aller à la teste
de vingt mille hommes, abbatre sa prison auec
le fer & le feu : & le ramener en Castille, au
trauers des ruines & à la lueur de toute vne Prouince embrazée. A cette premiere-pensée, qui
estoit de son courage, il en succeda vne autre,
où il y auoit plus de prudence, & plus de seureté pour son Mary. Elle s'arreste à celle-là,
quoy que le danger y soit plus éuident pour elle,
& se resout d'opposer à vne tromperie noire &
de trahison, vne tromperie innocente & de
pure charité. Elle choisit entre les plus fideles
seruiteurs du Comte son Mary, tout ce qu'il
y auoit de Gens de cœur & de main : & leur
commande de la suiure sans bruit ; & auec des
armes de plus d'effect que de montre. Cela fait,
elle se met aux champs auec l'habit & les marques des pelerins : passe par tout pour vne femme de condition, qui va s'acquitter d'vn vœu
fait à S. Iaques : & arriuée qu'elle est à Leon
auec deux Cheualiers ; elle attaque si finement
& auec tant d'adresse les portes de la prison,
qu'enfin elles luy sont ouuertes : & la permission de voir son Mary luy est accordée.

L'apparition d'vn Ange enuironné de feu &
tout couuert de lumiere, n'eut gueres plus
éblouy Gonzales, que l'éblouyt l'arriuée de
Sancie deguisée. Apres les premiers embrassemens & les larmes qui y furent meslées, &

qui prirent la place des paroles ; elle luy fit entendre en peu de mots le suiet de sa venuë : & le coniura de prendre la robbe & la liberté qu'elle auoit apportées : & luy laisser en échange, ses chaisnes & son habit : voire son supplice & sa Mort, s'il estoit arresté qu'il dût mourir. Cét échange fait, Gonzales sortit de la prison auec la robbe & le cœur de Sancie : & treuua à la porte, les deux Cheualiers qui le menerent où il estoit attendu de ses Gens. Le lendemain, le iour découurit la charitable tromperie, que la nuit auoit couuerte. Le Roy de Leon en tesmoigna d'abord vne colere, qui ne sembloit pas deuoir s'éteindre sans effusion de sang. Mais la raison luy estant reuenuë peu à peu, l'admiration succeda à la colere : il loüa hautement vne tromperie de si bonne foy, & de si grand exemple. Et aprés auoir traitté sa Sœur magnifiquement, il l'a renuoya à son Mary en ceremonie & auec pompe : & cette pompe fut comme vn Triomphe de l'Amour coniugal & de la Fidelité des Femmes.

ARTEMISE *Strabo. lib 14.*

ARTEMISE.

IL n'y a rien icy de la mesure des petits Esprits, il n'y a rien de la capacité des petites testes. Le Mausolée que vous voyez, est vn des grands Miracles du monde: Artemise qui le fait bastir, est vn autre Miracle encore plus grand; quoy qu'il ne soit pas si vaste, ny ne lasse tant la veuë. Et l'vn & l'autre, a dequoy remplir de sa reputation, le present & l'auenir, a dequoy fournir de matiere, à de nouuelles fables : & faire dans l'Histoire, vn spectacle de magnificence & de prodige, à toutes les Nations & à tous les Siecles.

Ce ne sont pas des Architectes ordinaires, qui conduisent cette somptueuse & superbe structure. L'amour en est l'Entrepreneur & en a tracé le dessein : la Magnificence preside à l'execution : & tous les Arts assemblez, y trauaillent sous sa direction & par ses ordres. Il faut certes auoir vne apprehension bien vaste, & des yeux capables de grandes Images, pour contempler tout à la fois, ces carrieres suspenduës & taillées en colonnes : & voir d'vne veuë, toute vne montagne de iaspe erigée en Obelisque. L'asie & l'Afrique en doiuent estre épuisées & appauuries : Ie ne croy pas, qu'il y ait plus auiourd'huy, ny de marbre dans leur sein, ny de metaux precieux dans leurs veines : & vous voyez là en frises, en chapiteaux & en balustrades, tout ce que le Soleil a pû faire de riche & d'éclatant en plusieurs siecles. Non seulement on a vuidé tous les tresors de la Terre, pour fournir à cette entreprise : on y a consumé des colonies d'Artisans : & toutes ces richesses cizelées, dont vos yeux iouïssent en vn moment & sans peine : sont l'étude & le travail des plus habiles testes & des plus sçauantes mains de la Grece.

Leocarez qui est & l'Autheur & le Pere des plus beaux Dieux, & des plus artistes Heros d'aujour-d'huy, a mis tout cét art, en ce Buste qu'il a fait d'vne seule agate. Il n'y a point d'autres couleurs, que celle que la pierre a apportées de la carriere : & neantmoins par vne rencontre qui a vaincu l'attente de l'Ouurier, la nature les a meslées si à propos, & auec tant de iustesse & de proportion, qu'vn portrait, fust-il de la main d'Appelle, ne ressembleroit pas mieux à Mausole. Trois lampes de trois gros Rubis, font vn feu precieux & nourry de baume, sous cette figure. Il y en a vne quatriesme, qui est d'vne matiere encore plus noble, & qui fait vne flamme plus illustre & de meilleur odeur, quoy qu'elle soit inuisible : C'est le cœur-mesme d'Artemise, qui brule également & d'vn mesme feu : & se consomme deuant l'Ombre de son Mary qui luy est tousiours presente.

Ie remarque il y a long-temps, que vous en voulez particulierement à la face de ce Colisée, & aux caracteres estranges qu'elle porte. Les caracteres sont Egyptiens & sacrez : le sujet est l'Eloge de Mausole en termes figurez & symboliques. Le deuil de sa Vefue, & les regrets de son Peuple n'y sont pas oubliez. Mais tout cela, comme vous le pourrez voir n'est là que par abregé, & d'vn stile froid & sans ame. Le plus magnifique, voire le plus éloquent & les plus fidele Epitaphe de Mausole, est dans le cœur d'Artemise. L'amour & la mort l'y ont graué de leurs traits: & il n'y a là pas vne parole qui n'ait vie & chaleur: qui n'ayme & qui ne soûpire, qui ne sente & qui ne soit sentie. N'est-ce pas ce que l'architecte a voulu exprimer, par cét amour & par cette mort qu'il a couchez au pied de l'Obelisque? Ne diriez-vous pas que tout fraischement encore ils viennent d'y grauer ces caracteres: & qu'ils inuitent les passans qui les liront, d'accompagner de leurs soûpirs & de leurs pleurs, les soûpirs des arts & les pleurs des Muses; la tristesse des metaux & le deüil des marbres.

Quant à ces deux autres amours qui terminent la balustrade; ils sont du nombre de ceux qui ont contribué leurs soins & leur trauail à cette vaste entreprise. Ils ont encore la regle & le compas entre les mains: Et semblent par là, vouloir rendre tesmoignage contre l'erreur des Ignorans, qui se persuadent que l'amour ne peut rien faire que de tumultuaire & de déreglé, & qu'il n'y a que de la confusion & du desordre en tous ses ouurages. Il est pourtant, quoy qu'en puissent dire ces Ignorans, l'Intendant des harmonies & des conuenances; & le premier Autheur des regles & des mesures. Et je ne doute point que si quelqu'vn de ces Gens-là venoit icy, il n'auoüaſt dés à preſent, que l'amour eſt plus regulier & mieux proportionné dans ce vaſte edifice, que la Philoſophie ne le fuſt iamais dans le Tonneau du Cynique. Certes auſſi, il eſt merueilleux de voir des énormitez ſi regulieres & ſi compaſſées : & tant de iuſteſſe & de proportion parmy tant d'excez. Mais il n'y a encore là que les premiers traits de cette proportion & de cette iuſteſſe : & il faut attendre la derniere forme de tout le corps, pour iuger de la correſpondance de ces parties énormes & monſtrueuſes; qui ſont des temeritez de l'Art; des exagerations de marbre & de iaſpe : & s'il m'eſt permis de le dire, des hyperboles & des amplifications d'Architectures.

Nous ne ſommes pas ſeuls à qui vn deüil ſi ſomptueux & ſi magnifique donne de l'étonnement : ceux que vous voyez au pied de ce degré, quoy qu'ils ſoient de la Cour d'Artemiſe, & accouſtumez à la maieſté de ſes deſſeins, en ont l'eſprit & les yeux auſſi pleins que nous. Les vns expriment leur étonnement par leur geſte : & ſemblent dire que ce monument tirera vn iour toute l'Europe en l'Aſie ; & ſera vn Temple heroïque, où la Magnificence & le Deüil, l'amour & la mort, Artemiſe & Mauſole ſeront honorez en commun, & receuront de la Poſterité vn culte égal, & de pareilles offrandes. Les autres plus auancez obſeruent l'action d'Artemiſe, & l'accompagnent de leur reſpect & de leur ſilence.

Il ſemble que l'affliction de ſon Eſprit ait paſſé iuſques à ſa robe, qui eſt noire & ſans ornement. Sa triſteſſe pourtant eſt maieſtueuſe

& bienseante : & sur son visage encore pasle de la mort de son Mary, il paroist vne certaine langueur agreable, qui demande de la compassion, & donneroit de l'amour si elle estoit en vn suiet ou moins esleué ou moins seuere. Deux Tourterelles qu'elle vient de sacrifier elle-mesme à l'Esprit de Mausole, brûlent deuant elle auec ses cheueux sur vn Autel de porphyre : & cependant le feu qu'elle a dans le cœur, consomme peu à peu les liens de son ame, & la prepare à s'aller reioindre à la moitié qui l'attend. Les cendres qu'elle en a gardées cherement iusques à cette heure, sont détrempées de ses larmes, dans la Couppe que vous luy voyez à la main. Elle l'éleue pour les boire, & ses yeux humides & brillans, qui ont quelque chose du Soleil & de la pluye, semblent dire à ceux qui les entendent, qu'elle ne prit iamais rien de plus doux ny de plus à son goust : que les plus riches ouurages de l'Art & de la nature, ne sçauroient conseruer assez dignement vn si precieux depost : que cette chere cendre est deuë au feu de son cœur, & qu'il n'y a qu'Artemise qui puisse estre vne digne sepulture de Mausole.

SONNET.

Artemise parle.

Voyez de ce Tombeau la superbe structure,
Où la Gloire & le Deüil regnent également,
Et l'Asie erigée vn seul Monument,
A lassé tous les Arts & vaincu la Nature.

L'Amour auec ses traits en a fait la sculpture,
Il en a de ses yeux preparé le ciment ;
Et fait malgré la Mort au nom de mon Amant,
Vne eternelle vie en cette Sepulture.

Mais amour, quelle gloire ay-je de ces trauaux,
Si se souffre aujourd'huy des Marbres pourri-
uaux :
Et partage auec eux le beau feu de mon Ame.

Non, non, si sa belle Ombre erre parmy les
Morts,
Il faut que mon esprit en nourrisse la Flame ;
Et que la Cendre mesme en viue dans mon Corps.

ELOGE D'ARTEMISE.

IL n'y a rien d'estrange qu'Artemise parle en cette Peinture : il y a plus de trois mille ans qu'elle vit en la memoire des Hommes. La Fortune pourtant & sa Dignité ne l'y ont pas conseruée, quoy qu'on ait dit de l'Or, il n'exempte pas de corruption ceux qui le portent en Couronnes : & les noms des Reines & des Rois, ne doiuent pas estre plus priuilegiez que leurs Personnes qui meurent sur les Trônes. La Vertu a fait viure Artemise iusques icy, & a voulu qu'elle fust à son Sexe, l'eternel exemple d'vne Magnanimité tranquille ; & d'vn Veufuage courageux sans desespoir, & affligé sans mollesse ; Elle mourut à demy auec Mausole : & brusla auec luy, la partie de son cœur où estoit la ioye : mais elle retint celle où estoit la force & le courage. Et si depuis le moment funeste, qui l'auoit ainsi diuisée, on ne luy vit iamais de plaisir, iamais aussi on ne luy vit de foiblesse. Son deüil modeste & seuere, & sa retenuë bien-seante & maiestueuse, estoient d'vne parfaite Veufue: mais son action hardie & courageuse à la guerre: sa conduite adroite & deliée au maniement des affaires, & sa constance à reietter toute sorte de secondes affections, estoient d'vne Femme qui agissoit encore auec le Cœur & l'Esprit de son Mary; & qui auoit épousé son Ombre. Non contente d'en auoir conserué la force en son action, & l'Image en sa memoire; elle voulut encore auoir ses cendres sur son Cœur: & erigea son Nom & son Tombeau en Miracle, par vne structure où tous les Arts se lasserent, & la Nature fut presque épuisée.

REFLEXION MORALE.

Artemise quoy que Payenne & Barbare, est aux ieunes Veufues, vne Gouuernante d'authorité & de grand exemple. Elle leur apprend, que le veufuage le plus inuincible & le plus fort, n'est pas celuy qui iette de plus hauts cris; & qui se veut éprouuer auec les poisons & les precipices. Que c'est la modestie & la fidelité qui font les Prudes: & non pas les cheueux arrachez, ny les ioües déchirées. Qu'vn deuil rassis & de durée, est plus honneste & de meilleur exemple, qu'vne affliction inégale qui s'égratigne auiourd'huy & se fardera demain, qui est furieuse le iour de l'enterrement d'vn Mary, & ne veut ouyr parler que de poison & de cordes: & deux iours apres sera frisée, & portera du plastre & des mouches. Et qu'vne Payenne ayant mis en vn Monument toutes les richesses d'vn Royaume, pour faire au nom de son mary, vne Eternité imaginaire & de fantaisie; il est bien honteux que les Chrestiennes ne donnent pas seulement au salut des leurs, & au soulagement de leurs Ames, les restes de ce qu'elles donnent au Ieu, à la Vanité & au Luxe. Et parce que cette verité est importante & de grand vsage, i'ay cru qu'il seroit vtile de l'établir plus solidement, & d'en faire vn Discours à part où elle aura toutes les preuues & toute la lumiere dont elle est capable.

QVESTION MORALE.

Quel doit estre le Deüil de la Femme Forte, & quels sont les deuoirs de son Veufuage.

Celles-là sont fort mal instruites en la Morale de leur Sexe, qui reduisent au chagrin & à la tristesse, tous les deuoirs & toutes les vertus d'vne sage Veufue. L'amour serieux & constant ne s'écoule pas tout en larmes: & toute la bien-seance de la Fidelité exemplaire n'est pas dans le crespe & dans la robbe: elle ne se fait pas auec de la lumiere noire & des bougies qui pleurent: & on n'en est pas quite pour des grimaces étudiées & pour quarante iours de tenebres artificielles. La Philosophie,

sophie, ie dis mesme la Philosophie Chrestienne, ne défend pas les pleurs en de semblables occasions. Il est impossible que le sang ne coule des Cœurs qui sont divisez, & des Ames que l'on separe de force. Et puisque l'Homme, selon le mot de l'Escriture, est la Teste de la Femme, la merueille ne seroit pas moindre, si vne Femme perdoit son mary sans pleurer, que si vn corps ne saignoit point, quand la teste luy est couppée. Mais il ne faut pas aussi qu'elle se persuade que sa playe doiue couler eternellement, & qu'il soit de son honneur d'auoir tousiours les larmes aux yeux, & les plaintes en la bouche. La tristesse, le deüil & la solitude, entrent bien en son deuoir; mais elles n'en sont pas la plus importante partie, ny la plus indispensable. Et neantmoins par vne erreur publique, que le Temps & la Coustume ont authorisée, cette moins importante partie est obseruée auec superstition; on ne se contente pas d'vne tristesse ordonnée & naturelle, on en prend d'extrauagantes & de fantaisie; Et l'Opinion commençant où la Nature finit, on souspire à faux, & on pleure d'artifice, apres que le vray deüil a consommé les vrais souspirs, & que les larmes de bonne foy sont épuisées.

La Veufue sage & courageuse ne donnera rien à la Fantaisie ny à l'Opinion, & donnera tout ce qu'elle pourra raisonnablement & auec bien-seance, aux Coustumes legitimes & à la Nature instruite & cultiuée. Mais aussi apres auoir satisfait à ces deuoirs de tendresse, qui sont plus de la superficie que du fonds du cœur, elle se reseruera à d'autres deuoirs plus solides & plus serieux, de plus grande force & de plus grand vsage, où son affection & sa fidelité pourront agir plus vtilement, & se produire auec plus de reputation & en plus grand iour. Les Imbecilles qui erigent en Vertus, vne tristesse pesante & paresseuse, & les Opiniastres qui font gloire d'vne douleur incurable, opposeront à ces deuoirs, l'exemple de la Palme veufue, ie veux dire de la Palme à qui le Palmier est osté, elle ne guerit iamais, à ce qu'on dit, de sa secheresse qui est son affliction: & quelque soin que l'on prenne de la rétablir, elle meurt enfin de langueur, & de ie ne sçay quelle maladie secrette, qui ressemble à nostre mélancolie.

Quoy qu'il soit du veufuage de la Palme, qui n'est qu'vn veufuage par metafore & en figure; comme son amour n'est qu'vn amour symbolique & d'allegorie; s'il est permis de payer de comparaisons, & de rendre figure pour figure; ie diray que la sage Veufue, doit laisser aux ames foibles, les exemples de foiblesse, qui sont dans le plus bas Etage des ames: & aller chercher dans la Region de la lumiere, & des purs Esprits, des modeles d'vn deüil genereux, & d'vne affliction agissante & disciplinée. Elle fera durant vn veufuage de plusieurs années, ce que fait la Lune durant vn veufuage de peu d'heures. Il se void bien de l'obscurité sur la face de la lune éclipsée: & cette obscurité n'est à bien dire, que la tristesse & le deüil de son veufuage, qui le fait par l'interposition de la Terre entre-elle

& le Soleil. Mais cette tristesse qui luy oste la couleur, ne luy oste point la force : elle ne fait pas qu'elle descende de son éleuation ; ny qu'elle s'écarte de sa route. Toute noire que nous la voyons, elle ne laisse pas de garder son rang, & de marcher reglément & en ordre : & son deüil ne l'empesche point de suiure la conduite de son Intelligence. L'affliction de la sage Veufue doit estre iuste & reglée comme celle-là : son deüil ne doit pas abbatre son cœur, ny déconcerter sa conduite ; il ne doit point obscurcir la lumiere de son Esprit, ny retarder l'actiuité qu'elle doit, ou à sa maison ou à la Republique, à qui elle est apres la mort de son mary, ce que la lune est au monde en l'absence du Soleil. Son affliction n'est pas excusee de ces deuoirs, & son Sexe ne luy en donne point de dispense. La Tourterelle veufue & affligée, n'abandonne pas le soin de son nid & la nourriture de ses petits : & l'Aigle mere, quand le Masle luy est osté, ne laisse pas d'aller à la chasse, & de faire la guerre aux serpens. Il y a assez d'exemples de ce Veufuage actif & courageux, de cette douleur raisonnable & disciplinée, de ce deüil sage & magnanime. Celuy que ie vay proposer est illustre & de reputation : & la veuë en doit estre d'autant plus agreable, qu'il s'en fait aujourd'huy vne Copie, que la Posterité estimera bien autant que son Original.

EXEMPLE.

BLANCHE DE CASTILLE
Reyne & Regente de France.

L'Espagne se vante d'auoir produit des Artemises aussi bien que l'ancienne Lydie; & c'est auec raison qu'elle s'en vante. L'importance est, qu'elle les a produites comme les carrieres produisent les belles statuës : leur matiere a esté veritablement d'Espagne; mais leurs traits & la beauté de leur figure sont de France. Blanche Mere de Saint Louis, fut de ces Artemises nées en Espagne & formees en France. Sa Race fut des plus illustres & des mieux marquées : les Sources d'or, & les Veines qui portent les plus precieuses pierreries, ne sont pas si riches ny si renommées ; & l'on peut dire, que sa vie heroïque & ses grandes actions, furent à la grandeur de sa naissance, ce qu'vne Figure acheuée est à vne matiere precieuse.

Elle fut la plus regardée & la plus celebre, de quatre Veufues couronnées, qui de son temps firent l'honneur de leur Condition, de leur Sexe, & de leur Siecle. La premiere fut Marguerite de France Sœur de Philippe Auguste, qui eut le courage de se croiser, & d'aller en la Terre Sainte, chercher des dangers honorables & religieux, & des Couronnes benies de Dieu & des Hommes. Il ne fallut pas moins de courage à la Reyne Blanche, pour acquiescer à la Croisade de Louys son Fils, &

à ses entreprises d'outremer, qu'il en fallut à Marguerite pour se croiser elle-mesme : & s'engager par vœu exprés, aux perils de la Mer & de la Guerre. Et quoy qu'en puissent dire les plus malins interpretes des plus vertueuses actions, qui veulent en dépit de l'Histoire, que Blanche persuada le voyage de Syrie à Saint Louys, afin de regner vne seconde fois par vne seconde Regence ; il est certain que cette Croisade fut la plus dure Croix de la vie; fut le supplice de son Cœur & le tourment de son Ame, fut la mort de ses plaisirs & de ses ioyes : & la courageuse Reyne, depuis le moment que son Fils l'eut quittée, ne fit que souffrir de l'esprit & combattre de l'imagination : il n'y eut plus que des perils & des obiets de frayeur deuant ses yeux : & dans le Louure mesme, tous les iours elle estoit battuë de tempestes, & pensoit faire naufrage auec son Fils : tous les iours elle estoit prisonniere & malade auec luy : & toutes les nuits elle mouroit de la main de quelque Arsacide, ou de quelque Sarrazin, que ses apprehensions & ses songes luy amenoient. La seconde Veufue illustre de son siecle, fut Heduige Duchesse de Silesie : l'Eglise à qui il appartient de couronner les Vertus, fit honneur à son long & difficile repos, à sa penible & laborieuse solitude : & la iugea digne d'estre canonisée, aprés vn Veufuage de trente ans, passé dans vn Cloistre. La Vertu de Blanche n'eut pas besoin d'vne moindre constance à la Cour : sa viduité n'y fut pas moins laborieuse, sa deuotion moins forte, moins exercée, ny moins vtile : & il ne luy fallut pas moins de courage contre les delices du Monde, & contre l'orgueil de l'Authorité, quil en fallut à Heduige, dans les austeritez & dans les humiliations de la vie Religieuse. Elizabeth de Hongrie fut la troisiesme Veufue, qui honora ce siecle si fecond en Exemples souuerains & en Vertus couronnées. Ses charitez & ses misericordes sont encore auiourd'huy de bonne odeur dans l'Eglise, & edifient les Fideles. On dit que l'Empereur Frederic second, qui se trouua à l'ouuerture de son Tombeau, luy offrit trois Couronnes d'or : & par cette ceremonie couronna en vne seule personne, vne Sainte Fille, vne Sainte Mariée, & vne Sainte Veufue. La Charité de la Reine Blanche fut occupée plus hautement que celle d'Elizabeth : ses Misericordes furent plus vniuerselles & plus necessaires, de plus grand vsage & de meilleur exemple. Il n'y eut pas seulement des paunres entretenus, & des Malades soulagez en ses bonnes œuures ; il y eut des Nations conseruées & des Prouinces mises en repos, des Guerres éteintes & des troubles pacifiez, de bonnes Loix établies & des abus publics exterminez, des Heresies humiliées & abolies : & tout vn Royaume maintenu en paix, & gouuerné tranquillement & auec iustice. Ces charitez Royales, & ces misericordes d'Estat, sont bien d'vn autre ordre que les particulieres qui s'exercent dans les Hospitaux : & la Couronne de sainte Reyne que Blanche a meritée par là, vaut bien celles de Sainte Mariée, de Sainte Veufue & de

DES FEMMES FORTES. 167

Sainte Religieuse, que ses autres vertus luy ont acquises.

Mais ie la regarde icy comme Veufue : & sans faire tort à la memoire des trois autres, qui ne furent pas mises en si grand iour & qui ont laissé moins de lumiere apres elles; on la peut bien mettre sur la montre, & la proposer pour modele d'vne Viduité constante, actiue & victorieuse. Son cœur souffrit à la mort du Roy son mary, tout ce que peut souffrir vn cœur arraché violemment d'vn autre cœur, & partagé entre la Douleur & l'Amour. Mais la Raison & la Pieté preualurent à la Douleur, & à l'Amour : & reioighirent si bien les pieces de ce cœur, qu'il n'y resta qu'vne cicatrice sans foiblesse & sans messeance.

Apres ce combat secret & domestique, rendu contre deux Passions dominantes & authorisées de la Nature, elle commença par les soins, & par les deuoirs de Mere, qui luy estoit plus interieure & plus ancienne que la Regente : & donna ses premieres pensées à l'institution de son Fils. Ayant à former en luy vn Roy Sainct, vn Roy Sage & vn Roy Conquerant; elle mit auprés de luy des Religieux capables, de bonne vie, qui luy donnerent les premiers traits de la Pieté, des Hommes d'affaires d'experience, qui luy firent des leçons d'Estat, & luy enseignerent vne Politique d'vsage & de pratique, des Capitaines, & des Cheualiers de reputation, qui luy apprirent la Science de la Guerre, & en firent le meilleur Homme d'armes de son Sieelle. Passant de là aux fonctions de la Regence, elle s'y prit par l'affermissement de la Religion, qui doit estre la principale Colonne d'vn Estat. Et parce qu'elle n'ignoroit pas que les moindres diuisions de cette Colonne, peuuent estre la ruine generale de tout l'Edifice; & que les Conspirations & les Reuoltes sont les suiuantes ordinaires du Schisme & des Heresies; elle trauailla fortement à la reduction des Albigeois. Son trauail eut en cela vn succés si heureux qu'elle dissipa les restes de cette malheureuse Secte : & Raymond Comte de Toulouse, forcé par ses armes, baissa la teste sous l'authorité de l'Eglise : expia l'apostasie de sa maison, & les reuoltes de ses Peres : & satisfit publiquement & en chemise, à la Religion qu'il auoit tant de fois violee.

Ces heureuses auances d'vne Regence tres-heureuse, n'empescherent pas que le remuëment de quelques Princes mécontens, ne fist branler le Vaisseau ; & ne le mist en danger au milieu du calme. Ils ne haïssoient pas celle qui gouuernoit ; elle estoit trop aimable, & gouuernoit trop sagement & auecque trop de grace. Mais il leur faschoit de voir le Gouuernail entre ses mains : & ils vouloient le luy oster, afin de le rompre, & d'en partager les pieces. Le bruit & le tumulte n'estonnerent point la Regente, ny ne la mirent en desordre. Elle mania auec adresse les plus traitables, & les raprocha peu à peu de leur deuoir. Elle montra l'épée haute aux plus éloignez, & aux plus farouches. Et par sa prudence non moins que par son courage, leurs
troupes

DES FEMMES FORTES.

troupes faites, & leurs entreprises à faire, furent reduites à des Deputez & à vne Conference. La force leur ayant si mal reüssi, ils voulurent essayer la trahison : & entreprirent d'enleuer le Roy, comme il iroit à l'Assemblée assignée à Vendosme. Mais il fait mauuais entreprendre de dérober vn Aiglon sous les aisles de sa mere ; & d'enleuer de force le Faon à vne Lionne. Blanche auertie de leur conspiration, sauua le Roy au Chasteau de Mont-le-hery : & delà le ramena à Paris sous bonne escorte, & à la veuë mesme des Coniurez, à qui il ne demeura que la honte & le despit, qui sont les premiers supplices des trahisons découuertes.

Apres ces troubles appaisez, le Duc de Bretagne d'vn costé, & le Comte de Champagne de l'autre, recommencerent sur nouueaux frais vne nouuelle partie. Blanche alla contre le premier en la plus rude saison de l'année : l'ardeur de son courage fut si grande en cette guerre, & sa marche si prompte & si vigoureuse, que ne pouuant estre retenuë, ny par la gelée qui arrestoit les plus rapides Riuieres, ny par le Ciel qui tomboit en neige, elle reuint en peu de mois, victorieuse de l'Hyuer, de la nature & des Rebelles. Le Comte de Champagne fut défait à moindre bruit, & auec de plus douces armes. Le Roy estant dé-ja sorty pour l'aller chastier, la Regente prit le deuant, & alla essayer sur luy la persuasion auant la force. Mais il ne se rendit ny à la persuasion ny à la force : ce furent les Graces qui le vainquirent : le visage de Blanche ne laissa rien à

P

faire à la Raison ny aux Armes : il gagna la victoire sans combat : il conclud le traitté sans contestation & sans articles : & le Comte qui estoit venu Rebelle au Fils, se retira Esclaue de la Mere, & Seruiteur iuré de l'vn & de l'autre.

Toute la Regence de Blanche fut de cette force : & à la Campagne aussi bien que dans le Cabinet, dans les entreprises militaires, non moins que dans les ciuiles : elle monstra qu'elle auoit le cœur & la teste également capables des deux parties de la Royauté : que ses mains estoient aussi propres au Sceptre qu'à l'Espée : & qu'elle sçauoit gouuerner aussi efficacement, que vaincre de bonne grace. Cette lumiere si viue & si bien faisante, ne laissa pas d'estre attaquée de médisances extrémement noires, qui se prirent mesme à ce qu'il doit y auoir de plus respecté, & de plus inuiolable en vne Femme. Mais les vapeurs qui s'éleuent de la Terre ne noircissent pas le Soleil, ny ne l'empeschent de faire du bien au monde : & ces médisances n'osterent pas vn seul rayon à la vertu de Blanche, ny ne l'empescherent de luire & d'acheuer sa course tranquillement & auec honneur. Enfin pour égaler encore dans l'austerité & dans la submission, celles qu'elle auoit surpassée par l'action & par le gouuernement des affaires : elle embrassa comme elles la profession de la vie reguliere. Par là elle acquit hors du monde la Royauté des Pauures & des Humbles, la souueraineté de l'Esprit & l'Onction interieure : elle acheua ce qui manquoit à la Reyne, en luy aioustant la Religieuse : & le voile qu'elle prit, luy fut vne seconde Couronne, qui donna vn second lustre, & vn nouueau prix à la premiere.

MONIME. plutar. in lucullo.

MONIME.

Vous auez appris la déroute de Mithridate & la derniere infidelité que la Fortune luy a faite. Cette Extrauagante, apres de longues bizarreries, & des inégalitez iournalieres, a fait enfin de nouuelles amours & l'a quitté pour se donner aux Romains. Elle a emporté en se retirant, toutes les faueurs qu'elle luy auoit données : elle a repris toutes ses Couronnes & tous ses Sceptres : & de tant de marques d'amour, de tant de superbes gages & de glorieuses enseignes, elle ne luy a laissé qu'vne seule bague empoisonnée, afin que son desespoir eust au moins quelque chose de riche, & qu'vn Diamant luy fist vne mort plus honorable & plus precieuse que ne feroit vne corde.

Ce pernicieux exemple s'est épandu par toute l'Asie, & l'infidelité de la Fortune a esté suiuie de la reuolte des Peuples. Mais ce qui fera pitié à l'Asie infidelle, & la feroit encore à la Fortune, si elle auoit quelque partie sensible : ce qui sera pleuré des Peuples deserteurs & reuoltez ; c'est que Mithridate aussi ialoux de sa Femme, que desesperé de ses affaires, s'est resolu de sortir du monde, pour ne demeurer plus au pouuoir de la fortune : & d'en faire sortir sa femme la premiere pour ne la laisser pas entre les mains de ses ennemys. Cette barbare resolution accompagnée d'vn commandement encore plus barbare, vient

d'estre apportée à la Reyne par vn Eunuque
de la chambre. Le message a esté fait solemnellement & en ceremonie, auec des mines
de deüil, & vne pompe qui ressembloit à des
funerailles. Monime au contraire, l'a receu
auec vn visage serain & vne robbe de feste.
Elle s'est mesme parée, & a pris toutes ses
pierreries, pour l'executer de meilleure grace.
Comme si elle eust pris ce message, pour vn
défit de la fortune & de mithridate, elle a
voulu brauer l'vn & l'autre : & apprendre au
monde, qu'elle auoit mieux aymé estre à la
mort, qu'à mithridate ialoux, ny à la fortune
trompeuse.

Ayant appris que son mary portoit dans
vne bague empoisonnée, vne mort aisée &
sans blessure. Elle a crû que son Diadéme
pourroit bien luy rendre vn pareil office : &
qu'aprés luy auoir osté la liberté, il pourroit
encore luy oster la vie. Mais le Diadéme, comme vous voyez, s'est rompu entre ses mains.
Vous croirez peut-estre que la Majesté s'y est
opposée : & qu'il estoit de son honneur, de ne
souffrir pas, que d'vne enseigne de Dignité, &
d'vn Bandeau sacré & souuerain il se fist vn
instrument de desespoir & vne corde funeste.
Vous croirez que les Graces sont venuës au
secours d'vne Grace innocente & mal-traitée :
& ont empesché que les Perles qui leur sont
particulierement dediées, se profanassent par la
mort de celle qui est l'ornement de leur Sexe :
& la Perle de l'Asie. D'autres croiront, & le
croiront peut-estre auec plus d'apparence, que le
Diadéme auoit beaucoup de la malice, & de

l'esprit de la Fortune qui l'a tissu: & qu'ayāt esté fait pour oster la liberté à Monime, il deuoit rompre pluſtoſt que la luy rendre. Quoy qu'il en ſoit, la ſage & courageuſe Reyne, en regarde les pieces auec vne mine, où il y a moins de deſeſpoir que de mépris, & plus du Philoſophe que de la femme. Cette action orgueilleuſe & bien-ſeante, meſlée de fierté & de modeſtie, a ie ne ſçay quoy qui s'explique plus fortement que les clameurs & les iniures: & vne furieuſe qui crieroit à pleine teſte contre la fortune, ne luy feroit pas tant de dépit, ny ne luy reprocheroit ſi hautement ſon impuiſſance.

Certes auſſi la femme que vous voyez, n'eſt pas vne Idole de plaſtre & de ſoye, vne Barbare delicate & voluptueuſe, vne Aſiatique faite ſeulement pour le lict & pour la table. C'eſt vne Beauté courageuſe & ſçauante, vne Beauté ſeuere & Stoïque, vne Beauté qui a amené la Philoſophie dans vn Serrail: qui a diſcipliné le Luxe & les Delices d'vne Cour débauchée: qui a parlé parmy des femmes & des Eunuques d'Aſie, la conſtance & l'auſterité des Sages de la Grece. Auec tout cela, il luy eſt commandé de mourir. En vain les Vertus & les Graces intercedent pour elle: en vain elles appel'ent du barbare teſtament de ſon mary, elles ne le feront pas caſſer, quoy qu'elles alleguent au contraire: & dé-ja vous voyez la pauure Reyne couchée ſur ſon lict, & preparée à receuoir le coup qui le doit executer.

Mais conſiderez icy, d'vne part, le trouble

d'vne ame lafche ; Et de l'autre le calme & la serenité d'vne ame sage & instruite. L'Eunuque est effrayé de la cruelle obeïssance qu'il va rendre à son maistre. De ses deux mains, celle qui doit faire ce coup mal-heureux, est abbatuë & sans force, & soustient à peine l'épée ; l'autre est éleuée, comme si elle étoit en garde, ou contre quelque Phantosme qui le menaçast, ou contre les éclairs qui sortent des yeux de Monime, & qui font vne soudaine & nouuelle lumiere en cette chambre. Il seroit difficile de iuger, si c'est de crainte ou de respect qu'il tourne la teste : s'il est esfrayé de la ialousie de son maistre, ou éblouy de la majesté de sa maistresse : il apprehende d'estre infidelle à l'vn, ou d'estre impie & sacrilegue enuers l'autre. Monime le rasseure cependant, & luy presente la gorge nuë. A voir la serenité de son visage, & la douceur de ses yeux, vous la prendriez pour vne captiue, qui flate son Liberateur, & le prie de rompre au plûtost ses chaisnes. Il s'en void, à qui la pointe d'vne épine feroit plus de peur ; & qui auroient moins d'asseurance à cueillir vne rose.

Vous vous estonnez de voir tant de force conionte auec tant de graces, & tant de constance au pays du Luxe & dans vne Cour Asiatique. Certes aussi les Graces sont rarement accompagnées de la Force : La constance n'est pas des Ordinaires du Luxe : Et la Vertu de Monime n'est pas née sur ce lict superbe & somptueux où vous la voyez. Les Perles & les pierreries qui la chargent autant qu'elles la parent, ne luy ont pas affermy l'Esprit ny fortifié le courage. La Philosophie l'a éleuée & nourrie de sa main ; & les bons liures l'ont façonnée. Ils ont esté ses instructeurs en la maison de son Pere : ils sont ses conseillers & ses confidens à la Cour. Elle leur a donné toutes les heures, que les autres donnent à leurs miroirs & à leurs Flateurs. Elle a tiré d'eux la constance & la force d'esprit que vous luy voyez. Et encore maintenant elle les a fait assembler sur cette table, pour estre soustenuë d'eux en ce combat : & pour vaincre la fortune & la mort par leur secours, & à leur veuë.

Mais quelque disposition qu'elle ait à mourir courageusement, & en victorieuse, ses femmes desesperées crient contre son courage : & s'opposent à sa victoire. La plus hardie repousse l'Eunuque de la main & de la voix : elle luy dit des iniures & luy fait des prieres : la colere & la pitié parlent tout à la fois par sa bouche : & vous diriez que de gré ou de force, elle veut obtenir de luy, la mort qu'il prepare à sa Maistresse. Les autres fondent en larmes, & s'arrachent les cheueux. Comme si de leurs cheueux arrachez, il se deuoit faire des cordes pour lier les mains à la mort : & que de leurs larmes, elles pûssent payer pour leur Maistresse. Elles payeroient encore de leur sang, si la mort les vouloit prendre en échange & si elles pouuoient ou tromper ou satisfaire la ialousie de Mithridate.

Elles ne sont pas seules à s'affliger, de la pitoyable fin de leur bonne & sage maistresse. Les Vertus & les Graces qui l'ont tousiours suiuies, s'en affligent encore plus qu'elles. Nous les verrions d'icy ces belles affligées, & serions spectateurs de la modestie de leur tristesse, & de la bien-seance de leurs larmes, si nous auions les yeux plus purs & plus accoûtumez aux visions spirituelles. La Fortune ellemesme, qui a composé toute cette tragique piece, ne la peut voir sans quelque sorte de regret : & ie ne doute point qu'elle n'y fist vne autre catastrophe, & ne la terminast par vne issuë plus heureuse, si elle pouuoit se reconcilier auec la Vertu, & se guerir de la ialousie qu'elle a pour elle

SONNET.

MONIME va mourir, son mary le desire;
Ce ialoux veut l'auoir aux enfers auec soy:
La Nature maudit cette barbare loy ;
Et l'Amour en dépit ses aisles en déchire.

La Grace écheuelée auprés d'elle soûpire ;
Les Filles de sa suitte en palissent d'effroy :
La Fortune a regret de luy manquer de foy :
Et d'vn mesme regard la trauerse & l'admire.

Voyez le noble orgueil qui tient ce noble Cœur:
Des biens côme des maux également vainqueur,
Il braue plus le Sort, que le Sort ne le braue.

Rien ne peut l'enchaisner; & du Royal bandeau,
Dont la Fortune a crû le faire son Esclaue,
Pour sortir de ses mains, il se fait vn Cordeau.

ELOGE DE MONIME.

MOnime nâquit Princesse dans vne condition priuée ; & auant que sa mauuaise fortune luy eut mis le Diadéme sur la teste, elle auoit esté couronnée de la Nature. Le titre & les forces de sa Royauté, estoient dans son esprit & sur son visage : mais c'estoit vne Royauté sans craintes & sans soupçons, vne Royauté exempte de conspiration & de reuoltes. Quoy que desarmée, & delicate de son sexe & de la complexion, elle fut plus ferme que les murailles de Milete assiegée par Mithridate : elle fut plus forte que les troupes de Mithridate qui assiegeoient Milete : & apres que la fortune de sa Patrie fut vaincuë, elle vainquit le victorieux. Milete fut prise de force ; Monime ne le pût estre, ny de force ny par composition : & parmy les ruïnes d'vne Ville saccagée, elle demeura toute seule sans défenses, & imprenable. Mithridate qui ne se pouuoit croire victorieux, s'il ne la possedoit, la fit attaquer auec quinze mille écus ; vne pareille batterie eut défait quatre legions, & fait bresche aux trois plus fortes Citadelles de l'Asie. Monime n'en fut pas seulement ébranlée. Cette genereuse obstination acheua de vaincre l'Assaillant : & luy persuada que sa Couronne n'estoit pas trop large pour vn si grand Cœur, ny trop éclattante pour vne si belle teste. Il quitta les poursuites illegitimes, & rechercha Monime de mariage. Elle y consentit moins de sa propre ambition que de celle de ses Parens & plustost pour releuer sa Patrie abbatuë, que pour monter sur le Throsne. Aussi n'y trouua-t'elle que des cloux dorez, & des chaînes parfumées, qui luy firent vn supplice éclattant, & vn magnifique esclauage.

Quelque temps apres, Mithridate vaincu par les Romains; & resolu à la mort, luy fit porter sa derniere volonté, par laquelle il luy ordonnoit, de l'aller attendre en l'autre monde; auec asseurance qu'il y seroit incontinent apres elle. Cette genereuse femme, accepta ce barbare testament, auec moins d'émotion qu'elle n'auoit consenty au contract de son mariage: & sans aller plus loin chercher dequoy l'executer; pour brauer la fortune, qui d'vn Palais luy auoit fait vne prison, & d'vn Throsne vne roüe, elle voulut se faire vn cordeau de son Diadéme. Le bandeau qui estoit fait, pour tourmenter l'esprit, & non pas pour tuer le corps, s'estant rompu entre ses mains, elle tendit la gorge à l'épée de l'Eunuque, qui luy auoit apporté cette nouuelle: & son Ame sortit victorieuse de la fortune, de la mort & de Mithridate mesme qui luy auoit fait plus de mal que la mort ny que la fortune.

REFLEXION MORALE.

Apprenez de cette femme, à reconnoistre les Maux sous le fard, & au trauers des masques dont ils se déguisent. Gardez de vous souhaiter des miseres de grand nom: gardez de courir apres des supplices éclatans. On ne se brûle qu'à ce qui brille: on ne tombe que des lieux éminens: & la fortune n'éleue sur le

Theatre, que ceux qu'elle veut tourmenter. Vous croyez la vie ennuyeuse dans vne condition priuée: & tous les iours vous semblent pluuieux, & toutes les heures sombres, dans vne Maison obscure, & sans titre. Il eust esté plus souhaitable à Monime, de vieillir entre les Lys & les Roses du petit iardin de son Pere, que d'estre exposée à mille épines, & peut-estre encore à mille souïlleures, dans le Palais de Mithridate. Ce Palais luy fut vne prison parée, & la Royauté vn joug specieux : elle fut enchaisnée de son Diadéme, & tourmentée sur son Throsne, & la matiere de sa gloire, fut la matiere de sa seruitude & l'instrument de son supplice. Son sang a encore de la voix & de l'esprit en cette Peinture : & si vous écoutez son Ombre, elle vous dira que vostre liberté, quoy qu'obscure & incommodée, vaut mieux que le lustre & les richesses de sa chaisne, qu'il vous seroit meilleur d'estre vostre Maistresse dans vne Cabane, que d'estre esclaue sous vn Dais: & qu'vne Tourterelle est plus heureuse au Desert, que n'est vn Aigle dans vne cage dorée.

Apprenez donc de la malheureuse dignité de Monime, que la Felicité des Femmes, ne se fait pas de ces pieces de montre & de ces couleurs specieuses, dont la Fortune fait les grandes Dames. Elle se fait de la tranquillité de l'Esprit, de la satisfaction du Cœur, & du repos de la Conscience : & le droit de Tabouret ne sert de rien à la tranquillité de l'Esprit, & ne met pas l'Ame en meilleure assiette. Les Armoiries couronnées, & le titre d'Hostel, écrit en lettre d'or sur la porte de la Maison, ne sont pas des

Sauuegardes contre l'Aduersité, contre la Discorde, contre les Anges exterminateurs. Les Dais & les Baluſtres ne ſont pas reſpectez du chagrin & de la ialouſie, des mauuaiſes nuits & des mauuais ſonges. Il n'eſt pas defendu aux mauuaiſes Paſſions & aux Médiſances, de ſuiure les Carroſſes qui ont droit d'entrer au Louvre. Et ordinairement les épines du Cœur naiſſent des pierreries de la teſte; les playes & les vlceres de la Conſcience ſe font des parures & des agrémens du viſage. Enfin ſi les Vertus & les Graces ſont pour vous, n'enuiez point aux autres leur bonne fortune: & vous ſouuenez que les fleurs ſont plus belles & plus-long-temps fraiſches dans les Vallons que ſur les Montagnes. Il y a vne autre conſideration à faire ſur cette Hiſtoire: & parce qu'elle eſt curieuſe & de pratique: la Queſtion ſuiuante en apprendra la ſpeculation & l'vſage.

QVESTION MORALE.

S'il eſt du deuoir de la Femme Forte, d'expoſer ſa vie pour donner à ſon Mary le repos de l'Eſprit.

IL ſeroit bien inhumain, de vouloir appeſantir le joug des Femmes. Il leur peſe déja aſſez ſur la teſte & ſur le cœur: & les plus fortes, ſi elles n'eſtoient ſoulagées, ne pourroient qu'à grand peine le porter toute vne heure. C'eſt bien aſſez qu'elles ayent eſté condamnées à l'obeïſſance & à la ſujetion; ſans qu'elles ſoient encore iuſticiables de la Ialouſie: & qu'vn de-

DES FEMMES FORTES. 185

noir imaginaire & barbare, que la Nature n'aüoüe point, & qui n'est ny du Droit commun, ny du Droit écrit, les oblige de se sacrifier toutes les fois qu'il plaira à cette Bizare. En cela certes, pour ne parler point des autres charges, la condition des Meres seroit plus dure & plus à plaindre, que ne l'estoit autrefois celle des Enfans qu'on immoloit à des Idoles sanguinaires. Et si elles deuoient leur sang & leur vie à la guerison de leurs Marys jaloux, il n'en est gueres de si bien mariée ny de si sage, qui deux ou trois fois la semaine, ne se dust preparer au cousteau ou à la corde, au poison ou au precipice.

Les remedes extrémes & de grands frais, ne sont pas pour les maladies à tous les iours : & il n'est point de maladie si populaire, ny si commune aux Esprits foibles que la Ialousie : Il n'en est point que les testes mal saines gagnent si facilement & si à l'auanture. Il ne faut qu'vn bout de ruban ou vn bouquet : il ne faut qu'vn mot qui ne signifie rien ; il ne faut qu'vn souspir ietté au hazard pour faire vn Ialoux : & vn Ialoux vne fois fait, a des visions & des resueries qui passent toutes celles des Frenetiques. Il querellera de l'esprit & de la pensée toutes les figures d'vne Tapisserie, & les prendra pour des Riuaux qui débauchent les yeux de la Femme, & la cajolent en silence. Si elle se presente deuant son Miroir, il accusera son Image de luy apporter quelque assignation, & vne Antique de marbre qu'elle aura loüée, vne Peinture qu'elle aura regardée auec attention l'empeschera de dormir. Il se défiera mesmes des Liures de prieres qu'il luy verra entre les mains ; & quand elle dira ses Heures, il croira qu'elle lise des Poulets. Il n'aura point de Domestique sur lequel il n'appuye quelque soupçon : & les plus fideles seront à son opinion, ou des Galans trauestis, ou des Confidens entretenus à ses gages.

Seroit-il iuste d'obliger les Femmes à la garantie de toutes ces extrauagances ; Et ne seroit-il pas extrémement cruel, de leur demander leur sang, pour en faire vn remede à vne si bizare maladie ? Il n'y a donc point de loy écrite, il n'y a point de tradition, qui leur ordonne de mourir pour leurs Marys jaloux. Mais au deça de la conscience & dé la vie, elles ne peuuent rien auoir de si interieur à leur Ame, rien de si attaché à leur Cœur, qu'elles ne soient obligées de s'arracher du cœur & de l'ame ; soit pour preuenir la jalousie qui pourroit naistre : soit pour guerir celle qui pourroit estre née.

Elles doiuent cela, premierement à leur conscience, & au commandement Euangelique, qui leur ordonne de couper leurs pieds & leurs mains, si ce sont des pieds dangereux ; si ce sont des mains à donner ou à receuoir du scandale. Ie ne dis pas de les coupper auec le rasoir, ou auec la scie : mais par vne incision morale & non sanglante, par laquelle sans leur arracher vn seul ongle, sans leur oster mesme vn poil, elles leur ostent toutes les fonctions qui peuuent donner lieu à quelque chûte. Il n'importe que ces fonctions soient innocentes de leur nature ; & que d'ailleurs il n'interuienne point
de

de mauuaise intention qui les gaste. Les Parfums sont des choses excellentes ; & neantmoins les Femmes à qui les Parfums sont contraires, n'excuseroient pas l'indiscretion de leurs Marys, qui prendroient plaisir de les tourmenter auec des Essences, & des gands d'Espagne. Qu'elles se fassent aussi bonne iustice, sur le sujet dont il s'agit : & qu'elles ne croyent pas estre innocentes deuant Dieu, quand elles s'opiniastrent à donner la gesne à leurs Marys, auec des conuersations & des habitudes, qui pour estre indifferétes & sans mauuais dessein, ne laissent pas de leur causer d'estranges conuulsions d'esprit : & de leur faire tourner quelquefois le cerueau dans la teste.

Secondement il est de la pureté de leur reputation, qu'elles se défassent genereusement de toutes les habitudes qui donnent lieu aux soupçons, & qui peuuent laisser de l'ombrage. C'est vne estrange Domestique que la Ialousie : il est impossible qu'elle soit long-temps en vne Maison, sans y faire grand bruit & grande fumée. Or ce bruit entre en tous les caquets & en toutes les médisances : & la mesme fumée qui fait tourner la teste du Mary, & luy met l'aigreur & l'amertume en la bouche, noircit encore la reputation de la Femme. Si elle n'est estimée infidelle, elle sera pour le moins estimée desobeïssante : & quoy que de ces deux taches, la seconde soit moins vilaine, & ne sente pas si mauuais que la premiere; c'est tousiours pourtant vne tache qui salit : & apres que la reputation est salie d'vn costé, on ne fait pas grand scrupule de la salir encore de l'autre.

Q

prise de la Place, & presqu'à la veuë de la Victoire. Il ne tint pas au Comte de Serin qui la defendoit, que sa Fortune & sa Reputation n'y mourussent aussi bien que luy: & que la Victoire ne l'abandonnast en cette occasion, & ne fust pour les Chrestiens. Les Dames de Siget n'y seruirent pas seulement de leurs pierreries, & de leurs Perles qui furent mises en solde, pour la paye de la Garnison : elles y seruirent de leurs personnes. Et par vn zele bien plus hardy que celuy des Carthaginoises, qui donnerent leurs cheueux, pour faire des cordages à des machines de guerre, elles employerent leurs bras à la reparation des murailles : & exposerent leurs testes à la defense des bresches & des portes.

Au dernier assaut qui fut donné par les Infidelles, le Comte de Serin voyant que l'heure de perir estoit venuë, voulut perir magnifiquement & en pompe, & donner de l'éclat & de la reputation à sa mort. Il combatit auec vn habit de broderie, & vn cordon de Diamans sur son chapeau, ayant les clefs de la Place attachées à son écharpe, & cent écus dans sa poche pour le Soldat, qui l'enuoyeroit triompher dans le Ciel. L'Histoire aussi rend ce témoignage à sa mort, que ce fut vne mort de Triomphateur & victorieuse: Mais toute victorieuse qu'elle fut, elle n'égala point celle d'vne Dame de Siget, qui passe tout ce qui nous est demeuré de la Memoire des Temps Heroïques.

C'estoit vne Femme de condition & des plus belles : mais elle n'estoit pas de ces Belles languissantes & sans vigueur, de ces Belles semblables aux Etoiles du Nord, qui n'ont point d'activité, & qui luisent sans force & auec froideur. Elle estoit vigoureuse & hardie, vigoureuse pourtant auec douceur, & hardie de bonne grace & auec bien-seance. Son Mary qui l'aimoit passionnément, & iusques à la jalousie, ne craignoit que sa prise en la prise de Siget : & l'image de la Hongrie captiue & enchaisnée, voire la Hongrie brûlée & sanglante, estoit à son apprehension vn Fantosme moins terrible, que l'image de sa Femme esclaue. Pour se deliurer de ce Fantosme qui le suiuoit par tout, & mettre en seureté l'honneur & la liberté de sa Femme dont il estoit plus jaloux, que de l'honneur de la Chrestienté, & de la liberté de l'Europe, il se resolut de l'oster du Monde, auant que le Turc victorieux entrast dans la Ville, qui n'auoit plus de force pour resister, & auoit trop de gens de cœur pour se rendre.

Cette resolution si tragique & si noire, ne fut pas plustost arrestée en son esprit, que les taches en parurent dans ses yeux & sur son visage. Sa femme qui estoit auisée & spirituelle, les remarqua & en fut touchée : elle pardonna à sa jalousie en consideration de son Amour : & quoy qu'elle fust toute preparée à la mort, elle ne voulut point pourtant d'vne mort, qui fust le crime de celuy qu'elle aymoit plus que sa vie. Elle le tira à l'écart; & luy fit entendre que sa mauuaise volonté n'auoit pû luy estre cachée : elle eut l'adresse d'en tirer la confession de sa bouche, & sur sa confession luy representa fortement & auec efficace, l'infamie qui luy demeureroit d'vne action si barbare; & le scan-

dale qu'il donneroit à son Siecle & qu'il laisseroit à la Posterité. J'auouë, adjoûta-t'elle
,, en continuant, que ie vous dois mon sang:
,, & me voila preste de vous le donner, sans en
,, retenir vne goutte. Mais ayez patience qu'vn
,, autre le vienne répandre, ne vous en souïllez
,, pas les mains; n'en tachez pas vostre Me-
,, moire ny vostre Ame; ne vous en allumez
,, pas en feu eternel. Pour moy ie crains bien
,. plus la vie que la mort, & tous les cimeter-
,, res des Turcs, me font bien moins de peur
,, que leur plus douce & plus precieuse chaisne,
,, fut-elle plus douce & plus precieuse que le
,, Diadéme de la Sultane. Mais permettez-
,, moy de mourir glorieusement & auec repu-
,, tation; ne des-honnorez point le repos que
,, vous cherchez; ne décriez point vostre bien-
,, veillance, mon honneur n'est pas si desespe-
,, ré, qu'il ne se puisse sauuer que par vn crime
,, Vous croyez vous iustifier en vous déchar-
,, geant sur l'Amour: vous le prenez pour vn
,, autre, si vous le prenez pour vn Assassinateur:
,, ne luy mettez pas le poignard à la main: ne
,, le sollicités point de faire vn meurtre: & si
,, vous ne pouuez pas luy rendre les biens que
,, vous auez receus de luy, laissez-luy au moins
,, sa reputation, & ne luy enuiez point son in-
,, nocence. Vne belle mort n'est pas vne chose
,, si difficile à trouuer dans vne Ville prise de
,, force, il en entre assez par les portes & par
,, les bresches. Allons ensemble l'épée à la main
,, en choisir vne illustre & de grand bruit Qu'el-
,, le soit de fer ou de feu, qu'elle soit courte ou
,, de durée, cela n'importe: elle me sera dou-

DES FEMMES FORTES.

ce pourueu que ie meure riuale de vostre va- « leur ; & ne meure pas victime de vostre ja- « lousie.

Cela dit, elle se fit armer de toutes pieces, & sortit l'épée à la main & le bouclier au bras. Son Mary la suiuit de pareilles armes, & encouragé de ses paroles & de son exemple, qui luy valurent vn second cœur & luy donnerent de nouuelles forces. Ils allerent hardiment, où le feu, le bruit & le peril estoient plus grands : & comme ils furent arriuez à vne place, où ils auoient à combattre entre la Forteresse embrasée, & l'Armée victorieuse; ils montrerent par les merueilles qu'ils firent, qu'il n'est point de valeur pareille à la valeur de l'Amour desesperé, & des Graces armées pour leur honneur. Apres vn long & rude combat, ils furent enfin accablez, plustost que vaincus, d'vne multitude barbare, irritée de ses pertes & de leur resistance. Et comme ils sentirent que leurs forces s'écouloient auec leur sang, ils s'embrasserét pour la derniere fois, & tomberent sur vn amas de morts qui auoient passé par leurs Armes. Ils ne pouuoient mourir plus doucement, que dans la iouïssance de leur mutuelle Fidelité: ils ne pouuoient auoir vn plus magnifique tombeau, que leurs armes & leurs victoires. Leurs Ames qui s'estoient embrassées aussi bien que leurs Corps, ne peurent estre separées par la Mort: & il est à croire, que Dieu qui est l'Autheur des chastes Vnions, les receut au Ciel en cét estat, & les couronna d'vne mesme gloire.

ZENOBIE, Trebellius.

ZENOBIE.

Vovz que ce nouueau spectacle vous a surpris, & que vous n'eussiez pas crû les Graces si courageuses, ny les Amours si hardis, que d'aller à la chasse des Tigres & des Lyons. Encore si c'estoit à la chasse des Cignes, qui sont harmonieux & amiables, & ne sont armez que de plumes : Si c'estoit à la chasse des Abeilles, qui n'ont que du miel dans le corps, & qui respectent les Innocens & les Vierges : La partie seroit moins inégale, & le diuertissement moins hazardeux & moins temeraire. La Beauté qui est la Mere des Graces & des Amours, va bien aussi quelquesfois à la chasse : mais ce n'est qu'à la chasse des yeux & des cœurs, qui n'ont ny dents ny ongles, & qui ne peuuent ny mordre ny égratigner. Et aujourd'huy les enfans de cette Mere, ont la hardiesse de chasser aux Tigres & aux Lyons.

Mais n'ayez point de peur pour eux : ils sont accompagnez de Zenobie qui chassa bien hier aux Aigles Romaines, qui sont des Bestes beaucoup plus à craindre, & plus furieuses que les Lyons ny les Tigres. Oüy, celle que vous voyez qui chasse là si brauement & auec vne si belle hardiesse, est la fameuse Zenobie Reine des Palmyreniens, qui chassa dernierement aux Aigles Romaines : & par la défaite d'vne Armée Imperiale, s'asseura la conqueste de l'Egypte. Vne chasse si glorieuse & de si grand

R

trauail, meritoit bien que le repos & les diuertiſſemens la ſuiuiſſent : mais cette genereuſe Femme n'a pas appris à ſe delaſſer dans vn Cabinet & à l'ombre d'vn Dais, comme font les autres. Son repos meſme eſt agiſſant & heroïque ; & ſes diuertiſſemens ſont des còmbats dangereux & des eſſais de victoires.

Vous pouuez vous approcher ſans peril ; & aſſiſter au moins des yeux, à la plus noble chaſſe qui ſe ſoit iamais faite. Il n'en eſt pas comme de celles qui ſe font aux Amphitheatres de Rome, où des Beſtes captiues ſont chaſſées par des Hommes eſclaues. Il n'y a rien icy que de glorieux & de noble. Ce ſont des Souuerains qui chaſſent, & des Souuerains qui ſont chaſſez : Et ce qui eſt encore plus merueilleux, les Amours y ſont hardis, & les Graces courageuſes. On auoit bien veu auparauant la Beauté armée : mais c'eſtoit pour la montre, pluſtoſt que pour le combat : & ſes armes eſtoient auſſi peu dangereuſes, que les épines que portent les Roſes. Zenobie ne s'eſt pas contentée de l'arme ; elle l'a aguerrie, & luy a appris tous les combats ſerieux & tous les combats d'exercice.

Conſiderez de quelle hardieſſe elle attaque ce Lyon : il paroiſt bien à ſa mine qu'elle prend ce danger pour vn jeu de ſon courage. La fierté que vous luy voyez, n'eſt pas vne fierté de trouble & d'émotions ; c'eſt vne montre du cœur, & vne teinture de hardieſſe répanduë au dehors : c'eſt vne vaillance de viſage, & vne mine de combat : c'eſt vne grace virile & militaire : c'eſt vne douceur qui a de la pointe, qui épouuante agreablement, qui donne tout à la fois de la crainte & de l'amour. Mais Zenobie n'vse pas icy de toute cette pointe: elle la reserue à des occasions où il y a des Roys & des Consuls à combattre. Celle-cy ne luy est qu'vn simple diuertissement: & son cœur ne pourroit estre plus rassis, ny son visage plus serain, quand elle auroit affaire à des bestes de toile peinte.

Son cheual courageux naturellement, & superbe de la belle charge qu'il porte, élance les pieds de deuant, comme s'il vouloit donner le premier coup, & preuenir la jaueline qui va partir de la main de la Princesse. Le Lyon échauffé se prepare à soustenir l'vn & l'autre. Et desia il se seroit jetté sur Zenobie, mais les éclairs que son Cœur & son Esprit font dans ses yeux, les flammes des plumes qui voltigent autour de sa teste, & les pierreries dont elle est couuerte, la luy faisant parestre tout en feu, il la regarde auec vne colere irresoluë & meslée de crainte; & vous diriez à sa posture, qu'il delibere entre la couleur qui luy frape la veuë, & la jaueline qui le menace.

Soyez en repos, & perdez la crainte que vous témoignez auoir pour Zenobie. Elle est accoustumée à vaincre toutes sortes d'Ennemis: & quand elle manqueroit son coup, Araspe qui est là l'epée à la main pour la seconder, auroit bien le courage d'attirer sur luy le peril & la colere de la Beste. Il n'en sçauroit estre plus mal traitté qu'il est de son Amour qui l'expose à mille soins, & à mille ennuis, qui le déchirent sans dents & sans ongles. Aussi ne sont-ce pas les plus terribles instrumens, ny les plus grandes playes qui font les plus grands supplices. Ceux qui liuroient leurs Esclaues aux Lyons, estoient moins cruels que celuy qui faisoit jetter les siens aux Lamproyes : & il vaudroit mieux estre escrasé d'vn Elephant, que d'estre rongé des rats, ny mangé des mousches.

Ce pauure Prince prisonnier de Zenobie, voire prisonnier sans chaisnes & sans liens, est venu de bien loin luy offrir sa Personne auec son Royaume. Mais il attaque vne Place trop bien munie : & quoy qu'vn Sceptre & vn Thrône soiët de puissantes machines, il bandera inutilement contre-elle son Thrône & son Sceptre. Le cœur de Zenobie est trop bien fermé à toutes sortes de secondes affections : le nom & l'image d'Odenat n'y laisse point de place vuide : & asseurément elle ne violera pas le vœu de son veufuage qu'elle a fait à son Ombre & à sa Memoire. Araspe en est desesperé, comme vous voyez. Son desespoir pourtant est respectueux, & accompagné d'estime : & il aime mieux Zenobie genereuse & inflexible, qu'il n'aimeroit Zenobie lasche & fauorable. Voyez son respect dans sa mine, son desespoir en sa palleur, & le feu de son cœur sous la cendre de son visage. Voyez comme il suspend son adresse & son courage deuant sa Conquerante : il veut luy laisser toute la gloire de la chasse : & la regardant cependant auec des yeux supplians, il luy demande pour soy, la belle mort qu'elle prepare au Lyon : & la prie de faire grace d'vn mesme coup à l'vn & a l'autre. Mais elle se contente de l'auoir blessé des yeux, sans entreprendre de le blesser encore de la main : & bien loin de luy oster la vie, elle luy rendroit la liberté, s'il luy restoit assez de raison pour la reprendre.

Quant à cette superbe Beste, elle ne portera pas plus loin sa liberté & sa vie : Et pour recompense de l'vn & de l'autre, elle aura la gloire d'estre abatuë du mesme bras, qui abatit encore hier les Aigles de Rome. Ses deux Fils qui sont à ses costez, auront part à la victoire, & acheueront auec leurs arcs, ce qu'elle va commencer auec sa jaueline. Il n'estoit pas besoin que ie vous les montrasse pour vous les faire connoistre. Leur belle & courageuse Mere, est si bien representée sur leurs visages & en toutes leurs actions, qu'il n'y a point de si mauuais yeux qui ne iugent d'abord, que ces deux belles Copies sont de ce bel Original. Vous ne vous étonnerez point, de leur voir tant de cœur en si peu d'âge, si vous considerez qu'ils sont nez d'vne Heroïne, qui a toutes les Graces de son Sexe & toutes les Vertus du nostre. Son courage actif & penetrant ne se communique pas seulement à ses Enfans, qui s'aguerissent à la chasse, & qui apprennent sur les Lyons à vaincre les Roys. Il échauffe toute sa Maison, & inspire tous ses Domestiques : & sa Maison est moins la Cour d'vne Reyne, que le Camp d'vne Conquerante : le plus commun & le principal employ de ses Domestiques est de combattre & de vaincre. Il n'est pas iusques à ses Filles, qui ne soient vaillantes à son exemple, & qui n'ayent la generosité des Amazones, comme elles en portent l'habit & en font les exercices.

R iij

Elles se sont arrestées à chasser dans le Bois prochain, & vous pourriez d'icy auoir le plaisir de leur chasse, vous pourriez estre spectateurs de leur asseurance & de leur adresse, si les arbres ne vous en ostoient point la veuë. En voila trois des plus hardies & des plus assiduës auprés de la Reyne, qui vont attaquer vn Tigre qu'elle a blessé en passant. Mais il n'est plus en estat de se sauuer ny de se défendre. La fléche luy a percé l'épaule, & soit qu'il ait receu auec elle, quelques charmes de la main d'où elle est partie, soit que ces Amours qui l'attachent auec des liens de myrrhe, luy ayent osté sa fierté naturelle ; il semble que sa blessure luy donne plus de gloire, qu'elle ne luy fait de douleur. Vous diriez qu'vn seul coup ne luy suffit pas : & qu'il attend de mourir de plus d'vne main ; & de faire honneur par sa mort, à plus d'vne Grace. Et quand il y auroit quelque appas secret en ces flêches, quãd les Amours qui le lient, les auroient tirées de leurs carquois, & prestées à ces Chasseuses, il ne s'exposeroit pas aux coups plus gayement, ny auec plus de complaisance.

SONNET.

LE fer fatal en main, & l'éclair au visage,
Apres auoir défait des Consuls & des
  Roys :
La Veufue d'Odenat se veut faire en ce Bois,
D'vn ébat perilleux vn Triomphe sauuage.

Au feu qui par ses yeux fait luire son courage,

Soit charme, soit respect, ce Lyon perd la voix :
Et vaincu sans combat, consulté sur le choix,
Ou d'une noble mort ou d'un noble esclauage.

Sauuez-vous de ces yeux, Spectateurs indiscrets :
Il en iaillit des feux, il en tombe des traits,
Qui font sans faire bruit des blessures mortelles :

A la chasse des Cœurs ils ont esté dressez :
Et les vostres pourroient s'ils n'ont de bones aisles,
Au lieu de ce Lyon estre par eux blessez.

ELOGE DE ZENOBIE.

ZENOBIE qui chasse aux Lyons & aux Tigres en cette Peinture, fait encore aujourd'huy la guerre à toute l'Asie dans l'Histoire : & par tout où sa memoire est introduite, il se void ou des Villes forcées, ou des Armées defaites, ou des Couronnes conquises. Elle estoit de la Race des Ptolomées, & Descendante de Cleopatre, de qui elle auoit herité la Beauté, l'Esprit & la Magnificence. Outre ces qualitez de succession, & ces graces hereditaires, elle auoit encore des Vertus acquises, & estoit de son chef, pudique & magnanime, eloquente & aguerrie. Sa beauté à la voir dans les portraits que les Historiens ont laissez, estoit vne beauté majestueuse & militaire, vne beauté de commandement & d'action : & sa taille heroïque, sa mine asseurée, sa grace hautaine & hardie, ses yeux brillans & pleins de feu, & tout son exterieur pareil à

R iiij

celuy que les Peintres donnent à la Vertu & à la Victoire, luy faisoient comme vne dignité de montre, & vne certaine authorité agreable & bien-seante, qui persuadoit sans parler, & soufmettoit les Ames par la veuë.

Vn Corps si parfait, estoit habité d'vn Esprit encore plus parfait, qui estoit comme vne belle Intelligence dans vn bel Astre. Elle estoit habile en la science des Princes, & en celle des Particuliers : en la Politique & en l'Art militaire : elle possedoit également les connoissances agreables & les vtiles, & estoit si sçauante en l'Histoire du Leuant, qu'elle en fit elle-mesme des Annales abbregées : Et par là encore elle égala la gloire des Conquerans, qui estoient aussi braues du stile que de l'épée; & la nuit écriuoient dans leurs Tentes ce qu'ils auoient fait le iour à la Campagne. Les Tablettes de Cleopatre, où il y auoit assez de pierreries pour quatre Couronnes, n'en eussent pas eu assez pour honorer cette Histoire. Elle meritoit que le temps le plus injurieux la respectast : & s'il y a, comme on dit, vn Genie Gardien des Liures, & Conseruateur des Lettres, auoüons qu'il s'est fort mal acquité de son office, d'auoir sauué les Epistres, ou legitimes ou supposées du Tyran Phalaris, d'auoir conserué les sales visions de Petrone, & les mauuais songes d'Apulée, & n'auoir rien fait pour conseruer ce glorieux Monument de l'Esprit & de l'Eloquence de Zenobie.

De tout temps les malins & les soupçonneux, ont fait à croire, que les Graces n'estoient pas si bien auec les Vertus : & que rarement les Belles & les Sçauantes, estoient les Chastes & les Modestes. Zenobie a démenty ces malins & ces soupçonneux : & les Historiens Romains, qui par raison d'Estat, ont plus noircy la reputation de Cleopatre, que le Soleil d'Egypte n'auoit noircy son visage, n'ont iamais touché à l'honneur de sa Descendante. Elle estoit plus chaste mariée, que la pluspart de leurs Vestales n'estoient chastes vierges : si-tost qu'elle se doutoit d'estre grosse, elle se declaroit veufue, iusques à ce qu'elle fust deliurée. Et quoy qu'elle se fist ainsi tous les ans vn veufuage de neuf mois, durant la vie de son Mary ; apres sa mort neantmoins, elle ne put iamais estre persuadée qu'elle fust veufue. Odenat vescut tousiours pour elle : & son corps luy ayant esté rauy, par le crime d'vn de ses Proches, elle demeura tousiours mariée à son Nom & à sa Memoire.

Le Luxe aussi & les Plaisirs, qui sont les Introducteurs de l'Amour des-honneste, n'estoient point de sa Cour ; ny n'auoient accez auprés d'elle. La Guerre & la Chasse faisoient toute son occupation & tous ses diuertissements : & quand il n'y auoit point de Roys à vaincre, ny de Villes à assieger, elle alloit dans les Bois combattre les Bestes feroces, & les vaincre par force, ou les prendre par adresse. Durant la vie d'Odenat, elle fit la guerre aux Perses auec luy pour les Romains : & apres sa mort, elle la fit de son chef aux Egyptiens & aux Romains mesmes. Elle marchoit à la teste de ses Troupes, tousiours la premiere au combat, & la derniere à la retraite. Ses yeux estoient le feu commun de son Camp : les plus lasches s'y échauffoient : & en tiroient de la vigueur & du courage. Et quand elle haranguoit, à vn iour d'assaut ou de bataille, elle ne laissoit rien à faire aux clairons ny aux trompettes.

Ses desseins ne furent pas moins vastes, ny moins éleuez, que ceux de son Ayeule Cleopatre, qui prepara vn joug & des chaisnes aux Dieux du Capitole : & eut l'ambition d'auoir des Valets Consuls, & d'estre seruie par des Esclaues Dictateurs. Elle pensa comme elle, à faire la Maistresse des Seigneurs de l'Vniuers : & apparemment elle eust porté ses armes iusques à Rome, & eust partagé l'Empire auec Victoria, qui estoit vne autre Femme courageuse d'Occident, si la Fortune, jalouse de sa gloire, ne fust venuë elle-mesme contre elle, auec Aurelien & toutes les forces de l'Empire. Encore ne put-elle estre défaite qu'à demy, & par composition : & Aurelien triompha d'elle par vn Traitté, plustost que par vne iuste Victoire. Son Triomphe aussi fut suiuy du Triomphe de sa Captiue, qui le prit à son tour. Il n'auoit vaincu qu'à demy & auec peine, la valeur de la Mere : la beauté de la Fille le vainquit entieremēt & sans peine, & l'ayant enfin épousée, comme disent quelques Autheurs, Zenobie eut la satisfaction de voir son Sang sur le Thrône des Cesars, & son Image adorée à Rome.

DES FEMMES FORTES.

REFLEXION MORALE.

IL est dommage, qu'vne si haute Generosite, qu'vne Constance si heroïque, qu'vne Pudicité si inuincible, que des Graces si modestes, que tant de Vertus de paix & de guerre, se soient damnées: & que Zenobie la forte, la temperante, & la chaste, ait vne aussi mauuaise Eternité, que Messaline la dissoluë & la débanchée. Mais qu'y ferions-nous? les Vertus Payennes quelque beauté qu'elles ayent, & quelques parées qu'elles soient, ne sont apres tout que de foles Vierges. L'espoux Celeste ne les connoist point, & quelque instance qu'elles fassent, la porte de son Palais ne leur sera iamais ouuerte. La Pudicité, la Temperance, la Modestie, la Fidelité, qui n'iront pas à luy auec la lampe pleine & allumée, & ne luy seront pas presentées par la Foy & par la Charité, ne seront point de ses Nopces. Et s'il n'y a point là de place, pour les Payennes temperantes & modestes, qui n'auront pas esté auerties de preparer leurs lampes, & de suiure ces Guides agreables à l'Espoux: que deuiendront les Chrestiennes licencieuses & débordées, qui auront cassé leurs lampes, qui auront méprisé & rebuté ces Guides? Certainement s'il est écrit, que Niniue la penitente condamnera l'incorrigible Hierusalem; il est bien à craindre, que la forte Zenobie, & les autres Payennes vertueuses, ne se leuent au Iugement general; & ne rendent témoignage contre nos Dames, qui refutent leur creance par leur vie : qui reprouuent par leur mollesse & par leur luxe, la force du Christianisme & l'austerité de l'Euangile, qui ayment mieux perdre des Couronnes eternelles, que de se défaire de petites fleurs demy pourries, qui ne font que les infecter de leur mauuaise odeur, & les piquer de leurs épines.

QVESTION MORALE.

Si les Femmes sont capables des Vertus Militaires.

IE ne dispute pas icy contre l'vsage vniuersel, ny ne pretens faire casser d'authorité priuée, vn Reglement immemorial, & vne Politique aussi ancienne que la Nature. Encore moins est-ce mon dessein, de publier vn ban, par lequel toutes les Femmes soient appellées à la guerre. Elles se doiuent tenir à la distribution que la Nature & le Droit ont faite, & que la Coustume a receuë : & se contenter de la part qui leur a esté assignée dans l'œconomie & dans le ménage. Ie dis seulement que ce Droit commun qui leur a osté les armes, ne leur a pas osté le cœur ny couppé les mains : que les Vertus militaires ne sont ny trop fortes ny trop rudes pour elles : & que si c'estoit le bon plaisir de la Coustume, les Vaillantes & les Victorieuses ne seroient pas contées, comme elles sont, entre les prodiges de leur Sexe. Le nombre en seroit aussi grand, & les exemples aussi vulgaires que des Sages & des Pudiques.

Premierement, le Cœur est la partie essentielle des Vaillants : c'est luy qui commence tous les assauts & tous les combats : qui va le premier à la charge, & en retourne le dernier : & on ne pourra nier, que le Cœur de la Femme ne soit aussi fort, & d'aussi bonne trempe que celuy de l'Homme, si l'on considere qu'il a esté fait de mesme main & formé de mesme matiere. Encore trouuera-t'on lieu de croire, qu'il peut estre plus fort & de meilleure trempe, si l'on se souuient, que la premiere Femme fut faite d'vne matiere déja solide, & qui eut besoin d'estre amollie. Dauantage, comme l'acier quelque dureté qu'il ait receuë de la Nature, ne peut deuenir vn fer de lance, ny vne épée, s'il n'est émoulu ; de mesme la Force est grossiere & materielle, immobile & sans action, auant qu'elle soit aiguisée : & c'est à la Colere, selon le mot du Philosophe, qu'elle veut estre aiguisée, afin qu'elle deuienne Vaillante & qu'elle serue à la Guerre. Or il est certain & l'experience le montre, que cette Colere qui aiguise la Force, & luy donne le fil de la Vaillance, est plus viue & plus soudaine dans les Femmes que dans les Hommes ; & par consequent, si la Coustume leur a osté la Vaillance acquise & d'habitude, elle ne leur a pas osté la Vaillance naturelle, & cét esprit de bile, qui est vn esprit de combat, & la derniere teinture de l'humeur qui fait les Braues.

On m'opposera icy la delicatesse de leur complexion, & la tendresse de leur temperament. On me demandera quelle valeur il se peut faire, d'vne main qui peut estre blessée d'vn gan mal cousu, ou d'vne bague mal polie ? d'vne teste qui suë sous la soye, & qui plie sous vn bouquet ? d'vn corps qui peut estre percé d'vn rayon de Soleil, & qu'vn grain de gresle peut abbattre ? A cela on peut repondre premierement, que cette foiblesse est de la mauuaise nourriture des Femmes, & non pas de leur temperament : Et Platon obtient fort iudicieusement à ce propos, que si l'excés d'humidité qui détrempe leur vigueur, & les rend plus molles que les Hommes, estoit desseché par vn exercice moderé ; leur complexion estant reduite par là à vne égalité plus iuste & plus exacte que la nostre ; leurs corps en seroient plus robustes & plus agiles, & auroient le mouuement plus libre & de plus longue durée. Sur quoy, pour ne sembler pas debiter vne proposition gratuite & sans preuues, il faut remarquer qu'en toutes les Especes des Animaux de proye, les Femelles ont la course plus viste & le vol plus roide, & combattent plus courageusement & auec plus de vigueur que les Masles.

En second lieu, il faut répondre que la Vaillance ne demande pas des bras d'acier ny des mains de fer : que les anciens Heros n'estoient pas des Statuës de bronze : qu'ils n'estoient pas tous de la complexion de ce fameux Grec, qui luttoit contre les plus grands chesnes : & qu'encores aujourd'huy, ce ne sont pas des Hommes sechez au Soleil, & durcis à la gelée, qui gagnent les batailles. Ajoustons pour troisiesme réponse, que la delicatesse n'est pas si timide qu'on la fait, ny si incompatible auec la valeur. Les Roses qui sont si belles, naissent toutes armées; & pour estre delicates ne laissent pas de piquer. Les Abeilles qui viuent dans le miel, & qui sont nourries de l'Esprit des Fleurs, ont des aiguillons, & vont à la guerre. L'escriture Sainte parle d'vne Colombe, qui n'estoit pas moins redoutable que les Aigles: & pour n'aller pas si loin, le Cœur luy-mesme, qui est le siege de la valeur, est la plus tendre partie du Corps: il est d'vne chair sans nerfs & sans os, & n'a ny dents ny ongles qui le fortifient. Il peut donc bien y auoir des Esprits genereux, & des Ames fortes en des Corps delicats; comme il y a de bonnes épées en des fourreaux de veloux; comme il se void des mains victorieuses en des gans musquez: comme il loge des Conquerans sous des tentes peintes & dorées.

Qve s'il est necessaire d'appuyer la Raison de l'experience, & de faire parler l'Histoire pour la Philosophie; elle produira de tous les Siecles, des Armées entieres de Femmes courageuses & aguerries: de Femmes conquerantes & victorieuses des Hommes; voire des plus braues & des plus vaillants d'entre les Hommes. Ce fameux Cyrus qui merita le nom de Grand, par la grandeur de ses exploits, fut défait par Thomiris Reyne des Scythes: Et les Scythes eux-mesmes qui naissoient tous Soldats, & n'auoient point d'autre Patrie, ny d'autres Maisons, qu'vn Camp & des Tentes, furent vaincus par les Amazones. Cette celebre Semiramis à qui vn Prophete a donné le nom de Colombe, fut veritablement vne

Colombe dans le Cabinet, voire vne Colombe voluptueuse & parfumée; mais elle fut vne Aigle victorieuse à la Campagne : & de son temps, l'Asie n'eut point de Roy, à qui elle n'ostast le Sceptre de la main, & n'enleuast le Diadéme de dessus la teste. Bonsuïque fut vne autre Aigle, pour vser encore de ce terme; mais ce fut vne Aigle du Nord, qui battit en plusieurs rencontres les Aigles Romaines : & pensa les chasser d'Angleterre. Zenobie dont ie viens de donner la peinture, ne les traitta pas plus doucement en Egypte & en Perse : & il falut que les Maistres des Nations & les Dompteurs du Monde, ostassent par composition la Victoire à vne Femme.

La France a eu ses Amazones aussi bien que la Scythie & les autres Païs d'Outre-Mer : & pour remettre à vne autre fois la Pucelle, dont la Vaillance fut vne Vaillance d'inspiration & de miracle : pour ne produire point icy vne Catherine Lisse, qui chassa les Flamans d'Amiens ; & leur arracha des mains, vne Ville prise & vne Victoire gagnée : pour ne parler point de la hardiesse, dont les Dames de Beauuais repousserent les Huguenots durant les Troubles : la memoire est encore fraische, du dernier siege de Cambray, & du courage heroïque, que la Mareschale de Balagny y fit parestre, auec vn étonnement general de tous ceux qui la virent sur ce Theatre. Elle assistoit à toutes les factions des Soldats; elle visitoit les Sentinelles & les Corps de garde; elle haranguoit sur les Bastions; & donnoit chaleur aux coruées, par sa presence & par son exemple.

exemple. Et si de bonne heure, elle eut sceu gagner le cœur des Habitans; la teste du Comte de Fuentes, & tous les bras de son Armée se fussent lassez inutilement à ce Siege. Aussi estoit-elle d'Amboise; & le nom d'Amboise est vn nom de Vaillants & de Vaillantes; la Race en est forte & pleine d'esprits heroïques en toutes ses branches: Il en est comme de celles des Palmes, dont les femelles sont aussi vigoureuses que les masles, & aussi propres à entrer dans les Victoires & dans les Triomphes. Et encore aujourd'huy que nous auons la guerre auec l'Espagne, si quelque Comte de Fuentes s'alloit presenter deuant Breste; il n'y trouueroit pas veritablement le courage fier, & la magnanimité hautaine de la Mareschale de Balagny; mais il trouueroit vn courage fort auec douceur, vne magnanimité ciuilisée & debonnaire, des Graces armées & bien-faisantes. Et asseurément ce mélange de douceur & de force, & cette jonction des armes & des bien-faits en la gouuernante; ne seroient pas la moins forte piece de la Citadelle.

Mais il n'est pas necessaire d'enroller icy toutes les Braues, qui ont aguerry la Beauté & armé les Graces. La Princesse que ie vay produire, acheuera de conuaincre ceux qui mettent les Vaillantes entre les Monstres: & qui croyent qu'vn casque & des plumes sur la teste d'vne femme, ne sont pas vn moindre prodige que faisoient autrefois les couleuvres sur la teste de Meduse.

EXEMPLE.

IEANNE DE FLANDRES
Comtesse de Montfort.

LEs Aigles quoy qu'elles fassent, sont toûjours Aigles : & soit qu'elles s'égayent en l'air, soit qu'elles chassent ; elles s'égayent auec vigueur, & chassent auec force. Ieanne Comtesse de Montfort, & Fille de Loüys Comte de Flandres, a esté de ces Aigles tousiours genereuses & tousiours hardies. Toute sa vie fut vne guerre continuelle, ou vne continuelle preparation à la guerre. Ses premiers diuertissemens furent laborieux & viriles : & l'âge que les Filles commencent de voir le Monde, d'aller au Bal, d'entrer dans des Assemblées; elle commença d'apprendre à môter à cheual, à rompre la lance, à combattre à la barriere.

Elle aprit tous ces exercices, sans desapendre la pudeur de son Sexe, sans en aigrir la douceur, ny en alterer les Graces, & il y eut tousiours sur son visage, & en toutes ses actions, vn temperament de beauté & de vaillance; vne teinture meslée de hardiesse & de modestie; & vn air pareil à l'air de la Minerue de l'ancien Peintre, qui estoit aimée, & ne laissoit pas d'estre Vierge. Sa vaillance au reste ne fut pas tousiours vne vaillance de Tournois & de Carrouzels : & sa brauerie vne brauerie peinte & de parade. Des Guerres contrefaites, & des combats de Sale, elle passa aux veritables Guerres, & aux combats de Campagne : elle se trouua à des Sieges, & à des batailles nauales : elle emporta des victoires en toute forme ; & merita des couronnes de toute matiere.

Iean Duc de Bretagne estant mort sans Enfans, laissa au Comte de Montfort, & à Charles de Blois, le debat de sa succession. Le Comte commença la poursuite de son droit par la saisie, & assisté de l'esprit & du courage de la Comtesse sa Femme, partie de force & partie par adresse, gagna les meilleures Places de la Prouince. Charles preuenu par la voye de fait, eut recours à la Cour des Pairs, & à la protection du Roy, dont il auoit épousé la Niepce. La Cour iugea le different de la Succession en sa faueur : & le Roy commit à l'execution de l'Arrest, le Duc de Normandie son fils : & l'enuoya en Bretagne auec vne Armée. Apres la reduction de quelques Places, le Comte de Montfort se laissa prendre à Nantes, & fut enuoyé prisonnier à Paris, où il mourut dans la Tour du Louvre.

Cette chute du Comte apparemment deuoit attirer la chute de la Comtesse : comme on dit que la mort du Palmier est suiuie de la mort de la Palme. Mais tous les Amours ne sont pas de mesme complexion, ny sujets aux mesmes symptomes. La genereuse Veufue demeura ferme, entre la mort de son Mary, qui luy pesoit extrémement sur le cœur, & la Guerre qu'il luy laissoit sur les bras ; & ce n'estoit pas vne petite charge à vne jeune Femme, d'auoir à soustenir toute la France ennemie, & en armes. Elle visita en person-

S ij

ne toutes les Villes de son Party : elle rassura les Peuples effrayez, & confirma les Garnisons irresoluës : elle gagna les Ames nobles par caresses, & les mercenaires par presens : & par son exemple donna du courage aux vnes, & de la fidelité aux autres.

En suite, la Guerre, s'estant rechauffée au premier rayon du Printemps : & la Ville de Rennes apres quelques assauts, s'estant renduë à Charles de Blois, nonobstant la resistance de Guillaume de Gadoudal qui y commandoit ; l'Armée Françoise alla assieger Hennebond, où la Comtesse s'estoit jettée auec la fleur de ses Amis. Elle souftint le Siege virilement, & y seruit de toute sa personne; elle y agit des bras, non moins que du cœur & de la teste, & y valut toute seule plusieurs Soldats & plusieurs Capitaines. Elle donnoit les ordres, & estoit la premiere à executer les ordres donnez : elle estoit de toutes les sorties, & assistoit à tous les assauts. Et quand elle alloit sur la muraille & par les ruës, montée sur vn cheual de combat, & armée de toutes pieces, l'éclat de ses yeux, le feu de son cœur épandu sur son visage, & cette vaillance de geste & de mine, qui renforçoit sa beauté & luy donnoit de la pointe, encourageoient les plus timides ; réueilloient les plus pesans & les plus lasches.

Vn iour que les Assiegeans également irritez de sa resistance & de leurs pertes estoient venus à vn assaut general : la courageuse Princesse, apres auoir preparé tout le monde à la deffense, iusques à ses Femmes & à ses Filles, que son exemple auoit aguerries, monta sur vne Tour, pour découurir l'estat du combat : & comme elle eut reconnu, qu'il n'estoit demeuré que des Valets à la garde du Camp, elle descendit de la Tour, remonta à cheual, & sortant par vne porte détournée, à la teste de trois cens Cuirasses, alla mettre le feu dans les logemens des Ennemis. La fumée & la flame les rappellerent bien-tost à la deffense de leurs tentes & de leur bagage. La Comtesse apres auoir fait son coup, se retira brauement à la veuë de ceux qui la poursuiuirent : & les chemins de Hennebond luy estant fermez, elle gagna Aulroy auec sa troupe. Les assiegez furent cinq iours sans auoir de ses nouuelles : cependant elle fit cinq cens Cheuaux : & le sixiesme iour s'estant presentée de grand matin à la teste du Camp : elle força tout ce qui se trouua deuant elle ; & entra dans la Ville auec vn grand bruit de trompetes. La Victoire elle-mesme n'eust pû entrer plus glorieusement, ny estre receuë auec plus de joye.

Elle n'eust pas seulement à resister à la force, & à des machines dressées contre ses murailles : elle eut à se défendre de la ruse, & à combattre les artifices, qui affoiblissoient le courage de ses Gens, & les débauchoient de son seruice. Mais enfin sa prudence, son adresse, & l'eloquence de ses prieres, accompagnée de celle de ses presens, les arresterent iusques à l'arriuée du secours Anglois, qui mit fin à ce premier Siege. Il se fit en suite vne suspension d'armes, qui luy donna lieu de passer en Angleterre, & de solliciter en personne vn nouueau secours. La Magnificence, la Ciuilité, toutes les Graces le demanderent pour elle, & le firent embarquer: sa Vaillance & sa Fortune le sauuerent sur la Mer, & le rendirent victorieux en Bretagne.

L'Armée nauale de Charles de Blois, l'ayant attaquée deuant les Isles de Grenezay, elle montra bien que sa Valeur estoit de l'vn & de l'autre Element: & qu'elle auoit le cœur aussi bon & la teste aussi ferme sur vn Vaisseau, que sur vn Bastion & dans des tranchées. Elle combattit tout le iour l'épée à la main, sous vn orage de fer & de feu, & parmy cent Morts de formes differentes & toutes terribles. Cependant elle ne plia ny sous le fer ny sous le feu: elle vid d'vn œil asseuré toutes ces formes de Morts: & quand elles eussent esté plus terribles & en plus grand nombre, elle n'eust pas laissé d'enleuer la Victoire au milieu d'elles, si la nuit & la tempeste qui suruinrent ne la luy eussent ostée. Si-tost qu'elle fut à terre auec ses troupes, elle marcha droit à Vannes, & recommença la guerre par le Siege de cette Place. Sa presence & son exemple, furent les deux plus fortes machines dont les murailles furent battuës: & la Ville enfin estant prise de force, apres diuers assauts, où elle combattit de la voix & de la main, elle y entra à cheual en Conquerante.

Si i'auois à siuiure cette Femme victorieuse, en toutes les occasions & à tous les combats où elle se trouua; il faudroit que i'écriuisse icy l'Histoire de plusieurs années. Il suf-

DES FEMMES FORTES.

fit de dire pour conclusion, qu'apres diuers Sieges & diuers combats, elle mit enfin la Couronne sur la teste de son fils : Et si son temps eust esté le temps des Statuës & des Arcs de Triomphe, elle triompheroit encore en marbre & en bronze, sur les portes & dans les places de toutes les Villes de Bretagne, comme elle combat encore & combattra eternellement dans nostre Histoire.

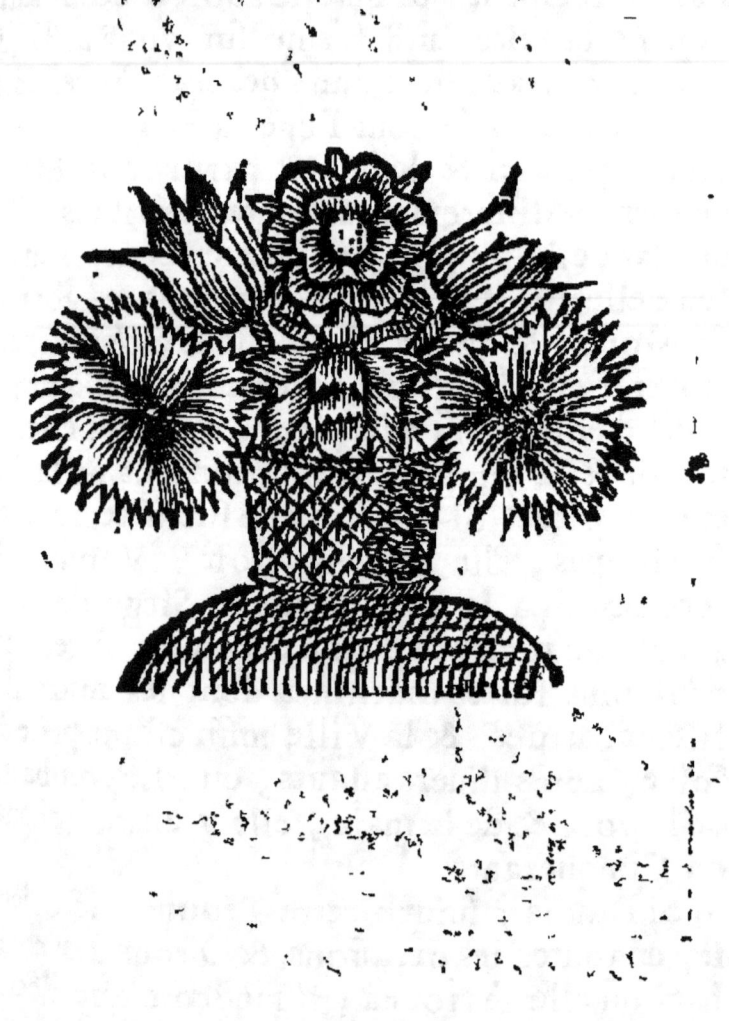

LVCRECE Titus Livius. lib. 2.

LES FORTES ROMAINES.

LVCRECE.

QVe la Beauté est vn bien dangereux: que la garde en est difficile! & qu'elle est exposée à d'estranges auantures. Ie ne sçay si le peril seroit si grand, de garder vne Beste farouche en sa maison, que d'y tenir vne belle Femme: Et si les Graces, ie dis mesmes les Graces modestes & les pudiques, ne sont pas plus à craindre, que la Fortune ennemie & irritée. Les Lyons ont au moins des interualles d'innocence: ils ne mordent plus quand leur faim est satisfaite: Et il y a des festes que la mauuaise Fortune chomme: il y a des iours de tresue pour ceux qu'elle persecute. La Beauté ne connoist point ces iours de tresue, ny ces interualles d'innocence. Ses complaisances mesmes sont dangereuses, & son repos est à craindre. Et afin que vous sçachiez, que ce n'est pas seulement la Beauté licentieuse & débauchée, qui est malfaisante; celle de Luciece a perdu Tarquin: Et Lucrece elle-mesme qui luy estoit si seuere, & qui la tenoit de si prés & dans vne si grande contrainte, vient tout fraischement d'en estre égorgée.

Vous aurez peut-estre oüy parler de l'indiscrete contestation des Princes qui sont au Camp d'Ardée. Auant-hier ils entrerent en discours du merite de leurs Femmes : & chacun donnant gagné à la sienne, il fut resolu, que les yeux seroient pris pour iuges de ce different. Sans remettre la partie au lendemain, ils monterent tous à cheual à la mesme heure, & vinrent en poste à Rome & à Collatie. On dit que toutes les voix furent pour Lucrece. Elle gagna mal-heureusement vn auantage qu'elle ne disputoit point : & ce gain malheureux & funeste, luy vaut la perte de son honneur & de sa vie. Le jeune Tarquin arrogant de son naturel, & plein d'orgueil & du nom de son Pere le Superbe, retourné à Collatie & receu de Lucrece, comme Amy de son Mary, a esté l'épée à la main la surprendre dans son lit, & luy a fait vne violence qui passe le Superbe & le Tyran. Ie ne vous diray point le particulier de cét attentat : ie vous diray seulement, que dés le point du iour, la pauure Femme desesperée de son mal-heur, a mandé en diligence Collatin son Mary, & le bon homme Lucrece son Pere. Estant arriuez auec Brutus & Valere leurs communs amys, elle leur a exposé auec larmes, la triste auanture de sa pudicité violée : & apres les auoir engagez par serment à la venger, preuenant tout d'vn coup leur preuoyance, & leurs raisons, elle s'est frappée au cœur d'vn poignard qu'elle tenoit caché sous sa robbe. Voila le dernier acte de cette funeste Tragedie, qui aura peut-estre des sujets encore plus funestes : & vous estes suruenus fort à propos, pour receuoir les derniers soûpirs de la premiere Heroïne de Rome.

Il ne s'est donné qu'vn coup, & tous ceux qui sont l'a assemblez l'ont receu. Il coule vn ruisseau de sang de la playe de Lucrece: il coule des ruisseaux de larmes de la playe de son Mary & de celle de son Pere : & de ces deux sortes de playes, ie ne sçay laquelle est la plus douloureuse & la plus profonde. Ie ne sçay si le sang vient plus du cœur ; & s'il coule auec plus de sentiment que les larmes. Quoy qu'il en soit, Lucrece paroist fort contente du coup qu'elle vient de faire. Vous diriez qu'auec son sang, il sort ie ne sçay quoy de lumineux, qui éclaire le nuage, que la honte de la nuict passée luy auoit laissé dans les yeux & sur le front. Vous diriez que son innocence & la pureté de son cœur se voyent par la playe : & sa playe luy est comme vne nouuelle bouche, qui crie aux yeux, & persuade en silence. Entendez-vous ce qu'elle dit de cette bouche eloquente sans bruit, & persuasiue sans paroles ? Elle proteste de l'outrage & de la tyrannie des Tarquins : elle en demande vengeance aux Dieux & aux Hommes : & apparemment elle l'obtiendra des Dieux & des Hommes, & l'obtiendra par la voix de son sang, qui est courageuse & hardie ; qui a la force de l'indignation & celle de la iustice ; qui est pleine de l'esprit & de la vertu de Rome.

Il ne se void rien de mol ny de foible en sa personne : rien qui ne soit, ou vne preuue de son innocence, ou vne marque de son courage. Et quand il n'y auroit point d'autre conjecture pour elle, sa iustification est expresse & manifeste, en son air, en sa mine & sur son visage. La teinture de la Vertu n'y est pas vn fard superficiel, & ajousté par artifice, elle y est interieure & de naissance : elle y a tousiours esté entretenuë des effusions de son cœur, & des rayons de son Ame. Et si à present que son Ame l'abandonne, & que son cœur se répand par sa playe, cette belle teinture resiste encore à la couleur de la Mort, qui efface toutes les autres ; vous ne croirez pas que i'en dis trop, si ie dis qu'elle n'estoit pas pour ceder aux couleurs du Vice, & au teint de l'impudence.

Vous aurez pû voir ailleurs de la pudeur : elle est commune à toutes les honnestes Femelles : & les brunes en doiuent auoir autant que les blanches. Vous aurez pû voir encore ailleurs de la modestie : c'est vn ornement naturel, & vne parure sans frais, qui est à l'vsage des pauures & des riches. Mais vous n'auez peut-estre iamais veu que sur ce visage, vne Pudeur courageuse, & vne Modestie forte & rehaussée. Ce temperament est celuy des anciennes Heroïnes, qui armoient les Graces & les menoient à la guerre. Celles de Lucrece, pour n'estre pas guerrieres, ne paroissent pas moins hardies : & sa Beauté quoy qu'éleuée à l'ombre & dans la robbe, n'a pas moins de force ny de courage. Elle commence pourtant à défaillir, cette Beauté forte & courageuse ; & ces Graces blessées expireront bien-tost les vnes apres les autres. Il paroist cependant, que la perte de leur honneur les alterent plus, & leur est plus sensible que la perte de la vie. Leur

DES FEMMES FORTES.

honte est tousiours viue & entiere: & la crainte ne leur est pas encore venuë. Leur rougeur ne s'écoule point, quoy que leurs esprits s'écoulent auec leur sang & auant qu'elles meurent de leur blessure, elles mourront du regret d'auoir assisté au crime de la nuit passée, bien qu'elles y ayent assisté sans se faire voir, & par vne pure violence.

Collatin qui perd le plus en cét accident, paroist le plus affligé. Il soustient Lucrece, qui est tombée entre ses bras: & il auroit besoin luy-mesme des bras d'autruy, s'il n'estoit soûtenu de la colere, qui est venuë au secours de son cœur: & luy a mis le feu au visage. Saisi comme il est, de colere & de douleur, d'indignation & de pitié, il ne peut s'expliquer que des yeux: & ses larmes au defaut de sa voix arrestée, disent à Lucrece le dernier adieu, & luy confirment l'opinion qu'il a de son innocence.

A ce discours de larmes, Lucrece fait vne réponse de sang & de soûpirs: elle baisse les yeux sur sa playe, comme pour faire signe à Collatin, de regarder au moins son cœur nu par cette ouuerture. Et ie croy que le dernier mouuement de ses leures, est vn serment par lequel elle l'asseure, qu'il le trouuera net de la soüilleure de son corps; qu'il n'y verra point d'autre image que la sienne, n'y aucune trace de flamme estrangere: & que s'il y reste encore quelque cendre, c'est la cendre d'vn feu legitime, qu'il a luy seul allumé, & qui est aussi pure, que le feu sacré des Vestales. Quoy qu'il n'y ait que de l'Esprit & du souffle en ce serment, il ne laisse pas destre entendu de Collatin, qui fait vne pareille protestation de fidelité pour l'auenir. Mais elle n'est exprimée qu'en pleurs & en soûpirs : il a oublié tous les autres termes : & Lucrece qui entend bien encore ceux-là, accepte sa protestation, & la consigne à son Ame, qui l'emporte auec joye en l'autre Monde.

Brutus qui est là debout, en fait vne troisiesme, qui est bien d'vne autre forme, & qui ne s'accomplira qu'auec le fer & le feu. Le visage que vous luy voyez, n'est pas son visage ordinaire : la langue qu'il parle luy est nouuelle, & sans doute le Genie de Rome suruenu à cette action, s'est apparu à luy & l'inspire de fort prés. C'est de sa lumiere, qu'il a les yeux ardens & tout le visage en feu : c'est de son Esprit qu'il est possedé, & ce sont ses paroles qui luy sortent de la bouche. D'vne main il tient le poignard sanglant, qu'il vient de tirer de la playe de Lucrece, & semble l'offrir comme vne chose sacrée, au Genie qui luy parle : Il leue l'autre main au Ciel : Et accompagnant de sa voix & de son feu, la voix & la fumée du sang pudique, qui coule du poignard fatal, il voüe aux Dieux & à la Patrie, la ruïne des Tarquins & l'abolissement de la Royauté.

Ce nouueau feu ne s'arreste pas à luy : il passe à Valere, & à Lucrece le Pere : il seche leurs larmes sur leurs yeux, & leur tristesse dans leurs cœurs, & allume en sa place, vne colere qui n'est encore qu'vn feu particulier & qui fera bien-tost à Rome & par toute l'Italie vn embrasement public. Ces deux braues Senateurs confirment du geste & de la mine,

DES FEMMES FORTES.

le serment que fait Brutus: leurs yeux ardens, & leurs visages renouuellez par vne chaleur inconnuë à leur âge, iurent en mesme forme l'extermination des Tarquins. Collatin éblouy de son affliction & de sa perte ne prend pas garde à ce qu'ils font: mais quand il sera reuenu de cét eblouyssement, il meslera son zele auec le leur: & se consacrant tous quatre à la Liberté & à la vengeance, par l'attouchement du sang que cette Femme recueille, ils renouuelleront en commun leur vœu à l'Ombre de Lucrece. Et Lucrece sera à l'auenir, apres la Liberté & la Vertu, leur Diuinité domestique & la principale Religion de leurs Familles.

SONNET.

Lucrece parle.

TOVTES les Nations sçauent mon auanture;
Elle est encore fraische en l'Esprit des Humains:
Et le sang coule encor, dont aux yeux des Romains,
Ie lauay mon honneur & vengay mon iniure.

Ma genereuse mort étonna la Nature:
L'Histoire l'a dictée à tous ses Escriuains:
Et pour m'eterniser, mille sçauantes mains
Au Temple de la Gloire ont laissé ma peinture.

Mais dequoy m'ont serui tant de marques d'honneur?
Auiourd'huy l'on erige en crime mon malheur;

Et sans droit le procez est fait à ma Memoire.

Ma grande Ombre en gemit, & s'en plaint à mon Sort;
Et pour ne souffrir point vne tache si noire,
Encore en ce Tableau ie me donne la Mort.

APOLOGIE ET ELOGE DE LVCRECE.

Lvcrece se plaint en ces Vers, de la rigueur qu'on luy tient; & du procez que l'on fait à sa Memoire. I'ay veu ce procez, & la sentence qui luy est attachée dans les Liures de la Cité de Dieu. I'ay assisté quelquefois aux Declamations, qu'vne des plus hautes & des plus fortes Vertus de son Sexe, a coustume de faire contre elle; & i'auoüe que si elle est iugée par le Droit Chrestien & selon les Loix de l'Euangile, elle aura peine de iustifier son innocence: & les plus fauorables seront au moins de l'opinion de S. Augustin, & concluront auec luy, qu'elle n'a merité, ny la mort qu'elle s'est donnée, si elle a esté innocente de son des-honneur; ny les loüanges qu'elle a receuës, si elle en a esté coupable.

Neantmoins si elle est tirée de ce Tribunal seuere où il ne se presente point de Vertu Payenne, qui ne soit en danger d'estre condamnée: si elle est iugée par le droit de son Païs & par la Religion de son Temps; elle se trouuera des plus chastes de son Temps, & des plus fortes de son Païs: la noble & vertueuse Philosophe qui l'accuse si souuent, l'absoudra de son malheur, & se reconciliera auec elle: & chacun auoüera, que son peché fut moins de sa faute, que de l'imperfection du Droit Romain, qui ne l'auoit pas bien reglée, & des scandales de la Religion, qui ne luy auoit donné que de mauuais exemples.

En effet le Droit de ce Païs-là n'estoit alors qu'vn Droit superficiel & de montre: la Morale n'estoit occupée qu'à plastrer l'exterieur; qu'à imiter la mine & les gestes de la Vertu; qu'à faire de beaux masques & de belles feintes. Elle ne touchoit point aux intentions corrompuës: elle n'auoit point de regle, pour les desirs dereglez: & pourueu que les mauuaises Passions n'allassent point iusques aux mauuais effets; elle les abandonnoit à leur propre sens; & les laissoit ioüir dans le Cœur d'vne liberté plus que populaire; elle leur souffroit vne licence impunie & sans contrainte. Quant à la Religion Romaine qui erigeoit les Courtisanes en Déesses, sacrifioit à des Adulteres, il ne falloit pas attendre qu'elle fit des Vierges, ny des femmes chastes. En cela Lucrece, voire Lucrece violée, fut meilleure que les Dieux de Rome. Ce ne fut pas l'amour du plaisir, ny la crainte de la Mort, qui la firent faillir; ce fut l'amour de l'honneur, & la crainte excessiue qu'elle eut de le perdre. Et si elle n'eut pas la fermeté de Susanne, qui ne plia sous la Mort, ny sous l'infamie; il suffit de dire pour l'excuser qu'elle ne croyoit point au Dieu de Susanne: & le miracle eust esté trop grand, si vne Payenne eust égalé vne des plus hautes Vertus des Fideles, sans la Loy &

sans les Graces qui faisoient les Fideles.

Ne feignons donc point de loüer Lucrece: elle est digne de nos loüanges. L'ancienne Rome qui a esté la Nourrice des hautes Vertus de la Nature, & des grands Heros du Paganisme, n'a rien porté de plus haut ny de plus grand, rien de plus fort ny de plus magnanime que Lucrece. Elle fut l'Exterminatrice des Roys insolens, & la Mere de la Republique, & pour mettre au Monde cette si illustre & si fameuse Fille, qui deuoit commander à tant de Nations, elle s'ouurit elle-mesme le sein, & se fit vne mort de grand bruit & de grande force. En cela elle fut plus glorieuse, & plus digne de reputation que la Mere du premier Cesar, à qui l'on fendit le ventre, pour faire passage à l'Vsurpateur dont elle estoit grosse. L'Outrageux qui fit violence à son honneur, ne la des-honora point : l'Honneur tient à la Vertu, & la Vertu ne peut estre arrachée du cœur; il faut qu'elle en tombe d'elle-mesme. Ne pouuant de ses seules mains resister à la force armée, elle la repoussa de l'Esprit: & son Ame s'esleua autant qu'elle pût, pour n'estre point tachée de l'impureté qui soüilla son corps. Encore la voulut-elle lauer de son sang: & le zele de la pudeur fut si grand en elle, qu'elle punit sur soy-mesme l'impudicité qu'vn autre y auoit commise.

REFLEXION MORALE.

VOvs qui voyez mourir Lucrece en cette Peinture, gardez que son sang ne tombe sur vous & qu'il ne vous fasse rougir, si vous estes moins chaste Chrestienne, qu'elle n'a esté chaste Idolatre. Que si vous estes pure de ce costé-là, & auez la premiere Vertu de vostre Sexe : souuenez-vous qu'vne Femme pudique, n'est qu'vne Chrestienne commencée: & que ce ne vous est pas vne fort grāde loüange, d'estre sous la loy d'vn Dieu Vierge, & né d'vne Vierge, ce que tant d'autres ont esté sous des Dieux fornicateurs, & sous des Déesses adulteres. Mais si vostre honneur est humble & modeste; si vostre chasteté est douce, charitable & religieuse; si vous estes du nombre des Vierges industrieuses & prudentes; si vous attendez l'Espoux auec patience, & la lampe allumée à la main; si vous estes fortes de la force du Christianisme : toute l'ancienne Rome, soit celle de vostre Sexe, soit celle du nostre, a esté moins forte que vous n'estes : & non seulement vous ostez l'honneur à Lucrece, vous l'ostez aux Cornelies, aux Paulines & aux Arries, vous l'ostez à toutes les Vertus de la Republique & de l'Empire.

QVESTION MORALE.

Si la Chasteté est de l'honneur des Heroynes & des Grandes Dames.

I'Ay veu le Discours que le Tasse nous a laissé de la Vertu des Dames : & ie sçay bien la difference qu'il met, entre l'honneur des Femmes & l'honneur des Heroïnes. Mais ie voy bien aussi à quoy visoit ce discours du Tasse,

& n'ignore pas la maladie que la Princesse Eleonore d'Est luy auoit donnée. Asseurément s'il estoit pris à serment, en lieu d'où il ne pust estre ouy de la Princesse Eleonore, il démentiroit son Liure, & seroit pour la verité qui est receuë. Et si par preoccupation, ou par interest, il luy échappoit vn seul mot licentieux & de scandale ; sa Sophronie, sa Clorinthe, & sa Gildippe sortiroient de sa Hierusalem, pour se declarer contre luy ; & contraindroient les armes à la main, de retracter ce mot de scandale ; & de condamner son Herminie & son Armide. Mais soit qu'il ait esté l'Autheur de cette nouueauté de mauuais exemples ; soit qu'il l'eust apprise par tradition, & que les Philosophes de son Païs en ayent fait vn mystere, il est certain qu'elle ne doit pas préualoir à la Morale commune. Et les Dames seroient fort mal conseillées, de renoncer à la creance de leur Sexe, & se departir de la doctrine que la Nature elle-mesme leur a enseignée, pour suiure l'opinion d'vn Innouateur interessé, d'vn Poëte amoureux & pretendant, qui a voulu accommoder la Philosophie à sa passion, & faire profit de la nouueauté de ses dogmes.

Il faut donc qu'elles se tiennent à la Morale, que toutes les Nations & tous les Siecles ont receuës : & qu'elles croyent generalement & sans exception, que la Pudicité est vne partie essentielle à l'honneur de toutes celles de leur Sexe. Pourquoy les Heroïnes en seroient-elles dispensées ? Pourquoy l'impureté seroit-elle permise à celles qui naissent dans les Palais

& sous les Couronnes ? Est-ce qu'elles sont d'vn troisiesme Sexe, ou d'vne autre espece ? Est-ce que la laideur & les deffauts changent de nature sous le drap d'or ? Est-ce que les grandes Fortunes sont si efficaces & si lumineuses, qu'elles purifient le vice; & donnent de l'eclat & de la grace au Peché ? Cela certes seroit bien estrange, si des ordures & de l'infection des Maisons bourgeoises, il se faisoit de l'or & des parfums dans les Hostels : si des haillons qui des-honoreroient vne Marchande, pouuoient parer vne Princesse : si les souillures des mains & des pieds, estoient le fard & les ornemens de la teste : si les taches estoient messeantes à vne petite Estoille, & ne l'estoient pas à vn grand Astre. Et ce seroit bien retomber en l'erreur des anciens Idolatres, qui chantoient des Hymnes aux adulteres de leurs Dieux, & chastioient ceux de leurs valets : qui adoroient en public des Deesses débauchées & licencieuses, & preschoient au logis la pudicité à leurs Femmes & à leurs Filles.

J'ajouste à cela, que de droit naturel & par l'ordre estably dans le Monde, la Grandeur & la Noblesse ont vne obligation particuliere à la pureté. Les plus nobles Esprits & les intelligences les plus releuées, sont pour ainsi dire, les plus Vierges & les plus nettes des souilleures de la Matiere. Les Astres qui sont les Grands & les Nobles du Monde corporel, ont l'auantage de la pureté, comme ils ont celuy de la grandeur & de la noblesse. Et non seulement le Feu qui est l'Element superieur, est plus pur que les autres; il est encore plus purifiant

& ennemy plus declaré de tout ce qui soüille. Par la mesme raison, l'Or & l'Argent, qui sont les Metaux souuerains, sont estimez par la pureté : & la mesme pureté donne le prix aux Perles & aux Pierreries, qui sont, comme dit vn galant Homme, la Majesté de la Nature abregée. Le reglement obserué auec vn si bel ordre, & vne si iuste disposition des choses, est aux Princesses & aux grandes Dames, vne loy de pureté qu'elles ont trouuée en naissant. Il ne peut non plus leur estre permis de s'en dispenser par la Morale du Tasse ; qu'il peut estre permis par la Philosophie des Chimiques, ou à l'Or d'estre meslé de cuiure, ou aux Diamans d'auoir des pailles.

Dauantage, si la Pudicité est vn ornement naturel, & vne parure aisée & sans appareil, qui est propre du second Sexe : ie ne voy pas pourquoy elle sera moins de la condition des Heroïnes, que ces ornemens de la fantaisie, & ces parures de si grands frais & si embarassantes, dont elles sont si curieuses. Il seroit bien estrange, qu'elles ne pussent honnestement & auec bien-seance, estre habillées de bure : & qu'honnestement & auec bien-seance, elles pussent n'estre pas pudiques : que la Nature eust fait pour elles la blancheur des perles, & le feu des Diamans : & qu'elle eust fait pour les autres, la blancheur de la chasteté, & le feu de la pudeur. Et asseurément elle ne leur donne pas tant de beautez, ny ne leur imprime de si viues lumieres, que nous leur en voyons ordinairement, afin que ces beautez deuiennent profanes, afin que ces lumieres soient souillées : & que par leur profanation & par leurs souillures elles scandalisent ceux qui les voyent. Elle a trop de jalousie pour de si excellentes choses : & le choix exact & respectueux auec lequel elle les a rangées, le soin qu'elle a eu de les reseruer pour les plus pures Parties du Monde, sont des marques assez visibles de ce qu'elle attend des grandes Dames, à qui elle a de coustume d'en estre si liberale.

Que si la Pudicité est vn ornement naturel de leur condition aussi bien que de leur Sexe ; on ne peut nier que le Vice contraire, ne soit par la mesme raison, vne tache à l'vn & à l'autre : voire vne tache d'autant plus vilaine, que le sujet où elle tombe, est de plus haute naissance, & plus releué par la Fortune. Et en cela, n'en deplaise aux Muses qui le respectent, & à la Poësie qui l'honore, leur Tasse me semble ridicule, de permettre aux Dames illustres, ce qu'il ne permet pas aux Dames qui sont du commun. Il auroit pû soustenir auec autãt de raison, que la galle est vilaine aux pieds, & qu'elle n'est pas vilaine au visage : que la bouë qui gaste la toile & la bure, donne du lustre à la soye & à la Poupre : & que les fautes qui feroient des-honneur à vne Figure de terre, n'en feroient point à la Figure d'yuoire. Estoit-il ou si possedé de son Amour, ou si troublé de sa mélancholie, qu'il eust oublié que les grands Sujets ne peuuent auoir de petites imperfections : & que les moindres manquemens désigurent les plus beaux ouurages ? N'auoit-il iamais remarqué, que tous les defauts de la Lune sont contez ? Qu'il ne luy arriue point d'éclipse, qui ne fasse parler toutes les Histoires? Que les taches & les défaillances du Soleil, quoy qu'elles ne soient qu'apparentes, & à nostre veuë, sont mal interpretées de tout le Monde? Et s'il, auoit remarqué tout cela, en quel sens, à quelle fin, & de quelle couleur, a-t'il pû écrire, que ces Personnes heroïques dont il parle, puissent perdre leur belle fleur, sans en estre des-honorées?

Il y a bien plus, & icy l Honnesteté publique se joint à l'honneur des particuliers, contre cette nouuelle Morale du Tasse. Non seulement l'impureté est plus sale, & de plus mauuaise odeur en ces Personnes eminentes: elle y est encore plus contagieuse & de plus dangereuse consequence. Le mauuais exemple est vn mauuais air, qui est tousiours à craindre: de quelque part qu'il vienne, & quelque vent qui le pousse. Mais il a vn venin plus subtil & vne malignité plus penetrante, quand il sort des grandes Maisons: quand il est soufflé d'vne bouche d'authorité: quand il est porté dans des habits d'or & de soye. Et si auiourd'huy les Princesses, & celles qui approchent de leur rang, s'estoient declarées pour la mauuaise doctrine du Tasse: dés demain toutes les autres croiroient, qu'il seroit de leur honneur d'estre galantes: & la licence des Dames seroit mise en mode, aussi bien que leurs habillemens & leurs coiffures.

Il ne sert de rien d'opposer à cela l'exemple de Semiramis, de Cleopatre, & de quelques autres Princesses, qui ont esté courageuses, magnifiques, sçauantes, habiles, & n'ont pas
esté

esté fort chastes. I'ay déja dit, que cette tache estoit d'autant plus vilaine, qu'elle estoit sur vne matiere plus precieuse & trauaillée auec plus d'art. Et si la probité de Caton Censeur & yurongne, n'a pû iustifier l'yurongnerie: ie ne voy pas pourquoy l'impudicité des Dames sera iustifiée par la valeur de Semiramis conquerante & impudique: ou par la generosité de Cleopatre, habile & licencieuse, magnanime & débauchée. Il est certes grand dommage, que tant de Vertus ayent esté si mal logées, & en si mauuaise compagnie. Et puisque le Sainct Esprit a comparé les Belles qui ne sont pas sages, à des truyes parées de boucles d'or: puis qu'vn Philosophe a dit, que les Beaux ignorants estoient des vases d'albastre pleins de vinaigre: nous pouuons bien dire par la mesme raison, que ces Magnanimes débauchées & ces Sçauantes licencieuses, estoient des Vaisseaux bien équipez & chargez de boüe, des Palais magnifiques & infectez d'ordures & de mauuais air, des Monuments de grands frais & remplis de pourriture. Et partant il faut conclure, que la Pudicité est vne Vertu necessaire aux Heroines: & que les grandes Dames ont encore plus d'interest à la conseruer, que celles qui leur sont inferieures en naissance & en fortune. Le discours par lequel le Tasse a voulu prouuer le contraire, est scandaleux; & si i'en estois crû, il seroit condamné par censure expresse de toutes les Dames: & son Autheur seroit banny de tous les Cabinets & de toutes les Ruelles: comme le Poëtes ses predecesseurs le furent autrefois de la Republique de Platon.

V

EXEMPLE.

GONDEBERGE DE FRANCE
Reyne de Lombardie.

IL n'y a pas seulement de bonnes raisons à dire contre la mauuaise doctrine du Tasse. Il y a de pleins volumes d'exemples à luy opposer: & pour deux ou trois licencieuses, qui ont des-honoré la Noblesse, & décrié les Graces: l'Histoire pourroit enuoyer par troupes, des Heroïnes qui ont esté chastes & magnanimes, qui ont eu en pareil degré le courage & la modestie; & ont conserué la teinture de la pudeur, dans l'éclat d'vne Fortune souueraine.

Ie laisse les Fabuleuses, & toutes celles, qui sont de la creation des Poëtes, & de la nourriture des Faiseurs de Romans. Ie laisse mesme les veritables qui viennent de trop loin, & qui sont de l'Histoire estrangere: & me contente de produire vne Françoise, qui a esté plus chaste & plus forte que Lucrece: & qui ne défendra pas moins courageusement l'honneur des Dames: quoy que ie ne la produise pas l'épée à la main: & qu'elle ne vienne pas preparée à faire vn meurtre.

Gondeberge Princesse du Sang de France, & proche parente du Roy Dagobert, nâquit auec toutes les Graces, & tous les auantages qu'elle pouuoit receuoir de la Nature. Sa noblesse estoit d'vne Race, qui a cela des Grenadiers, qu'elle ne porte aucune teste qui ne soit couronnée, & pleine d'esprits heroïques. Sa beauté estoit de ces Souuerains de droit naturel, qui regnent sans Places fortes & sans armées. Son Esprit & son courage eussent pû faire vn Conquerant, s'ils eussent esté dans vn autre Sexe. C'estoit pourtant vn courage sans fierté : c'estoit vn esprit temperé de douceur & de force : & quant à sa Vertu, elle estoit si pure & de si bonne odeur, qu'elle penetroit toutes ses actions ; & ne laissoit aucun endroit en sa vie, sur lequel la Médisance pût mentir auec couleur.

Estant auantagée de cette dot naturelle, qui valoit bien toutes les Couronnes, que la Fortune luy eust pû donner ; elle fut mariée auec Ariolde Roy de Lombardie. Les premieres années de son Mariage furent heureuses & sans trouble : soit par sa conduite qui estoit agreable & adroite : soit par la force de sa Vertu, qui agissoit auec succez sur le cœur d'Ariolde ; & le disposoit doucement à contribuer son estime & ses complaisances à cette felicité domestique. Neantmoins comme il y a des serpens qui sont naturellement ennemis des plus belles fleurs : & comme les chiens ne jappent contre la Lune, que quand elle est parfaite, & qu'elle a toute sa lumiere : il y a de mesme des Demons jaloux, qui en veulent particulierement aux Vertus agreables & illustres : & ce fut vn de ces Demons qui empoisonna l'Esprit d'Ariolde, & changea la felicité de Gondeberge.

Elle auoit à son seruice vn jeune Seigneur Lombard, nommé Adalulfe, qui estoit Homme de bonne mine & de grand courage ; & qui outre les Vertus de montre, auoit encore celles qui sont d'vsage, & qui seruent à la Campagne. Mais comme la pluspart des Vertus de Cour, ne sont à bien dire que des Ioüeuses & des Fardées, comme des Pauures qui font les Reynes, & des Laides qui ont de beaux masques: cette bonne mine & ce grand courage d'Adalulfe, couuroient vne dangereuse enfleure: & il y auoit vne extréme presomption sous cette Brauoure. Neantmoins soit que ces défauts fussent couuerts d'vn plastre si fin, & appliqué si artificieusement, qu'il n'en parust rien aux yeux de la Reyne: soit qu'elle y soupçonnast plus de jeunesse, que de malice formée: ou qu'elle crust de bonne foy, que les Vertus ne perdent point leur grace en la compagnie des Vices, elle ne laissoit pas de l'estimer particulierement, & d'auoir pour luy des bontez, & des complaisances, qu'elle n'auoit pour personne.

Ces bontez estoient veritablement innocentes & toutes pures: & il n'y auoit rien que de bien-seant & de modeste en ses complaisances. Mais la discretion y manquoit, & Gondeberge ne deuoit pas tant se fier à son innocence, & à la pureté de ses intentions, qu'elle ne se souuinst, qu'il n'y en a point de si pure qui ne puisse estre interpretée impurement: & que l'esprit mesme des Roses, tout innocent qu'il est, sert bien de matiere au venin des araignées. D'ailleurs il y a des Hommes si vains, & si persuadez de leur merite, qu'ils ne peuuent croire, qu'vne Femme quelque preseruatif qu'elle porte, & de quelque vertu qu'elle soit munie, les puisse voir, à moins que de perdre sa liberté à la premiere veuë, & sa raison à la seconde. Et l'extrauagance de quelques-vns va iusques-là, qu'ils se persuadent auec cét Honneste Homme de la Comedie, que la Canicule & le vent de Midy qui font les fièvres, sont des choses moins dangereuses aux Femmes, que leur presence.

Adalulfe estoit de ces Honnestes gens là, il crut aisément que l'estime que luy témoignoit Gondeberge, estoit vne estime de passion. Il prit ses ciuilitez & ses bien-faits, pour des recherches colorées; & pour les auances d'vne Pudicité vaincuë, qui vouloit estre sommée, afin de se rendre auec ceremonie, & selon les formes de la guerre. Ioignant la temerité à cette vision, il eust l'effronterie de luy parler d'amour, & de violer la Majesté, par l'impureté de sa bouche; & par les blasphemes d'vne sollicitation sacrilege. Gondeberge qui estoit de ces pudiques genereuses, qu'on ne touche point impunément; & qui ont les épines de Roses, comme elles en ont les graces & la pudeur, apres auoir esté quelque temps sans luy repliquer, ou parce qu'elle craignoit de prostituer sa voix & son esprit, aux oreilles de cét infame; ou parce qu'elle deliberoit du supplice de sa temerité; se leua soudainement, & pour toute response, luy cracha au visage en se retirant.

I'attends bien que les Esprits doux n'approuueront pas cette promptitude; & qu'ils allegueront contre-elle, l'adresse & la moderation de la sage & vertueuse Infante, qui punit d'vn éloignement vtile & honorable, cét Espagnol visionnaire qui luy auoit témoigné de l'amour. Mais certes l'audace du Lombard, qui violoit la saincteté de la Couronne, & qui approchoit du sacrilege, estoit bien vne autre folie, que la passion de l'Espagnol, qui tenoit plus à sa teste qu'à son cœur; qui estoit respectueuse & modeste : & qui n'allant qu'à des reuerences & à des grimaces, pouuoient estre satisfaits auec du vent, & de la fumée. N'en déplaise aux Stoïques & à leurs Paradoxes, tous les Foux ne sont pas de mesme taille, ny ne veulent estre traitez également. Et si la douceur fut employée bien à propos, par la Princesse d'Espagne, enuers vn Melancholique innocent, qui ne parloit de sa folie qu'à des fenestres, & ne s'expliquoit qu'en serenades & auec la guitare : la seuerité ne fut pas moins de saison, que la Françoise exerça sur vn furieux, à qui il falloit des chaisnes.

Quoy qu'il en soit, Adalulfe également confus & irrité, de l'affront qu'il croyoit luy auoir esté fait par Gondeberge, se retira auec la honte sur le visage, & le venin dans le cœur. Aussi ne tarda-t'il gueres à le vomir : & ce qu'il en vomit troubla toute la Lombardie, & répandit sa mauuaise odeur iusques en France. Il se representa qu'aux affaires de cette nature, il ne falloit point estre méchant timidement & à demy ; que les crimes hardis & consommez estoient les plus heureux : & que le Roy ne pouuant manquer d'estre aduerty, de ce qui s'estoit passé, il falloit gagner le deuant; & détourner l'orage sur la teste de Gondeberge.

DES FEMMES FORTES.

Fortifié de cette resolution, & de l'audace qui luy estoit naturelle, il se presenta au Roy auec vn visage imposteur, & vne mine instruite à mentir. Il commence par vne fausse dou-" leur & de faux regrets : il se plaint de la du-" reté d'vn nouueau deuoir, qui change les de-" uoirs de sa condition, & fait violence à son" honneur. Il appelle cruelle & mal-heureuse," la necessité qui le contraint de se rendre" Delateur, contre vne Personne qui luy est" sacree, & pour laquelle il voudroit auoir ex-" posé mille vies. Et apres vn long embarras" de paroles confuses auec dessein & par artifi-" ce ; il tombe à dire, qu'il a découuert vne" estrange pratique, entre la Reyne & Tason" Gouuerneur de la Toscane, que la fin de cette" pratique est d'empoisonner le Roy, & d'éle-" uer Tason à son Lit & à son Thrône : qu'il" ne reste plus qu'à choisir vne conjoncture" commode à l'execution : & que s'il n'oppose" vne prudence efficace & courageuse, à vn" mal si pressant, & qui luy pend déja sur la" teste, il est à craindre que les remises & sa" circonspection ne luy soient funestes : & qu'vn" moment mal ménagé, n'attire auec sa mort," la ruïne generale de l'Estat. "

Ariolde effrayé d'vne si estrange relation, & d'vn peril si peu attendu, demeura quelque temps interdit : & son Esprit embarassé d'vne confusion de pensées vagues & balancées entre la creance & le doute, ne sçauoit à quoy se resoudre. Ses pensées enfin s'estant arrestées sur le temoignage d'Adalulfe, la contestation fut grande en son cœur, entre le Mary &

le Roy, entre l'Amour & la Crainte : & ces Parties luy estant si proches, & si contraires entre-elles, il ne se presentoit à son Esprit, ny expedient par lequel il pust les mettre d'accord ; ny raison valable, sur laquelle il pust de droit, opiner pour les vnes contre les autres. Enfin il se rendit à la crainte, & se declara pour le Roy, de la conseruation duquel dépendoit le Mary : & persuadé qu'aux dangers de cette nature, la défiance fait le salut, & les credules sont les sages, sans remettre l'affaire au lendemain, dés le mesme iour il s'asseura de la Reyne : & la fit conduire à la Forteresse d'Amello, où durant trois ans, elle n'eut de commerce auec personne; & la lumiere mesme n'alloit à elle que par interualle & en cachette.

La sage Princesse acquiesça sans se plaindre, à la volonté du Roy son Mary : & souffrit cette mort ciuile, auec vne constance qui fit bien voir, qu'il y auoit en elle, quelque chose de plus noble que son Sang, & de plus souueraine que sa Couronne : Cette épreuue quoy que rude & penible, ne luy fut point inutile : elle luy donna l'acheuement & la derniere pureté de la Vertu : & quand Dieu luy vit cette pureté derniere, & cét acheuement qui fait les grands Exemples & les Modeles Heroïques, il luy fit venir vn Liberateur de deça les Alpes, qui la tira de prison, & la remit auec honneur sur le Thrône.

Dagobert auerty du traitement injuste contre les formes, que le Roy de Lombardie auoit fait à sa Parente luy enuoye vne Ambassade pour luy en faire plainte : & demander la iustification

fication de la Prisonniere. Ancelot à qui la commission est donnée, s'en acquite courageusement; & auec des paroles d'authorité, qui tenoient plus du commandement que de la remonstrance. Il luy representa, que le Sang de " France auoit esté pur & en veneration iusques " alors, qu'on n'auoit point encore appris, qu'il " s'en fust soüillé vne seule goutte : que le Roy " son Maistre ne pouuoit se persuader, qu'il eust " commencé par sa Parente, à perdre son lustre " & se corrompre : qu'il estoit de son honneur " & de son deuoir de la iustifier : qu'à cét effet " il enuoyoit vn Champion pour combattre le " Delateur : & que si Ariolde refusoit d'accor- " der le combat à la Iustice & à la Coustume; " il viendroit luy-mesme absoudre sa Niepce " auec cent mille hommes, & allumeroit vn si " grand feu à la porte de sa prison, que toute la " Lombardie en sentiroit la fumée. "

Ariolde ayant accordé le combat; pour la decision de cette affaire; Aribert cousin de la Reyne ietta le gage : & le gage fut leué par Adalulfe, qui trouua plus seur, de fier sa vie & son honneur à la fortune des armes, qui luy pouuoit estre fauorable, que d'abandonner l'vn & l'autre à vne perte certaine, par vne declaration auancée. Adalulfe estoit veritablement adroit & vaillant; mais il n'y a point d'adresse contre la Prouidence de Dieu; il n'y a point de vaillance qui ne plie sous sa Iustice. Il fut vaincu & puny de mort; apres auoir fait vne confession publique de son imposture. Et Gondeberge fut rétablie auec vn applaudissement general de toute la Lombardie, qui auoit pleuré son infortune: & luy auoit touſiours conſervé son inclination & ſon ſuffrage.

Non ſeulement cette Hiſtoire parle pour la Pudicité des Heroïnes, & la defend contre la Morale ſcandaleuſe du Taſſe: on en peut tirer d'autres lumieres, qui ne ſont pas moins inſtructives, ny de moindre vſage, pour la conduite des Dames. Premierement cette ſi pure affection de Gondeberge enuers Adalulfe, doit apprendre aux Critiques malicieux, qu'aſſez ſouuent ce qu'ils trouuent de mauuaiſe odeur dans les choſes, eſt de la mauuaiſe diſpoſition de leur ceruau: qu'ils prennent quelquesfois des Eſtoilles pour des Cometes: & qu'ils ſoupçonnent de l'impureté & de la corruption, en des amitiez où il n'y a qu'vn pur Eſprit, qu'vne lumiere toute pure, & vn feu detaché de la matiere.

Mais il ne ſuffit pas que les amitiez ſoient pures & innocentes: il faut encore qu'elles ſoient conſiderées & retenuës, & qu'elles ſe gardent de faire des auances indiſcretes. Il ſe trouue par tout des Adalulfes temeraires & preſomptueux, qui ont touſiours de l'amorce preparée, à faire du feu des moindres etincelles d'affection qu'on leur découure. Et l'importance eſt, qu'ils ne ſe peuuent contenter d'vne temerité ſecrete, & d'vne preſomption interieure. Ils ſe font des confidences de leurs conqueſtes imaginaires: ils ſongent des faueurs & des fortunes, & les publient apres les auoir ſongées. Ils contrefont des aſſignations & ſuppoſent des lettres; & ces aſſignations contrefaites ſont ſuiuies de veritables querelles: ces lettres ſup-

posées mettent le feu dans les familles : &
noirciſſent les plus beaux noms & les plus innocentes vies. Celles-là-certes doiuent eſtre bien incorrigibles, qui ne peuuent eſtre couuertes par tant d'exemples : & quoy que l'Eſcriture ne veüille pas qu'on plaigne vn enchanteur, qui ſe laiſſe mordre des ſerpens qu'il a charmez ; encore eſt-il plus à plaindre, qu'vne Femme qui ſe fie à vne foy ſi trompeuſe que celle des Hommes ; & hazarde ſa reputation ſur des ſermens qui ont fait tant de parjures.

Enfin les Chreſtiens mécreans, & les Epicuriens baptiſez, apprendront par la double reuolution de cette Tragedie ; qu'encore que la Verité & la Iuſtice, n'interuiennent pas viſiblement à tous les Actes, qui ſe jouent ſur le Theatre de ce Monde ; ce n'eſt pas à dire pourtant qu'elles dorment derriere la Scene, ny qu'elles y demeurent oyſiues. Elles y ſouffrent bien pour quelque temps la confuſion & le deſordre : mais ce n'eſt pas vne confuſion perpetuelle, ny vn deſordre ſans art : & cet art ne peut pareſtre qu'à la concluſion, où elles reſeruent à deſſein, la deliurance de l'Innocence & la punition de la Calomnie.

CLELIE. *Titus Livius. lib.*

CLELIE.

AYez l'œil & la main à vos cheuaux, genereuses Fugitiues: la Riuiere est rapide & dangereuse où vous passez: & quoy qu'elle soit de vostre party, & Romaine comme vous, il est à craindre qu'elle n'approuue pas vostre fuite: & qu'elle vous emporte à la Mer, au lieu de vous rendre à Rome. Mais ie pourrois crier à pleine teste, & de toute ma force, que ie ne serois pas entendu. Il est impossible que ma voix aille iusques à elles, parmy les bruits confus, de tout vn Camp, qui se prepare pour les suiure. Le tumulte comme vous voyez, en est grand sur le riuage, l'Armee est presque toute sortie de ses tentes: vous diriez que le signal vient d'estre donné, pour vne bataille, ou pour vn assaut general: & cette sortie si tumultuaire, & faite auec tant de bruit, ne va qu'à reprendre neuf ou dix Filles, qui s'en sont fuyes.

Ne croyez pas que cét accident, soit vne illusion du Demon qui fait les terreurs Paniques: encore moins le faut-il prendre pour vn ieu de la Fortune, de cette Ioüeuse insolente & bizare, qui en donne si souuent aux plus grands Roys, & aux plus grandes Armées. C'est vn mystere du Genie de Rome; c'est vn heureux presage de son Empire à venir, & vne asseurance certaine des Victoires qui luy sont destinées. Car il faut vous apprendre où vous estes & vous rendre conte du spectacle qui vous estonne.

X iij

Ce Fleuue est le Tybre Nourricier de Rome. Il n'est pas encore adoré des Riuieres & reconnu de toutes les Mers. Il n'est pas encore couronné d'Arcs de Triomphe, d'Obelisques & d'Amphitheatres, comme il sera vn iour: Et il ne paroist sur ses bords, que des tours commencees & des murailles imparfaites, qui sont comme les langues de la Republique encore petite. Cependant il roule grauement & auec pompe : Et comme s'il sentoit déja sa grandeur future, vous diriez qu'il s'accoustume de bonne heure à la dignité Romaine, & à la Majesté de l'Empire.

Quant à ces Filles qui le trauersent si hardiment & auec tant de peril, elles sont des premieres Maisons de Rome, & compagnes de Clelie. Le Senat les auoit liurées pour Ostages du Traité fait auec Porsene, qui tenoit encor hier la Ville assiegée, & vouloit y retablir les Tarquins. Mais estant persuadees par Clelie, que leur detention estoit vne prison adoucie par des termes specieux, & par des formes incônnuës à leur Sexe & à leur âge, & que d'ailleurs il n'estoit pas de leur honneur ny de la dignité mesme de la Republique, que la plus belle partie de Rome fust menée captiue en Toscane : elles se sont sauuées du Camp par complot : & les voila qui passent le Tybre, auec vne hardiesse qui acheuera la liberté de leur Patrie & sera recompensée d'Eloges & de Statuës.

Le bruit en est grand, & l'étonnement general en tout le Camp de Porsene : il est venu luy-mesme sur le riuage pour estre spectateur

DES FEMMES FORTES.

de sa seconde défaite & du desordre de son Armée, vaincuë par des Filles, voire des Filles fugitiues. La perte d'vne bataille l'auroit moins affoibly, que cette hardiesse qui attaque sa reputation, & qui le défait sans effusion de sang. L'attentat de Mucius, qui entreprit dernierement de le tuer au milieu de son Camp, luy auoit apparemment laissé plus de cœur, & plus d'esperance de vaincre la Fortune de Rome, & d'humilier l'orgueil des Romains.

Il ressent bien cette auanture, où il void ses desseins ruinez & sa reputation abbatuë. Mais il la ressent genereusement & en Roy : Ce n'est pas vn étonnement barbare & de stupidité que le sien. Il n'est pas de ces inimies qui ne peuuent estimer que les Vertus qui sont à leurs gages, & qui portent leurs liurées. Il regarde auec respect les presages de la Monarchie naissante : Et quoy qu'il ait pris vne colere superficielle & de montre, pour satisfaire ses Gens irritez ; & donner quelque chose à la foy du Traité qui est violée : neantmoins interieurement & dans son cœur, il applaudit à cette hardiesse, & soûmit la Fortune Toscane à la Romaine. Tantost il fera plus grand bruit: & enuoyera des Deputez au Senat faire plainte de la mauuaise foy des Fugitiues, & demander qu'elles luy soient restituées. Mais il ne gardera sa colere que iusques à leur retour, & changeant de personnage, aussi-tost qu'il les aura en son pouuoir, il changera ses plaintes en loüanges : il fera luy-mesme l'Eloge de Clelie, & couronnera serieusement &

d'vne recompense solide, la Vertu qu'il menace de la mine.

Les Soldats qui sont sortis en desordre de leurs tentes, n'ont pas tant de deference pour cette Vertu, ny ne la regardent d'vne veuë si respectueuse & si tranquille. L'alteration est extreme en leurs Esprits : & leur colere indiscrete & tumultuaire, fait bien voire que dans les Armées, le bon sens n'est pas commun, & la Raison est ordinairement toute à la Teste. En voila sur cette butte, qui sont aussi immobiles, que si cette auanture leur estoit vn charme. Vous les prendriez pour des Statuës armées, ou pour des Gens qui dorment debout & les yeux ouuerts. Aussi n'ont-ils qu'vne veuë incertaine & confuse : & le moins interdit d'entr'eux, ne sçauroit dire s'il voit ce qui se fait, ou s'il le songe. En voila d'autres qui s'élancent & remuent les bras, comme si leurs bras estoient des aisles, & qu'ils dussent vôler apres ces Filles. Mais quoy qu'on ait dit d'Icare, ils ne s'éleueront pas de terre auec les bras : & tout leur vol se faisant en leur Esprit, il n'y aura que leurs injures & leurs imprecations, qui passeront la Riuiere.

Les flèches de ces Archers sont bien plus à craindre pour Clelie & pour ses Compagnes : elles ont des dents de fer, & de veritables aisles : elles peuuent voler plus loin, & blesser plus dangereusement que les injures & les imprecations des autres. Voyez l'empressement de ceux-là à bander leurs arcs, & la force de ceux-cy à décocher. Crions-leur qu'ils epargnent des Beautez innocentes & déclarmées ; qu'ils ne violent point vn Sexe, pour qui la Guerre & la Barbarie mesme ont du respect ; qu'ils pardonnent au moins aux Graces de Rome : s'ils ne veulent honorer ses Vertus & se sousmettre à sa Fortune. Mais non, laissons les faire, leurs flesches seront plus humaines & plus discrettes qu'ils ne sont : elles reconnoistront mieux les droits du Sexe, & les communes deferences qui luy sont deuës. Le bruit qu'elles font en l'air, est comme vne plainte de la violence qui leur a esté faite : vous ne les prendriez pas pour des Courieres enuoyées apres ces Fugitiues ; vous les prendriez pour d'autres Fugitiues, qui se sauuent apres les premieres. Les vnes tombent aux pieds de Clelie : les autres s'abbatent deuant ses Compagnes & toutes se plongeant dans la Riuiere, les asseurent par leur cheutte, qu'elles ne sont pas venuës pour leur nuire.

Cependant les courageuses Filles gagnent l'autre riue, où la Gloire & le Genie de la Republique les attendent. Clelie qui a esté leur instigatrice, & qui est encore leur guide, s'auance la premiere, sur vn cheual genereux de son naturel ; & apparemment superbe de la beauté & de la noblesse de sa charge. Cét autre Animal si celebre, sur lequel Europe trauersa la Mer de Crete, estoit moins orgueilleux, & nageoit moins brauement & auec moins de pompe. Voyez comme il manie ses pieds en cadence & auec mesure, & comme sa teste hautaine saluë de loin les tours de Rome. Il meriteroit certes d'estre consacré, aussi bien que la Louue Nourrice des Fondateurs de la Ville. Et le Senat luy decernera pour le moins vne Statuë, & le fera mettre en marbre. Celle qui le gouuerne, s'effraye aussi peu des traits, que des cris & des injures qui la suiuent. La fierté est belle, & la hardiesse agreable sur son visage : il y a ie ne sçay quoy de noble & de majestueux, qui ressemble à la Souueraineté : & si elle estoit armée on croiroit que c'est la Victoire elle-mesme, qui abandonne les Toscans, & se va rendre aux Romains. Ses Compagnes la suiuent auec vne gayeté resoluë & hardie : les moins fortes sont montées deux à deux sur trois cheuaux : les autres se tiennent à leurs queuës, & nagent du mieux qu'elles peuuent. Elles ont toutes vne égale asseurance, & le feu qui sort de leurs yeux, & qui aiouste ie ne sçay quoy de brillant, à la fierté de leur mine, monstre bien qu'elles sont Romaines toutes pures; & que leur Cœur est tout plein du sang & de l'Esprit de la Republique. Les vagues applanies sous elles, les portent respectueusement & auec complaisance : Il semble qu'il est suruenu quelque Genie souuerain & d'authorité, qui les tient sujettes : & s'il en paroist quelques-vnes qui s'éleuent au dessus des autres, elles s'éleuent si modestement, qu'il y auroit lieu de croire, que ce n'est que pour applaudir à cette auanture, & pour en témoigner de la joye.

Le Dieu du Fleuue est sorty luy-mesme pour en estre Spectateur : & pour iouyr des esperances de Rome, & du prognostique de ses victoires. Le voila couronné de branches de corail, & enuironné de roseaux, qui temoigne son étonnement par son action : il luy coule des larmes de ioye, qui se meslent à l'eau qui tombe de ses cheueux & de sa barbe. Horace dernierement fut receu de luy auec moins d'allegresse, quand il se ietta entre ses bras, apres la cheute du pont qu'il auoit defendu si brauement & auec tant de courage. Et ses mains leuees au Ciel, semblent remercier les Dieux, de ce qu'ils l'ont allié à vne Republique, où les Filles mesme triomphent des Roys, & sçauent vaincre des Armées sans combattre.

SONNET.

CLELIE est échappée, elle est prés du riuage,
La Fortune de Rome auec elle s'enfuit ;
Et deuant tout vn Camp qui de traicts la poursuit,
Son Cœur pour le brauer monte sur son visage.

Du bord de son canal le Tybre l'encourage;
Sous elle à pas pris l'onde coule sans bruit ;
Et comme vn Ciel paré des flambeaux de la nuict,
Brille de ces Beautez qui se sauuent à nage.

Ne craignez point la mort Fugitiues Beautez:
Deuant vous de respect ces traicts sont arrestez ;
Et ces eaux de vos feux vont estre consumées.

Sans tout ce charme encor ne pourriez-vous perir :

Du pinceau de Vignon vous estes animées;
Et tout ce qu'il n'anime est exempt de mourir.

ELOGE DE CLELIE.

LA Republique ne faisoit que de naistre, qu'elle fut attaquée dans son berceau par les Tarquins, & assiegée par leurs Alliez. Mucius jeune Romain desireux de la deliurer, entra déguisé dans leur Camp, & entreprit sur la vie de Porsene. Le coup de la mort qu'il portoit, par vne méprise heureuse pour le Roy, estant tombé sur son Secretaire; le Romain dépité punit sa main de la faute de ses yeux: & à la veuë de Porsene & de ses Gens, la brûla au feu d'vn Autel, qui estoit là preparé pour vn sacrifice. Par là il leur donna vn second étonnement, plus grand que n'auoit esté le premier: & les effraya plus de son supplice, qu'il n'auoit fait de sa hardiesse. Porsene desesperé de prendre vne Ville, d'où il pouuoit sortir autant de Gladiateurs armez contre luy, qu'il y auoit de jeunes Hommes: à qui la main brûlée de Mucius, pourroit échauffer le sang & le courage; enuoya des propositions de paix au Senat qui les accepta: & luy offrit pour ostages de la foy publique, les Enfans des premieres Familles de Rome. Le Traité fut conclu & les Ostages acceptez: Porsene retira son Armée d'autour de la Ville; & s'estant campé le long du Tybre, donna lieu à l'Auanture qui est representée en ce Tableau.

Les Ostages suiuoient le Camp, chacun d'eux estoit gardé religieusement, & comme vn article de la Paix. Clelie estoit particulierement considerée, & pour sa naissance, & pour sa bonne grace & pour son courage qui paroissoit en sa mine. Cette Fille qui ne sçauoit pas faire difference entre vn Ostage & vne captiue, & qui n'auoit encor appris qu'à estre libre & pudique, ne tenant pas sa pudeur bien asseurée, dans vn Camp allié du Violateur de Lucrece : prescha l'honneur & la liberté à ses Compagnes : & s'offrit de les mener courageusement à l'vn & à l'autre. Persuadées par l'eloquence & par l'authorité de sa mine, par la force & par le courage de ses paroles : elles sortirent auec elles : & s'estant toutes iettées dans le Tybre, le trauerserent sous vn nuage de traits & de flesches qui les suiuirent. Arriuant à Rome aussi eschauffées de l'action qu'elles auoient faite, que trempées de l'eau qu'elles venoient de passer : il y eut presse à leur applaudir, & à les charger de benedictions & de couronnes. Dés le lendemain les Toscans enuoyerent les redemander auec menaces : & le Senat les rendit de bonne foy & auec excuses.

A leur retour dans le Camp, Porsene les loüa deuant toute son Armée, qu'il auoit rangée en bataille, pour les receuoir en ceremonie & auec pompe. Il auoüa que si Mucius l'auoit effrayé, Clelie l'auoit vaincu : & qu'vne fuite si hardie & si courageuse, estoit sa défaite, & la victoire de Rome. Cela fait, il la renuoya auec tout ce qu'elle voulut choisir d'Ostages : le Senat la receut en Triomphatrice : & pour laisser à la Posterité vne eternelle marque de sa Vertu, luy fit eriger vne Statuë E-questre, qui fut la premiere de ce nom & de cette forme, & l'Aisnée de tous les Consuls de bronze, & de tous les Dictateurs de marbre qui peuplerent la Ville depuis elle. Ainsi la Republique qui estoit née de la Vertu d'vne Femme, fut conseruée par la hardiesse d'vne Fille : & les Camilles, les Fabrices, les Catons, heriterent de Lucrece & de Clelie, le courage, la gloire, & la liberté.

REFLEXION MORALE.

CEtte genereuse Fille, qui aima mieux vne liberté honorable & perilleuse, qu'vne seureté sujette & captiue, est aux Femmes chastes, vne grande Maistresse d'honneur & de liberté Chrestienne. Elle leur enseigne fortement & en Romaine, le mesme que S. Ambroise enseigne en si beaux termes Latins. Elle leur dit que la Pudicité n'est point seruile, & qu'elle ne peut estre captiue : qu'elle ne peut souffrir de chaisnes, non pas mesme celles qui parent & qui embellissent : qu'elle est ennemie de toute sorte de prisons, voire des prisons éclatantes & magnifiques, voire de celles qui sont basties par le Luxe & pour le Plaisir. Cette libre & genereuse Pudicité n'a donc pas inuenté les colliers, les bracelets, & les autres enseignes de cette seruitude precieuse & de parade, que les Femmes se sont faites. Et quand elles luy sont imposées par vne Puissance superieure, & par la tyrannie de la Coustume, bien loin de s'en réjoüir, & d'en faire la belle

& la parée ; elle les porte à regret & auec peine : & gémit sous les chaisnes d'or & de perles, comme Ester gemissoit sous le joug de son Diadéme.

Mais si elle ne peut souffrir les attaches qui parent le corps, elle souffre encor moins celles qui tourmentent l'Esprit ; qui sont le joug & le supplice du Cœur ; qui lient les pensées & enchaisnent les desirs, qui font d'vne pauure Ame, vne captiue volontaire & obstinée. Aussi n'y a-t'il point de seruitude, qui luy soit plus contraire que celle du cœur. Il est bien difficile à vne Femme, d'estre tenuë par là & d'estre chaste : & quelque forte que soit vne Place ; elle est prise, quand elle donne des Ostages. Il est encor à obseruer en cette Histoire, que la generosité de Clelie, fit plus toute seule que toutes les testes du Senat, & tous les bras de l'Armée : & ce qui est bien estrange, vne Femme vertueuse & vne Fille hardie, furent les Fondatrices de la Republique, & les premieres causes de la liberté Romaine. Il ne se peut apporter vne plus celebre preuue de l'vtilité de la Vertu des Femmes. Mais cette matiere aura vne plus iuste étenduë en la Question suiuante.

QVESTION MORALE.

Si la Vertu des Femmes est d'aussi grande vtilité pour le public, que celle des Hommes.

CEtte question n'est pas de ces Problemes extrauagans, qui se font au hazard &

sans apparence de doute. De quelque costé qu'on la prenne, il y a de la vray-semblance & de la couleur; & la vertu de Clelie qui ne fut pas moins vtile, ny moins estimée à Rome, que celle d'Horace & celle de Sceuole, la iustifie au moins de temerité & d'extrauance. Mon intention pourtant n'est pas de la decider: il suffira que ie rapporte simplement, & de bonne foy, les pretentions & le droit des Parties. Les Lecteurs opineront comme il leur plaira sur mon rapport: s'il y a de l'iniustice en leurs opinions; cette iniustice ne sera ny vn meurtre ny vn larcin: & il ne leur restera apres cela, ny mort aucune à expier, ny aucune restitution à faire.

Commençons par la Vertu de nostre Sexe qui est l'Aisnée, & qui veut auoir le premier rang: & n'oublions rien qui puisse appuyer son droit, & faire valoir ses auantages. Premierement la Vertu des Hommes est vne Vertu de commandement & d'authorité, vne Vertu Intendante & Directrice: elle est de la partie qui gouuerne & qui conduit: & il est aussi de son deuoir, comme de son droit, de gouuerner & de conduire. Et par cette raison, comme dans le Corps humain, la teste est de plus grand vsage que le bras, & le discours sert plus que le mouuement: comme l'art du Pilote est plus necessaire & de plus grande vtilité dans vn Vaisseau, que n'est l'art des Matelots: comme la valeur du Chef, voire du Chef infirme & debile, est plus importante dans vne Armée, & contribue dauantage à la victoire, que celle du Soldat qui se porte bien:

ce qui a fait dire, que des Cerfs qui auroient vn Lyon pour Capitaine, pourroient vaincre des Lyons qui seroient conduits par vn Cerf: il semble aussi que dans la Republique, la Vertu des Hommes qui est de la Partie dominante, & qui a l'intendance & le gouvernement, est de plus grande vtilité que la Vertu de la Femme, qui est vne Vertu dépendante & subalterne, & qui n'a de droit naturel, que la docilité, la sujettion & l'obeïssance.

Secondement ce qui se dit du bien, se doit encor dire de la Vertu. Celle qui est la plus commune, & qui a des bornes moins resserrées; qui agit le plus vniversellement, & en plus d'endroits ; qui s'étend à plus de suiets, à plus d'vsages & à vn plus grand espace ; doit estre sans doute la plus vtile au Public : comme elle est de soy la plus parfaite, & la plus riche de son fonds & de ses biens naturels. Or la Vertu de l'Homme est repanduë par tout le Corps de la Republique : elle agit en toutes ses parties ; & donne à chacune la vie & le mouuement qui luy est propre. Toutes les fonctions ciuiles luy appartiennent, toutes les fonctions militaires entrent dans son deuoir : les Eglises & les Tribunaux, les Villes & la Campagne, la Cour & le Desert sont de son ressort : Et de ce costé là, par consequent, l'vtilité ne luy peut estre disputée par la Vertu de la Femme, qui est vne Vertu particuliere & de repos, vne Vertu renfermée & sedentaire, vne Vertu qui ne sort point dehors, sans se tacher, ou pour le moins sans rougir ; qui ne se peut étendre, qu'autant que le per-

Y

mettent les liens de la bien-seance qui l'attachent au logis.

Enfin la Vertu est de plus grāde vtilité, où elle est plus actiue: elle est plus actiue où elle est plus vigoureuse: & sans doute elle doit estre plus vigoureuse dans les suiets solides naturellement, & fortifiez par l'vsage, que dans les foibles & dans les lasches où elle est debile & mal tenduë. Elle est donc plus vigoureuse & plus actiue, & par consequent de plus grande vtilité dans l'Homme, qui est d'vne complexion plus forte & mieux liée que la Femme, & qui a plus de vigueur & plus de constance & plus de fermeté naturelle. Et cette raison adioustée aux deux precedentes, semble conclure pour nous, & donner gain de cause à la Vertu de nostre sexe.

Neantmoins la Vertu des Femmes a aussi son droit & ses pretensions: elle est fondée en raisons & en exemples: elle peut alleguer pour soy l'Experience & l'Histoire: & si nous l'en croyons, il ne luy manque pour gagner sa cause, que des Iuges neutres & des interessez, & vn Aduocat eloquent & de reputation. Quoy que ie n'aye iamais esté au Barreau, & que ie n'aye pas cette vaillance d'esprit & de parole, auec laquelle on donne des combats en Robbe longue : i'essayeray pourtant de dire quelque chose en sa faueur. Et si autrefois il y a eu des Ordres Militaires instituez pour la defendre auec les armes ; ie pense que sans estre deserteur, on peut bien encore auiourd'huy la defendre auec la plume.

Et afin de commencer pour répondre aux raisons de la Partie contraire : il est certain que le Bien public, est plustost l'ouurage de la Vertu qui commande & qui gouuerne, que de celle qui obeyt & qui est gouuernée. Mais il n'est pas certain, que cette Vertu de commandement & de gouuernante ne soit que de nostre costé : elle se trouue encore de l'autre; & n'y est pas estragere. Elle s'y acquitte des mesmes charges, & y fait toutes les fonctions qu'elle peut faire parmy nous : & quelquefois ces charges luy reüssissent là plus heureusement ; ces fonctions s'y font auec plus d'adresse & de meilleure grace. Certainemét si cette vertu auoit de l'oposition, ou naturelle ou morale auec l'autre Sexe, Artemise & Zenobie, Pulcherie & Amalasonte, ne seroient pas de moindres prodiges, que les Meduses & les Gorgones des Fables : & la merueille ne seroit pas moins rare, de voir vne femme regner, que de voir vne femme voler. Cela pourtant n'est pas, & le nombre est assez grand des Princesses qui ont gouuerné plus heureusement & auec plus d'adresse, ie ne dis pas que des Princes imbecilles & de l'espece de Claude le Simple ; ie dis que des habiles & des capables, voire que les capables & les habiles qui ont le plus affecté la ressemblance de Tibere.

Quant à ce qui a esté dit, que la Vertu la plus répanduë, & la plus vniuerselle en ses fonctions, est la plus vtile au Public, i'auouë qu'il a esté dit iudicieusement, & auec raison : mais c'est à tort & iniurieusement, que la Vertu des Femmes a esté representée comme vne Captiue honorable, à qui le logis estoit donné pour prison. Ie ne sçay si l'vsage & la coustume, qui regne auiourd'huy, n'ont point fait en cela de violence à la Nature. Mais ie sçay bien, qu'vn temps a esté qu'elle estoit plus libre : & que la vertu des femmes moins resserrée qu'elle n'est maintenant, seruoit vtilement en toutes les parties de la Republique. Les Iuifs ont eu des femmes Generales d'Armées, & des femmes Iuges & Prophetesses; des femmes ont enseigné publiquement la Philosophie & la Rhetorique à Athenes : vne femme succeda à l'escole & à la reputation de Plotin en Alexandrie. Les Vniuersitez de Padoüe & de Bolongne en ont veuës de Graduées & de Regentes : & pour ne rien dire de celles que les Orateurs, les Poëtes & les Peintres ont euës pour Concurrentes & pour Riuales, il n'est presque point de Nations, qui n'ayt donné à l'Histoire des Heroïnes & des Amazones.

Il a esté dit en troisiéme lieu, que la vertu est plus actiue, & par consequent plus vtile, dans vn suiet fort, où elle est vigoureuse que dans vn suiet foible, où elle est lâche & mal tenduë. Cette proposition entenduë de la force de l'Ame, ne donne rien à l'homme & n'oste rien à la femme. Leurs Ames sont égales essentiellement & de mesme trempe : & il est bien des hommes, en qui l'esprit & le courage, le discours & les resolutions, qui sont les nerfs & les muscles de l'Ame, ont moins de vigueur & moins de tenuë qu'en plusieurs femmes. Que si la proposition est entenduë de la force du corps, & de la fermeté de la matiere, elle est hors de nostre suiet & porte à faux. La vertu n'est pas d'vn si bas estage, elle ne nous a pas esté donnée, pour porter de grands fardeaux, & pour abatre des arbres, & la Morale n'a pas encore mis entre les qualitez du bon Magistrat, & les conditions du Prince parfait, la roideur des bras & la largeur des epaules.

De ce costé-là donc, l'égalité au moins est apparente entre la vertu de l'homme, & la vertu de la femme, & quelqu'vn qui ne se contenteroit pas d'auoir accordé les Parties, & reduit leurs pretentions à l'égalité, pourroit de surcroist adjouster au droit des femmes, vn nouueau poids de raisons, qui emporteroient le droit des hommes. Premierement il pourroit dire, que la disposition du public, se fait de la disposition des familles, & que les familles sont comme des Estats particuliers, & des Royaumes abregez, où regnent les femmes. Si elles sont sages, la vertu & la paix y regnent conjointement auec elles ; & de cette Paix des maisons bien ordonnées, se fait la tranquillité publique, & le bon ordre des Villes.

A cela il pourroit adjouster, que la matiere & la premiere semence de la vertu des hommes, se fait de la bonne naissance, & se forme par la bonne nourriture : & que la vertu des femmes contribuë beaucoup à la bonne naissance, & fait tout en la bonne nourriture. Il n'importe que l'homme soit le premier principe de l'homme, & que la femme n'en soit que le second & le subalterne. Le Soleil est ainsi le premier principe des arbres & des métaux : & neantmoins les arbres sont bons ou mauuais, selon la disposition de la Terre qui est leur commune Mere : & sous vn mesme Soleil, il se fait en vn endroit de l'Or & des Palmes ; & ailleurs il ne se fait que du plastre & des épines. Il en est de mesme des Hommes : s'il y en a de spirituels & de stupides, de courageux & de lasches, de modestes & d'insolens, toutes ces bonnes & ces mauuaises qualitez leur viennent des Vertus & des Vices de leurs Meres : ils prennent à trait de temps, & goutte à goutte dans leurs ventres, les différentes semences & les diuerses teintures du bien & du mal, détrempées de leur sang, & meslées à leurs humeurs : comme l'aigille molle prend les bons & les mauuais traits du moule, dans lequel elle est formée.

Ie sçay bien ce que peuuent les Precepteurs adroits & soigneux : & ce qui se fait dans les Colleges, & dans les Academies. Mais certes quelque adresse qu'ayent les Precepteurs, & quelques soins qu'ils se donnent, ils ne changent pas la matiere sur laquelle ils ont à trauailler. Le fer ne deuient pas de l'or entre les mains de l'Orfevre : & la terre ne se tourne pas en marbre dans la boutique du Sculpteur. Les precieuses matieres doiuent venir de la carriere & de la mine : & les suiets nobles & capables de belles formes, se doiuent faire dans le ventre de la Mere. Ie ne dis rien de la nourriture, qui est vne generation penible & de long trauail, & vne naissance de plusieurs années. Il est certain qu'elle se fait par les soins & entre les mains des Femmes : & si les enfans sont comme des masses informes, à qui il est necessaire que la langue des Meres donne la figure ; on ne peut douter, que ces langues ne leur donnent aussi la teinture de la Vertu ou celle du Vice, selon les bonnes ou les mauuaises qualitez dont elles sont imbuës.

On pourroit dire enfin, pour derniere preuue de cette partie, que la Vertu des Femmes est plus efficace que la nostre : & que nos exemples ne sont pas tant suiuis, ny ne font tant de foule que les leurs : soit parce que naturellement la douceur est plus attirante & plus persuasiue que la force ; & que les Originaux qui plaisent, ne manquent iamais de Copistes : soit parce que des Guides de cette sorte, ostent les excuses aux lasches & aux timides ; & qu'il n'y a personne qui ose se plaindre des épines & de la durete du chemin en leur compagnie : soit parce que tous les Hommes estant ou Fils ou marys de quelque Femme ; les Fils suiuent par instinct & par respect les volontez de leurs Meres ; & les Maris s'accommodét aux inclinations de leurs Femmes, par amitié & par complaisance. Et par ces raisons, la Vertu des Femmes estant suiuieuniuersellement, & ayant des Imitateurs de l'vn & de l'autre Sexe, il semble qu'on puisse conclure, qu'elle est plus vtile que la nostre, & de plus grande importance pour le Bien Public.

EXEMPLE.

THEODELINDE REYNE de Lombardie.

LES Riuieres impetueuses qui se precipitent auec bruit, arrestent les passans, & se font des Spectateurs ; & les tranquilles qui enrichissent lentement & en silence les lieux où elles passent, ont à peine quelqu'vn qui les regarde. Cependant ce sont de dangereuses Voisines que ces impetueuses : elles ne font point de bien qui ne soit accompagné de quelque dommage, & c'est d'ordinaire en ruinant & auec degast qu'elles enrichissent. Il en est de mesme des Vertus Militaires & des Paisibles : les vnes & les autres sont de seruice & profitent en Public : mais les Militaires ne profitent point innocemment & sans nuire, elles ne bastissent que des ruines qu'elles ont faites, & les richesses qu'elles distribuent, sont des richesses teintes de sang, & acquises par rapine. Neantmoins à cause qu'elles font du bruit, & qu'elles agissent dans le tumulte, on accourt de tous les endroits du monde pour les voir : leur Memoire reçoit des eloges en toute langue, & des applaudissements de toute sorte de mains : & leurs Images sont conseruées auec honneur dans l'Histoire. De là vient que les Escriuains font si haute mention des Femmes belliqueuses : & qu'au contraire à peine remarquent-ils en passant les pacifiques, qui ont fait du bien en repos, & par les voyes ordinaires à leur Sexe.

Theodelinde

Theodelinde a esté de ces pacifiques bienfaisantes & peu celebres, & peut-estre n'aurions nous aujourd'huy aucun Portrait d'elle, si le grand Sainct Gregoire n'eust pris la peine de la tirer, de cette mesme main dont il conferoit les Sacremens, il benissoit les Peuples & faisoit des Miracles. Elle estoit Fille d'vn Garibaut Roy de Bauiere, & ce qui est bien merueilleux, quoy qu'elle fut née en vn siecle demy barbare, & à plus de trois cens lieuës de la Politesse Romaine & des belles Lettres, elle égaloit neantmoins la Memoire des polies & des sçauantes de l'ancienne Rome. L'importance est, que sa science n'estoit pas de ces sciences de parade & superficielles, qui ne sont que pour la montre. Elle estoit agreable & solide : elle plaisoit vtilement & auec profit : & toutes les lumieres de son Esprit estoient bienfaisantes & fructueuses.

Il falloit à vne Vertu si parfaite & si parée, vn Theatre plus éclattant & moins esloigné du beau Monde, que la Bauiere. Authare Roy des Lombards, amoureux de sa reputation, ennuoya vne magnifique Ambassade au Roy son Pere, pour la demander en mariage. Et ses Ambassadeurs estant retournez auec satisfaction, il entreprit sur leur recit vn voyage de galanterie : & voulut aller inconnu à la Cour de Bauiere, pour estre spectateur des merueilles, que la Renommée publioit de Theodelinde. Il la vid, il en fut vaincu ; & retourna plus blessé de sa presence, qu'il ne l'auoit esté de sa reputation. Peu de temps apres, les nopces furent celebrées en grande pompe à Milan, &

Z

il ne manqua rien au bon-heur de leur mariage que la durée. Mais qu'y feroit-on? N'y a-t'il pas vne Constellation maligne, qui veut que les meilleures Fortunes soient moins constantes & de plus courte durée que les mauuaises? Le temps n'en veut-il pas principalement aux belles Vies & aux beaux Couples? Et ne voyons-nous pas que les Roses ne sont que d'vn iour, & que les épines sõt de toute l'annee?

Neantmoins ce mariage qui dura si peu, fut à la Lombardie le principe d'vne longue & importante felicité. Authare qui auoit guerre auec Childebert, estant contraint de sortir aux champs pour arrester les conquestes des François, qui estoient entrez dans son pays. Theodelinde demeura cependant chargée du gouuernement & des affaires. Il estoit bien difficile qu'elle y reüssist estant jeune estrangere, & sans habitude dans le Pays. Neantmoins elle porta cette charge de si bonne grace: elle gouuerna si sagement; & fit paroistre tant de force & tant d'adresse au maniement des affaires; qu'elle gagna generalement l'approbation de tous les ordres. En moins de six mois elle se rendit Maistresse absoluë de tous les Cœurs: il n'en demeura pas vn qui ne voulut estre à elle. Et par vne estrange reuolution, en mesme temps qu'Authare & Childebert se battoient l'épee à la main, pour la Couronne de Lombardie, Theodelinde la conquit sans armes, & l'osta innocemment au Possesseur & au Pretendant.

Cela ne se fit pas par vn jeu de la Fortune: elle est sans mouuement; & peut bien estre ioüés; mais elle ne peut iouer personne. Il se fit par vn dessein particulier de la Prouidence diuine, qui voulut donner vn grand employ à la Vertu de Theodelinde; & s'en seruir au bien de l'Eglise. En effet, Authare mourut auant que la guerre fust terminée : & les Lombards ne se trouuant pas assez forts pour les François; s'accommoderent le plus honorablement qu'ils purent auec Childebert. Leur premier soin apres la paix faite, fut de choisir vne Personne capable de remplir le Thrône, qu'Authare decedé sans enfans auoit laissé vuide. Apparemment la coustume des Nations, les interests de l'Estat, & les pretensions des Particuliers, vouloient que Theodelinde fust renuoyée en Bauiere. Sa Vertu pourtant l'emporta sur la coustume : les Graces briguerent pour elle, & luy gagnerent toutes les voix : & d'vn commun aduis, ses mains déja accoustumées à bien gouuerner, furent iugees les plus propres à ménager heureusement les interests de l'Estat : & à détourner auec adresse, le mal que l'on craignoit de l'ambition des Particuliers.

La Couronne luy fut deferée solemnellement : & deslors elle commença de regner de son chef, & par le droit de sa Vertu, qui est le plus beau droit des Roys, & la plus illustre couleur qui puisse entrer dans leurs titres. Cela certes est sans exemple dans l'Histoire : & il falloit que ce fut vne Vertu bien persuasiue & de grande authorité : il falloit que ce fussent des Graces de haute expectation & de belle montre, qui pûrent gagner auec tant d'aisance, des Grands ambitieux & vn Peuple mertenaire, & faire ioindre sans tumulte les vnes & les autres, en l'élection d'vne Femme, voire d'vne Femme estrangere. Persuadez de son adresse & de sa capacité, ils luy donnerent vn pouuoir absolu, & vne souueraineté sans restriction. Ils ne firent pas comme ceux qui lient leurs Princes sur leurs Thrônes, qui attachent leurs mains apres le Sceptre qu'ils leur font porter, & leur ostent la disposition de l'authorité qu'ils leurs donnent. Seulement ils luy declarerent, que si apres auoir essayé le faix de la Royauté, elle trouuoit à propos de le partager auec vn Mary; ils souhaittoient qu'elle ne cherchast point vn aide étrangere, & qu'elle arrestat son affection à quelqu'vn du Royaume.

Confirmé par cette proposition & par l'adhis de son conseil, elle ietta les yeux sur Agilulfe Duc de Thurin; & partagea auec luy sa Personne & sa Royauté. Cét Agilulfe estoit vn jeune Seigneur de bonne mine & de grand courage; qui auoit toutes les qualitez propres à entreprendre & à conquerir: & il estoit à craindre que la Fortune, qu'il pouuoit rechercher, ne le portast sur le Thrône, si elle n'estoit preuenuë par Theodelinde. Non contente d'en auoir fait vn grand Roy, elle entreprit d'en faire vn Roy Catholique: & de le tirer de la seruitude de l'Heresie Arrienne. Apparemment c'estoit vne entreprise de plus grand trauail, & de plus longues années, que toutes celles qui se font auec des machines de fer & d'argent, auec des flottes & des Nations armees. Elle en vint à bout pourtant, par ses soins & par ses offices, auec ses prieres & ses larmes. Ses prieres attirerent sur Agilulfe la lumiere du Ciel ; & chacune de ses larmes luy fut vne raison persuasiue, & à laquelle tous les Docteurs Arriens ne purent iamais répondre.

Sa conqueste ne s'arresta pas à vne seule Ame ; quoy que ce fust vne Ame souueraine & esleuée au dessus des autres. Elle fut bien plus ample & de plus grand rapport pour l'Eglise. Les Principaux Seigneurs du Royaume, & presque tout le Peuple, conuertis par la conuersion de leur nouueau Roy se rendirent auec luy au zele & à la pieté de leur bonne Reyne. Et ce zele fut si fort & de si grande anthorité, cette pieté fut si efficace & si victorieuse, qu'en fort peu de temps toute la Lombardie, & les Prouinces qui luy estoient sujettes, abjurerent l'Arianisme, & deuindrent Catholiques par les soins d'vne femme. Elle fit bien dauantage, & porta bien plus auant l'action de son zele, & les victoires de sa pieté. Agilulfe auoit accreu ses pechez & son Domaine, de Droits de l'Eglise violez, & de ses Terres vsurpées. Il auoit chassé les Euesques Catholiques de leurs Sieges ; & introduit dans la Bergerie, des Larrons trauestis, des empoisonneurs publics, des Docteurs d'erreur & de pestilence. La Vertueuse Reyne n'eut point de repos, que les bons Pasteurs ne fussent rappellez ; que l'Eglise ne fut restablie dans ses droits & dans ses honneurs : & que restitution ne luy fut faite, des Terres que l'Heresie violente & hardie luy auoit ostées.

Ces actions n'estoient pas d'vne Vertu inutile & faineante : les plus courageuses & les plus guerrieres n'ont iamais agy si fortement, ny auec tant de succez : & toutes les Couronnes gagnées par les Vaillantes de l'Histoire, ne valurent iamais la moindre feüille de celle de Theodelinde. Le grand Sainct Gregoire qui gouuernoit l'Eglise de ce temps-là, reconnut le poids & l'importance de ses seruices: & voulant luy en faire vn remerciement public & de durée, luy dedia ses Dialogues, par vne Preface où elle triomphe encore auiourd'huy : & où il n'y a pas vn terme, qui ne vaille vne Statuë erigée à sa Vertu.

Quelque temps apres, l'Exarque de Rauenne courut les Terres d'Agilulfe, & enleua quelques Places, qui se trouuerent à sa bien-seance & mal gardées. Ce Lyon qui s'estoit bien adoucy, mais qui ne s'estoit pas laissé enchaisner, retrouua bien-tost ses dents & ses ongles; & courut à la vengeance. Toutes choses tendoient à vne guerre perilleuse & de scandale; & non seulement l'Exarque de Rauenne, mais le Patrimoine mesme de Sainct Pierre estoit en danger, si Theodelinde gagnée par Sainct Gregoire, n'eust esteint par son adresse & de ses larmes, l'embrasement qui commençoit à s'allumer. Par là elle conserua la liberté à la Religion & aux choses sainctes : elle osta le joug de dessus la teste de l'Eglise : elle cassa les chaisnes preparées au Successeur des Apostres : & chassa les barbares de deuant Rome. Toute sa vie fut de cette force : & ie ne sçay s'il s'en passa iamais vne heure, qui ne fut vtile au Public & aux Particuliers Les plus magnanimes Eglises de Lombardie sont de sa fondation : & ce qui vaut mieux que cent Eglises fondées, ce fut par ses soins & par ses offices, que la Lombardie rentra dans l'Eglise. Mais il ne faut pas faire d'vn seul exemple tout vn Liure : & i'en ay assez dit pour encourager la Vertu des Femmes ; pour luy donner vne emulation saincte & vtile ; pour la retirer de la mollesse & de l'oisiueté ; pour luy faire connoistre, que les conquestes Chrestiennes, que les conuersions des Peuples, que les œuures heroïques & les grandes Couronnes, sont de son Sexe non moins que du nostre.

PORCIE. Valerius Max. lib. 4

PORCIE.

La défaite de Brutus n'a pû estre cachée à Porcie. Le bruit & le deüil en sont grands par tout : Il est également regretté des Particuliers & du Public : Et ie croy qu'il n'est pas iusques aux Statuës du Senat & de la Tribune, qui n'ayent pleuré vn Citoyen, auec lequel enfin la Republique & la Liberté viennent de mourir. Cette genereuse Femme n'a pas appris cette perte, auec des cris & des défaillances : Elle ne s'en est point prise à ses ioüës ny à ses cheueux : Elle n'en a point accusé le Ciel, ny fait de reproches à la Fortune. Et l'on peut dire, que la nouuelle de la mort de Brutus, a trouué Brutus viuant & victorieux en Porcie. Auec toute cette force pourtant & tout ce courage, elle a fait resolution de mourir : & vous ne deuez point douter, qu'elle n'execute la resolution qu'elle a faite.

Il ne faut rien attendre de lasche de la Fille de Caton, rien de foible de la Vefue de Brutus. Elle est courageuse de race, & Philosophe d'alliance : Et sa mort sera aussi Stoïque, que celle de son Pere & celle de son Mary. Ses Parens & ses Amis, desireux de conseruer ce beau reste de l'ancienne Vertu luy ont en vain donné des Gardes : Elle leur a fait entendre, qu'ils pouuoient bien enchaisner son corps ; mais qu'ils n'attacheroient iamais son Ame : Qu'elle passeroit au trauers de cent chaisnes, & d'autant de portes fermées : Et que si celle de son Pere auroit pû se deliurer de la domination de Cesar, & celle de son Mary se sauuer de la victoire d'Antoine, la sienne ne demeureroit pas captiue de leur importune charité & de leurs fascheux offices. Enfin soit qu'elle les ait persuadez, soit qu'elle leur en ait fait acroire; vous la voyez hors de leurs mains. Et pour peu que leurs soins se fassent attendre, il est bien à craindre qu'ils ne reuiennent trop tard: & qu'ils ne la trouuent pas en vie.

Vne esclaue qui auroit rompu ses fers, & se seroit sauuée d'vne longue prison, ne seroit pas plus ioyeuse que vous la voyez. Sa ioye pourtant est vne ioye modeste & seuere, comme son cœur ne change iamais d'assiette, son visage aussi ne change iamais de couleur : & la Mort ne la trouuera pas autre; que la trouueroit la bonne Fortune si elle reuenoit. Elle ne se represente point le lieu où elle va, ny le chemin qu'elle prend : elle n'a que Brutus en l'esprit & deuant les yeux : & pourueu qu'elle aille à luy, il ne luy importe qu'elle aille par le fer, par le precipice ou par le poison. Le plus court chemin est le meilleur à son sens : & la porte la plus proche, quelque Spectre & quelque Objet de terreur qui la tienne, luy sera plus commode qu'vne plus libre & plus éloignée.

Mais elles luy paroissent toutes également fermées : & la diligence des siens a retiré d'autour d'elle, tout ce qui luy en pouuoit ouurir quelqu'vne. Elle pretend que cette charité est vne violence qui luy est faite : elle en a du dépit & de la colere : ce dépit neantmoins est sans trouble, & cette colere ne monte pas iusques à

DES FEMMES FORTES.

son visage. Toutes ses pensées sont de tromper ces officieux importuns, & non pas de s'en venger. Il n'y a point d'armes offensiues, qu'elle n'essaye sur soy de la pensée. Son imagination luy met dans la bouche & à la gorge, tout ce qu'elle peut détremper de poisons & forger d'épées. Elle a voulu s'étrangler auec l'écharpe que vous luy voyez à la main : elle y a vainement essayé son collier & vn de ses bracelets, & il ne luy reste plus que de s'arracher les cheueux, & de s'en faire vne corde. Certainement c'est bien effaroucher la Beauté, & rendre les Graces cruelles, que de faire vn meurtre auec de semblables armes : mais tout moyen de sortir de prison semble legitime & honneste à vne Captiue.

Auec cette pensée elle entre dans vn Cabinet, où elle trouue vne occasion de mourir plus commodement, & sans violer des choses si innocentes. Elle y trouue vn brasier, que les Amours autheurs des beaux Couples, & Intendants des Amitiez vertueuses, luy ont preparé pour le soulagement de la sienne. Ie ne doute point qu'elle ne les voye, à la lueur du feu de son Ame meslée à celle de leurs flambeaux : Et vous les pourrez voir aussi bien qu'elle, si vous auez les yeux purifiez des vapeurs qui naissent de la Matiere. Les deux plus petits luy presentent le brasier, qu'ils ont éleué sur leurs testes. Ils luy rendent ce dernier office en riant & d'vn visage serain. Vous diriez qu'ils l'animent du feu de leurs yeux, & des conjoüissances de leur mine : & leurs bouches demy ouuertes semblent luy promettre les acclamations de la renommée, & les applaudissemens de tous les Siecles ; Vn troisiesme Amour plus grand & plus fort que les deux autres, & suspendu en l'air, allume de son flambeau les charbons qui sont dans le brasier. Ie crois pourtant que son flambeau, quelque vertu qu'il ait, y fait moins que sa presence. Et si quelqu'vn a pû dire, que touchant seulement vn arbre du bout du doigt ; il mettroit le feu à toute vne forest : apparemment cette-cy pourroit en passant & de sa seule ombre, allumer des Montagnes, voire des Montagnes glacées & couuertes de neige.

Remarquez-vous sur le visage de Porcie, l'agreable mélange, qui se fait de la lueur de ce flambeau, aioûtée au feu de ses yeux, & à celuy que son cœur a répandu sur ses ioües ; C'est là veritablement que la confusion est noble, & qu'il y entre de l'agrément & de la gloire. Les Peintres & les Teinturiers ne sçauroient rien inuenter de pareil : & la concurrence n'est pas si belle, sur vne rose fraischement ouuerte, quád les premiers rayons du iour allumé nouuellement, & encore rouge de sa naissance, aioûtent vne pourpre étrangere à celle qui luy est naturelle. Vous auez la veuë assez subtile, pour démêler icy la lueur du feu d'auec l'éclat du sang : & distinguer le lustre qui vient de dehors, d'auec celuy que fait le courage ; & qui est reflechy du fonds de l'Ame.

Mais vous estes trop attentifs à considerer l'action de Porcie : & son cœur paroist plus par-là, que par son visage. D'vne main elle se met vn charbon ardent à la bouche : elle en prend encore de l'autre, comme s'il luy en falloit plusieurs pour mourir. Et soit que la douleur de sa perte, ait assoupy en elle toute autre douleur; soit qu'elle ne sente plus que par le cœur, où son Ame s'est ramassee autour de l'image de Brutus, vous diriez que ce sont des rubis qu'elle manie? vous diriez que ce sont des feüilles de Rose qu'elle auale. Mais soit indolence ou fermeté, soit amour ou Philosophie, cela n'empesche pas que le feu qu'elle auoit au dedans, fortifié de celuy qui luy vient de dehors, ne brusle les liens de son Ame.

Ie les croy dé-ja bruslez: & bien-tost cette genereuse Ame, sortant de sa belle prison, se reioindra à sa pareille qui l'est venuë prendre. Ses Gardes effrayez & surpris, accourent les larmes aux yeux & les plaintes à la bouche. Mais leurs larmes n'esteindront pas ce feu, & leurs plaintes n'épouuanteront pas la Mort, ny ne la chasseront pas du lieu où elle est entrée. Ce feu luira aux yeux de toutes les Nations & de tous les Siecles, & donnera vn lustre eternel à la Memoire de Porcie: cette Mort sera egalée à celle de Caton & à celle de Brutus: & ce Cabinet fera vne aussi belle perspectiue dans l'Histoire, que la Ville d'Vtique & la Campagne de Philippes.

SONNET.

Porcie parle.

Moins digne de pitié que d'honneur & d'enuie,
D'vn Pere & d'vn Mary victorieux du Sort:
Sans armes i'égalay la gloire par ma mort,
Dont encore a present la Nature est rauie.

Leur vertu que i'auois fidellement suiuie,
M'attendit apres eux pour me conduire au port:
La fortune y suruint, & par vn autre effort
Voulut pour s'en venger me retenir en vie.

Au fort de ce combat, mes Parens inhumains,
Par des soins importuns desarmerent mes mains,
Et d'vne douce mort me fermerent les portes.

Mais l'Amour de ses traits vint m'ouurir le Tombeau:
Et ie pris pour mourir, manquant d'armes plus fortes,
Des charbons qu'il me fit auecque son flambeau.

ELOGE DE PORCIE.

Cette Peinture est d'vne Magnanime, qui meurt d'affliction & d'amour, & meurt constamment & en Stoïque. C'est la celebre Porcie, qui fut Riuale d'vn Pere Defenseur de la Liberté, & d'vn Mary exterminateur de la Tyrannie : & qui renouuella au Siecle du Luxe & des Delices, la Vertu & la seuerité de la primitiue Republique Elle fut Fille de Caton, & Femme de Brutus, de l'vn elle nasquit constante & inuincible: elle deuint sage & sçauante auprés de l'autre : & eut la Vertu en heritage, & la Philosophie en douaire. Son Mary meditant la mort de Cesar, & la déliurance de la Republique opprimée, elle merita d'estre receuë à la communication de ce fatal secret ; & d'assister à ces grandes pensées, qui deuoient faire la Destinée de l'Empire. Elle coniura du cœur & de l'esprit auec luy, elle promit d'enuoyer au moins à l'execution, ses desirs, ses vœux & son zele : & comme son Mary sembloit se défier de son silence & de sa fidelité, elle se fit d'vn coup de poignard vne grande & douloureuse blessure à la cuisse : & par-là elle luy montra ce qu'elle pouuoit contre les tourmens ; & luy donna son sang en ostage de sa constance & de sa foy.

Aprés la mort de Cesar, & la ruine du party de Pompée, Brutus s'estant tué sur le Corps sanglant de la Republique défaite en la plaine de Philippes, Porcie ne mourut pas comme luy en blasphemant contre la Vertu ; & se repentant de l'auoir suiuie. Elle y continua son culte iusques à la fin ; & l'honora encore de ses dernieres paroles. Se voyant assiegée de ses Parens & de ses Amis, qui luy auoient osté tous les moyens de couper les liens qui tenoient son Ame ; elle s'auisa d'y mettre le feu auec des charbons ardens qu'elle auala. De cette façon elle mit en liberté, ce qui restoit de son Père & de son Mary : & par sa mort, le sang de l'vn & le cœur de l'autre, vainquirent vne seconde fois la Tyrannie.

REFLEXION MORALE.

Les Femmes doiuent apprendre de cét exemple, qu'il ne tient pas à leur Sexe qu'elles ne soient fortes : que leurs foiblesses sont des vices de la Coustume, & non pas des defaut de la Nature : & qu'vn grand Cœur ne s'incommode non plus d'vn corps delicat, qu'vne grande Intelligence s'incommode d'vn bel Astre. Les Colombes auroient la hardiesse des Aigles, & les Hermines le courage des Lyons, si elles auoient des ames de l'espece des leurs.

Il se peut tirer du mesme exemple, vne seconde instruction pour les Marys : Brutus a esté assez honneste Homme, & assez Philosophe pour leur faire leçon : & ils ne doiuent pas estre honteux d'apprendre de luy, que les Femmes leur sont données pour Assistantes & pour Cooperatrices : qu'elles doiuent auoir leurs places dans le Cabinet aussi bien qu'au Lict ; & leur part aux affaires, non moins qu'à la table ; & que la capacité se fait des employs, & la fidelité de la confiance. Le bon Sens est de la teste, qui n'est pas diuerse selon la diuersité de ce qui la couure. Auguste ne proposoit rien au Senat, dequoy il n'eust deliberé auec Liuie, qui estoit comme son Associée à l'Empire, & pour ainsi dire, sa Collegue domestique. Le plus Sainct de nos Roys estant prisonnier des Sarrazins, ne voulut rien conclure sur sa liberté,

berté, que du consentement de la Reyne sa Femme : & sous le Regne de Ferdinand, l'Espagne ne fut heureuse & conquerante, que par la prudence & par le courage d'Isabelle. La Question suiuante nous apprendra s'il y eut de la Generosité en Porcie, & si les Femmes en sont capables.

QVESTION MORALE.

Si les Femmes sont capables de la haute Generosité.

JE me suis trouué à des combats rendus sur cette question, & quelquefois elle m'a fait d'innocentes & d'agreables querel'es auec mes Amis. I'en ay veu qui ne pouuoient souffrir, qu'vne Femme fust louée de Generosité : c'est, disoient-ils, comme si on la loüoit d'estre bien à cheual, & de bien faire des armes : c'est comme si on la vouloit parer auec vn casque ou d'vne peau de Lyon : c'est confondre les bornes qui nous separent, & mettre le desordre dans la Morale : & vne Femme genereuse n'est pas vn moindre Solecisme, qu'vne Femme Docteur, ou vne Femme Caualier : c'est vne incongruité presque aussi messeante qu'vne Femme barbuë.

A cela ie répondois, que les Vertus qui ont leur siege dans l'Ame, & n'ont besoin que de la bonne disposition de l'Ame pour agir, sont de l'vn & de l'autre Sexe : que la Generosité est de ces Vertus-là : que le ministere du corps, & l'action des membres ne luy sont point necesfaires: que toutes ses fonctions sont interieures, & se font dans le cœur : & que le cœur de l'Homme & celuy de la femme sont de mesme matiere & de mesme forme. I'aioustois à cela, que la comparaison des armes & des exercices militaires, ne concluoit rien contre la Generosité des Femmes : que toutes choses sont bien-seantes aux personnes bien faites & de bonne mine: que Semiramis, Hypsicratée & Zenobie estoient aussi parées auec leurs casques, qu'auec leurs couronnes : & qu'vne autre assez connuë dans les Fables, ne fut point trouuée laide auec la peau de Lyon que portoit Hercule. Q'outre qu'il s'estoit veu des Femmes, qui sçauoient pousser vn cheual, lancer vn iauelot, & donner vn coup d'épée de bonne grace: il ne se pouuoit faire de iuste comparaison, ny tirer de consequence droite, des exercices du Corps aux habitudes de l'Ame. Qu'vne Femme Docteur & vne Femme Caualier, estoient des pechez de Grammaire, qui ne violoient point la Morale. Et que la Generosité n'estant pas attachée au Cœur de l'Homme, comme la barbe est attachée à son visage, elle pouuoit sans incongruité & sans messeance, estre de l'vn & de l'autre Sexe.

A ces raisons qui me venoient sous la main & que i'alleguois tumultuairement & sans choix, en de semblables disputes ; on en peut adiouster de plus fortes, & de mieux preparées par la meditation. La Generosité à la bien definir, est vne grandeur de Courage, ou vne hauteur d'Esprit, par laquelle vne Ame esleuée au dessus de l'interest & de l'Vtile, se porte inuiolablement & sans détour, au Deuoir qui est laborieux, & à l'Honneste qui couste & qui paroist difficile. Et parce que cette disposition, prise dans son fond, & du costé de la matiere, n'est guere que des Grands & des Nobles, on luy a donné le nom de Generosité qui est vn nom de grandeur & de Noblesse. Soit donc que nous prenions la Generosité materiellement, & pour cette Fleur du bon Sang & des purs esprits, qui la nourrissent & la soustiennent; soit que nous la prenions moralement, & pour vne innatiable & constante resolution de poursuiure le Deuoir & l'Honneste, voire au mépris de l'interest, & auec perte de l'vtile, il se trouuera qu'en l'vn & en l'autre sens, les Femmes n'en sont pas moins capables que les Hommes.

Premierement, il n'a iamais esté dit que la Noblesse ne fust que d'vn Sexe: & que la Fleur du Sang fust toute d'vn costé, & toute la lie de l'autre. La distribution s'en fait également & selon le Droit naturel: les Filles la possedent en commun & sans distinction auec leurs Freres: & il est des Races Nobles, comme des Grenadiers, qui ne portent point de fleurs sans pourpre, non plus, que de fruict sans couronne: il en est comme des Palmes, dont les masles & les femelles ont vne pareille noblesse. Et partāt, la Noblesse estant des Femmes non moins que des Hommes, & le bon Sang se répandant également par leurs veines dés leur naissance; il reste que la Generosité ait de part & d'autre vn fond égal; & que la matiere dont elle se fait, soit vne matiere commune.

Aa ij

Secondement, la vraye forme & le propre esprit de la Generosité, se fait de l'intention, & de la recherche de ce bien pur & laborieux, qui est son Objet : & cét Objet n'est pas si difficile, ny dans vne region si haute, que les Femmes n'y puissent pretendre. Elles ne sont pas nées si bassement, qu'elles ne puissent s'éleuer au dessus de l'Agreable & de l'Vtile : elles peuuent auoir des visées plus hautes & des desseins plus nobles : la Nature leur a donné comme à nous le goust & l'appetit de l'Honneste : & dans l'Histoire, les traces sont encore fraisches, de celles qui ont esté à cét Honneste par des épines & des precipices, voire au trauers des roües & des flammes. Les coruées frequentes & penibles, qu'elles ont faites pour courir apres vn Phantosme lumineux & trompeur, font foy de leur disposition & de leurs forces; & montrent ce qu'elles peuuent en cecy. Et quand on fera voire des Reynes & des Princesses, qui se sont iettées à bas de leurs Thrônes, qui ont monté sur des buchers, qui ont trauersé des épées, pour suiure vn Honneste apparent & de fantaisie : qui fera l'incredule ou l'opiniastre qui osera nier, que les Femmes n'ayent vne inclination naturelle à l'Honneste effectif & veritable ?

Dauantage, comme les Princes & les Grands ont leurs deuoirs, & vn Honneste qui est propre de leur Fortune : les Princesses aussi & les grandes Dames, outre les deuoirs & l'Honneste de leur Sexe, ont de seconds deuoirs, & vn Honneste particulier, qui sont de la bienseance de leur condition. Or si ces deuoirs sont laborieux, si cét Honneste est difficile & enuironné de dãgers, si l'on n'y peut arriuer qu'auec peine & par des ruines : si pour y arriuer il faut quitter l'interest certain, & abbatre vne Fortune déja faite ; s'il faut donner de son sang & exposer sa vie : que fera vne Femme courageuse & de condition, à quel party se resoudra-t'elle ? Voudra-t'on qu'elle se rende à la crainte & à l'auarice ? Qu'elle expose l'Honneste, pour sauuer l'Vtile ? Qu'elle manque à son Deuoir pour ne manquer pas à sa Fortune ? Qu'elle laisse soüiller son sang, plustost que d'en donner vne goutte ? Cela certainement seroit bien lasche & bien indigne d'vne Ame noble. Il faudra donc qu'elle renonce à l'Agreable & à l'Vtile : qu'elle passe sur les ruines de ses interests : qu'elle renonce à la Fortune, & reiette ses presens : qu'elle s'expose mesme à la Mort & à des supplices, pour aller droit & auec bien-seance au Deuoir & à l'Honneste. Cela ne se pouuant faire sans vne Generosité Heroïque : il faut de necessité, ou que l'on accorde cette Generosité aux Femmes : ou que les Femmes puissent estre auares & interessées par deuoir : lasches & infidelles honnestement & auec bien-seance : ingrates & trompeuses de droit naturel & par le priuilege de leur Sexe.

Mais la Nature ne leur a point donné de si mauuais droit, ny de priuilege si scandaleux. Au contraire, elle a voulu qu'elles nâquissent toutes auec inclination pour le Beau : & soit qu'elle en ait mis quelque rayon dans leurs Ames ; soit que leur cœur en naissant, en ait receu vne impression pareille à celle que le fer reçoit de l'Aymant : leur cœur s'attache à ce Beau en quelque matiere qu'il se trouue : & leurs Ames à la premiere idée qui excite le rayon qu'elles en ont receu s'y tournent de leur propre instinct : & sans attendre aucune motion étrangere qui les y pousse. De là vient que les Femmes sont generalement curieuses du Beau, qu'elles en recherchent auec soin toutes les especes, & en obseruent exactement toutes les regles & toutes les formes. Et si sur leurs corps, en leurs habits, en leurs meubles & par tout ailleurs, elles ayment si fort le Beau materiel & sensible, qui est du plus bas ordre : Il n'est pas croyable, qu'elles ayent moins d'inclination pour le Beau intellectuel & du premier ordre, qui est le Beau de l'Honneste. De là il se conclud regulierement & en bonne forme, que l'inclination au Beau, estant comme elle est, le principe de la vraye Generosité, on ne peut oster la vraye Generosité aux Femmes, qu'on ne leur oste en mesme temps, l'inclination qui leur est la plus naturelle : qui est le second esprit de leur cœur & la premiere proprieté de leur Sexe.

Mais pourquoy la leur osteroit-on ? La Nature les a-t'elles faites moins nobles que les Femelles des autres Animaux, à qui elle a donné vne generosité qu'elle n'a point donnée aux Masles ? Ie ne sçay si personne a fait cette obseruation auant moy : elle estoit pourtant à faire, & les Femmes en peuuent tirer de l'instruction & de l'auantage. Les Lyons, les Tygres, les Leopards, les Aigles masles, & tous les autres qui sont naturellement si fiers & si courageux ne combattent jamais que par interest & pour la proye : & tout leur courage à bien dire, n'est qu'vne auidité échauffee, leur impetuosité n'est qu'vne impetuosité de rapine; la faim est le seul poinct d'honneur qui les peut picquer : & sans cette picqueure, leur ferocité languit & leur hardiesse demeure assoupie. Il n'en est pas ainsi des Femelles : leur hardiesse est plus noble, & leur impetuosité moins interessée : non seulement elles combattent pour leurs propres besoins, & combattent aussi courageusement que les Masles : elles combattent encore pour le besoin d'autruy, pour la defence & pour le salut de leurs petits, ce que ne font pas les Masles : iusques-là, qu'elles s'exposent au fer & au feu pour ce Deuoir, qui est le seul Deuoir & le seul Honneste dont elles sont capables. La Nature donc aura donné de la generosité aux Lyonnes, aux Pantheres, & aux Aigles : elle en aura donné aux Tourterelles mesmes & aux Colombes, & elle n'en pourra donner aux Femmes, à qui elle donne vne Ame de mesme forme, vn Cœur de mesme trempe, du sang & des esprits de mesme teinture qu'elle les donne aux Hommes ? Croyons-la plus reguliere & plus exacte en ses ouurages : nous ne croirons rien en cela gratuitement, ny par complaisance : nous croirons sur les raisons naturelles & sur les morales qu'en allegue la Philosophie : nous croirons sur les Exemples anciens, & sur les modernes que l'Histoire en a conseruez : & quand tous les autres seroient oubliez, nous aurions assez de celuy-cy qui est de nostre Nation ; qui s'est fait deuant nos yeux ; qui a donné de l'estonnement à nostre Siecle; & donnera de la ialousie à toute la Posterité.

EXEMPLE.

FRANCOISE DE CEZELY
Dame de Barry

IL se treuue de certains Chagrins, qui n'estiment iamais que les Estrangers, & ne peuuent approuuer que l'Antiquité : qui sont generalement dégoustez de tout ce qui est de leurs Pays, & sont tousiours en mauuaise humeur contre leur Siecle. Ces gens-là adorent des demy-Cesars de plastre, & des Pompées de marbre, que le Temps a tronçonnez : & à peine regardent-ils des Heros entiers & viuants, qui sont de leur âge. Ils nous monstrent par merueille, des Tamberlans & des Almanzors, qui sont les Diuinitez de leurs Galleries & de leurs Cabinets : ils nous alleguent auec eloge, des Alphonses & des Gusmans ; & nous preschent sans cesse des Vertus Grenadines, ou vne sagesse Maure. Et quant aux Vertus Françoises, qui parlent leur langue, & qui sont nées à leur veuë ; ils ne les citent qu'auec esprit de contradiction, & pour les reprendre. Ces Messieurs-là croyent faire beaucoup, de souffrir l'air & la terre de leurs Païs : & s'ils estiment quelque chose du Soleil qui les esclaire, c'est qu'il vient des Indes, & qu'il estoit auant le Deluge. Il
faut

faut auoir le gouſt plus raiſonnable, & iuger des choſes plus ſainement & auec plus d'equité. Les vertus ne ſont point Nationales, ny attachées aux differences du Temps : il y en a de tous les Païs & de tous les âges : & ie puis dire qu'il est de celles d'auiourd'huy, comme de noſtre Soleil, qui eſt auſſi grand que celuy du temps de nos Peres : & auſſi lumineux que celuy qui fait l'Or & les Pierreries du Perou. Cela ſe verra dans l'Exemple ſuiuant : il eſt moderne & François : & vaut tout ce que l'Antiquité, ſoit la Grecque, ſoit la Romaine, ont iamais veu de plus genereux & de plus illuſtre.

Tandis que Henry troiſieſme combattoit la teſte de la Ligue autour de Paris, les Prouinces deſchirées de ſes membres, receuoient de dangereuſes bleſſures. Ses plus grands efforts furent ſur le Languedoc, où ſes Partiſans auoient, ou pris de force, ou gagné par artifice, tout ce qu'il y auoit de meilleures Places. Il ne leur manquoit que Laucate, pour eſtre abſolus dans la Prouince : & auoit la communication libre auec l'Eſpagne, qui eſtoit la grande Nourrice de la Ligue. N'eſperant pas de l'auoir de bonne guerre, & d'y entrer en Lyons & par vne breſche ; ils eurent recours a vne ruſe ſcandaleuſe : & cherchent des ſentiers détournées pour y entrer en Renards. Cette ruſe conduite auec adreſſe, leur reüſſit comme ils l'auoient deſſinée : & Monſieur de Barry qui tenoit Laucate pour le Roy, en eſtant ſorty de bonne foy, ſur la liberté que luy donnoit vne petite ſuſpenſion d'armes, tomba dans vne embuscade qui luy estoit preparée.

Les Ligueurs crurent Laucate prise auec le Gouuerneur de Laucate. Mais ils n'auoient pas pris sa Fidelité ny sa constance: & quand sa Constance & sa fidelité eussent esté prises, il auoit commis la Place à vne autre Constance, à vne seconde Fidelité qui estoient mieux fortifiées, & plus difficiles à prendre que ses bastions & ses demy-lunes. Ie parle de sa Femme qu'il aduertit en secret, de son malheur: luy ordonnant en deux mots escrits auec du charbon sur son mouchoir, qu'elle se rendist au plustost à Laucate & la gardast pour le Roy. Cette forte & genereuse Femme ne delibera point sur des ordres qui eussent eu besoin de la conduite & du courage d'vn vieux Capitaine, & parce que la diligence luy estoit particulierement recommandée, à la mesme heure elle se mit sur la Mer, & s'exposa aux dangers de l'eau & du feu, à des tempestes & à des fregates ennemies. Et Dieu qui la reseruoit à vn combat plus Heroique & de plus grand exemple, voulut qu'elle arriuast heureusement à Laucate.

Cependant Monsieur de Barry fut mené prisonnier à Narbonne, & Laucate fut là attaquée, par les assauts continuels, qui furent donnez à son courage & à sa fidelité. Il n'y eut point de feu ny de fer employez en ces assauts: vn Homme d'honneur & de courage comme luy, qui eust méprisé deux mille picques & autant de mousquets sur vne breche, n'eust pas craint vn poignard ny vn pistolet dans vne chambre. On ne le battit que de grandes offres & de promesses magnifiques, que de Gouuernements & de Pensions : à quoy, pour le battre de tous les costez, on adiousta contre ses enfans & sa Femme, des paroles de terreur, & des menaces de mort : en cas qu'il ne pouruust à leur seureté par la reddition de la Place.

A toutes ces attaques, Monsieur de Barry se trouua Seruiteur desinteressé, Mary courageux, & Pere sans laschcté. Sa réponce fut, Qu'il n'a-" uoit iamais reconnu d'autre interest à conser-" uer que son honneur, ny pretendu faire d'autre" Fortune que son deuoir. Que les Gouverne-" mens & les Pensions estoient de trop foibles" armes pour le vaincre : qu'vne Pauureté in-" nocente & sans tache, luy seroit plus glorieu-" se & le mettroit mieux à son aise, que des Ri-" chesses criminelles & soüillées. Que la mort" de sa Femme & de ses Enfans, qu'on luy met-" toit deuant les yeux, estoit vn Phantosme qui" ne luy faisoit point de peur : qu'il deuoit beau-" coup à son Sang & à la Nature; mais qu'il" deuoit encore dauantage à sa foy & à son" Prince. Que sa reputation luy estoit plus" proche que la Famille, & sa conscience plus" interieure & de plus vieille datte que sa Po-" sterité. Que la colique pouuoit dés demain" luy oster sa Femme, que dés demain ses En-" fans pouuoient estre emportez d'vne fiéure," & qu'il ne seroit point dit, que pour reser-" uer sa Femme à la colique, & ses Enfans à la" fiéure, il eust osté le bien à son Prince, le" repos à sa Patrie, l'honneur à son nom & à" sa Race. "

En mesme temps que Laucate estoit bat-

tuë de cette sorte dans Narbonne, les Ligueurs la battoient de plus prés, par vn endroit qu'ils croyoient moins fort naturellement, & la battoient auec des armes, dont ils attendoient plus d'effect, que des mines & des canons. Ils se presenterent deuant Laucate, & demanderent à parler à Madame de Barry, qui estoit preparée à toutes les funestes suites que pouuoit auoir vn commencement si funeste.
„ Ils luy declarerent que son Mary estoit leur
„ prisonnier : qu'apres sa liberté perduë, il
„ estoit encore à la veille de perdre la vie, que
„ l'vne & l'autre neantmoins dépendoit d'elle,
„ qu'il seroit mis à vne rançon facile à payer,
„ & que sans aliener son fonds, sans vuider
„ ses coffres ny engager ses pierreries, au der-
„ nier mot, il luy seroit rendu pour les seules
„ clefs de Laucate.

Cette Femme estoit d'vne famille qu'vn Saint canonisé, & vn Pape estimé bien-heureux, auoient en quelque façon sanctifiée. Du costé de son Pere, elle estoit de la Race de Saint Roch, & du costé de sa Mere, qui estoit de la Maison du Comte de Roure, elle appartenoit à Vrbain cinquiesme. Outre cette sainéteté hereditaire & de famille, elle auoit beaucoup de pieté du sien, & estoit tres-vertueuse de ses propres acquisitions. Sa pieté neantmoins n'estoit pas vne pieté molle & timide : ses vertus n'estoient pas de ces faineantes & de ces grimacieres, qui amusent la pluspart des Femmes. Elles estoient fortes & courageuses, elles agissoient continuellement & auec vigueur, & cette vigueur estoit soustégüe d'vne Generosité, qui pouuoit faire vne vie Heroïque, si elle eust esté dans vn autre Sexe, & dans vne condition souueraine.

Il ne luy en failloit pas moins, pour resister à l'assaut qui luy fut liuré, & sortir auec honneur d'vne si perilleuse occasion. Elle répondit à ceux qui luy proposerent de changer Laucate & sa foy, auec son Mary : Qu'el- " le deuoit ses premieres & ses plus hautes af- " fections à son Roy & à sa Foy : & qu'elle ne " les leur osteroit point pour les donner à son " Mary, à qui elle n'en deuoit que de secon- " des & d'inferieurs. Qu'elle l'aymoit veri- " tablement, & auoit pour luy d'extrêmes " tendresses ; mais qu'elle l'aymoit en son " rang, & auec ordre : & qu'il n'y auoit rien de " lâche ny de foible en ses tendresses. Qu'elle " connoissoit mieux que personne, ce que " valoit son Mary : que si l'on le vouloit ven- " dre innocemment & le mettre à vne rançon " legitime ; non seulement elle alieneroit son " fonds, & mettroit en gage ses pierreries " pour le racheter : elle loüeroit mesme le " trauail de ses bras ; & feroit de l'argent de " son sang & de sa mort, si elle n'en pouuoit " faire de ses sueurs & de ses peines. Que pour " cela neantmoins elle n'alieneroit iamais sa " fidelité, ny n'engageroit vn seul point de sa " conscience : & que si elle auoit fait vn si " mauuais marché, son mary seroit le pre- " mier à le rompre : qu'on ne luy persuaderoit " iamais de sortir de prison sans son honneur : " qu'il ne voudroit pas mesme sans luy, des- " cendre d'vn eschaffaut, ny monter sans luy "

„ sur vn Thrône. Mais quand il pourroit ou-
„ blier son honneur, adiousta-t'elle, ie n'ou-
„ bliray iamais le mien : i'en connois top
„ bien le prix, & ne m'en desaisiray ny pour
„ gain ny pour perte qu'il y ait à faire. Ie voy
„ bien à quoy m'oblige le Mariage ; & ce
„ que ie doy à ma Famille : mais ie ne suis
„ pas née mariée, comme ie suis née Fran-
„ çoise : & il ne sera iamais dit, que pour
„ conseruer vne Famille qui n'estoit pas hier,
„ & qui peut-estre ne sera pas demain, i'aye
„ ouuert vn fort à la Rebellion, & contribué
„ à la ruine de ma Patrie.

Les Ligueurs vaincus & repoussez à ce premier assaut, ne se retirerent pas : ils continuerent la batterie durant six semaines : & tous les iours ils donnoient quelque nouuelle attaque à la Place, par le Cœur de cette genereuse Femme. Tantost ils iuroient de faire souffrir toutes sortes de supplices à son Mary: & ils les luy faisoient tous souffrir en son imagination, auec des mines de terreur & des paroles encore plus terribles. Tantost ils la menaçoient de le luy ietter par pieces ; & ces menaces valoient des coups de Canon & des Grenades, mais elles tomboient sur vn cœur, qui estoit plus fort que les plus forts Bastions, & qui ne se fust rendu ny pour des coups de canon, ny pour des Grenades. Enfin les Ligueurs desespererent de prendre Laucate, par vn endroit si bien muny : & l'execution funeste & tragique qui suiuit leur desespoir, fit bien voir qu'ils auoient parlé tout de bon : & que leurs menaces n'auoient pas esté des menaces de simple montre. Monsieur de Barry fut étranglé dans sa Chambre, par la main d'vn Executeur : & la corde ny le baston dont il fut étranglé, ne luy purent tirer de la bouche vn commencement d'irresolution, ny vne seule parole de foiblesse. Il y a dans l'Histoire des Morts plus éclatantes & de plus grand bruit que celles-là ; mais il ne s'y en voit point de plus magnanime ny de plus heroïque. Les grandes Morts ne se font pas de la grandeur des armes qui tuent : elles se font de la grandeur du courage, & de la force de la resolution : Et il en est assez qui ne plieroient pas deuant deux cents piques & douze canons ; mais il en est fort peu qui ne se rendissent à la corde d'vn Executeur. Il seroit certes à souhaitter pour le bien de l'Estat, que nous eussions quantité de Copies de ce grand Homme, & de cette Femme genereuse: s'il y en auoit seulement vne en chaque Place du Royaume, elle seroit au moins imprenable par la conuoitise & par la crainte.

Le corps de Monsieur de Barry renuoyé à Laucate émeut d'vn étrange sorte la Garnison. Dans la premiere chaleur de la colere & de la compassion, les Soldats transportez de l'vne & de l'autre, coururent à la maison du Gouuerneur ; resolus de tuer Monsieur de Loupian, qui estoit vn Gentil-homme de condition, amy particulier & confident de Messieurs de Ioyeuse. Monsieur de Montmorency, qui le tenoit prisonnier, estant auerty de la prise de Monsieur de Barry, l'auoit donné à ſa Femme afin qu'il luy répondiſt de la vie de ſon Mary : & que par droit de repreſailles, il la payaſt de la ſienne, s'il en venoit faute. Apparemment c'eſtoit fait de luy : & tout le credit de la Ligue ne l'euſt pas ſauué dans ce tumulte, ſi Madame de Barry n'euſt eſté genereuſe qu'humainement, & dans le ſeul ordre de la Nature. Mais elle l'eſtoit d'vne façon plus pure & plus releuée : & il y auoit vn autre Eſprit & d'autres maximes en ſon cœur, que l'Eſprit du Monde, & les maximes de la

„ Morale. Elle ſe preſenta à cette troupe irri-
„ tée, & parla ſi efficacement & auec des gra-
„ ces ſi fortes & ſi perſuaſiues, de l'innocen-
„ ce de Monſieur de Loupian; du crime qu'il
„ auroit à luy faire porter la peine d'vn meur-
„ tre qv'il n'auoit point fait; & de la punition
„ que Dieu laſcheroit infailliblement ſur ce
„ crime: qu'elle appaiſa les Eſprits, & oſta le
„ dépit & la colere à leur douleur. S'adreſ-
„ ſant en ſuitte à ſon Fils Hercule, que ces
„ Soldats auoient ſuiuy, elle luy propoſa la
„ conſtance heroïque & l'inuiolable fidelité
„ de ſon Pere : le patrimoine de gloire que ſa
„ Mort auoit mis en leur Maiſon : la tache que
„ le ſang de Monſieur de Loupian répandu in-
„ iuſtement, feroit à cette gloire encore toute
„ fraiſche : le repentir qui ſuit la colere preci-
„ pitée, & les vengeances illegitimes : la pro-
„ tection qu'ils deuoient attendre, de celuy qui
„ s'eſt fait nommer le Pere des Orphelins & le
„ Defenſeur des Veufues. Et par ces raiſons fortifiées de ſon exemple & animées d'vn eſprit de vertu & d'authorité, elle ſauua ce pau-

tre Gentil-homme, & le renuoya à Monsieur de Montmorency auec escorte.

L'Histoire d'Espagne fait grand bruit de la generosité de Gusman le Bon, qui sommé par les Maures, de rendre Tiriffe qu'il defendoit, ou d'estre spectateur de la mort de son Fils qui estoit entre leurs mains, ne voulut point deuenir traistre pour demeurer Pere : & aima mieux conseruer son honneur que sauuer sa race. Cette generosité fut veritablement Heroïque ; & l'Espagne si magnifique en grandes paroles, & en expressions vastes & hautaines, n'a point de si grandes paroles, ny d'expressions si vastes qui l'egalent. L'action neantmoins d'vne Femme, & d'vne Femme Françoise l'a surpassée, & la fidelité de Madame de Barry, a esté d'autant plus forte, & plus genereuse que celle de Gusman, qu'il y alloit d'vn gage plus cher, & d'vne perte plus irreparable & plus sensible. L'Espagnol consentit à la perte d'vn surgeon qui luy estoit cher, & qui s'estoit fait d'vne partie de luy-mesme : mais ce surgeon n'estoit peut-estre pas seul, cette partie estoit separée de luy ; & apres tout, il en pouuoit naistre d'autres en sa place. La Françoise n'en fut pas quitte à si bon conte ; elle eut à souffrir la perte du tronc & de toutes ses racines : elle eut à souffrir l'incision d'vne partie qui luy estoit inherente: qui tenoit à ses os & à sa chair, qui estoit chair de sa chair & os de ses os, qui faisoit moitié de son cœur & de son esprit. Et l'importance est, que cette fidelité si difficile & de si grands frais, fut exercée en vn temps de trouble & de tumulte : en vn temps où les droits estoient en desordre & les deuoirs confondus : où la Rebellion estoit canonisée par les peuples, & la fidelité erigée en Heresie : où la Royauté estoit contentieuse & mise en dispute : où la Couronne debatuë sembloit deuoir estre déchirée, ou changer de maistre.

Le Gouuernement de Laucate demeura à cette genereuse Veufue : & durant vingt-sept ans, elle en fit toutes les fonctions auec tant de courage & vne assiduité si laborieuse, qu'elle ne laissa rien à desirer en ses soins ny en sa conduite. Elle donnoit chaleur aux coruées & aux exercices des Soldats par sa presence : elle assistoit à toutes leurs fonctions, & les tenoit dans vn ordre exact & sous vne discipline reglée : elle commandoit agreablement & auec dignité, & aioustoit elle-mesme l'exemple & la montre de l'action à ses commandements : & tout ce qu'vn Capitaine actif, vigilant & d'authorité, eust pû faire dans vne place de guerre, cette Femme Forte le faisoit auec succez & genereusement, le faisoit auec bienseance & de bonne grace.

Le feu Roy Henry le Grand, qui n'estimoit rien au hazard ny par opinion, estima grandement cette Generosité, & comme quelques Courtisans amoureux du Gouuernement de Laucate, luy representoient qu'vne place de cette importance, n'estoit pas asseurée entre ,,les mains d'vne Femme : il répondit plusieurs ,, fois, qu'il se fioit plus en cette Femme, qu'au ,, plus habile Homme de son Royaume, qu'il ,, n'en connoissoit point qui luy vouluft faire ,, de si grandes auances, ny luy donner d'aussi

precieux gages de sa foy qu'elle auoit fait : & "
qu'apres tout, il estoit de la gloire de la Fran- "
ce que l'on sceust que les Dames y valoient "
des Capitaines. Il ne se peut rien ajouster à "
ces deux mots : ils en disent plus que n'en peuuent dire nos plus longs eloges : ils couronnent
la Memoire de cette Genereuse Femme, & luy
valent vn Arc de Triomphe & quatre Statues.

*Fin de la premiere Partie des Femmes
Fortes.*

LA GALLERIE DES FEMMES FORTES.

PAR LE
PERE LE MOYNE,
de la Compagnie de IESVS.

SECONDE PARTIE.

A PARIS,
Par la Compagnie des Libraires
du Palais.

M . LC. LXV.

TABLE

Des Peintures, des Questions Morales, & des Exemples de ce second Volume.

ARRIE, 3. son Eloge 9. Quest. Morale, *Du devoir des Femmes envers leurs Marys disgraciez & mal-heureux.* 14.
Exemple. IEANNE COILLO, Femme d'Antoine Perez. 21
PAVLINE, 31. son Eloge, 36. Quest. Morale, *Si les Femmes sont capables de la vraye Philosophie*, 39
Exemple. IEANNE GRAY DE SVFFOLC, Reyne d'Angleterre. 48

Les Fortes Chrestiennes.

LA IVDITH FRANCOISE, 61. son Eloge, 67. Question Morale, *S'il faut plus de force & plus de courage pour faire vn Homme vaillant, que pour faire vne Femme Chaste,* 70. *& suivantes.*
Exéple, Blanche de Rossy 78. & suiu:
ISABELLE DE CASTILLE, 85. son Eloge, 90. Question Morale. *S'il est du devoir & de la fidelité des*

TABLE.

Femmes de s'exposer à la mort pour leurs Maris, 93. *& suivantes*. Exemple, MARGVERITE DE FOIX Duchesse d'Espernon. 103

LA PVCELLE D'ORLEANS, 115 son Eloge, 119. *& suivantes*. Quest. Morale, *Si les Femmes peuvent pretendre à la Vertu heroyque*, 122. *& suivantes*. Exemple. ISABELLE Reyne de Castille. 133

LA CAPTIVE VICTORIEVSE, 147. son Eloge, 153. Quest. Morale, *Si le transport heroyque est necessaire à la perfection de la chasteté des Femmes*. 157. Exemple, LA CHASTE VENITIENNE. 166

MARIE STVART, 181. son Eloge, 187. *& suivantes*. Question Morale, *Si les grandes Dames heureuses sont de meilleure condition, que les grandes Dames affligées*. 193. *& suivantes*. Exemple. MARGVERITE D'ANIOV Reyne d'Angleterre, 204. *& suivantes*.

FIN.

ARRIE.

ARRIE. Dio Cassius. lib. 60.

ARRIE.

OVS sommes arrivez trop tard, & avons perdu le plus bel endroict de la plus magnanime action que Rome ait encores veuë. Les acteurs comme vous voyez, sont en petit nombre : mais ils sont tous de choix & celebres : Et ce qu'ils font en particulier & sans bruit, se portera bien-tost aux Theatres & dans les Places publiques, sera le commun Spectacle du Senat & de tout le Peuple ; & recevra des applaudissemens de toutes les mains libres & veritablement Romaines.

Vous ne venez pas de si loin, & n'estes pas si estrangers à Rome, que vous n'ayez ouy parler d'Arrie. C'est vne copie moderne de la Vertu ancienne ; c'est vne ieune Femme qui a les traits de la vieille Republique. Son habillement & sa parole sont bien de ce temps ; mais son courage, sa constance, & sa fidelité sont de l'âge de Sabines. Et quoy qu'elle soit du regne de Claude le foible, & de la Cour de Massaline la débauchée, il n'y a rien pourtant ny de ce regne, ny de cette Cour en ses mœurs : Elle

II. Partie.   A ij

font du Siecle de Lucrece : ou de quelqu'autre Siecle encore plus pur, & moins éloigné de la Vertu primitiue. Le bruit commun vous aura appris tout ce qu'on vous peut dire de la Vertu de cette Femme ; mais il n'a pû encore vous apprendre ce que vous voyez de son courage.

Elle reuint de Dalmatie il y a quelque temps, fuiant auec vne petite barque, la Fortune, & le Vaisseau de son Mary, qu'on amenoit prisonnier : Vous aurez pû sçauoir qu'il auoit esté des Chefs de la conspiration de Scribonien ; & qu'il luy restoit de passer par où il plairoit à Messaline & à Narcisse. Sa Femme le trouuant irresolu entre la crainte & le courage : a pris elle-mesme vne resolution courageuse, afin de le fortifier de son exemple ; & de luy apprendre à faire choix d'vne mort Consulaire, & égale aux Victoires & aux Triomphes de ses Peres. Ie souhaiterois que nous eussions esté presents au discours qu'elle luy vient de faire. Nous eussions ouy parler les Images des Cecinnes : nous eussions veu la memoire de Caton & de Brutus, & la gloire de tous les Defenseurs de la liberté alleguez pour luy donner du courage.

A la force de tant de raisons Heroïques & de tant de magnanimes paroles, elle a adiousté la force de son exemple, qui est encore plus Heroïque & plus magnanime. Et le coup mortel qu'elle vient de se donner, a fait valoir ses raisons, & les a fortifiées d'vne authorité presente, & d'vne experience personnelle & encore toute fraische. Elle l'exhorte des yeux & de la mine, comme vous voyez : Elle l'exhorte de la

DES FEMMES FORTES.

main dont, elle luy presente le poignard. Mais son exhortation la plus efficace & la plus pressante, est celle de sa playe, qui est vne bouche de credit & de bonne foy, vne bouche qui ne peut dire que ce qu'elle sent, & ne dit rien qu'elle ne persuade. Ce ruisseau de sang qui en coule, a sa voix & son esprit : Et cét esprit tout chaud comme il est, penetre iusques au cœur de Cecinne, dissoud les crainte & les froideurs, arreste ses tremblements & fortifie ses foiblesses, & y suscite contre la Mort, vne vertu veritablement Patricienne, & digne du Siecle de la Liberté & du premier Esprit de Rome.

Arrie accompagne de la douceur de ses yeux, la force de cét esprit, & tant s'en faut que l'ombre de la Mort prochaine les ait obscurcis, qu'ils ne ietterent iamais plus de feu, ils n'épandirent iamais vne clarté plus viue & plus penetrante Vous croyez peut-estre, que cela se fait par vne effusion, qui est naturelle & ordinaire à tous flambeaux qui approchent de leur fin. Ie croy pour moy, & ie croy auec plus d'apparence, que ce surcroist de lumiere, est de l'Ame mesme d'Arrie, qui se montre à découuert par ces belles portes à l'Ame de Cecinne, & l'exhorte à sortir courageusement apres elle. Mais de quelque source que vienne cette effusion si pure & si éclattante, il est certain que Cecinne en est penetré : & son Ame que la crainte auoit reserrée au dedans, échauffée à present, & attirée par la vertu de cette lumiere, n'attend plus que le coup fatal qui la doit mettre en liberté.

A iij

Pour faire ce coup, Arrie luy presente le poignard encore tout chaud de son sang & de son courage. Vn amour est mediateur de ce commerce, & donne en mesme temps & d'vne mesme inspiration, de la force aux sens d'Arrie, & de la resolution à l'Esprit de Cecinne. Ne prenez pas cét Amour, pour vn de ces delicats, à qui vn pauot fait mal à la teste: & qui n'oseroient toucher vne rose si elle n'est desarmée. Il est des courageux & des magnanimes; de ceux qui ont fait les Heros & les Heroines; de ceux qui ne connoissent point d'autres guirlandes que le casque, point d'autres bouquets que l'épée; de ceux qui trouuent leurs aises à la gelée & à la pluye, sous les chaisnes & dans les prisons. Et ie me trompe fort, si ce n'est le mesme qui mena Euadne sur le bucher de son Mary: qui affila l'épée dont la vraye Didon se deffendit d'vn second mariage; & qui dernierement encore, couppa les cheueux à la vertueuse Hipsicrotée, luy mit le casque sur la teste, & fit d'vne Reine vn fantassin dans l'Armée de Mithridate.

A present il est Exhortateur & Philosophe; il parle à Cecine de la liberté & de la gloire: & l'anime à suiure l'exemple & le courage de sa femme. Vous diriez qu'en luy portant la main au poignard qui luy est offert, il l'asseure qu'il couperà les liens de son Ame, sans luy faire mal, qui a esté amoly dans le sein d'Arrie & au feu de son cœur; que son sang l'a adoucy, & luy a osté tout ce qu'il auoit de malin & de piquant. Et que non seulement vne arme noble & honorable comme celle-là; mais vn cordeau

DES FEMMES FORTES.

mesme presenté de la main d'vne si honnest Femme, luy seroit plus glorieux qu'vn Diadême, tissu des propres mains de la Fortune, & presenté par celles de Messaline.

Cecinne paroist tout persuadé de ces raisons, & les confirme de la mine & du geste. Ce n'est plus ce craintif & cét irresolu d'auparauant; c'est bien la mesme teste & le mesme corps; mais il y a vn autre cœur dans ce corps; & vn autre Esprit en cette teste. Il n'a plus de sang dans les veines qui ne soit Romain : Toutes ses pensées sont triomphales, tous ses sentimens sont Consulaires, & bien-tost son Ame plus grande que la Fortune, & plus forte que la Mort, sortira victorieuse de l'vne & de l'autre, & s'ira rejoindre à l'Ame d'Arrie.

Cét exemple de constance & de fidelité conjugale, est precieux & de grand vsage à Rome en cette saison : Et ne doutez point que la jeune Arrie, & Thrasée son Mary, qui en sont spectateurs, n'en soient fort bons ménagers. Ils en recueillent auidemment & auec estude les plus petites circonstances; & le regardent comme la principale piece de leur Patrimoine. Cela certes est merueilleux, de voir vne sagesse, de dix-huict ans, de voir la maturité & la fleur en vne mesme teste; de voir vne Femme forte & constante, vne Femme graue & serieuse en l'âge des diuertissemens & des plaisirs. Elle se croid plus riche des enseignemens, & des exemples de sa Mere, que de la succession de tous les Consuls de sa Maison : & trois gouttes de son sang, quatre syllabes de ses dernieres paroles, luy sont quelque chose de plus cher que toutes

A iiij

les perles de ses Ayeules. Aussi elle fait provision de ces paroles; & ramasse autour de son cœur tout ce qu'elle peut recueillir de ce sang, & de l'esprit qui luy est meslé. Apparemment ce doit estre son bon Genie, qui inspire de s'en munir de si bonne heure, & il faut qu'elle voye de loin des occasions; où il luy seruira d'auoir conserué la Memoire de sa Mere, & de s'estre fortifiée de son sang & de son courage.

Thraséc n'est pas moins soigneux de faire profit de ce grand exemple, le mal-heur present de Cecinne, luy est vn presage de son malheur à venir: Et ne se trouuant ny assez lâche pour plier sous le Siecle, ny assez fort pour le changer; il void bien que le mieux qu'il en puisse attendre, c'est d'en estre accablé apres les autres. Pour le moins il témoigne à sa mine, qu'il ne tombera point lâchement; ny attendra qu'on le pousse: & toutes les regles de la Physionomie sont trompeuses, où il sera vn Original de son temps, & sa mort aura lieu vn jour entre les Exemples Heroïques.

SONNET.

Arrie à son Mary montre par sa blessure,
Qu'il n'est rien de picquant dans vne honneste
   Mort:
Le beau sang qui du Cœur à gros bouïllons luy sort,
A de son chaste feu l'ardeur & la teinture.

Auec ce mesme sang par la mesme ouuerture,
Vn amour est sorty victorieux du Sort
Il prouoque Cecinne à faire vn mesme effort;
Et conclure du sien cette illustre auanture.

S'il y va de la vie, il y va de l'honneur :
Rasseure toy Cecinne, & garde que la peur
Te retenant la main ta gloire ne retienne :

Arrie a dé-ja pris ta blessure sur soy ;
Elle a joint à sa mort la douleur de la tienne,
Et n'en a rien laissé que la gloire pour toy.

ELOGE D'ARRIE.

IL est vray que le Regne du cinquiéme Cesar, ne fut qu'vne Comedie perpetuelle, mais les Episodes en furent sanglans & tragiques, & il y eut presque tousiours de la cruauté mêlée aux amours de Messaline, & aux fourbes de Narcisse. Les Spectateurs s'ennuyerent enfin d'vne Piece si mal conduite & si mal representée : & qvelques-vns des moins patiens & des plus courageux, resolurent de tirer la Republique d'entre les mains de ces Ioüeurs. Neantmoins la coniuration n'ayant pas eu le succez qu'on s'estoit promis : Scribonien qui en estoit le Chef, fut tué en Dalmatie; & ses Complices abandonnez par sa mort, demeurerent au pouuoir de la Beste qu'il auoient effarouchée.

En suitte, Cecinne qui estoit des plus engagez dans le Party, fut arresté & mené à Rome, la courageuse & fidelle Arrie ne delibera point si elle deuoit le suiure : il ne luy vint point en pensée, que l'Aduersité fut vn diuorce : elle ne crut point que la mauuaise Fortune deust estre plus forte que l'Amour, ny qu'elle eust droit de dissoudre les mariages. Au contraire, elle crut qu'elle estoit Femme de Cecinne criminel & prisonnier, comme elle l'auoit esté de Cecinne Fauory & Consul : & qu'elle deuoit prendre autant de part à ses chaisnes & à son supplice, qu'elle en auoit pris à ses biens & à sa gloire. Elle l'accompagna iusques au vaisseau : & sur le point de l'embarquement, comme elle se vit repoussée par les Gardes : Au moins, dit-elle, vous souffrirez bien qu'vn Senateur d'ancienne race & Consulaire, ait quelqu'vn qui le serue durant vn si long voyage. Ie feray toute seule pour tous les valets : & le vaisseau n'en sera pas plus chargé, ny plus exposé à la tempeste.

Ne pouuant persuader ces Barbares de la receuoir toute entiere; elle ne laissa pas en dépit d'eux, d'embarquer son Esprit & son Cœur auec son Mary ; & afin de le suiure au moins par pieces, elle mit son corps sur vne Barque de Pescheur, & l'exposa aux vents & aux vagues qui emportoient le reste. La Fortune fauorisa vne fidelité si courageuse : l'Esprit & le corps d'Arrie arriuerent à Rome en mesme temps ; & reünis à leur arriuée, sollicitèrent conioinctement & à soins communs la deliurance de Cecinne. Ses offices ne luy reüssissant point : elle resolut de mourir : & s'en expliqua assez, par le reproche qu'elle fit à la femme de Scribonien, de ce qu'elle viuoit apres la mort de son Mary tué dans son sein.

Thrasée son Gendre allegua tout ce qu'il sçauoit pour luy persuader de viure : & tout ce qu'il sçauoit ne la persuadent point ; Vous voulez donc, dit-il, que vostre Fille s'abandonne à vn semblable desespoir, & vous la con-

DES FEMMES FORTES.

damnez à mourir auec moy, quand la Fortune ordonnera que ie perisse. Mon exemple ne la condamne point, repliqua-t'elle, & quand elle aura vécu auec vous aussi longuement, & en aussi bonne intelligence que i'ay vécu auec Cecine, elle pourra mourir hardiment, sans que ie reuienne pour luy oster l'épée des mains, ny le poison de la bouche. Ses parens auertis par cette réponse, que sa resolution estoit plus forte que leurs raisons, luy renouuellerent leurs soins & leur assiduité. Elle les pria de la laisser finir doucement; & ne luy changer point vne mort aisée en vne mort douloureuse. Cela dit, elle s'élança auec impetuosité contre la muraille prochaine, & tomba éuanoüie, estant reuenuë auec assez de peine: Ie vous auois bien auertis, dit-elle, que tout ce que vous pouuiez, estoit de m'empescher de mourir doucement & à mon aise.

Tous les efforts qu'Arrie faisoit sur son Ame, ne détachoient point celle de Cecine, ny ne luy persuadoient de sortir du Monde honorablement, & sans attendre la violence de ses Ennemis. Elle alla enfin le trouuer, & luy declara que s'il n'auoit assez de courage pour marcher le premier il deuoit bien au moins en auoir assez pour la suiure. Elle luy representa d'vne part, la honte qu'il y auoit d'estre continuellement ioüé par vne Prostituée, & par vn Valet insolent qui faisoit de la Cour vne Scene, & de son Maistre vn Phantosme. D'autre-part elle luy remonstra l'infamie que l'Executeur laissoit aux cendres & à la Memoire de ceux qui mouroient entre ses mains.

,, Elle luy dit plusieurs fois, que la Mort n'étoit
,, terrible que pour les irresolus, & pour les ti-
,, mides: qu'elle ne blessoit point les Ames cou-
,, rageuses, qui se délioient d'elles-mesmes, &
,, ne se faisoient point tirer par force: que ce
,, dernier Acte seroit plus regardé dans l'Histoi-
,, re, que son Consulat, & auroit plus d'éclat
,, que les Triomphes de ses Peres. Et comme elle vit qu'il deliberoit encore entre la resolution
& la crainte, elle se plongea dans le sein vn poignard qu'elle auoit preparé, & en mesme temps
le retirant tout chaud & tout dégouttant, le luy
presenta auec ces paroles, les plus heroiques &
les plus victorieuses qui soient iamais sortie de
,, la bouche Romaine. Tiens Cecinne, il ne m'a
,, point fait de mal. Cecinne receut de sa main
auec le poignard, l'esprit & le courage qui
estoient sortis de sa playe, & mourut dans la
magnanimité d'Arrie plustost que de la sienne.

REFLEXION MORALE.

QVE les D'ames Chrestiennes apprennent de cette Idolatre, en quoy consiste l'Amour desinteressé & la Fidelité Coniugale. Qu'elles voyent combien de combats elle rendit, combien elle gagna de victoires. Elle eut affaire au present & à l'auenir, à ses possessions & à ses esperances. Elle estoit ieune, riche & amie de Messaline: elle pouuoit laisser son Mary a la Iustice, & se reseruer a vne meilleure Fortune, & à vn plus heureux Mariage. Ses Biens, sa Beauté, sa Ieunesse n'estoient point criminelles: n'y auoient conspiré contre le

Prince, & ce n'eſtoit pas contre-elles qu'il y auoit des Commiſſaires eſtablis, & des informations ordonnées. Elle reietta neantmoins les tentations de l'âge & de l'intereſt, elle n'écouta que ſa Fidelité & ſon Amour, & apprit par ſon exemple à tout ſon Sexe, qu'vne Honneſte Femme n'a point d'intereſt que ſon deuoir & ſa reputation, ny de Fortune que ſon Mary, qu'à ſon égard il n'y a qu'vn Homme en tout le Monde : & que celuy-là mourant, les Biens, la Ieuneſſe, & la Beauté meurent pour elle.

Airie fait encore icy aux Femmes, vne ſeconde leçon, qui n'eſt pas moins importante, ny de moindre vſage que la premiere. Elle leur apprend que celuy-là s'eſt trompé, qui a dit que le Mariage n'eſtoit qu'vn nom de plaiſir : & qu'encore auiourd'huy ceux-là ſe méprennent, qui croyent que ce ne ſoit qu'vne communauté de biens & de bourſe. C'eſt vn nom de ioug & de ſouffrances, vne communauté de maux & de peines : vne ſocieté de ſoins & d'offices. Et il eſt à propos que les ieunes Femmes ſoient auerties le iour de leurs nopces, qu'elles ſe marient pour ce iour là, & pour tous les autres qui le ſuiuront quelques pluuieux qu'ils ſoient, & quelques mauuaiſes heures qu'ils ayent. Il faut qu'elles ſçachent, qu'auec la Perſonne de leurs Maris elles épouſent toutes leurs fortunes preſentes & à venir qu'elles ſont obligées de les ſuiure, en quelque lieu que le vent les pouſſe; & de quelque orage que le Ciel les batte. Mais cette verité aura plus d'eſtenduë dans la Queſtion ſuiuante.

QVESTION MORALE.

Du deuoir des Femmes enuers leurs Marys disgrassiez & mal-heureux.

IE n'ay pû encore deuiner, pourquoy on couronne les nouuelles Mariées; & on celebre les Nopces auec tant d'appareil & tant de réjoüissance. A parler proprement & sans figure, c'est parer des Esclaues & couronner des Captiues; c'est le mener en prison auec pompe & en dansant; c'est les enchaîner en ceremonie & auec musique. Ie n'ignore pas l'antiquité de cette coustume: & voy bien que le Temps, l'Exemple & la multitude sont pour elle. Mais ie sçay bien aussi, que l'Antiquité n'est pas toute sage ny toute sainte. Les premiers Hommes nous peuuent auoir laissé leurs abus, aussi bien que leurs maladies: & les vieilles erreurs ne sont pas de meilleure condition que les nouuelles: les pechez ne sont pas iustifiez par la foule de ceux qui pechent. Il seroit bien plus à propos & de meilleur exemple, que les Nopces des Chrestiens fussent graues & modestes: que la ceremonie en fust serieuse & frugale, & qu'au lieu qu'elle est vne montre de luxe & de delices pour les nouueaux Mariez, elle leur fust vne leçon de patience & vne preparation au trauail. Il ne se verroit pas tant de riches incommodez ny tant de repenties innocentes, il ne s'en verroit pas tant, qui se plaignent d'estre tombez dans vn piege de belle montre, qui maudissent les fleurs sous lesquelles on leur a caché tant d'épines. Ils eussent au moins essayé le fardeau auant que de s'en charger : Ils eussent mesuré leurs forces auec le ioug : ils eussent preparé leur courage & leur teste à leur porter de bonne grace.

Il est ainsi que ie le dis, & il est vtile de le dire souuent, afin que l'ignorance ne donne point de lieu à la tromperie. Le Mariage n'est pas ce qu'il paroist de loin, & par le dehors. Non seulement il y a plus d'épines que de fleurs, & plus de mauuaises heures que de bonnes, non seulement les iours de deüil & de trauail y sont plus longs & en plus grand nombre que les iours de feste, mais ce qui est bien plus étrange, il n'y a point d'épine qui ne fasse deux piqueures d'vn seul coup : il n'y a point de mauuaise heure, qui n'en vale deux : point de iour de trauail, qui ne soit double. Ie veux dire qu'vne Femme mariée, outre ses épines particulieres, & les tourmens qui luy sont propres, doit encore de surcroist, & par l'obligation de son estat, se charger des peines & des tourmens de son Mary. Elle doit s'exposer aux mesmes perils, & subir les mesmes orages. Il ne luy est pas permis d'estre en repos, tandis que la Fortune le persecute: elle ne peut pas honnestement se mettre à couuert des traits qui luy sont iettez. Il faut qu'elle soit agitée auec luy ; qu'elle ait sa part de tous les coups qu'il reçoit ; qu'elle saigne de toutes ses blessures. Et cela est du droit & de la loy ; voire du droit naturel, & de la loy fondamentale du Mariage.

Premierement, si nous considerons la fin que Dieu s'est proposée en la creation de la

Femme, nous trouuerons qu'elle a esté donnée à l'Homme, pour luy estre vne aide domestique & vne Coadiutrice prochaine & de mesme naissance que luy. Or il est certain, que l'assistance & les seruices, ne sont necessaires à personne en temps de prosperité. La bonne Fortune n'a pas besoin qu'on essuye ses larmes, ny qu'on estanche son sang. Ce n'est pas pour elle qu'il y a des huiles & du baume, qu'il se fait des appareils & des ciroines. Elle a le corps sain & l'esprit libre, elle est également déchargée de tout ce qui pese & de toute ce qui afflige. Il n'y a que la mauuaise Fortune à qui la charité & la compassion, les lenitifs & les remedes sont necessaires. Elle est toûjours ou malade ou blessée de quelque costé : on ne luy voit iamais les yeux secs : iamais ses playes ne se ferment, & à toute heure elle a besoin d'appareil & de consolation, de Medecin & de Philosophe. Les Femmes donc qui sont les Assistences naturelles des Hommes, & leurs Coadiutrices d'institution diuine, appartiennent plus à leurs Maris souffrans & persecutez, qu'à leurs Maris heureux & en faueur. Et certes ce seroient des offices bien importans que les leurs, & leurs soins seroient fort considerables & de grand vsage, si elles vouloient bien estre accommodés des richesses de leurs Maris, & illustrées de leur dignité & de leur gloire, si elles s'offroient librement à leur tenir compagnie sous vn Dais & sur la Pourpre, si elles ne faisoient point prier, pour estre de leurs festes ; & pour receuoir auec eux les presens de la Fortune : & qu'apres les festes passées, & vne autre

Fortune

DES FEMMES FORTES. 17

Fortune estant venuë, elles fussent estrangeres dans leurs Maisons & à leurs Maris: elles ne voulussent pas souffrir vne seule goutte de pluye auec eux, elles ne leur parlassent que de loin & tournant la teste, comme si leur veuë portoit mal-heur, & que leur ombre fust contagieuse.

Adioustons pour seconde raison, que comme a la creation de la Femme, Dieu considera les incommoditez de la solitude, & le besoin que l'Homme auoit d'vne Compagne & d'vne Assistence, il considera aussi ce qui manquoit à son entiere perfection, & ne voulut pas qu'vn ouurage si noble & commencé auec tant d'art, demeurast defectueux, & semblable à ces ébauches, où il n'y a rien de formé que la teste. Il crea donc la Femme, & luy doña, non seulement comme vne Coadiutrice officieuse & affectionnée: mais encore comme vne seconde moitié, & comme vne partie necessaire à sa perfection. Aussi apres ces deux pieces faites & assemblées, il declara en termes exprés, que son dessein estoit qu'elles ne fissent qu'vn corps: & c'est en ce sens que doit estre pris le mot de saint Paul où il est dit que l'Homme est la teste de la Femme. Cette seconde raison est encore plus precise, & plus pressante que la premiere: & les Femmes sont par là plus étroitement obligées à prendre part à l'vne & à l'autre Fortune de leurs Marys. Et certainement si le calme & l'orage sont communs à ceux qui nauigent dans vn mesme vaisseau: & si tous ceux d'vne mesme maison ont les mesmes iours & les mesmes nuits: & souffrent coniointement toutes les inégalitez des Saisons: La communauté doit estre sans doute beaucoup plus entiere & mieux liée entre les parties d'vn mesme Corps: & cela seroit estrange & tiendroit du Monstre, si leurs sentimens n'estoient égaux, & leur compassion mutuelle: mais cela passeroit veritablement & l'estrange & le monstrueux, si dans le Composé qui se fait du Mary & de la Femme, la Partie qui gouuerne estant en deüil & tourmentée celle qui est suiette faisoit l'enioüée & la delicate; & ne vouloit rien quitter de ses ornemens ny de ses aises: Si le corps d'vne teste blessée & sanglante, estoit delicieux & paré, estoit couverte de parfums & chargé de fleurs: Si la femme vouloit estre de toutes les parties de plaisir, & entrer en tous les diuertissemens, tandis que son Mary souffre la gesne de la Sciatique, ou la torture de la pierre.

On peut dire encore, pour mieux establir ce deuoir & le persuader plus efficacement: qu'entre toutes les especes d'Amitié, il n'y en a point de plus étroite, ny de mieux iointe que celle du Mariage. Elle n'est pas du dehors & de la superficie comme les autres: & ne tient pas seulement comme elles, auec des attaches enuiles, qui sont force, & qui se trompent pour peu qu'on les touche. Elle est de toute l'ame & de tout le corps, les liens en sont fermes & solides: il y a de la Nature & de la Grace, toute la Personne en est attachée: & le Temps qui vse le bronze & l'acier ne les peut rompre: Or l'Amitié, comme chacun sçait, est vne communauté de sentimens & de volontez, de ioyes & d'affli-

&tions, & de bonne & de mauuaife Fortune. Encores fommes-nous auertis par les Sages, que les Biens n'y peuuent entrer qu'aprés les maux : & que la bonne Fortune n'y doit auoir lieu qu'au-deffous de la mauuaife. Sur quoy on fe peut fouuenir du mot de Seneque, qui dit que ceux-là ne l'entendent pas, qui cherchent en vn Amy, vn Compagnon de table & de ieu, vn Solliciteur de procez, vn Agent auprés de la faueur, vn Mediateur enuers la Fortune: qu'il y faut chercher vn Homme auec qui on entre gayement en prifon, de qui on porte la feruitude & les chaifnes : vn Homme auprés de qui on faffe naufrage fans crier contre les Aftres, ny fe plaindre de la tempefte: vn Homme pour qui on fouffre la gefne fans douleur, pour qui on meure en riant & auec ioye. Et fi l'Amitié commune qui eft libre & fuperficielle, & n'eft appuyé que fur la Nature, a des deuoirs fi penibles, & des charges fi pefantes & fi hazardeufes, quels feront les deuoirs & les charges de l'Amitié du Mariage, qui eft fi intérieure & fi neceffaire, qui a l'affiftance de Dieu & la vertu du Sacrement, qui eft foûtenuë de la Nature, & fortifiée de la Grace ? Peut-elle eftre ou intereffée ou craintiue auec bien-feance? Peut-elle faire honeftement la delicate ? Peut-elle auoir peur de la Douleur, ou de la Mort? Peut-elle s'enfuir de la mauuaife Fortune ?

Ie pourrois encore dire, que ce deuoir eft de la bien-feance d'vne Femme & de l'honneur d'vne Famille : & qu'il ne fe peut faire vne plus vilaine perfpectiue en vne Maifon, que d'vn Mary malade & affligé, & d'vne Femme coqueſte & parée. Ce défaut bleſſe generalement tous les yeux : Et il n'y a point de peintures d'Italie, ny de meubles d'outremer, il n'y a point de Figures antiques ny modernes, qui le puiſſent corriger. Il ne va pas ſeulement en cela de l'honneur & de la bienſeance : il y va du contentement & de la ſatisfaction : & comme es mains traittent auec tendreſſe la teſte malade ou bleſſée : & ce leur eſt vn tourment ſi on les empeſche de ſoulager ſa douleur & de toucher à ſes playes, de meſme vne Honneſte Femme, qui a le cœur veritablement lié, qui eſt imbuë & penetrée de la grace du Sacrement, ne ſçauroit auoir vne plus pure ſatisfaction, que de ſouffrir auec ſon Mary. Et quand ce ſeroit la bonne Fortune elle-meſme, qui luy lieroit les mains & les pieds, pour la retenir de force auprés de ſoy, & l'empeſcheroit de ſuiure ſon Mary perſecuté & mal-heureux ; la bonne Fortune luy ſeroit en horreur auec toutes ſes careſſes : & ſes liens fuſſent-ils faits auec des Couronnes & des Diadêmes luy ſeroient inſuportables.

Par ces raiſons-là, Arrie accompagne Cecinne à la mort, apres l'auoir ſuiuy au trauers des écueils & des tempeſtes : Eponine mourut courageuſement auec Sabin, apres auoir vécu neuf ans enterrée auec luy : Hypocratée endurcit la delicateſſe de ſon Sexe & celle de ſa condition, aguerrit les Graces & la Beauté, afin d'accompagner Mithridate pourſuiuy par les Romains & par la Fortune & generalement toutes les Fidelles de l'Antiquité ; ont fait des actions fameuſes & de grand exemple, que nous regardons auec applaudiſſement dans l'Hiſtoire.

EXEMPLE.

IEANNE COELLO,

Femme d'Antoine Perez, Secretaire dé- de Philippe Second.

LA memoire d'Antoine Perez doit estre encore fraische à la Cour: on l'y a veu assez long-temps en personne; & tous les iours on l'y voit dans ses Relations & dans ses Lettres. Ie ne sçay pas si le nom de sa Femme y est si connu: mais ie sçay bien que voicy la premiere fois qu'elle y paroist, & peut-estre encore ny fut-elle iamais venuë, si ie ne l'y eusse amenée. Il est bon pourtant qu'elle y vienne; & qu'elle s'y fasse connoistre. Non seulement elle n'y prendra point de mauuais air: & sa Vertu n'en sera point alterée, elle y dònnera de bons exemples à nos Dames: & leur fera des leçons de Fidelité & de Constance. Elle leur apprendra que le Mariage n'est pas vne societé de passe-temps & de trafic: que ses deuoirs ne changent point auec les saisons: que ses liens ne se doiuent ny rompre ny dénoüer par la Fortune. Elle leur enseignera, qu'elles doiuent estre les mesmes à leurs Marys abbatus & disgraciez, qu'à leurs Marys éleuez en faueur: qu'elles les doiuent autant aimer sous vne chaîne que sous vne Couronne: qu'elles doiuent respecter iusques à leurs ruines, iusques aux pieces de leurs naufrages, & aux instrumens de leurs supplices.

Cette sage & courageuse Femme, estoit de

la Maison de Coëllo, qui tient vn rang honorable entre les Illustres maisons d'Espagne. Mais la Noblesse sans la Vertu n'est que la moitié d'vne Honneste Femme, c'est vne precieuse matiere, à qui il manque de beaux traits & vne figure acheuée. Ieanne Coëllo n'estoit pas de ces Nobles informes & défectueuses; elle n'estoit pas de ces masses riches & brutes, de ces marbres qui ne sont estimez que par le nom & par l'antiquité de la carriere d'où ils sont venus. Tous les traits de l'Honneste Femme estoient accomplis en elle, comme la matiere y estoit nette & precieuse : & sa vertu estoit proprement à sa noblesse, ce qu'vne figure correcte & reguliere, & à vn rare morceau de marbre.

Epousant Antoine Perez, elle ne crut pas seulement épouser vn Secretaire & vn Confident du Prince, vn Ministre d'Estat & vn Grand en esperance : elle crut épouser tout ce qu'étoit Antoine Perez, & tout ce qu'il pouuoit estre & se prepara à l'aimer en quelque estat que la Fortune le pust mettre. Si toutes les Femmes entroient dans le Mariage auec cette preuoyance & cette preparation; si dans la ceremonie de leurs nopces, & quand elles ont à prononcer cette parole d'engagement & de seruitude, ce grand mot qui ne se peut retracter; elles se donnoit tellement au Riche & au Beau qui paroissent; qu'elles se reseruassent encore au Pauure & au Malade qui se peuuent faire de l'vn & de l'autre, si derriere le Fauory & le Grand Seigneur elle consideroient le disgracié & le ruiné qui leur peuuent succeder, il se verroit dans les Mariages plus de solide plaisir & plus de iuste satisfaction, moins de dégousts de fantaisie, & moins de plaintes inconsiderées : la mauuaise Fortune ne desuniroit pas tant de Coulpes, ny ne feroit tant de diuorces : & les Femmes également preparés aux disgraces & aux prosperitez de leurs Maris, ne changeroient pas de cœur pour eux à tous les vents ; ny n'auroient autant de visages differens qu'en a la Lune. Ieanne Coëllo ne fut point suiette à cette inégalité de cœur ny à ces differences de visages : Elle n'en changea point auec le mauuais temps, parce que le mauuais temps ne changea rien en son Mary : Et sçachant que c'estoit à Perez qu'elle estoit mariée, & non pas au Fauory ny au Ministre ; elle fut là mesme à Perez criminel & prisonnier, qu'à Perez Confident & Secretaire de Philippe.

L'Histoire parle bien de la faueur du credit de cét Antoine Perez ; & fait assez entendre que sa faueur n'estoit pas vne faueur de rencontre & fortuite, que son credit n'estoit pas vn credit venu de hazard & par auanture. Il seruit long-temps de Secretaire d'Estat à Philippe second, le plus capable Prince de son Siecle, & le plus habille en l'art des Princes. Il sceut toutes ses finesses, & vit de prés les ressorts dont il gouuernoit tant de Royaumes. Il eut le secret de ce Cabinet fatal, où il se donnoit tant de batailles, & se faisoit tant de Sieges ; d'où l'Europe estoit attaquée de tous costez, & les Terres neuues estoient enuahies. Et c'est sans doute, qu'il ne fut pas vne piece inutile en ce Cabinet : & que fort souuent sa main fit iouër adroitcement & auec succez, les ressorts qui donnent mouuement à tant de machines. Mais comme la Fortune ne se donne iamais, quoy qu'elle se preste quelquefois, & que la Cour n'est pas vn Ciel où il se voye d'Estoilles fixes : Antoine Perez déchent à son tour de cette haute éleuation; & passa soudainement & sans milieu, de la faueur à la disgrace.

Quelques-vns ont écrit, que l'assassinat du Secretaire Scouedo fut la cause de son malheur. Mais ceux-là n'ont veu que le dehors des affaires : & ont pris la montre pour le ressort. Il en faut plûtost croire les Speculatifs de l'Escurial, de qui nous auons apris par tradition, que la mort de Scouedo tué par ordre secret de Philippe, fut bien le pretexte de l'empoisonnement de Perez : mais que la concurrence de Philippe & de Perez en l'amour de la Princesse d'Eboli, en fut la vraye cause. La Nature auoit acheué auec des soins extraordinaires, & l'esprit & le corps de cette Princesse: mais elle ne luy auoit faic qu'vn œil ; soit qu'elle eust desesperé de luy en pouuoir faire vn second pareil au premier, soit qu'elle voulust qu'en cela encore elle ressemblast au Iour qui n'en a qu'vn, soit que comme Perez le dit luy-mesme au Roy Henry le Grand, elle apprehendast que si elle auoit deux yeux, elle mit le feu à toute la terre. Quoy qu'il en soit, ce defaut n'empescha pas qu'elle n'assuiettist vn Prince, qui se vantoit d'auoir deux Mondes suiets, & de reguer aussi loin que luit le Soleil. Et la mauuaise constellation d'Antoine Perez, voulut que son inclination concourust auec celle de son Maistre

C'est

C'est veritablement vne perilleuse concurrence que celle-là : & le peril y est d'autant plus certain que la Fortune y paroist meilleure : & qu'elle y donne de plus belles esperances. De tout temps on l'a presché aux Courtisans ; & de tout temps on leur preschera inutilement, & sans qu'ils s'amendent. Il y a des Amours arrogans & temeraires, qui choquent hardiment les Couronnes & les Sceptres ; qui se plaisent à faire des Riuaux Souuerains & de reputation; qui sont de l'humeur de cét Enfant glorieux, qui ne vouloit ny lutter ny courir qu'auec des Roys. Mais ils sont suiets à de cruelles tragedies, ces Amours arrogans & temeraires : Et depuis peu encore, il s'en est vû de celebres & de funestes exemples chez nos Voisins.

Antoine Perez qui estoit d'ailleurs si iudicieux & si prudent n'vsa pas en cecy de son iugement, ny ne se conseilla auec sa prudence. Il aima la Princesse d'Eboly auec Philippe : & peut-estre qu'à son malheur, il en fut plus aimé que Philippe. Il estoit agreable & ciuil auec esprit, il écriuoit galamment en prose & en vers : il composoit des mieux vne Lettre : il tournoit bien vn Sonnet & vne Stance ; ses seruices ne sentoient point l'authorité, ny ne ressembloient à des obligations : les Graces & les Muses qui sont attirantes & persuasiues, parloient pour luy à sa Maistresse. Et Philippe n'auoit pour soy qu'vne Grandeur éblouïssante & incommode : & cette Maiesté qui gesne l'Amour & qui tient les Graces en contrainte. Cette bonne Fortune, s'il faut l'appeller ainsi, fut la ruine de Perez. Philippe aima mieux se

II. Partie. C

passer d'vn bon Seruiteur, que de souffrir vn Riual plus heureux que luy: & la mort de Scouodo estant suruenuë dans cette conioncture, il fit mettre Perez en lieu où il eut tout loisir d'apprendre, qu'il fait mauuais se mesurer auec son Maistre.

Sa courageuse & fidelle Femme, ne se tint pas veufue par la chute de son Mary: elle ne crut point que son empoisonnement l'eust remise en liberté: la Princesse d'Eboly ne luy reuint point sur le cœur, elle ne se réjoüit point en esprit auec Philippe, de ce que d'vn mesme coup, il l'auoit déchargée d'vne Riuale, & s'étoit deliuré d'vn Concurent. Ces pensées de libertinage fussent venües à vne Coquette, qui eust eu l'esprit détaché, & le cœur vœuf dans vn corps lié, & vne Ialousie irritée, se fust assouuie de ces imaginations ameres, & de ces desirs de vengeance. La sage Femme éloignée en pareil degré, de la Coquetterie & de la Ialousie, considere que Perez mal-heureux & dé-
,, poüillé, n'estoit pas vn autre Homme que Pe-
,, rez en faueur & reuestu des bonnes graces du
,, Prince; Que la mauuaise Fortune ne donne
,, point droit de retraction, ny ne iustifie les
,, infidelles, & qu'vn Cœur attaché de bonne
,, foy, ne se retire iamais pour aucunes épines
,, qui naissent au lieu où il est attaché. Elle se
,, representa, que les fautes de son Mary ne la
,, dispensoient pas de son deuoir; qu'vn feu
,, estranger & apporté de dehors n'auoit pas
,, bruslé ses liens, ny consommé le ioug de son
,, mariage, que sa fidelité seroit d'autant plus
,, Chrestienne & plus heroïque, qu'elle seroit

„ plus forte, & qu'elle vaincroit, vne plus dan-
„ gereuse Aduersaire. Elle se persuada que la
„ haute generosité d'vne Honneste Femme, &
„ & le comble de sa vertu, estoit de se conser-
„ uer toute entiere à vn Mary partagé, de luy
„ garantir iusques à la fin la donation de son
„ cœur : quoy que tous les iours il retirast le
„ sien piece à piece : de l'accompagner par tout
„ où il peut estre ietté par l'orage : & sur tout
„ de prendre autant de part que luy dans ses
„ aduersiez ; qui sont les punitions de ses
„ fautes

Munie de ces considerations elle se fit prisonniere elle-mesme auec Perez, & ne se retint qu'autant de liberté qu'il luy en falloit, pour solliciter leurs communs Amys, pour implorer de temps en temps la bonté du Roy, & employer par interualles le credit & la faueur, les larmes & les prieres à la deliurance de son Mary. Voyez combien elle donna de combats: combien elle emporta de victoires en cette seule action. Elle vainquit la Ialousie, qui est vne des plus fortes & des plus dangereuses ennemies des Femmes. Elle se défit de sa liberté & de son repos, qui sont des biens naturels & adherans; des biens dont on ne se défait point que par vne extréme violence. Elle surmonta l'auarice par les profusions continuelles qu'il luy fallut faire, pour appriuoiser les Geoliers & les Gardes en les foulant. Elle fut plus forte qu'vne prison rigoureuse & terrible de ses propres incommoditez; mais beaucoup plus rigoureuse & plus terrible par la colere du Prince, qui en auoit chassé la pieté, qui en auoit renforcé les portes & redoublé les tenebres, qui auoit donné vne nouuelle dureté au fer & aux murailles. Enfin elle fut victorieuse de la Gesne & de la Mort mesme, s'exposant comme elle fit à l'vne & à l'autre, par la hardiesse qu'elle eut de tirer son Mary de la prison, & de tromper l'attente & la colere du Prince. Cette hardiesse fut veritablement ingenieuse & spirituelle, & l'Amour n'y fut pas seulement resolu, il y fut trompeur de bonne foy & sans scandale. Auec tout cela neantmoins, cette courageuse Femme eust payé de la teste, & les inuentions de sa hardiesse, & les tromperies de son amour, si Philippe s'en fust conseillé, auec la Ialousie qu'il auoit pour son Authorité & pour sa Maistresse.

Antoine Perez voyant que toutes les voyes estoient fermées à l'esperance, & qu'il ne paroissoit aucun rayon de misericorde du costé de l'Escurial : resolut par le conseil de sa Femme, de chercher de soy-mesme vne fin à ses miseres, sans importuner dauantage des Intercesseurs impuissans, & vne Clemence sourde. La resolution fut que Ieanne Coëllo feroit appoter secrettement vn habit de Femme, & que Perez sortiroit sur le soir auec elle, déguisé de cét habit, & mesié auec les Femmes de sa suitte. La partie réussit comme ils l'auoient faite. Ieanne Coëllo sortit accompagnée de cette nouuelle Suiuante, & pria les Gardes les pistolles à la main qu'ils laissassent reposer son Mary, qui toute la nuit passée auoit veillé auec ses inquietudes & son ennuy. Perez mis en liberté par cét artifice, se retira auprés du Roy Henry le Grand, qui le receut auec honneur.

& Ieanne Coëllo demeura en Espagne, estimée de chacun pour son courage & pour sa fidelité.

Ie suis le premier, qui y fait voir à la France cette courageuse & fidelle Femme : & auiourd'huy ie la produis à la Cour, afin que nos Dames apprennent d'elle, que ce ne sont point les grandes dépenses & le Luxe estudié qui font l'Honneste Femme : qu'vne si belle Figure demande bien d'autres traits & d'autres couleurs. Que le plus noble Sang du Monde est obcur, & n'a point de lustre, si la Vertu ne luy en donne. Que le mariage est vne compagnie pour le mauuais temps & pour les routes difficiles, aussi bien que pour les beaux iours & pour les chemins agreables. Et qu'il doit estre de l'affection d'vne Honneste Femme, comme de celle du lierre, qui se tient inseparablement à l'arbre qu'il a vne fois embrassé : & ne le quitte iamais quelque neige qui tombe sur luy: quelque vent qui l'agite, quelque tempeste ou quelque force qui l'abbate.

C iij

PAULINE. *Tacitus. An. lib. 15.*

PAULINE.

EST-CE vne Grace, ou vne Amazone bleſſée, qui meurt là debout, & en poſture de Victorieuſe? C'eſt bien veritablement vne Grace, voire vne Grace virile & magnanime. Mais ce n'eſt pas vne Amazone; ſi ce n'eſt vne Amazone Philoſophe & de longue robbe. C'eſt la ſage & vertueuſe Pauline, qui eſt deuenuë Stoïque en la Maiſon de Seneque, & qui veut reſolument mourir en ſa compagnie & à ſon exemple.

Vous auez appris, ce que le bruit commun a publié de l'ingratitude de Neron, & du mandement funeſte qu'il a enuoyé à ſon Precepteur. Ce ſecond patricide, n'a pas moint ſcandaliſé le Senat & tout le Peuple que le premier, qui eſt encore tout frais, & dont le ſang fume encore ſur la terre. Et l'impieté du Tyran, apres auoir fait aſſiner Agrippine, qui auoit eſté deux fois ſa Mere, & l'auoit engendré au Monde & à l'Empire: Apres auoir fait mourir Seneque l'Inſtructeur de ſa ieuneſſe & le Pere de ſon Eſprit, ne ſçauroit plus monter, ſi elle ne s'éleue contre Dieu, ſi elle ne ſe prend à la Religion & aux choſes ſainctes. Quoy que ce dernier coup ne ſoit tombé que ſur Seneque, il eſt le ſeul pourtant qui n'en a point eſté ſurpris: Et ayant veu ſouuent l'Ame de Neron à découuert, & iuſques au fond, il uoit touſiours bien crû, que des figures de Rhetorique, & des ſentences appriſes par cœur, ne ſeroient pas mieux reconnües de luy, que la vie & l'Empire qu'il auoit receus de sa Mere.

Aussi il a receu cét ordre barbare, auec vne tranquillité veritablement Stoïque, & digne du courage & de la reputation de la Secte. Il n'en a point appellé au Senat : il sçait bien que le Senat n'est aujourd'huy qu'vn Corps sans force, vn Corps tronçonné & tout sanglant des atteintes qu'il a receuës du Tyran. Il n'a point imploré le secours des Loix : Elles sont toutes à present ou bannies ou mortes. Il a voulu obeir sans bruit & sans remise : Et vous ne pouuiez arriuer plus à propos, pour voir vn Stoïque mourant dans les formes, & selon les dogmes de la Pofession. Pauline aussi a voulu montrer que la constance estoit de son Sexe non moins que du nostre : & que les Femmes pouuoient estre Philosophes, sans auoir l'habitude au Lycée ny au Portique, sans sçauoir faire de Dilemmes ny de Syllogismes. Elle a crû qu'estant vne moitié de Seneque, elle deuoit estre courageuse de son courage, & mourir de sa mort ; comme elle auoit esté riche de ses biens & honorée de sa Fortune.

Les veines leur viennent d'estre ouuertes d'vne mesme main & d'vne mesme lancette. Leur sang & leurs esprits se sont meslez dans leurs blessures, & celuy de Seneque entrant dans le bras de Pauline auec la lancette, a penetré iusques à son cœur, & s'est mis autour de son ame. Aussi vous voyez qu'instruite & fortifiée de cét esprit, qui luy sert d'vne seconde raison & & d'vn courage accessoire, elle a la force d'attendre la mort debout, qui est le dernier acte de la Vertu souueraine, & la vraye posture des Heros mourans. Le sang luy coule des bras auec violence, comme si c'estoit son Ame qui le pressast; pour auoir la gloire de sortir la premiere: & à voir ses plus pures & plus spirituelles parties, qui reiallisse du bassin où il tombe; vous direz qu'il est glorieux de la noblesse de sa source, & qu'il se sent de trop bon lieu pour estre versé à terre. Pauline le regarde couler froidement sans alteration, & reserué que son teint s'éuanouyt peu à peu & que la pasteur luy succede, comme elle succede aux derniers rayons d'vn beau iour qui meurt dans vne belle nuë. il ne s'est fait aucun changement en son visage.

Sa constance aussi n'est pas vne constance farouche: elle a de serenité & des graces; mais c'est vne serenité passe, ce sont des graces qui expirent. Elle est bien plus auare de ses pleurs & de ses soupirs, que de son sang, & de sa vie. Elle a defendu à ses yeux & à sa bouche de donner vne seule marque de foiblesse, & vne Figure de marbre blanc qui feroit vne fontaine de ses veines artificielles, n'auroit pas vne fermeté plus tranquille, ny vne asseurance de meilleure mine.

Cét exemple est veritablement rare; mais il est triste, & ne peut instruire l'esprit qu'en blessant le cœur. La fumée d'vn si noble sang vous tire presque les larmes: Et il vous fasche de ne pouuoir pas sauuer les beaux restes d'vne si belle vie. N'en soyez pas dauantage en peine. Le Tyran aduerty de sa genereuse resolution de Pauline, enuoye des Soldats de sa

Garde pour la retirer de la mort, & la faire viure par force. Ce n'est pas qu'il prenne soin des Vertus, ny qu'il veüille conseruer les Graces, qui vont mourir auec elle. Il est Neron en toutes ses actions, & ne fait pas moins de mal quand il sauue, que quand il tüe. C'est qu'il se plaist à separer les Esprits les mieux vnis, & à diuiser les plus beaux Couples, c'est qu'il ayme à forcer les inclinations & à rompre les Sympathies, c'est qu'il veut exercer sur les Amitiez & sur les Ames, vne Tyrannie interieure & spirituelle, c'est qu'encore apres la mort de Seneque, il veut auoir le cœur de Seneque en sa puissance.

La Balustrade de porphyre sur laquelle vous le voyez appuyé, est la mesme à ce qu'on dit, sur laquelle dernierement au bruit & à la lueur de Rome ardente, il chanta l'embrasement de Troye. Il parle de là aux Soldats qu'il enuoye à Paline, & leur recommande la diligence. Quoy qu'il ne luy reste plus que deux pas à faire, ils la retireront mal-gré elle, & l'attacheront de nouueau à la vie en bandant ses playes. Il seroit à souhaitter pour le salut de Rome, qu'ils en fissent autant à Seneque. Mais s'ils auoient des bandes & des remedes à luy appliquer, Neron voudroit que ce fussent des bandes empoisonnées & des remedes qui tuassent. L'année passée il fit traitter de semblables remedes le braue Burrus son Gouuerneur : Et ne doutez point que bien-tost il n'en enuoye de pareils à Seneque, si son ame est vn peu lente à sortir.

Il ne tient pas au bon Vieillard, qu'elle ne soit dé-ja en liberté, il la presse auec assez d'instance, & luy a fait d'assez larges ouuertures en toutes ses veines. Mais il faut que Seneque meure long-temps, afin que sa longue mort soit vne longue instruction & vn exemplaire en grande forme. Certes ce Seneque n'est pas celuy-là dont l'Enuie & la Médisance ont fait tant de faux portraits. Ie ne luy voy rien des foiblesses ny des vices qu'on luy reproche : Et cette mort quoy qu'en dient les Ignorans & les Calomniateurs, ne peut estre d'vn Vertueux de mine, d'vn Philosophe masqué, d'vn Sage contrefait & sophiste.

Sa Constance tranquille & asseurée, montre au dehors la fermeté de son esprit. Il semble qu'il confirme des yeux & du front, tout ce qu'il a écrit du mépris de la Fortune & de la Mort : Vous diriez qu'il s'allegue soy-mesme pour preuue de sa doctrine. Il philosophe par autant de bouches qu'il a de playes, & chaque goutte de son sang est vne demonstration Stoïque, est vne preuue de ses dogmes, & vn témoignage qu'il rend à la force de sa Secte. Ses Amys pleurans & en deüil, reçoiuent auec ces dernieres paroles, le dernier esprit de la Philosophie, & les pures lumieres que répand son Ame détachée est dé-ja presque découuerte. L'attention qu'ils luy donnent est respectueuse, & a ie ne sçay quoy de religion : Et il seroit difficile de dire, si c'est à sa voix ou à son sang qu'ils sont attentifs : si c'est la leçon de sa bouche ou celle de ces playes qu'ils écriuent.

En cette extremité, ce Seuere qui regarde la Mort auec autant d'asseurance qu'il regarderoit vn masque, n'ose pas arrester les yeux sur Pauline : Ie pense qu'il apprehende que l'Amitié n'attendrisse son Esprit, & que le Mary ne se trouue plus fort en son cœur que le Philosophe. Mais ne vous scandalisez point de ces tendresses, elle ne sont point de mauuaise grace en vn Sage : Il peut s'affliger honnestement pour autruy : & les larmes que l'Amitié a exprimée, peuuent couler sur son visage auec bien-seance.

SONNET.

D'Vn Ame également & Stoique & Romaine,
Pauline se presente aux armes de la Mort :
Vn Amour Philosophe ayde à ce beau transport ;
Et veut donner le coup pour adoucir sa peine.

Soit enuie ou pitié la Fortune inhumaine
Accourt pour la reprendre & renouer son sort :
Sa grande Ame y resiste, & par vn noble effort,
S'écoule auec son sang de peur qu'on la rameine.

Presomptueux Autheurs des hautes fictions,
Sages qui nous ostez les belles Passions ;
Apprenez d'vne Femme à deuenir Stoiques :

Et sçachez quoy qu'ay dit vostre vain Conducteur,
Qu'on souffre auec plaisir les Morts les plus tragiques,
Quand l'Amour veut luy-mesme estre l'Executeur.

ELOGE DE PAVLINE.

S'Il y eut de grands vices au Siecle de Neron, il y eut aussi des Vertus eminentes & de grand exemple. Les plus noires nuits ont leurs Astres, & dans les plus mauuaises Saisons, le

DES FEMMES FORTES. 37

Soleil à ses bons interualles & les belles heures. Ce Monstre dépité contre la raison qui luy faisoit voir ses defauts, s'en prit à Seneque qui la luy auoit éclaircie & disciplinée: comme si c'eust esté de la faute du Maistre qui auoit poly le miroir, & non pas de la laideur, qu'il estoit horrible. Il enuoya donc luy faire commandement de mourir: & ce grand Homme qui auoit vieilly sous vne autre Maistresse, que cette petite Philosophie d'escrime, qui n'est hardie que dans vne Sale & contre des Phantosmes; à ce barbare commandement, se voulut donner pour preuue de sa doctrine, & mettre en exemple ce qu'il auoit mis en proposition & en dogmes.

Quand il fut temps de partir, il ne tourna pas seulement la teste, pour écouter la Fortune qui le sollicitoit, & l'appelloit à l'Empire. Il sortit d'vne Maison de plus de dix millions, comme s'il fust forty d'vne cabanne de chaume. Il ne se montra sensible que pour Pauline, qu'il laissoit ieune & exposée aux iniures de la mauuaise saison, & aux insolences du Tyran qui l'auoit faite. Il voulut luy persuader de viure, & de se consoler auec sa Vertu, & les commoditez qu'il luy laissoit. Mais elle luy fit " bien sçauoir, que ces persuasions indulgen- " tes & timides, n'estoient pas pour la Femme " de Seneque : que son exemple la conseilloit " mieux que ses raisons, que l'Amour honneste " estoit aussi fort que la Philosophie, & qu'il " enseignoit aussi bien qu'elle à mourir con- " stamment & auec courage. Les veines leur fu- " rent ouuertes d'vne mesme lancette, ils mêlerent leur sang, leurs esprits & leurs exemples, & l'Ame de Pauline eust suiuy celle de Seneque, si elle n'eust esté retenuë au dernier pas qui luy restoit à faire. Neron apprehendant que la mort d'vne Dame si illustre & de si haute reputation, acheuast de luy attirer la hayne publique, enuoya des Soldats qui luy banderent les veines, & luy firent violence pour la faire viure. Mais elle retint tout ce qu'elle pût de la mort qui luy fut ostée, & tousiours depuis elle en eut le desir dans le cœur, & la pâleur sur le visage.

REFLEXION MORALE.

PAVLINE qui est encore victorieuse de la Mort en cette Peinture, nous apprend que la Philosophie n'a point de Sexe, qu'elle se communique sans distinguer les habillemens ny les visages, que les graces mesmes peuuent deuenir fortes & courageuses sous la discipline, & que la molesse est de la corruption du cœur, & non pas de la delicatesse du temperamment, ny des dispositions de la Fortune. Elle nous apprend encore que la Vertu doit estre bien foible, & le Christianisme bien superficiel en la pluspart des Dames Chrestiennes, qui s'embarasseut d'vn collet & de trois perles, qui ont le cœur lié au passement d'vne iuppe, qui sont esclaue d'vne petite Fortune, qui n'est à bien dire qu'vne figure de boüe dorée. Le moins qu'elles puissent attendre, est d'estre condamnée par cette Payenne, qui eut l'Ame dégagée parmy les Richesses égales à celles des Rois, qui eut le cœur libre entre les bras d'vne Fortune qui eſtoit auſſi grande que l'Empire, & qui donnoit de la jalouſie à la Fortune de l'Empereur. La queſtion ſuiuante fera voir ſi Pauline a pû eſtre Philoſophe & Stoique, & ſi c'eſt auec raiſon que j'ay dit que la Philoſophie n'a point de Sexe.

QVESTION MORALE.

Si les Femmes ſont capables de la vraye Philoſophie.

IL s'eſt veu autrefois vne Harangueuſe de Places publiques, qui faiſoit auec des queſtions inutiles & des diſcours étudiez, ce que les Charlatans d'aujourd'huy font auec des grimaces & des drogues. Il s'eſt veu encore vne Craſſeuſe, qui affectoit vne liberté brutale & impudente, qui brauoit la Fortune & la Nature auec vn baſton & vne beſace, qui eſtoit gueuſe & arrogante; qui auoit ſous des haillons & dans vne robbe déchirée, vne enflure pire que celle qui ſe fait ſous le drap d'or & ſous la Pourpre: l'vne & l'autre eſtoit appellée Philoſophie: mais l'vne & l'autre, n'en auoit que le nom, & vn faux maſque qui leur attiroit des Spectateurs. Et certainement s'il n'eſtoit point deſcendu d'autre Philoſophie du Ciel, que cette cauſeuſe & cette arrogante; j'aurois conclu d'abord qu'vne Honneſte Femme ne peut auoir d'habitude auec la Philoſophie. Il y en a donc vne troiſiéme, qui eſt la vraye Maiſtreſſe de la vie, &

la Directrice des mœurs: qui a l'intendance gneiale des Vertus & des Sciences, & n'est point ennemie des Graces: qui a vne capacité modeste & vn courage sans enflure & sans fierté. Et s'il s'agit de cette Philosophie, il faut dire hardiment & sans craindre de luy faire iniure, qu'elle n'a point de Sexe non plus que les intelligences: qu'elle est venüe pour les Femmes aussi bien que pour les Hommes: & qu'éstant la derniere perfection de l'Esprit & l'acheuement de la raison, toutes les Ames raisonnables sont également capables de sa discipline.

Et afin d'établir cette decision auec methode: Il est à remarquer, qu'il y a vne Philosophie contemplatiue & de pure speculation, & vne Philosophie morale & de pratique. L'vne & l'autre est dans la portée de l'Esprit des Femmes, & n'a point de fonction qui passe leurs forces. La Speculatiue contemple les Ouurages de Dieu & les secrets de la Nature: Elle étudie l'Harmonie du Monde, & les conuenances merueilleuses des Parties hautes & de Parties basses qui la composent: Et la fin de sa contemplation & de son estude, est la satisfaction qu'elle reçoit des verités connües & des sciences acquises: la Morale ne s'éleue pas ordinairement si haut: mais son estude est vne estude d'vsage, & ses connoissances vont à l'action: son office est de gouuerner la liberté de l'Homme; de luy marquer des bornes & luy donner des reglemens, & sa fin est de conduire à la felicité ceux qui gardent ces reglemens, & qui demeurent dans ces bornes.

En

En tout cela certes, il n'y a rien où l'esprit des Femmes ne puisse attteindre ; rien qui soit au dessus de leur portée, & des routes que la Nature leur a ouuertes. Pourquoy ne seroient-elles pas aussi capables que nous de la contemplation & des sciences de la Philosophie speculatiue ? Leurs Ames sont-elles plus terrestres & plus attachées à la matiere que les nostres? sont-elles d'vne trempe differente, ou d'vne autre source ? La Nature les a-t'elle chargées de quelque masse, les a-t'elle liées de quelque chaisne qui les empesche de s'éleuer ? Sont-elles absolument incapables de ces aisles que Platon a remarquées dans les Ames contemplatiues ? Toutes choses donc sont égales entre les Hommes & les Femmes du costé de l'Ame, qui est la partie intelligente, & qui fait les Sçauans & les Philosophes : & s'il y a de l'inégalité du costé du Corps, comme on ne peut pas le nier, elle est auantageuse aux Femmes & perfectionne en elles la capacité dont ie parle.

On leur reproche l'humidité de leur complexion : mais on ne la leur reprochera point quand on se souuiendra que l'humidité est la matiere dont se forment les images qui seruent aux Sciences : qu'elle est le propre temperament de la Memoire, qui en est la depositaire & la nourrice : qu'elle peut contribuer à la lumiere de l'Esprit, comme elle contribuë à celle des corps : que les astres humides n'ont pas moins de clarté que les autres : & que les testes seiches, ne sont pas en reputation d'estre les mieux remplies ny les plus sages.

Quant à la delicatesse, apparemment ceux

D

qui leur en font vn sujet d'accusation, n'ont pas pris l'auis d'Aristote. Ils sçauroient que le temperament le plus delicat est le moins chargé de matiere ; le plus net & le plus propre à estre penetré des lumieres de l'esprit, le mieux preparé aux belles images & à l'impression des Sciences. Saint Thomas aussi ayant à prouuer l'excellence naturelle de l'esprit de Iesus-Christ, n'a pas crû en pouuoir alleguer vne raison plus pertinente, que la delicatesse de sa complexion. Et generalement les matieres les plus tendres & les plus fragiles, sont particulierement affectées aux plus subtiles & aux plus parfaites formes. Ce que les Arts ont de plus acheué & de plus spirituel, se fait ordinairement auec de la soye, se graue sur du cristal, se tourne sur de l'yuoire. La Nature n'a qu'vne seule Ame intelligente & capable de discipline, & cette Ame est la forme du plus infirme de tous les Corps: & mesme dans ce corps si infirme, le siege de l'esprit & de la raison n'est pas dans les os & dans les nerfs ; il est dans le cerueau qui en est la plus molle & la plus delicate partie. A quoy on peut encore ajoûter que dans les Corps Politiques, les Sciences ne sont pas des Artisans, ny des Laboureurs ; de ces membres roturiers qui sont robustes de leur complexion, & endurcis par le trauail ; elles sont des Gens de Cabinet, des Sedentaires & des aysez ; de ceux qui ont esté nourris dans le repos & à l'ombre.

Il ne reste que la promptitude que les malins nomment legereté ; & dont ils croyent faire vne forte piece contre les Femmes qui pretendent aux Sciences. Mais pour affoiblir cette piece & rompre son coup, il ne faut que demander à ceux qui l'employent, si la pesanteur est l'Esprit, & la vitesse de la matiere: Si les Anges & les Astres, l'Intelligence & la Lumiere, sont des choses lourdes & immobilles: Et si parmy les Hommes, les habiles sont les tardifs, & les prompts sont les stupides. Les Sciences demandent des Aisles d'Aigles, & non pas des pieds de Tortuës. C'est pour cela que les Seraphins qui sont les plus sçauantes Intelligences & les plus Theologiciennes, ont des aisles iusques à la teste. Le mot mesme de discourir, est vn mot de legereté & de vistesse: & pour ne dire point que les yeux qui sont en nous les seules pieces capables d'étude, ne peuuent étudier que par vn mouuement perpetuel: les esprits animaux qui sont les aydes de la raison, & les ressorts materiels d'vne action sans matiere, sont les plus legeres & les plus mobiles parties de nostre substance.

Reconnoissons donc, que les Femmes peuuent partager auec nous la possession des Sciences. La Nature n'a pas eu dessein de les en exclure, & les raisons mesmes qui sont alleguées contre leur droit, le confirment dauantage, & leur valent de nouueaux titres. On sçait aussi que depuis le temps des Muses, qui ont esté Sçauantes erigées en Déesses, il n'a point esté de Siecle qui n'ait eu vn bon nombre de Femmes tres-capables. Tiraqueau nous a laissé vne longue liste des Anciennes & des Modernes, dont il auoit trouué la reputation déja faite: & autant de noms qu'il a recueillis en cette liste, sont autant de preuues efficaces &

concluantes, pour la capacité que les Femmes ont aux Sciences.

Mais ces preuues mortes & éloignées de nôtre veüe ne nous sont point necessaires. Nous en auons qui ont vie & esprit, qui persuadent nos yeux & nos oreilles : Et quand toutes les autres nous manqueroient, le seul Hostel de Rambouillet auroit en ce point toute l'authorité que pourroit auoir vne Academie approuuée & de reputation. Il y a là vne Mere & vne Fille, en qui la pure teinture de l'esprit Romain s'est conseruée auec le bon sang & la generosité de l'ancienne Republique. Elles sont sçauantes l'vne & l'autre de la science des Cornelies, des Iulies & des Paulines leurs Ayeules, de ces Femmes iudicieuses & agreables, qui estoient le Conseil priué, & le Theatre domestique des Consuls & des Dictateurs. Mais qu'on ne croye pas qu'il y ait de l'enflure & de la presomption en cette science : qu'elle soit de celles qui font tourner la teste, & causent de l'éuanoüissement à l'Esprit. Qu'on ne la prenne pas pour vn amas de notions indigestes & tumultuaires, pour vn recueil de Fables & d'Histoires apprises par cœur. Elle est modeste & ciuile auec force, elle est solide sans suffisance & sans rudesse, elle va à la conduite de la vie, & à la iustesse des mœurs: Et rien ne luy manque de tout ce qui peut donner de l'vsage & de l'adresse aux Muses, de la bien-seance & des ornemens aux Graces. Il se peut donc faire de ces deux rares & sçauantes Personnes vne illustre demonstration de la capacité des femmes, & par la mesme raison que l'on a dit autrefois qu'Athenes estoit la Grece de la Grece, on pourroit bien dire auiourd'huy visant à elles, que l'Hostel de Rambouillet est la Cour de la Cour. Ie ne dis de la Cour interessée, ambitieuse & corrompüe, ie dis de la Cour ingenieuse & spirituelle, de la Cour galante & modeste. Quoy que i'aye dit neantmoins mon intention n'est pas d'appeller les Femmes au College. Ie n'en veux pas faire des Licenciées, ny changer des Astrolabes & en des Spheres, leurs aiguilles & leurs laines. Ie respecte trop les bornes qui nous separent, & ma question est seulement de ce qu'elles peuuent, & non pas de ce qu'elles doiuent, en l'etat où les choses ont esté mises, soit par l'ordre de la Nature, soit par vne coustume immemoriale; & aussi vieille que la Nature.

Mais certes, comme ie ne serois pas pour celles qui feroient dans leurs Cabinets, tous les exercices & toutes les factions du College: qui ne parleroient qu'en Enthymemes & en Syllogismes: & n'auroient dans la teste que les Idées de Platon; & les Atomes d'Epicure. Aussi ne sçaurois-ie assez loüer, celles qui se mettent sous la discipline de cette autre Philosophie d'vsage & d'action, qui éclaire l'Esprit de ses lumieres & le fortifie des dogmes; qui établit la bien-seance dans les mœurs, & la fermeté dans la vie; qui aiuste toutes les Conditions & toutes les Fortunes à ses Regles. Premierement s'il s'agit de la capacité, elle ne peut pas leur estre disputé: il s'en est trouué parmy elles, qui ont suiuy d'aussi prés qu'aucun Homme, la Philosophie la plus sublime & la plus speculatiue; qui ont trauersé tout ce qui peut estre ouuert à la raison humaine : qui ont esté plus haut que Socrate & que Platon; plus loin qu'Aristote & que Theophraste.

D'ailleurs cette Philosophie de pratique n'est pas d'vn Pays inconnu, ny hors des grandes routes. Il n'est point necessaire d'auoir les aîles & la veuë d'vne Aigle pour aller à elle : on y va de plein pied, & de toutes les Regions du Monde, de tous les degrez de l'Estat, & de tous les ordres de la vie. Elle a des disciples Souuerains & des disciples esclaues : & dans ses ses escoles le Roy & le Suiet, le Riche & le Pauure, le Maistre & le Seruiteur ont leurs places assignées, selon la diuersité de leurs conditions & la difference de leurs offices. Dauantage, la perfection de cette Philosophie n'est point embarrassante, ny suiette a desordre. Elle souffre toutes les autres professions legitimes : & s'accommode auec tous les degrez de la Fortune: elle donne des leçons pour les affaires & pour le grand Monde : elle en donne aussi pour le repos & pour la Solitude : & afin d'apprendre ces leçons, il n'est point necessaire qu'vne Femme abandonne la conduite de son ménage ; qu'elle fasse diuorce auec son Mary, qu'elle renonce aux plaisirs honnestes & à la societé ciuile ? qu'elle s'enferme dans vne chambre tapissée de Cartes & meublées de Spheres & d'Astrolabes.

Adioustons que la Philosophie Morale nous a esté donnée pour gouuerner nos Passions; pour distinguer nos deuoirs & nos offices; pour nous apprendre les exercices de la Vertu; pour nous conduire comme par la main à la Beati-

DES FEMMES FORTES. 47

de. Et les Passions des Femmes n'ont-elles pas besoin de gouuernantes aussi bien que les nôtres ? Ne peuuent-elles point se méprendre en leurs offices & en leurs deuoirs ? Sont-elles nées si instruite & si parfaites, qu'elles puissent apprendre la Vertu sans leçon & sans methode ? Sont-elles si heureuses qu'elles puissent arriuer à la Beatitude de leur seule adresse & sans Guide ? L'iniustice seroit donc extréme, de leur vouloir oster cette Philosophie Gouuernante des Passions, Maistresse des Vertus, & Guide necessaire à tous ceux qui pretendent à la Beatitude.

Enfin les Femmes ont à se défendre aussi bien que nous, & des presens & des outrages de la Fortune : elles sont sujettes aux enflures & aux conuulsions, qui suiuent les bons & les mauuais accidens : Et s'il n'y a point d'Homme qui ait la teste si forte naturellemét, qu'il puisse porter vne prosperité sans vertige, où vne aduersité sans éuanoüissement & sans foiblesse : doit-on attendre que les Femmes soient preseruées de toutes ces maladies, par la seule force de leur constitution, que la teste ne leur tourne point sur le haut de la rouë, & parmy les parfums de la Fortune, que leur cœur ne change point d'assiette quand elles ne changeront de posture, & qu'il demeure debout apres leur cheute ? Il n'y a point de constitution si bien preparée, ny de si bonne trempe, de qui cette constance & cette égalité se doiuent attendre sans le secours de la Philosophie Morale. Et partant il faut conclure, non seulement qu'elle n'est point contre la bien-seance, ny outre la capacité du second Sexe; mais qu'elle luy est vn ornement & vn support necessaire: & qu'il ne se peut faire ny d'Honnestes Femmes, ny de Femmes Fortes, que sur les desseins & par les regles de la Morale.

Toutes les Vertueuses & les Magnanimes que nous admirons dans l'Histoire, ont esté faites apres ces desseins, & acheuées par ces regles. Nous en auons connu & en connoissons encore, qui ont les mesmes traits & sont de mesme maniere: & si ie ne craignois qu'on m'accusast de flatterie & d'affectation, ie ferois voir icy que la France a encore auiourd'huy ses Cornelies & ses Porcies, ses Arries & ses Paulines. Mais obeïssons au Sage, qui nous defend de loüer les Vertus viuantes: & terminons cette dispute par vn Exemple de la memoire de nos Peres, où l'on verra vne Princesse sçauante, vaincre d'vne force égale, & les sollicitations & les ouurages de la Fortune: & par vne constance plus que Stoïque, porter sur vn Eschaffaut le mesme visage qu'elle auoit porté sur le Trône.

EXEMPLE.

IEANNE GRAY DE SVFFOLC
Reyne d'Angleterre.

HENRY huictiéme estant mort dans le sang des Martyrs qu'il auoit faits; & sur les ruines de l'Eglise d'Angleterre qu'il auoit abbatüe, Edoüard Fils de Semery sa troisiéme Femme, succeda à son Schisme & à son
Anatheme,

DES FEMMES FORTES. 49

Anatheme, aussi bien qu'à ses Estats & à sa Couronne: Mais comme il n'est point de semence si malheureuse, & de si courte durée que celle des Hommes impies, la foudre & la malediction qui auoient esté iettée sur le Pere, estant retombées sur le Fils, ce pauure Prince mourut auant qu'il eust bien appris à viure: & par vn testament qu'il fit à la persuasion de Dudley Duc de Nortumbelland, declara Ieanne Gray son heritiere. Il se peut dire sans médisance, que ce testament fut dicté par l'Ambition: Mais il se peut dire aussi sans flatterie, qu'il fut dicté en faueur des Graces & des Vertus; au profit des Sciences & des Muses: & la Couronne d'Angleterre ne pouuoit estre mise sur vne plus belle teste, ny qui luy pût faire plus d'honneur que celle de Ieanne.

Elle estoit née auec ces agrémens & ces charmes, qui donnent vne espece de souueraineté au visage des belles Personnes; & qui leur sont vne onction naturelle, & vn Diadéme sans or & sans pierreries. Son Esprit auoit des agrémens encore plus souuerains, & des charmes de plus grande force que son visage: & ces graces de naissance & de parade, estoient accompagnées d'autres graces acquises & vtiles, qui augmentoyent leur prix de moitié, & leur donnoient vne seconde teinture de bien, & vn nouueau lustre. Elle parloit Grec & Latin, comme si elle eust esté d'Athenes & de Rome: elle auoit vne exacte connoissance des Arts liberaux & entendoit parfaitement l'vne & l'autre Philosophie. Mais ce qui est plus à estimer que toute la Philosophie, plus que tous ces Arts & tou-

E

res ces Langues; c'est qu'au regne du Vice & de la Licence, au Siecle de Henry VIII. & apres le scandale d'Anne Boulain, elle auoit la pudeur & la vertu de ce bon temps, auquel l'Angleterre estoit appellée le Pays des Anges. Cependant il faut dire la verité; toutes ces qualitez si rares & de si grād prix ne furēt point considerées dās le testamēt qui fut fait en faueur de Ieāne. Edoüard mourut aussi foible qu'il auoit vescu: il abandonna sa derniere volonté au Duc de Nortūbellād, comme il luy auoit abandonné toutes les autres. & le Duc abusa de sa mort, cōme il auoit abusé de sa ieunesse. Ce ministre ambitieux, non content d'auoir regné sans Couronne par la tolerance de son Maistre, à qui il n'auoit laissé qu'vne Royauté de môtre & vne dignité en liurées; voyant vne porte ouuerte, par laquelle Ieanne qui estoit mariée au Milord de Gilford son 4. Fils, pouuoit apporter la Couronne en sa maison; entreprit de l'oster aux sœurs du Roy & de la luy mettre sur la teste de droit ou de force.

A cét effet, il assiege l'esprit de ce pauure Prince desia abbatu de sa maladie & troublé de la presence de la mort. Il luy fait entendre, qu'il ne peut en conscience appeller à la succession, ny Marie fille de Catherine d'Aragō, ny Elisabeth fille d'Anne Boulain. Il allegue contre la premiere, qu'ayant esté mise hors de la maison Royalle, par le diuorce fait auec sa Mere; elle n'y pouuoit estre remise, sans condamner la memoire du feu Roy, & sans donner credit & authorité à la Tyrannie Romaine. Il oppose contre la seconde, qu'estant tachée des adulteres & du supplice de sa Mere, elle souïlleroit l'hōneur & la dignité de la Couronne, si seulement elle l'auoit touchée. De là il conclud, que Ieanne Gray descenduë de Henry VII.

par Marie autresfois Reyne de France, estant la dernière goutte du Sang Royal, qui se trouuoit encore pure & sans tache, il ne pouuoit faire vne autre heritiere, sans mettre le feu dans l'Heritage.

La declaratió est faite sur ces raisós en faueur de Ieanne : Le Conseil des XXIV. l'approuue nonobstãt les oppositiõs de l'Archeuesque de Cãtorbery: & deux iours apres, le Roy ayant rendu l'esprit, Ieãne est declareé Reine d'Angleterre. Le Duc de Suffolc son pere, le Duc de Nortũbellãd pere de son Mary, la võt trouuer pour luy dire cette nouuelle, & la preparer à receuoir de bonne grace vne si grãde fortune. Cette sortue fut la premiere Tentatrice dãgereuse, cõtre laquelle Ieanne eut besoin des inspirations & du secours de la Philosophie

Et icy on m'auoüera, qu'il faut estre bien soustenuë de la philosophie; qu'il faut auoir le cœur extrémement bon & la teste bié forte; pour ne s'éuanoüir point à vne pareille nouuelle. Il faut auoir la raison bien nette & l'esprit bien purifié, pour souffrir sans éblouïssemét & sans trouble, vne fumée si soudaine & si surprenãte. Ie craindrois fort aussi qu'on ne me crût point, & qu'onne m'accusat d'hyperbole, si ie disois que Ieanne receut vne des grãdes Courõnes du Monde, auec pareille moderatiõ qu'elle eut receu vn bouquet de violettes. La Royauté n'est pas vn present à estre pris auec pesãteur & d'vne main negligéte. C'est vne espece d'Apoteose humaine c'est le milieu de l'étre-deux de Dieu & des hommes: & les Philosophes mesmes & les Sages, ie dis les Philosophes austeres, & les Sages sãs passion, l'ont de tout téps si fort estimée, que Pyth. & Zenõ les Patriarches des Stoiques, & les plus zelez Predicateurs de l'Indolence & de la Dureté, ne se

E ij

voyant point appellez à la Royauté par la Fortune, & n'y pouuant aller par vne voye droite & legitime, eurent la hardiesse d'essayer la violence, & d'y aspirer par la Tyrannie. Ie ne descendray pas pourtant d'vne si haute proposition : i'iray encore plus haut, & passeray à quelque chose de plus grand & de plus Heroïque. Icanne eut receu au moins ciuilement, & auec action de grace vn boucquet de violettes: elle refusa absolument la Couronne d'Angleterre: & ce refus si hautain & si genereux, fut d'vne Ame plus Stoïque que celle de Zenon, fut d'vn Cœur plus Philosophe que celuy de Pythagore.

Ce n'est pas qu'elle ne connust bien le prix de la Couronne qu'elle refusoit : & elle ne s'effraya pas d'vne Fortune si éclatante, comme elle se fust effrayée d'vn Phantosme lumineux, qui se fust presenté deuant elle. Mais elle connut bien aussi ce qu'il y auoit de pesanteur & d'épines en cette Couronne, & cette Fortune auec tout son éclat & tous ces charmes ne la tenta point, que la Tranquilité, ny que la Philosophie. Sollicité par les prieres & par les raisons de ses Parens & de son Mary : qui la pressoyent de consentir à sa grandeur, & de ne refuser pas vne felicité qui est rare, & qui ne se presente iamais deux fois à vne mesme porte. Elle répondit que les Loix de l'Estat & se Droit „ naturel estant pour les Sœurs du Roy, elle se „ garderoit bien de charger sa teste & sa con„ science d'vn ioug qui leur appartenoit. Qu'el„ le n'ignoroit pas les mauuais mot de ceux qui „ auoient permis de violer le Droit pour re„ gner : mais que c'estoit se mocquer de Dieu

DES FEMMES FORTES.

& joüer la Iustice, de faire scrupule de dérober vn teston, & n'en point faire de voler vne Couronne. Au reste continua-t'elle, si ie ne suis pas si ieune & si mal instruite des malices de la Fortune, que ie m'y laisse prendre: si elle enrichit quelqu'vn, c'est pour auoir quelqu'vn à dépoüiller: si elle en éleue d'autres, c'est pour auoir le plaisir de les ebbatre. Ses idoles d'hier sont ses ioüets d'aujourd'huy: & si ie souffre à cette heure qu'elle me pare & me Couronne; i'auray demain à souffrir qu'elle me casse & me mette en pieces. Et puis qu'elle Couronne me presente-t'elle? Vne Couronne qui a esté arrachée violemment & auec honte à Catherine d'Aragon: qui degoute encore du supplice d'Anne Boulain, & des autres qui l'ont porté apres elle. Pourquoy voulez-vous que i'adjouste mon sang au leur & que ie sois la quatriéme victime, a qui cette funeste Couronne soit ostée auec la teste? Mais quand elle ne deuroit point m'estre funeste, & que tout son venin seroit consommé; quand la Fortune me donneroit des gurans de sa constance; serois-ie bien conseillée de prendre sur moy des épines qui me déchireroient, bien qu'elles ne me tuassent pas, de me charger d'vn ioug qui ne laisseroit pas de me tourmenter, quoy que i'eusse asseurance de n'en estre pas accablée? Ma liberté vaut mieux que la chaisne que vous m'offrez, quelques pierreries qu'il y ait, & de quelque or qu'elle soit faite. Ie ne chargeray point ma tranquilité auec des supçons celebres & precieux, auec des craintes magni-

E iij

„ fiques & parées. Et si vous m'aymez serieu-
„ sement & de bonne foy, vous me souhaitte-
„ rez plutost vne bassesse asseurée & en repos,
„ qu'vne éleuation exposée au vent, & suiuie de
„ quelque funeste chute.

Ces raisons estoient fortes, & deuoient estre persuasiues: elles ne persuaderent pas pourtant: & l'ambition des Ducs de Nortumbelland & de Suffolc, fut plus forte qu'elles. Le Millord de Gilfort la fortifia encore de la sienne, & Ieanne vaincuë par tant de Solliciteurs pressans & d'authorité, leur resina sa liberté & sa vie. Cette resination fut d'vne Vertu souueraine, & d'vne Philosophie consommée: & ne doutant point qu'vn Echaffaut ne luy fut preparé derriere le Thrône, & que la Couronne qui luy estoit offerte, ne luy dût faire tôber la teste, elle se soûmit à la fortune, & consentit à la Royauté auec plus de courage & plus de moderation, qu'elle ne l'auoit refusée. Les choses ainsi concluës auec elle, on la mena à Londres, où elle fut solemnellement reconnuë Reyne, & receut en ceremonie le serment de tous les Ordres. Mais ce serment eut aussi peu de tenue que sa Royauté: & à peine eust-elle passé les dix iours dans la Tour, selon la ceremonie obseruée par les nouueaux Roys, que le Parlement & le Peuple se dédirent de leur serment & de leurs acclamations; & la liurerent à la Princesse Marie sa riuale & l'Heritiere legitime de la Couronne.

Vn plus disert que ie ne suis, diroit que la Fortune irritée de ses refus, luy fit cette infidelité pour humilier sa Vertu, & se venger de la fierté de sa Philosophie. I'ayme mieux dire,

DES FEMMES FORTES.

& ie le diray plus chrestiennement & auec plus de vray-semblance, que ce fut Dieu qui permit cette resolution, afin de sauuer Ieanne par sa cheute: & de tirer à soy par vn échaffaut, vne Vertu si pure & si courageuse, qui apparemment se fust perduë, si elle eust vieilly sur le Throne & dans l'Heresie. Il y a des prosperitez dangereuses & des éleuations de scandale, que Dieu nous accorde an sa colere; il y a des aduersitez salutaires & des cheutes qui edifient, & celles-là nous arriuent quand Dieu reprend pour nous ses pésées de Paix, & qu'il nous dispose à sa grace. Les Hommes materiels qui ne voyent que le present & la superficie des choses, en iugent tout autrement: mais leur iugement est à bien dire vn iugement de frenetiques, qui ayment mieux mourir auec des ragouts que de guerir auec de la rubarbe. Ils font feste du peril de leurs Ames, & loüent Dieu des marques de leur reprobation: ils pleurent les presages & les auances de leur salut: & ils desirent si mal à propos, ils font des prieres si à contre sens & en si mauuais termes, que si Dieu auoit à les punir, il ne pourroit pas le faire plus seuerement, qu'en exauçant leurs prieres, & faisant ce qu'ils desirent.

Ieanne iugea plus sainemét du dessein de Dieu & des ordres de sa prouidence: & quoy qu'vne si grande reuolution fut vn remede defort mauuais goût, elle s'y resina courageusemét, & le prit de bonne grace. Estant mise prisonniere dans la Tour de Londres, il fut remarqué qu'elle y entroit auec vn visage aussi serain, & vne mesme dignité de mine & d'action, qu'elle y estoit entrée la premiere fois, pour commancer la ceremonie de son funeste regne. Tout le temps qu'elle y fust, elle ne relascha rien de sa constance ny de ses estudes ordinaires. Il y auoit de la force & de l'authorité dans ses paroles : toutes ses actions estoient libres de la liberté de son Esprit : la grace en estoient tranquille & la modestie asseurée : & dans le Palais mesme & sur le Thrône, elle n'eust pû auoir plus de majesté, ny paroistre de plus haut & plus souueraine.

L'Arrest de sa mort luy estoit prononcé, elle ,, y acquiesça courageusement, & ne dit autre ,, chose, sinon que son crime n'estoit pas ,, d'auoir mis la main sur la Couronne : mais ,, de ne l'auoir pas reiettée auec assez de force. ,, Qu'elle auoit moins failly par ambition, que ,, par respect & par reuerence : Que son respect ,, neantmoins estoit vn attentat : que sa reue- ,, rence meritoit d'estre punie. Qu'aussi pren- ,, droit-elle la mort en gré : & qu'elle ne pour- ,, roit moins que de satisfaire à l'Estat, & de re- ,, tracter volontairement & obeïssant aux Loix, ,, le scandale qu'elle auoit donné par vne obeïs- ,, sance violente, & renduë par force à son ,, Pere.

Son Mary condamné au mesme supplice, luy ayant enuoyé demander de la voir pour la derniere fois, afin de se munir de l'exemple de sa constance, & de la vertu de ses dernieres pa- ,, roles ; elle luy fit dire, Qu'il demandoit vn ,, lenitif qui mettroit le feu à sa playe, & qu'il ,, estoit a craindre, qu'il ne vinst s'affoiblir au- ,, prez d'elle, au lieu de s'y fortifier. Qu'il de-

DES FEMMES FORTES. 57

uoit prendre force de sa raison, & tirer sa con-"
stance de son cœur: & que s'il n'auoit l'ame "
ferme & asseurée, elle ne l'affermiroit pas de "
ses yeux, ny ne l'asseureroit de sa parole. "
Qu'il remist cette entre-veuë à l'autre vie: "
Que c'estoit-là seulement que les amitiez "
étoient heureuses, & les vnions sans rupture? "
& que leur y seroit eternelle, si leurs ames "
n'y portoient rien de terrestre, qui les empes- "
chast de se rejoindre.

Comme on la menoit au supplice, elle passa par vne Gallerie, d'où elle vit le corps de son Mary qu'on portoit à la Chappelle de la Tour. Cette veuë inopinée l'émeut vn peu, & luy donna de la pitié; mais ce fut vne pitié virile & bien-seante, & cette émotion ne remua pas si fort son esprit, qu'elle l'empéchast de luy fournir en repos trois sentences en trois langues, Elle les écriuit sur ses Tablettes qu'elle donna au Gouuerneur de la Tour, auec excuse de la peine qu'elle luy auoit causée. La Greque disoit, que si son Corps executé rendoit témoignage contre-elle deuant les Hommes, son Ame bien-heureuse rendroit deuant Dieu vne preuue eternelle de son innocence. La Latine adioustoit, que la Iustice Humaine estoit contre son Corps; mais que la Misericorde diuine seroit pour son Ame. L'Angloise concluoit, que si sa faute meritoit punition, sa ieunesse au moins & son imprudence estoient dignes d'excuses, & que Dieu & la posterité luy feroient grace.

La Constance, la Grace & la Majesté, qui l'auoient touſiours accompagnée, monterent encor ſur l'Eſchaffaut auec elle. On eut dit, qu'il ne deuoit y auoir que de la repreſentation en ſon ſupplice; & que tout ce tragiques appareil n'eſtoit qu'vne feinte & vne ceremonie. Elle remercia le Theologien Catholique qui l'auoit aſſiſtée & conſola le deſeſpoir de ſes Femmes d'vne façon ſi aſſeurée, & en termes ſi forts & ſi nobles, ſi pleins de bon ſens & de courage, qu'il ſembla à quelques-vns, que la Philoſophie elle-meſme, ſi elle eut eu à mourir, n'euſt pas pû mourir plus courageuſement & auec plus de dignité.

Elle ſe prepara elle meſme au coup de l'Executeur: & pour humilier ſa beauté, quoy qu'elle fut innocente de ſon infortune, elle ſe fit vn bandeau de ſes cheueux, dont il ſembloit que la Nature luy eut fait vn Diadéme. On luy offrit de la décapiter auec l'épée, comme ſi l'épée euſt dû diminuer la honte de ſon ſupplice, & donner de la nobleſſe à ſa mort & à la main du Bourreau. Mais elle rejetta cette inutile & ſuperſtitieuſe ceremonie, & voulut eſtre executée de la meſme hache, qui venoit de ſeruir à l'execution de ſon Mary: ſoit qu'elle affectât de mêler ſon ſang auec le ſien, ſoit qu'elle cruſt qu'vne plus douloureuſe mort, ſeroit vne plus iuſte expiation de ſes fautes, & que le fer de la hache purifieroit mieux ſon Ame que le fer de l'épée.

Telle fut la fin du regne & de la vie de Ieanne Gray, qui fut Athenéenne & Romaine en Angleterre, pluſieurs ſiecles aprez la ruine d'Athenes & de Rome. Elle fit voir à nos Pe-

DES FEMMES FORTES.

res vne image de l'ancienne Constance & de la Vertu primitiue: & nous a appris que les Graces peuuent estre sçauantes, aussi bien que les Muses, que la Philosophie est de l'vn & de l'autre Sexe: & qu'encore aujourd'huy, sous la Poupre & sur vn Thrône, elle pourroit estre aussi forte & aussi courageuse, qu'elle estoit autresfois sous la besace & dans le tonneau du Cynique.

UNE Dame Chrestienne et Françoise combat jusques à la mort pour sa chasteté. Greg. Turon. lib. 9 cap. 27

DES FEMMES FORTES.

LES FORTES CHRESTIENNES.

LA IVDITH FRANCOISE.

IL se faut garder icy des méprises de l'imagination, & du méconte de la veuë. Si nous les en croyons, nous sommes au Siecle de Nabuchodonosor, & en Iudée: Et l'action tragique que nous voyons, est la mort d'Holoferne & la victoire de Iudith. Nous sommes pourtant bien éloignez de ce temps-là, & voyons bien vn autre païs & d'autres choses. Il n'est pas croyable qu'Holoferne soit reuenu tant d'années apres sa mort: il est encore moins croyable, que la Iudée ait passé d'Asie en Europe: Et si les Races entieres & les Siecles mesme ne ressuscitent, si les Villes ne changent de Regions, & ne trauersent les Mers, asseurez-vous qu'il n'y a rien icy de l'auanture de Bethulie.

Sçachez donc que vous estes en France, & sur les terres de Contran Roy de Bourgongne, & que cette Fille que vous voyez l'épée nuë & sanglante à la main, est originaire de Champagne. Ne m'interrogez point de sa naissance: cette colere bien-seante, & cette fierté modeste & composée, vous asseureront mieux que moy qu'elle doit estre de bon lieu: & si la physionomie ne nous en fait point à croire, elle doit auoir le sang aussi noble que la mine.

Quant à cét Homme qui perd son sang par deux grandes playes qui luy seront peut-estre plus salutaires, qu'elles ne luy sont honnorables, ses Domestiques qui courent à son aide, le nomment le Duc Amolon. Ie n'ose pas vous dire qu'il est né François, il y a trop du Sauuage en ses mœurs & en sa foy. Et cela est trop honteux à la France, qui est vne Mere si noble & si genereuse, si ciuilisée & si Chrestienne, qu'elle engendre des Scythes & des Tartares, & que sous vn Ciel si temperé & sous des Astres si doux que les siens, il se trouue des Ames de la trempe de celles qui sont nées sous le Pole. Mais qu'il soit François de naissance, & Tartare ou Scythe de naturel ; cela n'empeche pas que la Vertu qui fait le principal personnage de cette action, ne soit Françoise ; & cette seconde Iudith fera vn iour plus d'honneur à sa Patrie, que ce second Holoferne ne luy sçauroit faire de honte.

Vous voyez la hardiesse de sa mine & la vertu de son visage, il y a beaucoup de Iudith en l'vne & en l'autre. Mais il y a plus que la mine & que le visage : plus que la hardiesse & que la vertu de Iudith. Ce n'est pas aussi vne Pudique du commun que vous voyez : c'est vne Vierge, voire vne Vierge victorieuse & qui vient de combattre iusques à l'effusion de son sang, & par ces deux traits qu'elle a par dessus Iudith, a Copie Françoise passe l'Original Iuif, & la Moderne efface l'antique.

Aprez vn long & opiniastre combat rendu

contre ce Tyran, elle a esté enleuée par ses gens, & portée auec violence sur son lict, c'estoit vn Eschaffaut de soye & de plume : c'estoit le lieu destiné à la fin de sa Tyrannie, & au supplice de ses crimes. Le vin & le sommeil luy auoient dé-ja bandé les yeux & lié les mains, & il ne manquoit plus que l'épée & l'executeur, pour en faire vn grand & celebre exemple. Ses armes n'estant pas loin, la chaste Françoise inspirée du mesme Ange, qui inspira la chaste Iuifue, s'est seruie du sommeil & de l'épée de son Ennemy, & a fait d'Amolon vn Holoferne.

Les deux grandes playes que vous luy voyez à la teste, sont de cette belle & chaste main. La douleur a réueillé sa raison liée & assoupie, & les premieres gouttes de son sang ont éteint le feu deshonneste, que les larmes & les prieres de l'innocente auoient irrité. Ce n'est plus ce brutal & ce furieux d'auparauant. Les mauuaises flammes de son cœur, les sales images de sa teste sont toutes sorties par ses blessures. Le iugement & le respect y sont entrez en leur place: Vous diriez qu'il s'est éueillé auec de nouueaux yeux, ceux-là pour le moins n'ont plus rien de ce souffle qui s'allumoit aux moindres rayons de beauté, qui mettoit le feu à tous les regards qui en sortoient.

Il semble souffrir auec peine, la veuë de sa chaste & courageuse Ennemie, il la souffre neantmoins, & sa confusion mélée d'étonnement, sa honte accompagnée de reuerence, font sur son visage vne declaration muette par laquelle il iustifie cét attentat, & le reconnoist pour vne legitime victoire. Il ne confidere point qu'il a en son pouuoir, celle qui vient de le mettre en sang, & qui auparauant l'auoit mis en feu, qui luy auoit percé le cœur, & qui vient de luy casser la teste. Il ne se souuient plus de son amour, il ne ressent point son iniure. Ses yeux & son esprit sont trop éblouïs, de ce ie ne sçay quoy de lumineux, qui s'épend du visage de cette Fille.

Ie ne vous puis dire, si c'est vne impression de l'Ange qui luy est present, si c'est vn Diadéme de rayons qui luy est demeuré de l'ardeur de sa priere : si c'est vne flâme subtile & spirituelle, que son ame a poussée au dehors, dans l'effort qu'elle vient de faire. Mais quoy que ce soit, Amolon le regarda auec vne espece de culte & vne crainte religieuse. Et ne doutez point qu'éblouï de cette beauté armée & lumineuse, il ne la prenne ou pour vn Ange Exterminateur enuoyé de Dieu : ou pour la Iustice diuine elle-mesme, que ses crimes ont attirée, & qui est descendue du Ciel en personne, & l'épée à la main, afin d'en faire vn exemple.

Ie crains bien pourtant, que cette imagination d'Amolon, ne soit pas assez forte pour garantir nostre Iudith ; si nous ne la defendons de ces furieux, que le sang de leur Maistre a irritez. Ie la voy en grand peril, si elle n'est gardée que de ses Graces, & de la lumiere qui l'enuironne. Ces gens-là ne reconnoissent point les Graces, & le feu de la colere qu'ils ont dans les yeux, leur oste la veüe de cette lumiere. Ils estendent les bras contre

l'Innocence,

DES FEMMES FORTES. 65

l'Innocence, & auant que la toucher, il la déchirent de loin auec des voix terribles & des gestes de cruauté. Vous diriez que leur rims veut estre la premiere à la proye, qu'elle veut l'entamer auant leurs dents & leurs ongles.

Cette fureur precipitée & barbare vous étonne. Elle en étonneroit de plus hardis que vous n'estes. Mais cette fermeté d'Esprit, & cette Constance Heroïque en vne Fille, m'estonnent bien dauantage, & à la Posterité qui en lira l'Histoire, n'en sera pas moins étonnée. Les complaisances & les offres luy faisoient tantost bien plus de peur que les cris & les menaces ne luy en font maintenant: Et parce qu'on n'en veut plus à son honneur, & qu'il n'y a que sa vie qui est attaquée, il luy semble qu'il ne s'agit plus de rien, & que tout ce tumulte en menace vne autre. Ayant ouy parler des Vierges victorieuses, & des Martyrs de chasteté, elle n'a point d'égard au mal que luy veulent faire ces furieux. Elle pense seulement au bien qu'elle peut receuoir de leur fureur, & les regarde comme des gens qui luy apportent vne seconde Couronne.

Le zele, la hardiesse & la pudeur, sont ie ne sçay comment, ou allées, ou confonduës sur son front & sur ses iouës. C'est bien veritablement vne confusion plûtost qu'vne alliance si superficielle, mais c'est vne confusion agreable & lumineuse, & il en rejallit vn feu pareil à celuy qui s'épend d'vne double pourpre. Ne croiriez-vous pas que c'est de ce feu que la chambre est éclairée, & que la lumiere de ces Lustres suspendus au lambris en est vaincuë? Il

F

semble mesme qu'il en est tombé des rayons qui donnent vn nouuel éclat à cette épée, & qui luy sont comme vne recompense du seruice qu'elle a rendu en ce peril, à la Vertu abandonnée & sans armes.

L'étonnement & le respect d'Amolon s'en augmentent, & plus confirmé qu'auparauant en sa premiere resuerie, il fait signe à ses gens de changer leur colere en religion, & d'adorer celle qu'ils veulent déchirer. Mais c'est en demander trop à des Furieux : Qu'ils retiennent leurs mains & leur fureur : Qu'ils ne fassent point d'outrage à l'innocence : Et nous les tiendrons quittes de leur religion & de leur culte.

SONNET.

Oronte pleure & saigne, il coule de sa bouche
Vn coral qui se mesle au crystal de ses pleurs:
Son cœur triste & confus s'épand par ses humeurs,
De crainte qu'Amolon de sa flâme le touche

Il ronfle l'Inhumain sur cette riche couche,
Aueugle à ses beautez, aueugle à ses douleurs;
Et celuy qui brusloit d'impudiques chaleurs,
Assoupy par le vin, ne paroist qu'vne souche.

Preste l'oreille Oronte à l'Ange qui te dit,
Qu'à ce fier Holoforneil faut vne Iudith;
Et que tu dois t'armer de fer contre sa flâme.

L'Abeille vierge picque, elle a de la valeur:
Et tu ne peux qu'au sang de cette teste infame.
Esteindre le brasier de cét infame cœur.

ELOGE DE LA IVDITH FRANÇOISE.

CEtte Peinture est d'vne Iudith; mais d'vne Iudith Vierge & Françoise. L'Histoire qui a conserué tant de noms scandaleux, & fait tant de portraits de mauuais exemple, nous pouuoit bien au moins laisser le nom de cette Heroïne, que la France peut opposer à toutes les Vaillantes de la Grece & de l'Italie. Tout ce que nous en sçauons de certain, est qu'elle estoit du regne de Gontran, qui fut vn regne également fameux en grandes vertus & en grands vices, que la noblesse, la beauté & la vertu furent égales en elle, & qu'elle nâquit en Champagne, qui a montré par la naissance de cette Fille & de la Pucelle d'Orleans, qu'elle estoit du nombre des Meres Heroïques, & qu'elle auoit vne fecondité plus genereuse que la Terre des anciennes Amazones.

Celle-cy donna innocemment & contre son gré de l'amour au Duc Amolon, & le Duc le receut auidement & à sa ruine. Il la poursuiuit par toutes sortes de voyes: & par quelque voye qu'il allast aprez elle, il s'en éloignit tousiours dauantage. Il luy enuoya de magnifiques presens, accompagnez d'offres encores plus magnifiques, & ses presens luy furent renuoyez auec ses offres. Irrité de voir ses seruices rejettez, & sa magnificence méprisée, il a recours à la violéce ouuerte, & veut forcer la Vertu qu'il ne pût corrōpre. Mais il attaque vne place qui ne sçauroit estre prise par force, non plus que par cōpositiō,

& ses menaces ne luy reüssissent pas plus heureusement que ses complaisances.

Le desespoir, enfin, & la rage succedant à l'Amour, il lasche ses gens sur elle, & les outrages qui luy sont faits par les Valets, la trouuent aussi forte que les presens qui luy auoient esté offerts par le Maistre. Son cœur ne s'amollit point, ny ne s'écoule auec son sang, son esprit ne compâtit pas seulement aux blessures de son corps, ses soûpirs mesme, comme s'ils craignoient d'estre supçonnez de foiblesse, luy demeurent tous dans la bouche. Ces barbares lassez de sa constance, la iettent toute sanglante & demy morte sur le lict d'Amolon, & se retirent. Le Tyran n'estoit plus en estat de luy faire mal: le vin & le sommeil l'auoient trop bien lié, & pour acheuer ce second Holoferne, il ne luy manquoit plus que le bras de nostre seconde Iudith.

Inspirée de Dieu elle leue les yeux au Ciel, & voyant l'épée d'Amolon penduë auprez de son lit; Insensible dit-elle, nourrie de sang & de meurtres, au moins auiourd'huy tu feras vne action de iustice & de pieté: tu me deliureras de ton Maistre, & sauueras mon honneur, ou par sa mort ou par la mienne. Elle ioint à ces paroles vne priere courte & ardente: & tirant l'épée qui suiuit sans peine sa genereuse main, & se eut comme vn nouueau lustre du feu de de ses yeux & de celuy de son courage, elle en frappa de toute sa force la teste d'Amolon. Le coup qui fut mortel & salutaire l'éueilla, & luy rendit l'esprit auant que de luy oster la vie. Il reconnut sa faute, loüa la vertu de sa meurtriere

& commanda qu'on la laissât en liberté. Elle s'ala ietter aux pieds de Contran, qui fut rauy d'vne Vertu si extraordinaire, & la traitta moins en Criminelle qu'en Victorieuse. Il l'honora de loüanges & de presens, & au lieu de l'abolition qu'elle demandoit, il luy fit seeller vn eloge qui valoit vne Couronne.

REFLEXION MORALE.

Ceux-là ne connoissent pas la Chasteté, qui luy donnent lieu entre les Vertus de paix. Il n'y en a point qui soit plus combatuë ny qui doiue estre plus aguerie : il n'y en a point à qui la force & le courage soient plus necessaires : & à mon gré, la Rose qui est armée & qui picque, est vn symbole beaucoup plus iuste & plus naturel, que le Lys qui n'a qu'vne blancheur sans armes & sans défense. Que s'il faut se tenir à l'vsage, & laisser le Lys à la Chasteté, qu'elle en ait vn, puisque l'vsage le veut ; mais que ce soit vn Lys pareille à celuy dont il est parlé dans les Cantiques : que ce soit vn Lys enuironné d'épines, & qui signifie que la Chasteté veut estre tousiours sous les armes.

Nostre Iudith Françoise a esté de ces Fleurs armées aussi bien que la Iuifue, & toutes les Pudiques qui leur veulent ressembler, ont besoin d'vn esprit de combat : & d'vne armée resoluë & preparée à la guerre, voire à vne guerre opiniastre & sans trefue, dit Saint Bernard, à vne guerre ou la naturalité n'a point de lieu, & où il faut necessairement vaincre ou estre vaincuë. La guerre que les Tyrans & les Bourreaux ont faite à la Foy, auoit plus d'attirail & plus de montre: elle se faisoit auec plus de bruit & de plus grands preparatifs de machines & de supplices. Elle n'estoit pas si dangereuse neantmoins, & quoy que Tertullien ait dit, qu'vne teste accoustumée aux pierreries & aux perles, s'expose malaisemét à l'épée, il s'en est veu pourtant, qui ont combatu moins heureusement pour leur chasteté que pour leur Foy, & aprés auoir esté vaincuës par vn Ennemy qui ne les attaquoit qu'auec des fleurs, Dieu leur a fait la grace de se releuer, & de vaincre la Tyrannie & la Cruauté armées de toutes leurs machines.

Il ne faut donc rien de lasche ny de foible en vne Ame chaste, il n'y faut point de langueur ny de molesse; mais il n'y faut point aussi de fierté ny d'ostentation, il n'y faut rien de hautain ny de farouche. Son courage doit estre modeste sans monstre, sa force doit estre temperée de douceur & de ciuilité, & pour en faire le portrait en vn mot, elle doit ressembler à la Rose qui est vergogneuse & aimée; qui se défend auec pudeur & ne pique ceux qui la touchent.

QVESTION MORALE.

S'il faut plus de force & plus de courage pour faire vn Homme vaillant, que pour faire vne Femme chaste.

Qvi croira que la Chasteté soit plus forte que la Vaillance, & que pour faire vne Prude il faille plus de courage que pour faire

DES FEMMES FORTES.

vn Braue? Ce ne seront pas les Braues qui le croiront, ils se persuadent qu'il n'y a point de vray courage que le leur & que la force ne peut agir que par leurs mains, ny auoir d'employ legitime qu'à la guerre. Leur persuasion neantmoins est bien éloignée de la verité, & s'il n'estoit si dágereux d'auoir affaire à des gens d'éclarcissement, ie pourrois leur dire qu'ils se trompent. On doit bien demeurer d'accord auec eux; que la Force est vne Vertu necessaire à la Campagne: que c'est par son assistáce que l'on prend les villes, que l'on donne les batailles, que l'on gagne & que l'on aggrandit les Couronnes. Mais ils doiuent auoüer aussi, que cette Force n'agit pas tousiours l'épée à la main, & dans le feu, que toutes ses occasions ne sont pas sanglantes, quoy qu'elles soient toutes laborieuses & qu'il y a des combats domestiques, où la victoire est plus difficile, & luy couste dauantage qu'à la Campagne. Les combats de la Chasteté sont de ceux-là: quoy qu'ils ne fassent pas comme ceux de la Vaillace, auec vne montre de terreur & des preparatifs formidables à la veuë, ils ne sont pas moins à craindre, ny moins dangereux. Et si nous mettons à part l'adresse & les fatigues du corps, & cette apparence exterieure qui fait du bruit & qui estonne, il ne restera rien qui nous empesche de conclure, que pour faire vn hôme vaillát, il faut moins de force & moins de courage, que pour faire vne Femme chaste.

Il y a quantité de raisons solides & de poids qui le doiuent persuader: Et ahn de commencer par les Ennemis que la Chasteté & la Vaillance ont à combattre; il est certain que ceux de la Chasteté sont plus forts & en plus grand nombre, que ceux de la Vaillance. Il semble à quelques-vns que la Chasteté est vne vertu molle & de repos, parce qu'ordinairement elle n'a affaire qu'à des Passions qui sont les douces & les agreables : Mais ces douces & ces agreables sont plus difficiles à vaincre, que les rudes & les terribles : soit à cause qu'on s'en défie moins, & que les sens & la Nature sont d'intelligence auec elles, soit parce que leur feinte douceur & leurs artifices leur facilitent l'entrée du cœur : soit à cause que n'y ayant point de Passion établie pour leur faire resistance, la raison est toute seule à les combatre : & la raison qui n'est pas soustenüe des Passions, combat laschement & sans vigueur. Il n'en est pas ainsi de ces fascheuses Passions qui sont ennemies de la vaillance. Elles trouue tousiours la Nature en garde : les sens ne se peuuent appriuoiser auec elles, ny se faire à leur rudesse : elles ne sçauroient entrer dans le cœur qu'à découuert & auec violence, & la propre fonction de la colere qui est vne Passion de combat, estant de seruir la raison contre-elles, la guerre ne sçauroit estre à beaucoup prés si penible auec elles qu'auec les autres, ny la victoire si mal-aisée & si douteuse.

Nous voyons aussi, que le nombre est bien plus grand des Braues hardis qui ont surmonté la crainte, que les Braues chastes qui ont surmonté l'Amour, & parmy tant de Heros que la Poësie a faits & que l'Histoire a trouuez, à peine en peut-on nommer trois ou quatre qui n'en ayent pas esté vaincus. On dira que cela reuient à la Fable du Lyon, qui fut vaincu par la guespe :

guefpe : Mais que l'Amour foit vne guefpe ou vne abeille, i'en laiffe la difpute à d'autres. Il me fuffit que ces gens-là, qui eftoient des dompteurs de Monftres, ont efté vaincus de l'Amour : & ie ne fçaurois citer des Autheurs plus authentiques, pour faire foy de la puiffance des Paffion agreables, & conclure en fuite, que la Chafteté à qui il appartient de les vaincre, doit eftre plus refoluë & auoir plus de courage que la Vaillance.

Dauantage la force des Paffions, de quelque ordre qu'elles foient, fe fait de la force des Objets qui les irritent. Or les Biens qui prouoquent l'Amour & le Defir, & combatent la Chafteté par le dehors, font plus difficiles à vaincre que les Maux qui caufent la Crainte & le Defefpoir, & font oppofez à la Vaillance. Cela paroift incroyable d'abord, & les Ignorans y foupçonneront du paradoxe & de l'hyperbole. Il eft veritable pourtant & la preuue en fera facile, à ceux qui connoiffent les differentes impreffions du Bien & du Mal, & les diuers inftincts de la Volonté. La premiere action du Bien eft femblable à l'action de l'Aymant, il attire la volonté & fe l'attache auecque forces : il fait encore plus, il dilate la volonté qu'il s'eft attachée, & la penetre d'vne douceur agreable & violente, qui a de quoy la vaincre. La violance pourtant ne luy eft point neceffaire contre la volonté : elle fe rend de foy-mefme au Bien, & n'attend pas d'é eftre forcée : elle va au deuant de tout ce qui luy reffemble : elle s'où re mefme à fon odeur & à fon ombre : & fa felicité eftant de luy eftre vnie, elle ne peut le repouffer,

G

qu'elle ne supprime ou qu'elle ne suspende son instinct : qu'elle n'agisse contre soy-mesme, & ne fasse violence à la Nature. Son instinct & ses dispositions au regard du Mal : sont bien differentes de celles-là. Comme c'est vn Obiet de terreur qui blesse de sa seule presence, la Volonté aussi n'en peut souffrir les approches : elle en fait auec empressement iusques aux apparences & aux presages, & pour ce'a il ne luy faut ny vigueur nouuelle, ny autre foce que son instinct. Au contraire elle auroit besoin d'vne seconde vigueur plus forte que la premiere, & il faudroit qu'elle fist violence à son instinct, si elle auoit, ie ne dis pas à suiure le Mal ie dis mesme à l'attendre en repos, & à suspendre la haine qu'elle luy porte. Il est donc plus facile de rendre combat contre le Mal, & le vaincre par vne resistance d'instinct & naturelle, que de repousser le Bien, & emporter sur luy vne victoire forcée, qui fait peine à la Nature, & qui violente ses inclinations. Et cette verité supposée, ie laisse à iuger, si les combats de la Vaillance sont plus hazardeux & de plus grand trauail, que les combats de la Chasteté : Et si pour soustenir la Nature, & repousser auec elles à forces communes, vn peril qui luy fait peur & qui la menace, il faut employer plus de vigueur & plus de constance, il faut agir plus courageusement & auec plus de fermeté, que pour forcer ses inclinations, pour supprimer son instinct & ses desirs ; pour luy arracher vn Bien, qui luy est interieur & adherant, vn Bien pressant & opiniastre, vn Bien qui est soustenu de cent autres Biens, qui sont ses Solliciteurs & ses Agens, qui le font valoir & qui le portent.

C'est vne troisiéme raison qui augmente de moitié les dangers de la Chasteté, & le besoin qu'elle a d'estre bien munie de courage & bien aguerrie. Elle n'a pas seulement à se défendre de la Volupté, qui est vne Ennemie opiniastre & pressante: & qui ne peut estre presque vaincuë, ny à force ouuerte, ny par diuersion, ny par stratagéme. Elle a encore à vaincre l'Auarice, la Vanité & l'Ambition. Elle a à resister a des Machines d'Or & d'Argent, à des batteries de diamans & de perles, & generallement à toutes les attaques que peut faire vn Amour puissant & assisté de la Fortune. Il n'est pas iusques à la Renommée & à l'Honneur, que l'on ne débauche du seruice de la Chasteté, & qu'on n'employe quelquefois contre-elle, auec plus de succez que le Plaisir & les Richesses, voire que la mort & les supplices, comme il arriua en la chute de Lucrece. Or il est certain, que l'Or & l'Argent sont des Machines à tout vaincre, auec elles on a pris des Places qui auoient tenu bon contre les canons & contre les mines, on a fait des Armées qui auoient resisté au fer & au feu, aux iniures du Temps, & à la chute des Elemens: & il faut bien vne autre force que celle des Heros à vne femme, pour soustenir vne batterie qui a rompu des Legions & renuersé des Citadelles. Il ne s'en trouue aussi que trop qui s'y rendent & en ces sortes de combats, il se gagne tous les iours des victoires auec des pistolles & des perles: Cependant ce qui est fort à remarquer, les Richesses & les Honneurs, les presens & les esperances, qui sont de si grandes force pour affoiblir la Chasteté, sont des aides qui encouragent la Vail-

G ij

lance & la fortifient : & les Braues se font de la montre, & à l'éclat des mesmes choses qui défont les Prudes.

Il y a bien plus que cela : & comme si la Chasteté n'auoit pas assez de ses propres Ennemis, elle à encore affaire à ceux de la Valleur & de la Constance. Elle n'est pas seulement attaquée par la Volupté, & battuë auec des pieces d'Or & d'Argent : auec des presens & des offres, auec des armes qui blessent l'Esprit en flatant les Sens, & abbatent le cœur par le chatouillement du corps. Elle est encore attaquée par des Tyrans & par des Bourreaux, auec vn appareil de terreur & des machines de supplices : & la Mort qu'on luy propose, n'est pas vne Mort parée & specieuse, vne Mort honnorable & belle monstre, comme est celle des Vaillans : c'est vne Mort hideuse & tragique, vne Mort accompagnée de tourmens, & pareille à celles que l'on pleure sur les Theatres. L'importance est, qu'elle n'a pas à combattre cette Mort & ces tourmens par la resistance, & en les repoussant l'épée à la main: comme il se fait à la guerre ; ce combat luy seroit facile, & la Nature se mettroit de la partie auec elle, & la soustiendroit. Mais il faut qu'elle vainque par la patience, & en souffrant tout ce qu'vne passion irritée & deuenuë furieuse, peut faire souffrir. Et la Nature à qui la souffrance est tout à fait contraire, ne luy donnant aucune assistance en cette sorte de combat, il luy faut vne generosité bien grande, & vne fermeté extrémement Heroïque, pour resister toute seule au fer & au feu ; & tenir bon contre des cheualets & des rouës.

DES FEMMES FORTES. 77

Ceux-là sont veritablement à estimer, qui s'exposent librement à autant de morts, qu'il y a de grains de plomb & de pointes de fer dans vne Armée ennemie : qui demeurent fermes deuant les Tonneres artificielles, qui frappent de plus loin & font plus de meurtres que ceux de la Nature. Mais la fin de ceux-là, quelques resolus qu'ils soient, n'est pas de repousser les Biens qui leur sont offerts : & moins encore de s'abandonner aux maux qui se montrent à ceux qui les menacent : elle est d'acquerir tout ce qu'ils voyent de richesses & de couronnes entre les mains de la Victoire : elle est de reietter la Mort sur les Ennemis, & auec la Mort tous les maux qui l'accompagnent & tous ceux qui la suiuent. La Chasteté a des veuës & des pretensions toutes contraires à celles-là : & il est de son deuoir de vaincre également les choses agreables & les terribles, les agreables par vn genereux refus ; les terribles par vne souffrance immobile : & les vnes & les autres par vne magnanimité Heroïque.

La courageuse Susanne eut à combattre & à vaincre, toutes ces sortes d'Ennemis assemblez contre-elle en vne seule occasion. Elle vainquit le Plaisir qui a mis tant de Heros sous le ioug, & tant de Conquerans à la chaîsne. Elle vainquit l'infamie, qui est le grand Épouuentail de son Sexe : Elle vainquit la Mort, voire la Mort des sacrileges : & ce qui passe toute expression, elle aima mieux subir innocémment la honte & le supplice des adulteres, que de conseruer sa vie & son honneur, & par vne tache facile à lauer, & encore plus facile à couurir. Certainement les

G iij

victoires de Samson, quoy qu'heroïques & miraculeuses, si elles sont comparées à celles-là, ne passeront que pour des ieux & pour des feintes : & quoy qu'on en die, la force fut moindre dont il arracha des colonnes, & soustint la chute d'vne maison abbatuë, que celle dont Susanne s'offrit aux pierres qui luy estoient preparées. Adioustons maintenant l'Exemple au discours: & pour persuader encore à la veuë, l'auantage qu'à la Force des Femmes Chastes, sur la Force des Vaillans ; donnons icy au Public de portrait d'vne Chasteté guerriere & victorieuse.

EXEMPLE.

BLANCHE DE ROSSY.

CE Mezence dont la Memoire est encore auiourd'huy punie exemplairement n'a peut-estre esté qu'vn Phantosme que Virgile a fait, pour chastier au moins en effigie, la Tyrannie & la Cruauté ; & pour faire aux Princes vne leçon de iustice de clemence. Cependant ce Phantôme puny si publiquement & decrié depuis tant de Siecles, n'a pas manqué de mauuais imitateurs, qui en ont fait des Copies d'autant plus mauuaises, qu'elles ressembloient mieux à l'Original. Et pour ne produire point icy les autres qui appartiennent à d'autres Sujets; Acciolin fut réellement & en verité, ce que Mezence n'auoit esté qu'en papier & en figure. Cét Exterminateur qui fut enuoyé sur la fin du douziéme Siecle, pour chastier l'Italie insolente & débordée, renouuella toutes les cruautez anciennes & tous les

DES FEMMES FORTES.

supplices abolis : & verifia tout ce qu'il y a d'étrange dans les Fables tout ce qui se voit de tragique & de surprenant sur les Theatres. Sa cruauté alla iusques-là, que pour faire durer le supplice & l'impatience des mal-heureux qu'il tourmentoit, il les faisoit étendre sur des corps demy pourris, afin que les morts estouffassent lentement les viuans; afin qu'ils les rongeassent de leurs vers, & les corrompissent de leur pourriture.

Cette cruauté d'Acciolin estoit accompagnée d'vne impudicité brutale & barbare : & quoy que la tendresse & la douceur soient du naturel des Voluptez, les siennes pourtant estoient ordinairement sauuages, souillées de sang & pareilles à des Furies. Elles parurent telles en tout le cours de sa vie, & particulierement au sac de Bassano qu'il prit de force. Iean Baptiste de la Porte, qui estoit ou le Gouuerneur ou le Seigneur de la Place, ayant esté tué sur la muraille, Blanche de Rossy sa Femme qui combattoit à son costé armée de toutes pieces apres vne longue resistance & des efforts Heroïques, fut prise & menée en triomphe deuant le Tyran, comme la plus rare & la plus precieuse piece de sa conqueste.

Certes aussi elle auoit dequoy meriter toute seule l'entreprise & les trauaux de trois iustes Conquerans : & la fameuse Grecque qui fut rauie tant de fois, & pour laquelle il se donna tant de combats, ne fut qu'vne troisiéme partie de cette Italienne. Sa beauté n'estoit pas vne Beauté solitaire & mal suiuie, comme estoit celle d'Helene. Elle estoit accompagnée de toutes les Vertus qui font l'honneur de son Sexe : & celles qui font de l'honneur au nostre ne luy manquoient

G iiij

pas. Elle estoit fort belle, mais elle estoit encore plus chaste : & n'estoit gueire moins vaillante. Elle auoit des charmes & des graces accomplies : mais ces charmes estoient innocens & sans afseterie : ses graces estoient continentes & guerrieres : & generalement en tout ce qu'on appelloit ses attraits, il paroissoit vne teinture de modestie, & des esprits meslez de pudeur & de courage.

Aussi-tost qu'Acciolin l'eust veuë parée de ses armes, & couuerte d'vne poussiere détrempée de sueur, qui luy faisoit vn fard militaire, & tel qu'on le donne à la Victoire vne flame noire & violente se prit soudainement à son Cœur : & la fumée qui luy en monta à la teste, éteignit tout ce qu'elle y trouua de lumiere. Ce ne fut ny bienveilance ny estime ; ce ne fut ny inclination ny varye amour : les flâmes de cette nature ne se prennent pas à toute sorte de matiere : Et quoy que le Soleil allume les Cometes comme il allume les Astres ce n'est pas pourtant du feu des Astres qu'il allume les Cometes.

Le recit qui luy fut fait de la valeur & de la pudicité de Blanche, fut vn nouuel aiguillon à sa brutale conuoitise. Aussi estoit-il du naturel de ces Demons fornicateurs, qui sont moins impudiques par vn appetit qu'ils ne peuuent pas auoir, que par l'inclination qu'ils ont à souiller & à corrompre. Les débauches violentes & injurieuses à la Vertu, luy estoient les plus douces ; & il auoit vn goust particulier à gaster les Fleurs qui luy estoient consacrées. D'abord il contraignit son humeur, & prit vne mine flatteuse & de complaisance. Mais cette mine luy estoit vn masque mal propre ; & ses complaisances rudes & tirées par force, n'auoient garde d'amolir la Vertu de Blanche. Elle sçauoit bien que les Tygres ne s'appriuoisoient iamais de bonne foy auec leur proye: & qu'encore qu'ils cachent leurs dents & leurs ongles, ils ne cartessent gueres sans les égratigner ny sans les mordre.

Ensuite il se découurit a elle, & luy declara sa passion auec des prieres arrogantes & en stile de commandement. Ses prieres quoy que violentes ne se trouuant pas assez fortes, il passa à des menaces armées & toutes pleines de mort & de supplices: & ses menaces auec toutes leurs armes furent aussi foibles que ses prieres. La force luy restoit a essayer: & comme il s'y preparoit, la chaste & courageuse Blanche se démesla de ses mains, gagna la fenestre, & enleuée par sa vertu & par son courage, & peut-estre encore par son bon Ange, se précipita à terre. Cette hardiesse étonna tous les Assistans: & Acciolin luy-mesme se confessa vaincu par la chute de sa captiue. Ceux qui furent enuoyez pour la secourir, la crurent morte: elle estoit seulement éuanoüye, & auoit vne épaule démise & vn bras cassé. Le sentiment luy estant reuenu, il n'y eust ny soins ny remedes épargnez à sa guerison, mais comme elle craignoit dauantage la guerison que la mort, les mesmes soins qui diminuoient les douleurs de son corps, irritoient le mal de son esprit: & à toute heure elle faisoit des prieres contre la vertu des remedes, & pleuroit le soulagement qu'elle en receuoit. Les remedes neantmoins eurent plus de vertu que ses prieres ny que ses larmes: ils rétablirent sa santé, & sa santé rétablie fut la cause de son mal-heur.

Acciolin ne la vit pas plustost remise, qu'il renouuella ses pretensions & ses poursuites. Il attaqua son Ame par tout où elle pouuoit estre attaquée. Apres l'esperance employée inutilement il employa la crainte, & fait succeder à de grandes offres, des menaces encore plus grandes. Mais cette seconde attaque ne luy succeda pas plus heureusement que la premiere. Ses grandes menaces & ses grandes offres furent auancées sans effet, & il ne se trouua rien de bas ny de foible en cette grande Ame. La persuasion ne luy reüssissant point, il vsa d'vne violence tyrannique & barbare: & ne pouuans rien gagner sur l'Esprit de Blanche, il fit attacher son Corps sur vne table qui luy fut incomparablement plus funeste qu'vne roüe.

Cette action ne soüilla que le Tyran qui la fit, la Vertu qui la souffrit si à regret n'en fut point gastée, son nom mesme n'en receut aucune tasche. Neantmoins transportée de douleur, & deuenuë odieuse & presque inconnuë à soy-mesme, elle se retira au lieu où son Mary estoit enterré: & là apres auoir decouuert ce qui restoit de son corps; apres auoir fait à son Esprit vne plainte courte & entrecoupée, mais courageuse & virile; apres l'auoir prié de venir tirer son Ame d'vne prison souillée par Acciolin; elle se retta sur ses cheres & pitoyables reliques, & en cet estat capable de faire enuie à toutes les Vertueuses de l'Antiquité, elle rendit l'Esprit, non pas sur le corps de son Mary qui n'estoit plus; mais sur son Ombre & sur sa Memoire.

ISABELLE. Rodericus Sancius. Cap

ISABELLE DE CASTILLE
Princesse de Galles.

TOVTE l'Angleterre est dangereusement malade en ce Lit auec le Prince Edoüard. La Fortune publique blessée au cœur, de la blessure qu'il a rapportée de la Guerre Sainte, souffre les mesmes conuulsions que luy ? Et les Medecins ne leur donnent plus qu'vn iour de vie, si Dieu n'enuoye vn Ange : ou vn Miracle qui les guerisse.

Il est certes bien estrange, que les cœurs de toute vne Nation ayent esté frappez d'vn seul coup : & qu'vn trait qui n'a blessé qu'vn corps, ait fait couler le sang de tant d'Ames. Mais cela est de la condition, & presque du destin des bons Princes : ils ont vn cœur & vne Ame en chacun de leurs sujets : leur sang & leurs veines se répandent par toutes les parties de leurs Estats : & leurs moindres blessures sont suiuies de symptomes publics & des maladies populaires.

La blessure d'Edoüard est de celles-là : le Roy son Pere & tous ses Sujets la pleurent : & leurs pleurs sont le sang de leurs Ames qui ont esté blessées par son corps. Vous croyez bien pourtant, que dans cette maladie generale & parmy ces plaintes communes, la Princesse sa Femme est la plus malade & la plus à plaindre. Il y a aussi vne bonne moitié du Prince en elle : & reciproquement il y a plus d'vne bonne moitié d'elle dans le Prince pour le moins son amour y est tout entier : Et auec son amour il y a plus de sa vie & plus de son Ame qu'il ne luy reste. Quoy que fort éloignée du combat, elle y fut blessée à mort auec luy, son cœur se trouua iustement en la partie offensée : Et tousiours depuis son esprit &, sa vie ont coulé par la mesme playe auec le sang de son Mary.

Auiourd'huy l'esperance luy est reuenuë, mais c'est vne esperance funeste, & telle qu'elle peut venir du desespoir. Les Medecins luy ont declaré que le Prince pouuoit encore guerir, & que pour le guerir, il falloit chercher vne Personne affectionnée & de courage, qui s'exposast à prendre sa mort, en suçant le venin de sa blessure. Son Amour qui estoit present auec elle à la consulte des Medecins, luy a persuadé que cette affection ne se deuoit attendre que d'vne Femme, ny ce courage que d'vne Princesse : Que cette fatale playe ne pouuoit auoir vn dictame plus salutaire que sa langue : Et que si le destin de son Mary estoit qu'il receust vne seconde vie, il ne la pouuoit receuoir d'ailleurs que de son esprit & de sa bouche.

Cette inspiration receuë auidement de son cœur, en a tiré cette chaleur hardie & vigoureuse, & cette teinture d'esperance & de ioye que vous luy voyez au visage. Il paroist en sa mine, ie ne sçay quoy de fier & de hautain, qui semble demander du respect, & ne laisse pas de donner de la bien-veillance. C'est peut-estre vn air d'Espagne, qui a passé la Mer auec elle; & l'a suiuie iusques en Angleterre : C'est peut estre vne expression visible de ses pensées heroyque, & vn signal exterieur par lequel son Ame declare ce qu'elle vient de conclure. Pourquoy qu'on la

DES FEMMES FORTES. 87

prenne, & quelque nom qu'on luy donne, elle est à la douceur de la Princesse vne pointe sans aigreur: elle est a sa beauté & à ses graces vne hardiesse modeste & bien-seante: elle est comme vne reflexion de son cœur sur son visage: & comme vne môtre de la grâdeur & de la force de son Ame.

Mais soit la grandeur & la force de son Ame; soit la force & la grandeur de son affection; elle ne regarde point la Mort à laquelle elle va s'exposer: ny ne s'effraye de cét attirail de terreur que luy donne le vulgaire. Elle ne regarde & n'écoute que son Amour qui l'appelle à vne action qui égalera l'Espagne à l'ancienne Grece & à la vieille Italie: qui effacera la gloire des Pieux & des Prudes: & donnera de la ialousie a deux Sexes: qui sera l'honneur de ce Siecle & l'admiration de la Posterité: & fera voir que la Charité non moins que la Foy a le don des guerisons & la vertu des miracles.

Son imagination est bien pleine de ces grands Objets: Mais son Mary y est plus auant, & approche plus de son cœur. Elle renonce en esprit a la reputation & à la gloire: & par vn serment exprés, fait sur le nom & sur le portrait du Prince que vous luy voyez à la main, elle se voüe à sa guerison, & s'oblige de prendre sa mort & de luy donner sa vie. Accompagnons-là à l'execution; & nous rangeons derriere cette tapisserie, auec les Domestiques du Prince, qui l'obseruent en silence, & auec des gestes d'étonnemét. La vertu ne sçauroit auoir trop de témoins en de semblables entreprises: Et celle-cy meriteroit que le Passé reuint, & que l'Auenir s'auançast, pour luy amener des Spectateurs de tous les Siecles.

La voila déja sur le Lit du Prince, & panchée sur la playe qu'elle a découuerte. Vous diriez que son Ame pour accomplir le transport qu'elle a voüé, & pour passer du sujet qu'elle anime, au sujet qu'elle aime s'écoule par ses yeux auec ses larmes; & penetre goutte à goutte le corps du Malade. Ne craignez pas que ses larmes mettent le feu à sa playe, ny que l'ardeur de sa fiéure en soit augmentée. Elles sont veritablement chaudes ces belles larmes, & viennent d'vne source qui brusle: mais elles sont lenitiues & bien-faisantes: & ie croy qu'il n'en tombe pas vne, qui ne porte auec soy quelque partie de l'esprit de la Princesse, & quelque goutte de sa vie distillée.

Que pensez-vous de cét Amour qui l'exhorte de la mine & de l'action? Ne vous semble-t'il pas qu'il vient de sortir de son cœur, pour se declarer autheur de ce grand dessein, & pour en iouïr de plus prés & à decouuert? Il n'est pas de ces interessez, qui veulent tout pour eux, & qui ne visent qu'à leur satisfaction particuliere. Il est encore moins de ces chagrins, qui ont des dents & des ongles de tous costés; qui ne portent pas vne fleur qui ne soit accompagnée de quatre épine qui font fort peu de feu, & font beaucoup de bruit & encore plus de fumée.

Vous ne luy voyez point de traits ny de flambeau, par ce que c'est vn Amour sauueur & non pas vn Amour tyran: Il est venu pour guerir vne vieille playe, & non pas pour en faire de nouuelles: Et il n'entre qu'vn pur esprit & de la pure lumiere dans les flâmes qu'il allume. Aussi n'est il pas du Pays des Romans, ny de la Religion
des

DES FEMMES FORTES, 71

des Fables : il est originaire du Ciel, voire de la plus lumineuse & de la plus haute partie du Ciel : il est apres Dieu le Mediateur des saints Mariages & des Coulpes bien vnis: il est le commun Esprit des Sympathies Chrestiennes & le Moderateur des chastes Conuenances & des Harmonies vertueuses.

Vn Exhortateur de cet sorte est tout puissant & ses inspirations ne laissant rien a faire a la raison. Il n'est pas seul pourtant à persuader la Princesse. Son Mary tout endormy qu'il est n'est pas moins persuasif ny moins eloquent que luy. S'il ne parle de la bouche, il parle de la pasleur de son visage: il parle de l'ardeur de sa fiéure & du battement de son cœur: il parle de sa playe qui a vne voix de sang & des paroles de Pasion. La Princesse écoute en silence cette voix & ces paroles: & leur répond de ses soûpirs & de ses larmes, qui n'ont pas moins d'eloquence ny ne sont moins passionnées. Et tantost quand elle mettra la langue & la bouche dans cette playe, son cœur descendra sur ses léures, pour dire le dernier a Dieu au cœur du Prince, & luy transmettre sa derniere flâme auec sa vie.

Mais ne craignez rien pour elle, cét Amour qui est vn instigateur, sera le sauueur de l'vn & de l'autre. Il a mis vn secret antidote en la bouche de la Princesse, & a donné à son esprit la vertu de guerison. Ses larmes qu'il a purifiees d'vn feu spirituel & sacré charmeront la Mort, & la deposséderont de ce corps sans la prendre : Et vn iour Edouard guery, & Isabelle preseruée, seront contez entre les Miracles de l'Amour Heroïque.

H

SONNET.

Edoüard endormy resiste à quelque auanture;
La mort est dans sa playe, & le Somme en ses yeux.
D'vn Cœur plein des grands Cœurs de ses braues
    Ayeux,
Sa Femme veut mourir pour en faire la cure.

Vn Amour medecin plus fort que la Nature,
Compose de ses pleurs vn baume precieux:
Et dé-ja son Esprit du mal victorieux,
A l'esprit du Malade est joint par sa blessure.

Approche forte Amante & ta bouche & ton Cœur,
C'est luy qui d'Edoüard doit estre le sauueur;
Et faire de ta langue à sa playe vn Dictame:

N'appelle point d'autre Art à cette guerison,
Le feu, le sang, l'esprit qui coule de ton Ame,
Chasseront de son corps la Mort & le poison.

ELOGE D'ISABELLE.

LA Vertu Heroïque ne tuë pas tousiours; ny n'employe le fer & le feu en tout ce qu'elle fait tous ses exploits ne sont pas tachez de sang; elle en sçait faire de plus en plus d'vne forme, & de plus d'vne couleur: & n'agit pas par tout auec bruit, quoy qu'elle agisse par tout auec force. Il y a des victoires obscures & sans témoins, où il ne luy faut pas moins de hardiesse, qu'en celles qui se gagnent aux yeux des Nations assemblées, & au bruit des Canons & des Trompetes.
    Celle qui est representée en ce tableau est de celles-là. Vn Edoüard Prince de Galles estoit reuenu d'vne Guerre Sainte, auec vne blessure

qu'il auoit receuë d'vne fléche empoisonnée. Les Medecins y auoient essayé toutes leurs speculations, & toutes leurs pratiques: & apres toutes sortes de speculations & de pratiques essayées inutilement, luy auoient declaré qu'il ne pouuoit guerir que par la perte de quelqu'vn qui eut le courage de sucer sa mort auec le poison de sa playe. Condamné par cette declaration, il se prepare à mourir, ne pouuant se resoudre à viure de la mort d'autruy, & faire d'vn empoisonnement vn remede. La Princesse sa Femme Fille du Roy de Castille, qui se crut condamnée par le mesme arrest, le receut comme si l'Amour le luy eust prononcé luy-mesme: & se voyant reduire à mourir, ou de la mort de la guerison de son Mary, elle se resolut à choisir de ces deux morts, celle qui luy sembla la plus honorable & la moins amere, & qui deuoit des deux moitiez de sa vie, luy conseruer la plus chere & la plus douce.

Cette resolution prise auec son amour, elle assigne l'execution à la nuit prochaine: & sitost que le Prince y fut preparé par le repos, elle découure doucement sa playe, & commence la cure par le plus pur sang de son Ame, qu'elle y verse auec ses larmes. Cela fait, elle y met la bouche, & y plonge son cœur auec sa langue: elle en suce peu à peu le poison, & le reiette si à propos, qu'elle tira toute la mort qui y estoit sans qu'il luy en demeurast vne seule goutte. Soit que cette humeur maligne fust consumée par le feu subtil, que son cœur y répandit par sa bouche; soit que Dieu qui est vie & charité, eust mis de son Esprit sur ses léures, elle sauua son Mary sans se perdre : & d'vn mesme coup, elle guerit deux Malades & fit six miracles.

REFLEXION MORALE.

IL y a en cet Peinture vn grand eloge, & vne belle leçon pour les Femmes. Cette courageuse Espagnole adiointe aux Romaines, aux Grecques & aux Barbares mesmes, qui sont mortes pour leurs Marys, parlera eternellement pour la constance & pour la fidelité de leurs affections ; & prouuera hautement & en temps heroïques, que la partie du cœur qui aime, est plus forte & plus hardie en leur Sexe que dans le nostre. Mais elle prouuera aussi pour leur instruction, que rien n'est impossible à la Charité ordonnée, que ses mains ont le don de guerisons, & que la vertu des miracles est sur les léures : que toute desarmée & toute seul elle a plus de forces que la Mort auec tous ses fers & tous ses poisons : & que l'Amour barbare & païen qui ne sçauoit que mourir vainement & auec fierté, n'estoient qu'vn impatient & vn desesperé, au prix de l'Amour Chrestien qui sçait sauuer en mourant, & faire proffit de ses dongers & de ses pertes,

Mais cét Amour sauueur & operateur de miracles, ne doit pas estre vn Amour coquet & effeminé, vn Amour interessé & proprietaire, ce doit estre vn Amour philosophe & courageux extatique & prodigue ; éleué au dessus de tout ce qui plaist & de tout ce qui effraye. Son Flambeau doit estre tel qu'il est representé aux Cantiques, non pas d'vn feu follet & volatil, mais d'vn feu touſiours égal toûjours actif, d'vn feu qui consume tous les petits filets de l'interest, toutes les attaches estrageres; toutes les chaisnes & tous liés: voire ces chaisnes precieuses que fait la Fortune; voires ces liens qui valent des Diademes, & qui attachent sur les Trosnes. Quelques-vns veulent qu'il consume iusques aux liens de l'Ame & du corps; & alleguent le mot des Cantiques ou les forces de l'Amour sont égalées à celle de la Mort. Ce point est important & d'instructions, & que par ce qu'on s'y pourroit mesprendre dangereusement, il est à propos d'en faires vne question à part.

QVESTION MORALE.

S'il est du deuoir & de la fidelité des Fémes de s'exposer à la mort pour leurs Marys

SI nous en croyons l'Antiquité, l'Amour coniugal estoit autrefois bien tyrannique; & les Femmes qui se soûmettoient à luy, deuoit estre bien rosoluës. Il ne se contentoit pas qu'els portassent le chagrin & les mauuaises fortunes de leur Marys; il vouloit encore qu'elles fussent malades de leurs maladies, & qu'elles mourussent de leur mort. Et commes si ce n'eust pas esté assez qu'il en faisoit des Esclaues & leur mettoit le ioug sur la teste; il en faisoit encore des victimes; & leurs mettoit d'ordinaire ou la corde au col, ou le poignard dans la gorge. L'importantes est, qu'il en falloit passer par là pour estre erigée en Prude : Et celles qui pouuoient souffrir la vie apres la mort de leur Marys, ne pouuoent pretendre aux acclamations de leur Siecle, ny à l'Ernité de l'Histoire. Encore auiourd'huy cette cruelle coustume est en vigueur en quelques quartiers des Indes, il ne se voit point de veufues en ces Pays-là, & les maisons n'y sont point incommodées par les doüaires qui en sortent. Vn Pere de Famille étant mort : la Loy du Pays veut que l'on luy fasse vn équipage pour l'autre Monde, & que les choses qui luy ont esté les plus cheres soient brûlées auec luy. La mieux aimée de ses Femmes a cét auantage par sa derniere volonté, & par le droit que luy donne la coustume. Elle se pare aussi plus richement, & auec plus de soin pour la mort, qu'elle n'auoit fait pour la nopce : toute sa parenté en habit de feste & parée comme elle, la conduit au bucher solemnellement & auec pompe, & là elle se brûle en ceremonie, & auec vne constance plus naturelle & moins affectée, que ne fit le Philosophe Indien, qui voulut contrefaire l'Hercule mourant, & donna vn spectacle de sa mort à l'armée d'Alexandre. Ie sçay bien que cette cruauté superstitieuse & reguliere des Indiennes, & cét autre desespoir tumultuaire & precipité des Romaines & des Grecques, sont également reprouuez par les loix du Christianisme. Mais ie n'ignore pas aussi, que l'Amour coniugal à ses Morts de merite & vertueuses, & il y a lieu de douter, si de semblables Morts peuuent estre d'obligation, & entrer dans le deuoir d'vne Honneste Femme.

A cette question qui n'est pas de simple curiosité, mais qui est instructiue & de profit : ie réspons premierement, que les desesperées & les violentes qui se défont elles-mesmes, pour suiure leurs Marys decedez, pechent contre l'Amour coniugal, & violent la Fidelité qu'elles doiuent a leurs Marys. Cette propofition approche fort du Paradoxe : il n'y a point d'excés neantmoins, & la verité y eft toute iufte. Vne ou deux raifons la peuuent iuftifier, & y faire ioindre les plus deuots à la memoire des Panthées & des Porcies.

Auant toute chofe, on m'auouëra que le premier foin de ceux qui aiment, doit eftre de nourrir leur feu; de l'entretenir en chaleur & en action; de le defendre de tout ce qui le pourroit éteindre : Et les moindres negligences en cela, font des difpofitions au changement, & infidelitez commencées. Or ce feu eftouffé dans le fang, & par la violence que fe font des Veufues defefperées. C'eft vn grand abus de croire qu'il en demeure rien apres la mort : la terre des Cimetieres eft trop froide, pour en conferuer vne feule étincelle : & ceux qui font de fi grands fermens que leurs cendres en garderont eternellement la chaleur, font des grands faifeurs de faux fermens, s'ils ne les font en Poëfie. Que fi c'eft eftre infidele à trait de temps & par pieces, de fupprimer fon amour de iour à autre, & de luy ofter peu a peu la nourriture : que fera-ce de l'étouffer violemment & tout a coup; de ne luy laiffer pas vne étincelle qui le puiffe rallumer?

Ie ne fçay pas comme l'on prendra ce que i'ay à dire en cét endroit, il eft veriteable pourtant; & il le faut dire de quelque façon qu'on le puiffe prendre. La fidelité coniugale eft violée griefuement, & les Morts font beaucoup plus offenfez, par le faux courage des fauffes Conftantes qui fe défont, que par la foibleffe de celles qui ouurent leurs cœurs a de nouuelles affections, & paffent à de secondes nopces. Celles-cy conseruent au moins la memoire de leurs Marys ; elles en retiennent les bagues en leurs doigts : elles en gardent les portraits dans leurs Cabinets & dans leurs cœurs : & le second feu qu'elles prennent, n'est pas si incompatible, ny si ennemy du premier qu'il n'en souffre bien quelques étincelles, & vn peu de chaleur dans la cendre qui en reste. Au contraire les furieuses & les desesperées, de quelque maniere qu'elles meurent volontairement, ne reseruent rien de leur premier feu : elles exterminent iusques à la matiere, iusques à la cendre & au foyer : Et leurs Marys qui pouuoient vivre longuement & en repos dans leurs cœurs, perissent vne seconde fois, par l'impetuosité de leur desespoir ; ou par l'obstination de leur tristesse.

Il me vient de là vne seconde raison, contre la fausseté de l'Amour impatiente & desesperé. C'est vne opinion generalement receuë, & qui a pour soy le sentiment & la Nature, aussi bien que la speculation & la Philosophie : que les Personnes aimées ont vn estre particulier, & comme vne seconde existence dans l'imagination, dans l'esprit & dans le cœur des personnes qui les ayment. Elles viuent-là intellectuellement & par leurs images : & ces images ne sont pas des figures mortes, ny des impostures d'vn Art qui trompe. Elles ont vie & esprit : elles sont vrayes & naturelles : elles ont toutes les perfections & toutes les graces de leurs Originaux, & n'ont pas les défauts ny les taches de la matiere. Or vne Femme qui se tuë par vne fureur aueugle & precipitée, ou qui se consume par vne affliction

opiniastre

opiniastre & volontaire, oste à son Mary cette seconde existence ; & cét estre intellectuel & d'amour par lequel il suruiuoit à soy-mesme. Elle l'anneantit volontairement, & détruit auec violence ce que la Mort luy auoit laissé de reste. Et si elle deuroit faire scrupule de déchirer vn portrait qu'elle auroit de luy, de quelle couleur & par quel pretexte peut-elle iustifier la violence, qu'elle fait à vne image qui estoit sa seconde vie, & la felicité de ce monde?

Il se voit par là, que la Constance n'est pas furieuse, & que la fidelité est vne autre chose que le desespoir ; que le plus grand Amour n'est pas celuy qui court le plus viste aux poisons & aux precipices: que les Femmes ne sçauroient garder plus religieusement la foy qu'elles doiuent à leurs Marys, ny leur donner plus grandes preuues d'affection, qu'en faisant durer long-temps leur fidelité & leur amour, qu'en leur procurant vne vie tranquille & sans chagrin dans leur esprit : qu'en épousant leur memoire & contractant de nouueau auec leurs Images, qu'en conseruant auec soin les choses qui luy ont esté cheres, & si elles sont Honnestes Femmes ; elles ne douteront point qu'elles ne leur ayent esté plus cheres que chose du Monde.

Qu'on ne die point que cette Philosophie est trop lasche & trop indulgente, qu'elle plaide la cause des Delicates, qu'elle donne credit & authorité à l'amour propre. On ne le sçauroit dire que temerairement & à l'auanture. Et certes comme on se peut tuer par amour propre & par excés de delicatesse, on peut aussi conseruer sa vie pour l'amour d'autruy, & par vn particulier effort de courage. Seneque auouë qu'il va la beaucoup de vertu: & que l'Esprit des plus grands Hommes y doit mettre toute sa vigueur. Et ce Stoïque qui estoit aussi seuere de son propre esprit, que de l'esprit de sa Secte, qui s'estoit durcy aux axiomes & sous les dogmes de la plus forte Philosophie, qui s'estoit tant de fois éprouué contre la Douleur & contre la Mort, confesse franchement & de bonne foy, qu'il estoit deuenu ménager de ses mauuais restes, & qu'il épargnoit la bouë & la lie de sa vieillesse, afin de conseruer l'esprit & la ieunesse de Pauline qui viuoit en luy.

A cette premier decision qui oste le poison & le fer aux Femmes, & leur impose vne absolue necessité de viure apres leurs Marys, l'en sadiousse vne seconde qui les remet dans la liberté, voire dans le droit & dans le deuoir de mourir pour leurs Marys; & la force de cette seconde decision n'est point contraire à la douceur de la premiere. Ie dis donc, qu'encore que la loy soit expresse & generale qui défend le meurtre, & sur tout le meurtre de soy-mesme : Neantmoins dans vne occasion perilleuse, ou la vie d'vn Mary seroit en danger, sa Femme seroit obligée de s'exposer pour luy à ce danger, & de donner sa vie pour la sienne, s'il y auoit lieu de faire cét échange. Ie ne fonde point cette obligation sur le droit de la commune Iustice, ny sur les deuoirs de la Charité generale. Le commun & le general ne s'étendent point iusques là? Ie la fonde sur le droit & sur les deuoirs de l'Amour coniugal, qui est de plus grande rigueur que la plus rigoureuse Iustice, & impose des Loix plus obligeantes & plus étroites que la plus étroite Charité.

Et afin de commencer par ce qu'il a de particulier & de plus essentiel; nous sçavons que le propre effect & la specifique fonction de l'Amour coniugal, est de reünir deux moitiez que la creation a separées, & de rassembler l'Homme & la Femme en vn mesme Corps. D'ailleurs nous voyons en tous les Corps naturels, que les moins nobles parties, s'exposent par instinct au fer & au feu pour les plus nobles: nous voyons que les bras se roidissent, & les mains s'étendent, pour aller au peril deuant la teste; pour recevoir les coups qui viennent contre-elle, pour la garantir, voire par leurs blessures, voire par leur mort & par leur supplice. Ce que nos membres font par cét instinct, qui est vn deuoir plus ancien que toutes les Loix & tous les Legislateurs, qui est vn amour aueugle, & vne charité naturelle & sans merite: la Femme le doit faire librement & auec choix, par le deuoir de cette charité étroite & rigoureuse, que luy impose l'Amour coniugal. Elle n'est que la seconde partie du Corps où elle entre par le mariage; L'Homme à qui le commandement appartient en est la teste. Et la loy qui dés le commencement fut imposée à la Femme, de se tourner à cette teste, ne veut pas seulement qu'elle prenne de là sa lumiere & sa conduite; elle veut encore que pour conseruer ce principe de sa conduite & cette source de sa lumiere, elle perde le soin de sa seureté & de son repos: elle prenne sur soy ses dangers & ses blessures, & la sauue mesme par sa mort si elle est receuë à cet échange.

Dauātage, l'Amour est de sa propre essence, vne generale alienatiõ de toute la Personne qui ayme. C'est vn transport sans contract & sans esperance de retour, par lequel on se donne tout entier, & on fait vne gratuite cession de tout ce que l'on a & de tout ce que l'on est, à la Personne que l'on ayme. Or si cette alienation & ce transport peuuent estre valides, & auoir force en aucune sorte, d'Amour; c'est sans doute en l'Amour conjugal, qui ne laisse aucun droit de reste aux Mariez; qui leur oste iusques au libre vsage de leur corps, & les engage dans vne dependance mutuelle. Et cette dépendance est encore plus étroite, & plus indispensable du costé de la Femme qui doit son Mary iusques a ses cheueux & à ses sõges: soit à cause que la suiection est plus grande, & les deuoirs plus naturels & plus necessaires, du Corps à la Teste & de l'Accessoir au Principal, que de la Teste au Corps, & du Principal à l'Accessoir: soit à cause que les Femmes se dõnent auec moins de reserue, & qu'elles ayment plus sincerement & de meilleure foy que ne font les Hommes. Cette alienation quand elle est franche & en bonne forme, ne fonde pas seulement au Mary vn iuste titre sur tous les soins & sur toutes les affections de sa Femme : elle luy fonde vn droit nouueau sur son sang & sur sa vie. Et quoy que ce droit ne puisse estre exigé par la Iustice; il peut l'estre neātmoins par l'Amour qui est bien vn Exacteur moins seuere & moins fâcheux, mais plus pressant aussi & plus efficace que la iustice. Il doit sçauoir neantmoins cét Exacteur, qu'il ne peut vser de ce droit qu'à l'extremité de l'esperance; & apres tous les autres remedes essayez. On ne coupe pas les bras à vn Homme, pour le guerir du rume ou de la migraine: & l'on pourroit dire veritablement, que cét Amour-là seroit vn Amour Tiran & Boureau qui égorgeroit vne Femme, pour faire vne étuue à son Mary malade de la sciatique ou de la grauelle.

En troisiéme lieu, l'Amour est vne veritable & sensible transmigration de l'Esprit: ou comme le definissent quelques-vns, fondez en la doctrine de S. Denys, c'est vne extase par laquelle l'Ame cesse de viure dans le corps qu'elle anime, pour viure dans celuy qu'elle ayme. Sur quoy il n'est point necessaire de faire icy l'interprete, & de dire en stile de glose, que le mot de viure, ne doit pas estre entendu de la vie premiere & substantielle, mais de la vie seconde & d'action, de cette vie douce & sensible, qui donne goust & agréément à la premiere. Chacun doit sçauoir que l'Amour est le principe & comme la source de la ioye, du plaisir, de la satisfaction & de tout ce qui entre en la douceur de la vie: & partant que la douce vie de ceux qui ayment, ne peut estre qu'au lieu où ils ayment. Leur Esprit est malade & languit par tout ailleurs; toutes leurs pensées qui ne vont pas là sont pesantes & terrestres; sont melancoliques & chargées de chagrin: & c'est bien de ces Ames-là qu'on peut dire, qu'elles sont étrangeres & incommodées chez elles: & que leurs Corps leur sont de mauuaises Hostelleries, voire des prisons & des sepultures.

Il réussit de là, qu'il est non seulement du deuoir mais encore de l'interest, & du repos d'vne Honneste Femme de donner sa vie pour celle de son Mary, & qu'en cela, le gain qu'il y a à faire est

I iij

est des deux tiers plus grand que la petite. Par là elle ne hazarde que la plus inquiete & la pire de ses deux vies : elle n'expose que ses ennuys & ses chagrins, pour la conseruation de ses ioyes & de ses plaisirs : des deux lieux ou vit son Ame, elle n'abandonne que celuy ou elle est triste & melancolique : & l'on pourroit dire, que par la ruine de sa prison elle conserue son Palais. Adioûtez que par le choix d'vne mort qui n'est que d'vn moment, & qui est adoucie & purifiée par l'Amour, elle éuite le veruage, qui est à celles qui ayment, vne mort longue & amere, vne mort du cœur & de l'esprit, vne mort qui dure &, qui se fait sentir autant qu'elle dure. Par là enfin, son amour iouït de la plus pure & de la plus haute satisfaction dont il soit capable, qui est de se produire tout entier, de remplir toute l'étenduë qui luy est ouuerte ; d'aller iusques à l'extremité, & iusques aux dernieres preuues. Or tant qu'il ne va point iusques à la mort, il reste tousiours vn grand vuide deuant luy & le point le plus important, & le plus persuasif, manque a ses preuues, estant asseuré par le témoignage mesme des Sainctes Lettres, que l'Amour plein & satisfait, n'est que de ceux qui donnent leur vie pour les Personnes qui leur sont cheres.

Au reste ce dernier & supréme deuoir, que l'Amour coniugal impose aux Femmes, & qu'il peut encore imposer aux Marys, n'est pas de ces deuoirs en idée & de speculation, dont il ne se voit point d'exemple hors des Romans. La courageuse Espagnole dont ie viens de donner le portrait, n'estoit pas vn Phantôme de ce Pays-là, & tant d'autres si connuës dans l'Histoire veritable ne font pas nées de mesme lieu que les Cariclées & les Lucippes. Ie laisse les anciennes & les Estrangeres aux chercheurs de curiositez venuës de loin. La Françoise que i'ay aproduite, est d'assez bonne maison & assez riche, pour faire l'honneur de son Pays & de son Siecle; Et ceux qui traittent de Cadettes les Vertus modernes, apprendront au moins par cét exemple, que les Cadettes de France, ne sont en rien inferieures à leurs Aisnées de Grece & de Rome.

EXEMPLE.

MARGVERITE DE FOIX Duchesse d'Espernon.

CE n'est pas d'auiourd'huy que l'on parle de la mauuaise intelligence, qui est entre l'Amitié & la Fortune. On a tousiours crû que la Grandeur estoit trop interessée, pour aymer de bonne foy, & qu'elle auoit vne enflure & des duretez qui ne laissoient point de lieu à la tendresse & aux douces Passions. On a dit que l'Amour & la Maiesté ne se trouuoient iamais ensemble: qu'il aymoit mieux vne bassesse tranquille & de repos, qu'vne éleuation exposée au vent & agitée. Et ceux qui en ont fait vn Oyseau, ne l'ont pas fait voler auec les Aigles, ny ne l'ont logé à la pointe des Cedres, & sur le faiste des Montagnes. Ils l'ont rangé auec les Abeilles qui sont aimées comme luy, & viuent comme luy de l'ame des Fleurs & du pur esprit des Astres: ils l'ont logé parmy les Rosiers, où il y a du feu &

des pointes pareilles aux siennes. Mais quoy qu'on ait cru iusques à cette heure, & quoy qu'on ait dit, l'Amitié & la Vertu ne sont pas également mal auec toutes les grandes Fortunes : il y a des Grandeurs affectueuses & de bon naturel, comme il y en a de dures & d'intraitables. Et si le Lesart qui ne marche que des mains, comme parle Salomon, a bien l'asseurance de monter au Palais des Roys, & de faire sa demeure chez eux comme leur domestique, il ne faut pas croire que l'amour qui est de si bon lieu, & à qui l'on donne de si bonnes aisles, ne soit né que pour les Cabanes. Il n'est point de maisons qui luy soient fermées, & il se verra par cét Exemple, qu'en quelque maison que la Vertu l'introduise, il n'y a point de Grandeur qui ne luy cede, n'y d'Interest qui ne luy obeïsse.

La Fortune de feu Monsieur le Duc d'Espernon a esté long-temps admirée de toute la France : elle estoit aussi extraordinaire & merueilleuse, il n'y auoit pas seulement de la couleur dans les pieces qui la composoient : il y auoit de la force & de la solidité : elles estoient toutes grandes & toutes illustres. A mon iugement neantmoins, feu Madame sa femme, a esté la plus grande & la plus illustre de toutes ses pieces, voire la plus forte & la plus solide, quoy qu'elle ait moins duré que les autres. Cette Dame possedoit eminemment toutes les qualitez qui peuuent faire la gloire d'vne Maison, & la felicité d'vn Mary. Sa Noblesse estoit du premier ordre, & ie ne sçay si en toute l'Europe, il y auoit vn Titre Souuerain, ny vne Couronne qui n'y entrast de quelque costé. Mais il y a vne Noblesse superbe & insolente, & la sienne estoit modeste & ciuile: les titres de sa Maison ne luy enfloient point l'Esprit, & les Couronnes de ses Alliez & de ses Predecesseurs ne luy faisoient point tourner la teste. A cette Noblesse du sang estoit adioustée la Noblesse du visage, & cette Royauté de droit naturel & d'ancienne erection, qui donne de la Maiesté aux belles Personnes; mais elle n'estoit pas des belles qui érigent leur Royauté en licence & en tyrannie, la sienne demeura tousiours dans vne retenuë exemplaire, & de Personne priuée: Et la médisance qui est si hardie à mentir, & qui trouue des taches sur les plus beaux Astres, n'eut iamais vn seul mot à dire contre-elle. Sa vertu pourtant n'estoit pas vne vertu de chagrin; elle n'estoit pas de ces Farouches qui n'ont pas vne goutte de bonne humeur, qui ne sçauent que mordre & égratigner: elle estoit douce de son naturel, & cultiuée par l'étude, & les Graces auoient si bien temperé ce qu'elle eust pû auoir de trop fort, qu'elle plaisoit mesme par où elle estoit seuere.

Mais toutes ces rares qualitez ne sont point du suiet dont il s'agit: ma question est de l'Amour coniugal, & feu Madame d'Espernon en a donné vn exemple, qui est de la force des anciens modeles. Il y a encore auiourd'huy des témoins illustres & des marques, qui n'en parlent qu'en termes d'eloges; mais tout ce qu'ils disent de son estime & de ses respects, de son obeïssance & de ses soins, de ses offices & de ses complaisances, quoy qu'ils n'en disent rien que de grand & d'exemplaire, ne laisse point vne si haute idée de cét Amour que l'action d'Engoulesme.

En cette generale revolution qui se fit à la Cour en l'année mil cinq cens quatre-vingts huit, les Chefs de la Ligue dresserent toutes leurs machines contre le Duc d'Espernon, & firent à découvert & en cachettes, toutes sortes d'efforts pour l'abbattre. Il ne branla point neantmoins, tant que ces machines ne battirent que sa faueur, & la bien-veillance du Prince. Mais incontinent que la Calomnie se prit à sa fidelité, & qu'on l'accusa de complot & d'intelligence auec le Roy de Nauarre; son bon Maistre qui iusques alors auoit deffendu ses propres bien-faits, & s'estoit mis entre son Ouvrage & les Enuieux qui vouloient l'abbattre, luy osta sa protection, & donna son consentement à la partie qui fut faite pour le prendre dans Engoulesme.

Les Ennemis qu'il auoit dans le Cabinet, étendirent iusques à sa perte le consentement du Roy, & les ordres furent enuoyez de la Cour aux Magistrats d'Engoulesme, de l'amener vif ou mort. L'execution de cette dangereuse partie fut assignée au dixiéme d'Aoust, & ce iour-là le Magistrat qui n'ignoroit pas qu'il auroit à faire vne difficile chasse, se presenta auec deux cens Hommes choisis & en armes, pour se saisir du Duc, à l'heure qu'il sortiroit pour aller ouyr la Messe. Ie ne sçay pas s'il faut croire ce qu'on dit de sa bonne Fortune; mais i'ay bien ouy dire, qu'elle a esté plus assiduë auprés de luy que le plus assidu de ses Gardes, & que ses Ennemys ne luy ont iamais tendu de filets, qu'elle n'ayt rompus : qu'ils ne luy ont iamais dressé de piege, sur lequel elle ne luy ayt mis vne planche. Quoy qu'il en soit, il est certain que c'estoit fait de luy ce iour là, si elle ne luy eust fait venir des dépesches, qui l'occuperent fort heureusement tout le matin, & l'empescherent de s'aller exposer à la mort qui luy estoit preparée.

L'Occasion se passant auec la matinée, les conducteurs de l'entreprise delibererent de commencer par la saisie d'vn gage de prix, & de s'asseurer de la Personne du Duc, en arrestant Madame sa Femme, qui estoit à la Messe. Cependant vn des Magistrats accompagné de douze Hommes resolus & de main entra dans le Chasteau. Leurs armes étoient couuertes de leurs manteaux ; mais leur mauuaise volonté n'estant pas bien couuerte de leur mauuaise mine, vn des Gardes s'en défia, & courut fermer la porte à ceux qui les suiuoient pour les soustenir. La partie commença chaudement & à coups de pistolets deuant la chambre du Duc : quelques-vns des siens accablez par le nombre y furent tuez ; mais ses Domestiques & ses Gardes accourant au bruit, & luy-mesme y estant venu l'épée à la main, la fin du ieu fut aussi mal-heureuse pour les assaillans, que le commencement. Le Magistrat & vn des plus hardis de la troupe payerent de leurs personnes: & les autres qui ne se trouverent pas resolus de tant perdre, rendirent les armes & quitterent la partie.

Cette premiere trouppe estant mise hors de combat, le Duc ne fut pas pour cela hors de danger. Il luy fallut défendre les deux portes du Chasteau contre le feu & le petard, & cela fait repousser ceux qui se presenterent à l'escalade. Son plus grand danger neantmoins fut dans l'Eglise, où il entra tumultuairement & de furie vne multitude irritée & en armes, qui se ietta sur la Duchesse. Sa qualité & son sexe meritoient au moins quelques respects ; mais les qualitez ne sont point distinguées dans le tumulte, & il n'y a point de sexe inuiolable à la fureur. De deux Gentils-hommes qui la menoient, l'vn fut tué à ses pieds, & l'autre blessé dangereusement n'eut gueres meilleure condition. Cette action barbare ne l'effroya point : le sang qui iallit iusques sur sa robbe, & la mort mesme qui passa sur elle, ne luy firent point changer de visage. Elle eut tousiours l'ame droitte & éleuée au dessus du peril : Elle conserua iusques à la bien-seance du geste & la dignité de la mine : iusques aux paroles d'authorité & au ton de commandement. Et au lieu qu'vne autre moins courageuse se fust soûmise à l'insolence, & eust flatté la fureur, elle les traitta d'empire & en Maistresse, & estonna l'audace par sa constance.

On luy fit entendre qu'elle estoit arrestée pour son Mary, & que si elle vouloit viure & le conseruer, elle auisast de le disposer à remettre sa personne & la Citadelle entre les mains du Magistrat.

A cette declaration qui luy fut faite auec menaces, & le poignard sur la gorge, elle répondit qu'elle n'auoit point de traité à faire auec des Assassinateurs. Qu'elle ne sçauoit point comme se donnoient les mauuais conseils, ny en quels termes vne Femme pouuoit persuader la lascheté à son Mary. Qu'il luy faschoit de n'auoir qu'vne vie à exposer pour l'honneur & pour la seureté du sien. Que bien loin de leur prester contre luy ses prieres & ses larmes, elle répandroit auec ioye iusques à la derniere goutte de son sang, si la derniere goutte de son sang répanduë, pouuoit seulement adiouster, ou vn moment de nouueau lustre à sa reputation, ou vne demy iournée à sa vie. Et partant que leur fureur acheuast sur elle hardiment ce qu'elle auoit commencée: qu'il ne sortiroit rien de lasche de sa bouche ny de ses mains; qu'elles s'accordoient trop bien auec son cœur, & qu'il luy seroit plus doux, de mourir à la porte de leur Chasteau pour son Mary, que de viure sans luy sur vn Throsne.

Elle promettoit beaucoup; mais elle se sentoit disposée à tenir tout ce qu'elle promettoit, & sa constance mise à l'épreuue se trouua aussi grande & aussi forte que ses paroles. I'ay appris d'vne personne illustre, & qui a veu de prés toutes les affaires de ce Regne-là, qu'elle fut menée deuant le Chasteau: & que là afin de prendre le Mary, par la crainte & par le danger de la Femme, les mesmes propositions luy furent renouuellées auec les mesmes menaces & les mesmes violences.

La courageuse Femme reduite à cette extremi-

té, ne regarda que le danger de son Mary, & n'eut crainte que de son affection & de sa tendresse. Elle n'ignoroit pas que son foible estoit de ce costé-là : & qu'il n'y auoit point de si forte Place qu'il peust défendre que difficilement
,, contre ses larmes. Elle luy cria aussi afin de
,, fortifier cette partie foible, qu'elle ne venoit
,, pas pour luy persuader vne pieté dangereuse,
,, & le trahir par ses prieres : qu'elle venoit plû-
,, tost pour luy faire de son corps vne nouuelle
,, barriere contre ses Ennemis. Que s'il l'aymoit
,, veritablement, & auoit enuie de la sauuer,
,, qu'il aymast & sauuast ce qu'il y auoit d'elle
,, en luy : qu'en luy estoit son salut & son dan-
,, ger, sa bonne & sa mauuaise Fortune : que
,, hors de luy elle ne pouuoit auoir de vie ny de
,, mort, elle n'auoit rien à esperer ny à crain-
,, dre. Qu'il se gardast de se fier à des traistres,
,, qui attaquoient sa teste par son cœur : qui le
,, vouloient attendrir pour l'abbatre, & luy
,, donner de la compassion pour auoir sa vie à
,, meilleur conte. Qu'il n'écoutast point des
,, suggestions d'vn Amour timide & apprehen-
,, sif, qu'il écoutast plustost celuy qui luy par-
,, loit par sa bouche. Qu'en vain il la sauueroit
,, s'il se perdoit, & qu'en vain leurs Ennemys la
,, feroient peur s'il se sauuoit. Qu'en dépit
,, d'eux, & quelque mort qu'on luy pust faire
,, souffrir : elle viuroit tousiours fort heureuse,
,, tant qu'elle viuroit en son souuenir.
Elle prononça ces paroles auec vne si belle asseurance, & d'vn ton de voix si noble & si éleué ; qu'il parut bien qu'à cette fois son cœur étoit monté à sa bouche, pour s'expliquer par

DES FEMMES FORTES, 111

soy-mesme. Cette haute vertu éblouyt les furieux qui l'enuironnoient, & leur fit tomber le fer des mains. Le Duc fut secouru par ses Amys, qui arriuerent de Xaintes & de Coignac, & la capitulation estant concluë entre luy & les Habitans, la Duchesse impatiente de le reuoir, ne pût attendre que la porte du chasteau fust desembarrassee, & se fit apporter vne eschelle pour y entrer par vne fenestre. Certainement apres vne si illustre & si glorieuse victoire, il eust esté iuste qu'on eust abbatu la porte deuant elle, & qu'elle y fust entrée en Triomphatrice & par vne biesche.

LA Pucelle. Annales Galliæ

LA PVCELLE D'ORLEANS.

Vous ne sçauiez pas que ce iour dust estre vn iour de miracle & de salut pour la France : & que vous dussiez assister à la plus heroïque action qui se soit veuë, depuis qu'il se fait des sieges & qu'il se donne des batailles. Vous regretterez d'estre venus trop tard : mais en voila encore assez pour faire vn iuste Spectacle. L'Auanture est merueilleuse en toutes ses parties, il y a du grand & du prodige en toutes ses circonstances : Et ce qui nous reste à voir, passe de beaucoup tout ce qui se peut imaginer regulierement & auec vray-semblance.

Vous n'estes pas estrangers en ce pays : & n'auez pas besoin que ie vous fasse connoistre Orleans à ses clochers & à l'enceinte de ses murailles. Vous n'ignorez pas aussi la constance & la fidelité de cette grande ville assiegée par les Anglois, & reduite à l'extremité de l'esperance qui luy estoit demeurée. Mais ce que vous ne sçauez pas encore, & ce que personne n'eust osé esperer; C'est qu'en dépit des Anglois, & à la veuë de leur Camp & de leurs Bastilles, le secours, le salut & la liberté y viennent d'entrer sous la conduite d'vne Bergere. Non seulement l'Esperance n'étoit pas assez hardie pour aller iusques-là. Mais la creance mesme fortifiée de la veuë a bien de la peine d'y atteindre.

Oüy vne Fille, voire vne Villageoise & vne

Bergere a operé cette merueille si peu attenduë. L'importance est, que cette Vilageoise est Prophetesse, & que cette Bergere d'hier est aujourd'huy Generale d'Armée, & sera demain Conquerante. Le mesme Dieu qui détacha de la Montagne, la petite pierre dont le grand Colosse fut abbatu, qui tira d'entre les Brebis l'Enfant victorieux des Lyons & des Geans, a fait choix de cette Fille pour arracher la France d'entre les mains des Vsurpateurs étrangers, & l'a enuoyée au Roy chargée de commandemens de combat, & de promesses de victoire.

Le Roy de l'auis de son Conseil, apres vne exacte & iuridique inquisition de sa vie & de ses paroles, luy a donné des armes & des troupes, pour chasser les Anglois de deuant Orleans. Elle vient de forcer leur Camp auec deux cens Lances; Et la voila dé-ja auec la Victoire à la porte de la Vile. Cette premiere prosperité est vne efficace & celebre iustification de son innocence, est vne forte & victorieuse réponse aux mauuais bruits, & à la Calomnie passionnée : & bien-tost le Sacre du Roy suiuy de l'entiere defaite des Ennemys, sera vne plus solemnelle & plus autentique preuue de l'authorité de sa mission, & de la verité de ses propheties.

Ie souhaiterois que nous l'eussions veuë dans la chaleur du combat, commencer ses premieres armes par des efforts de vaillance consommée. Mais si nous sommes venus trop tard pour estre Spectateurs de cette vaillance, pour voir les éclairs & l'impetuosité de ce feu heroïque, qui donnoit tantost vne si viue action à ses bras, & de si soudains mouuemens à tout son corps; nous

DES FEMMES FORTES.

pouuons au moins en voir la lueur sur son visage, & vn reste de chaleur qui l'agite encore, non pas auec tant de violence qu'auparauant, mais auec plus de dignité & plus de iustesse. Le combat & la victoire ont laissé vn agreable mélange de rougeur sur ses ioües & sur son front: Et les esprits de la hardiesse y reçoiuent de l'adoucissement, & vne nouuelle grace, des esprits de la ioye qui leur sont mélez. On ne luy void rien de l'air de sa naissance, ny des façons de sa nourriture. Il n'est pas iusque à sa mine qui ne soit noble & aguerrie, & cette soudaine reuolution qui s'est faite en elle, de la bergere à l'heroine, a ie ne sçai quoy qui ressemble à illusion, & qui tient du prodige & de la fable.

Diriez-vous qu'il y ait iamais eu des pensées de pasturage, & des sentimens de Villageoise, en cette teste qui est si libre & de si bonne grace sous le casque? Diriez-vous que la houlette a esté iusques icy la charge & l'occupation de ces mains, qui manient si vigoureusement & auec tant d'adresse, & la banniere & l'épée? Ne diriez-vous pas qu'elle est née dans vn Arsenac, & qu'elle a esté nourrie dans vn Camp, qu'elle nous est venuë du Pays des Amazones: qu'elle est animée du mesme Esprit qui animoit autrefois les Hippolytes, les Rodogunes, & les Zenobies? Gardez-vous bien de le dire. Ce seroit la loüer iniurieusement & la des-honorer en beaux termes: ce seroit scandaliser l'innocence, & profaner vne personne que Dieu s'est particulierement consacrée.

L'Esprit qui la possede est vn autre Esprit que celuy des Zenobies & des Rodogunes: il vient de bien plus loin, que du Pays des Amazones: il est d'vne Region beaucoup plus pure & plus eleuée.

Vous auez oüy parler de ce double Esprit, qui inspiroit la verité & la Vaillance à Debore, & remplissoit également les deux parties de son double Ministere : de ce double Esprit qui estoit vn Esprit de feu à Dauid Conquerant, & vn Esprit de lumiere à Dauid Prophete. C'est ce mesme Esprit qui est descendu sur nostre Pucelle : qui l'a remplie de sa lumiere & de sa chaleur, qui luy a donné la science des productions & la vertu des victoires.

L'épée que vous luy voyez à la main, me fait souuenir de ce Meteore à deux faces, de ce feu celebre & mysterieux, qu'vn Ange conducteur portoit deuant le peuple de Dieu. Comme luy elle est lumineuse & teinte de sang : comme luy elle appelle d'vne part au salut & à la liberté, & de l'autre elle menace de mort & d'extermination. Elle n'a pas pourtant comme luy, vne lumiere de simple montre : son éclat n'est pas seulement vn éclat de pronostique ou de presage : Et ce seroit peu si elle ne blessoit que la veuë comme l'éclair : elle abbat & détruit comme la foudre : & on dit encore que comme la foudre, elle a esté tirée du sein de la Terre. Car cette épée si vous ne le sçauez, est vne épée fatale & ressuscitée par miracle : Elle a esté d'vn autre siecle que celuy-cy ; Et la Pucelle diuinement inspirée l'a fait tirer d'vne ancienne sepulture, où elle estoit en repos auec les cendres de son ancien Maistre. A peine a-t'elle senty la vertu de cette glorieuse main, que sa vieillesse est tombée auec sa roüille : elle a receu vn nouueau lustre, qui luy est comme vn nouueau feu, & la voila déja teinte du sang des Estrangers ; & toute échauffée de cette premiere prosperité.

Deux cens Lances marchent brauement & en bel ordre apres la Pucelle. Quand ce seroit la Fortune ou la Victoire elle-mesme qui auroit conduit le party, ils n'auroient pû mieux faire, ny donner plus d'épouuante à l'Ennemy. A voir l'asseurance & la hardiesse de leur mine : à voir cette ioye noble & courageuse, qui paroist sur leurs visages & en tous leurs mouuemens ; vous ne diriez pas qu'ils se vont ietter dans vne ville assiegée ; vous diriez qu'ils vont à vn Triomphe. Les Ennemis encore effrayez de l'impetuosité auec laquelle ils ont passé, se retirent en desordre à leurs Bastilles, ne croyant pas qu'il y ait de seureté pour eux dans leurs tentes.

Le nombre pourtant est assez grand, de ceux qui n'ont plus besoin de tentes ny de Bastilles. Et apparemment : si les troupes débarquées, eussent donné en mesme-temps de tous les côtez, cette iournée eust esté la derniere du Siege, & ce Camp si superbe, qui a esté durant sept mois la prison d'Orleans, seroit maintenant la sepulture d'vne bonne partie de l'Angleterre. Mais vn si grand ouurage meritoit bien d'estre montré distinctement & auec loisir : Et afin que cette Ville prisonniere & desesperée, vist toute la vaillance de sa Liberatrice, il estoit à propos que sa prison ne fust rompuë qu'à trait de temps & par pieces.

Cét heureux commencement est vn presage asseuré d'vne yssuë encore plus heureuse. Et le Comte de Dunois, que vous voyez sous la porte auec Lahire & les autres Chefs, est sorty pour luy en faire vne connoissance auancée. Vous n'auiez peut-estre iamais vû ce ieune Prince. Vous

n'auez donc pas encore vû le plus grand ornement de ce Siecle, & la plus belle esperance de sa
Posterité. Prenez le loisir de le bien considerer.
Voyez sa bonne grace & la dignité de toute sa
personne. Voyez ces rayons de maiesté, qui ont
ie ne sçay quoy de Royal, & qui sont teints de la
pourpre de son sang. Voyez cette noblesse de
mine, & cét air de Braue, qui est comme son courage exterieur, & sa vaillance de montre: Et
auoüez qu'il remplit bien le nom d'Orleans, &
en soustient dignement la grandeur & la Fortune. On espere que ses Vertus ne mourront pas
auec luy: elles seruiront en d'autres siecles &
sous d'autres Regnes: Et tous les pronostiques
sont faux, & la Phisionomie est vne trompeuse, ou il naistra de luy des Princes qui seront Heros de race, qui seront vaillans de Pere en Fils,
qui feront vn iour l'honneur de leur Maison,
en faisant l'honneur de la France.

SONNET.
La Pucelle parle.

Fatale à l'Angleterre & fatale à la France,
 De l'vne i'abatis l'orgueilleuse fierté:
Et l'autre par mon bras remise en liberté,
Vit son Throsne branlant appuyé de ma lance.
 Le bucher allumé contre mon innocence,
N'en put tout voir qu'il sut noircir la pureté:
Et contre les Autheurs de cette cruauté,
La Mort que ie souffris fit plus que ma vaillance.
 D'vn cœur égal aux Cœurs des plus fameux
  Guerriers,
Ie garday de mon Corps la fleur sous des Lauriers
Et fus comme l'Abeille & chaste & courageuse:
 Ie picquay, ie chassay les Leopards Anglois,
Et de mon aiguillon, Vierge victorieuse,
Ie defendis les Lys qui couronnent nos Roys.

ELOGE DE LA PVCELLE.

L'Histoire qui se fait appeller la veritable & l'exacte, ne debite presque par tout que des mensonges de grands frais, & des fables preparées magnifiquement & auec pompe. Elle ne propose que des Portraits plus grands que le naturel, que des Colosses qui semblent n'estre faits que pour effrayer la foy des Lecteurs & lasser leur veuë. Il n'y a rien icy de cette maniere ny de cette taille: la verité toute simple & toute nuë sans exaggeration & sans parure, y est plus belle que ces fables, plus magnifique & plus haute que ces Colosses.

La Pucelle d'Orleans n'est pas l'ouurage d'vn Esprit imposteur & hardy à feindre. Elle n'est pas de mesme étoffe que les Vaillantes de Faiseurs de Romans & des Poëtes. Sa vertu estoit sensible & auoit vn corps: elle a fait veritablement & à la Campagne, tout ce que celles-la n'ont fait qu'en peinture, & dans le cerueau de leurs Autheurs: Et il n'a pas esté de ses victoires comme des leurs, où il n'y a eu que du papier noircy, & de l'encre répanduë. Le mesme Esprit qui appella de la Bergerie, le Vainqueur de Goliat: qui choisit vne Femme infirme & sans armes, pour défaire les Assyriens débordez dans la Iudée, & arracher son Peuple des mains d'Holoferne; tira cette Fille d'entre les troupeaux, & l'enuoya fortifiée de sa vertu, pour releuer la France abbatuë, & la déliurer des Vsurpateurs, qui la des-honoroient aprés l'auoir dépouillée.

Il luy donna vn Esprit Prophetique & vn cœur de Conquerant: il en fit vne Debore &

vne Iudith : & ramassa en sa vie tout ce que le temps des miracles a veu de plus rare & de plus illustre. Il ne se contenta pas de luy donner le courage & la conduite. Il luy enuoya son Ange qui luy imposa les mains ; & cette imposition de mains luy fut ce que l'accolade est aux nouueaux Cheualiers, luy apprit tous les exercices de la Guerre ; & luy en apprit dauantage en vn moment, que Lahire & le Pothon n'en auoient appris des Occasions & de la Fortune. Les Anglois aussi ne durerent point deuant elle : leur Fortune qui se croyoit desia victorieuse ceda à son Ange : & quelques efforts qu'ils fissent pour luy empescher l'entrée d'Orleans, elle y entra mal-gré eux, & leur osta la France en leur ostant cette Ville.

Apres diuers combats où elle fut tousiours victorieuse, elle tomba entre les mains des Ennemis, qui la traitterent en Criminelle de Religion & d'Estat : & la firent passer par le supplice des Heretiques, & des Sorciers. Dieu le voulut permettre ainsi, afin qu'elle remplist tous les deuoirs de la Femme Forte, & acheuast la parfaite Heroïne qu'elle auoit commencée : afin qu'elle vainquist par sa patience, comme elle auoit vaincu par sa valeur : & que les Anglois fussent défaits par sa mort, non moins que par ses victoires. Aussi cette barbare iniustice mit le comble à leurs pechez, & attira sur eux la colere de Dieu vengeur de l'innocence opprimée. L'esprit de la Pucelle & son bon Ange, recommencerent la guerre apres sa mort. Tousiours depuis les Anglois les eurent à dos, ils en furent défaits en toutes les batailles, & chassez en tous les Sieges. Et enfin

fin pour se sauuer de ces deux Esprits exterminateurs, ils furent contraints de quitter tout ce qu'ils auoient enuahis : & de toutes leurs conquestes, il ne leur est demeuré qu'vn titre sans corps & de fausses armoiries.

REFLEXION MORALE.

IL y a vne grande difference entre les iugemens de Dieu & les iugemens des Hommes : & il se voit peu d'endroits, ou cette difference soit plus expresse & mieux marquée, qu'en l'Histoire de la Pucelle d'Orleans. Dieu la tira du village pour nous faire entendre, qu'il ne distingue point les lieux ny les noms : qu'il n'estime pas les Hommes par le blason ny par des vieux titres : que le sang du Prince & celuy du Berger sont de mesme couleur & de mesme matiere : qu'vne Houlette deuant luy est de mesme prix qu'vn Sceptre : & que le Grand & le Petit, aussi bien que la Palme & le Buisson, sont sortis d'vne mesme terre. Il la choisit d'vn sexe infirme : parce que de tout temps il a aymé de vaincre l'orgueil par la foiblesse ; d'abbatre les Colosses auec des grains de sable ; de terrasser des Geans auec des roseaux. Il voulut montrer, que les mains les plus foibles & les moins agguerries, peuuent défendre les Sceptres & appuyer les Throsnes, quand il les a benies : que le salut des Estats est de sa Prouidence ; & non pas des bras des Armées, ny de la teste des Ministres. Et pour apprendre aux Conquerans, que les Victoires sont plus de sa grace que de leurs forces, il voulut qu'vne Bergere qui n'auoit iamais manié que la

Houlette, donnast plus de dix fois la chasse à plus de dix mille Lances. Il voulut enfin qu'vne Fille nourrie aux Village fist toutes les fonctions de la Vertu heroique; qu'elle en subist toutes les épreuues; qu'elle en gagnast toutes les Couronnes. Et par la il nous a appris que cette haute Vertu n'est pas toûjours des hautes Fortunes, ny ne loge toûjours dans les Palais: que Personne n'est receu d'elle sur sa condition : que Personne n'en est reietté sur son nom ny sur sa mine : qu'elle ne considere que le cœur, qui a son sexe à part & ses qualitez differentes de celles du corps: & que les Femmes qui ne sont point Femmes par le cœur, peuuent monter aussi haut, & s'approcher aussi prés d'elle que les Hommes. Cette verité est importante & de grand vsage : & la Question suiuante dont ie la vay appuyer, ne sçauroit qu'elle n'instruise agreablement; & qu'elle ne profite en diuertissant.

QVESTION MORALE.
Si les Femmes peuuent pretendre à la Vertu heroique.

LEs Heros dont il est tant parlé dans l'Histoire, n'estoient pas de la race des Geans; & leur force n'alloit pas iusques à déraciner des arbres, & à remuer des Montagnes. Le Peuple neantmoins qui ne peut comprendre d'autre grandeur, que celle qui lasse la veuë : qui ne connoist point d'autre force, que celle qui fait du bruit & des ruines, s'imagine des Colosses quand on luy parle de ces Hommes-là qu'on appelle extraordinaires; & parce qu'il entend estimer leur force & faire estat de leur valeur, il croit de bonne foy, qu'ils auoient des bras d'acier & des iambes de bronze; & qu'ils abbatoient à coups de poing, les murailles des villes qu'ils vouloient prendre. Il m'est necessaire icy de reformer cette imagination du Peuple: & de la reduire à vne plus iuste mesure. Ce n'est pas la hauteur de la taille, ny la force du corps qui fait les Heros, c'est la grandeur & l'éleuation de l'Ame; c'est la vigueur & la fermeté de l'Esprit: Et il peut y auoir des Ames fort éleuées & de la premiere grandeur en de petits Corps; il peut y auoir vn esprit extrémement ferme & d'vne extréme vigueur, dans vne chair fort infirme. De ce costé-là donc, il n'y a rien qui puisse diminuer le droit des Femmes, & les empescher de pretendre à la Vertu heroïque.

Et afin d'éclaircir dauantage ce droit des Femmes & d'appuyer les pretentions de celles qui auront le courage de s'éleuer iusques-là, il est à supposer, que la Vertu heroïque n'est à la bien definir, qu'vne Vertu excellente & releuée au dessus des Vertus communes. Cette excellence luy vient, premierement de la dignité & de l'éminence de son Objet, qui est l'Honneste consideré dans la plus haute éleuation qu'il puisse auoir. Elle luy vient secondemét de la perfectiō des Facultez par lesquelles elle agit; & ces Facultez reçoiuent leur perfection d'vn feu spirituel & penetrāt, qui éclaire & purifie la Partie Intellectuelle: qui échauffe & enleue l'Appetitiue. Elle luy vient encore de la noblesse de ses principales fonctiōs, qui sont d'agir fortement & auec hardiesse; & de

L ij

souffrir courageusemét & auec constáce. Et parce que l'actió quelque forte & quelque hardie qu'elle soit, & la souffrance, voire la plus courageuse & la plus constante, ne peuuent arriuer à cét Honneste eminent & du premier ordre, que par vn certain transport de l'Ame, que les Grecs appellent Enthousiasme ; ce transport est la quatriéme cause, qui fait l'excellence de la Vertu Heroique.

Disons encore pour ne rien laisser à dire, que la belle & l'excellente forme, que la Vertu Heroïque donne à l'Amour & à la Colere, est vne cinquiéme cause qui luy fait comme vn cinquiéme degré d'excellence. Ie parle icy selon l'opinion des Anciens, qui croyoient que l'Amour & la Colere estoient les Passions dominantes des Heros : soit à cause qu'ils sont d'vne matiere plus subtile & plus combustible ; & qu'il entre plus de feu interieur en leur temperament qu'en celuy des autres Hommes : soit à cause que ces deux Passions imperieuses & souueraines, ne peuuent estre bien purifiees que par vne Vertu plus souueraine & plus imperieuse qu'elles, ny receuoir d'ailleurs & par vn effort ordinaire, leur derniere perfection, & les belles formes dont elles sont capables. Toutes ces conditions contribuent à la dignité de la Vertu Heroïque ; & l'esleuent à vn ordre superieur, ou les vertus communes ne sont point receuës.

Cét ordre neantmoins est en vn lieu ou l'on peut aller de toutes les conditions de la vie : toutes les grandes Ames y sont également appellées : & de quelque costé qu'on y monte, les Femmes y peuuent monter non moins que les Hommes. Premierement l'Honneste eminent & souuerain, qui est le propre Objet de la Vertu Heroïque, n'est pas hors de leur veuë, & ne peut estre au dessus de leurs pretensions. La Nature ne leur a point assigné de but au dessous de celuy-là: il n'y a point de terme au delà duquel elles soient dispensées de soins, & abandonnées à leurs sens: il n'y a point d'espace ou le Bien ne leur soit plus Bien? ou le Deuoir cesse de les obliger, ou la Vertu perd les droits qu'elle a sur elles. La Carriere de l'honneur est pour elles aussi grande & aussi large que pour nous; & dans cette grande Carriere, on ne sçauroit marquer vn seul endroit, ou il leur soit permis de faire vn faux pas; de se laisser vaincre; d'abandonner l'Honesteté, de renoncer à la Couronne. D'ailleurs elles sont appellées à la perfection aussi bien que nous: Et le Fils de Dieu qui crie aux Saints & aux Iustes, qu'ils ne se lassent point de se sanctifier; & que chaque iour ils adioustent quelque nouueau lustre à leur iustice: n'a point déchargé les Femmes de ce trauail, ny ne leur a marqué des bornes, au de là desquelles elles puissent estre iniustes & n'estre pas sainctes. Non seulement donc cet Honneste éminent, & souuerain, ou vise la Vertu Heroïque, n'est pas hors de leur portée: il est de leur droit, & entre tous leurs deuoirs: & il se peut trouuer des occasions qui ne leur laisseront pas la liberté de s'arrester à vn bien inferieur: il peut arriuer des rencontres & des Ennemys, qui les pousseront iusques au dernier degré de la Vertu, ou les feront tomber dans le vice.

Quant à ce qui regarde la perfection de la Partie Intellectuelle, & de la Partie Appetitiue, qui sont comme la teste & le cœur de la Vertu Heroïque; il est certain que ces facultez ne sont pas diuerses où il y a diuersité de Sexe. Elles ont par tout vn mesme fond, & sont capables de mesmes formes. Les lumieres qui descendent en l'esprit de l'Homme, ne sont pas plus pures ny d'vne plus haute Sphere, que celles qui descendent en l'esprit de la Femme: & de ces lumieres égales & venuës de mesme source, il se peut allumer vn feu pareil & de mesme force, dans le cœur de l'vn & de l'autre. Il se voit des Hommes, qui n'ont pas seulement la premiere lueur du bon sens. Vous inreriez qu'ils ont esté faits de la lie & du marc de la matiere: vous diriez qu'il n'est pas entré vne seule étincelle du feu celeste en leur constitution: & leur Ame est si chargée, l'écorce qui l'enuironne est si obscure & si massiue, qu'il n'y a point de lumiere qui la puisse penetrer d'vn seul rayon de verité; qui luy puisse donner vn commencement de chaleur honneste. Au contraire il se voit des Femmes, qui semblent n'estre faites que du pur extrait de la matiere rectifiée. La haute partie de leur Ame est si nette, & reflechit si viuement toutes les impressions lumineuses qu'elle reçoit: l'inferieure a des feux si nobles, & se meut si reglément & auec vne vistesse si compassée & si iuste; qu'il n'y auroit point de flatterie, de les comparer à ces beaux composez, qui se font des Intelligences & des Astres. Ce n'est donc pas la difference du Sexe, qui fait la difference des facultez de l'Ame, & puis qu'elles sont de mesme perfection en l'Homme & en la Femme: puis qu'en l'vn & en l'autre, elles peuuent estre imbuës de mesme lumiere, & penetrées

de mesme feu; descendons librement & de gré
à gré à la consequence où nous mene ce dif-
cours : & demeurons d'accord, que les Femmes
peuuent estre disposées par cette lumiere & par
ce feu, aux principales fonctions de la Vertu
heroïque.

L'Histoire est aussi sçauante & aussi persuasiue
sur ce point, que la Philosophie : & les exemples qu'elle en donne, sont des demonstrations
aussi iustes & d'aussi bonne forme, que celles qui
se font sur les regles de la Dialectique. Que s'il
est montré par ces exemples que les Femmes sont
capables des plus fortes & des plus hautes actiõs;
il est par consequent & de necessité prouué par
les mesmes exemples, qu'elles sont encore capables du transport heroique, & de cét enthousiasme, sans lequel on ne franchit pas les bornes que
la Morale a marquées aux Vertus communes.

Il fallut bien que Iudith fust transportée de
cet enthousiasme quand elle passa sur le peril
de sa vie & sur celuy de son honneur; elle trauersa des murailles & des tranchees; & se ietta toute seule & sans armes, au milieu de plus
de cent mille combattans, pour retirer la Iudée de leurs mains, pour leur oster la teste
d'vn seul coup d'épée. Il fallut bien que Susanne fust poussée du mesme enthousiasme,
lors qu'estant sollicitée de son des-honneur,
par le plaisir & par la crainte, elle se défit
courageusement du plaisir, & de la crainte; &
courut à son deuoir, au trauers de l'infamie
& de la mort, & de tout vn orage de cailloux amassé contre-elle. Il fallut bien qu'il y
eust beaucoup de ce transport & de cét en-

thousiasme en la Mere des Macabées, lors qu'elles exposa à des haches & à des chaudieres ardentes; elle marcha sur les peaux & sur ses tronçons sanglans de ses Enfans écorchez & mis en pieces, elle donna son cœur & les entrailles, son ame & son esprit à sept differentes morts; pour gagner par là vne huictiéme mort; qui fust digne de la memoire des Macabées, & égale à la reputation de sa Race.

Mais sans aller si loin de nostre Siecle, & de l'histoire moderne, n'y eut-il pas du transport en cette Fille d'Agria, qui se preparant à combatre sur la bresche, par laquelle les Turcs vouloient porter le fer & le feu dans le sein de sa patrie, comme sa Mere qui estoit dans la mesme faction, auec vne grosse pierre sur la teste, eust esté emportée d'vn coup de canon: elle ne parut point surprise de cét accident, & n'en perdit ny sa resolution ny son poste, son cœur ne bransla pas seulement d'vn coup qui eust pû faire tomber vn pan de muraille: & sans changer de visage, elle ramassa cette pierre toute chaude du sang & de la mort de sa Mere, & la roula sur les premiers qui monterent à la bréche.

N'y eust-il pas de l'enthousiasme en l'action qu'vne ieune Femme de la mesme ville, fit au mesme Siege? Elle combattoit armée de toutes pieces entre son Mary & sa Mere: & comme son Mary apres vn long & opiniastre combat, eust esté tué à son costé, sa Mere l'auertissant de se retirer, & de luy aller rendre ses derniers deuoirs:
,, Dieu me garde, repartit-elle, d'vne pieté si
,, desordonnée. Il est temps de le venger & non
,, pas de le pleurer: ses funerailles se feront bien

DES FEMMES FORTES.

apres, si nous viuons, & s'il m'est ordonné "
de mourir sur luy, mon corps luy sera vne assez "
glorieuse tombe ; & mon sang meslé auec le "
sien, luy sera plus d'honneur que mes larmes. "
Ces courageuses paroles furent suiuies d'vne
action encore plus courageuse. Elle ietta son épée & releua celle de son Mary, soit qu'elle l'estimast meilleure que la sienne, & plus accoustumée à vaincre, soit qu'elle crust qu'il y pouuoit estre demeuré quelque reste de sa valeur &
de son addresse, qui combattroit auec elle & luy
porteroit bon-heur : Et fortifiée de cette apprehension, elle se ietta fiérement & auec ardeur,
sur ceux des Ennemis qui estoient les plus auancez, en tua trois de sa main, fit lascher le pied aux
autres, & cela fait se retira auec le corps de son
Mary & la satisfaction de l'auoir vengé, qui luy
fut vne satisfaction aussi iuste & plus vtile que
celle qu'on cherche dans vn deüil de montre &
paré, dans vne tristesse ambitieuse & aussi vaine que luxe.

Outre ce transport, qui est vn apparent &
loüable excés de Valeur & de Constance ; il y a
vne autre sorte d'excés, que la Magnificence
cherche dans ses ouurages, & qui appartient encore à la Vertu heroïque. Et il ne faut pas oublier de dire en passant, que les Femmes ont esté
aussi loin, & se sont éleués aussi haut que les Hommes, par cette seconde sorte d'excés. On ne peut
parler qu'en termes enormes des Pyramides d'Egypte, & les crayons racourcis que l'Antiquité nous en a laissé ; & nous laissent encore la
veuë. Cependant les plus hautes & les plus superbes de ces Pyramides furent basties par la

hardiesse & par la magnificence d'vne Femme. Le Mausolée épuisa la science de tous les Architectes & de tous les Sculpteurs de Grece; & ne laissa point de marbres ny de pierreries de reste à l'Asie: & ce Mausolée fut l'inuention & l'entreprise d'vne Femme. Les Iardins suspendus de Babylone, & ces Murailles si fameuses par leur matiere & par leur structure, furent encore l'ouurage d'vne Femme. Et cette mesme qui n'auoit que des pensées vastes & des desseins sans mesure, ayant à se faire ériger vne Statuë en vn lieu ou elle auoit gagné vne bataille, la fit faire de toute vne Montagne taillée en figure humaine & en Trône. Et parce qu'il n'eust pas esté bien-seant de voir vne Reine toute seule, elle voulut que l'ouurier ménageast auec tant d'art les éminences & les pieces superfluës de la Montagne, qu'il y eust dequoy luy faire vne demy douzaine de Gardes. Sans déterrer des ruines enseuelies sous tant de Siecles, il y a en France d'assez somptueuses preuues de la Magnificence heroïque des Femmes. Mais estant exposées comme elles sont aux yeux du Public, il n'est pas necessaire de les alleguer en cét endroit, puisque mon dessein n'est pas d'écrire pour les Estrangers ny pour des aueugles.

Quant à ce qui regarde ces deux Passions souueraines & dominantes, qui sont la plus noble matiere que la Vertu heroïque puisse mettre en œuure; la constance & la force de l'Amour coniugal, voire son transport & sa derniere perfection, ne seront iamais disputées aux Femmes, de personne qui se sera entretenu seulement vn quart d'heure auec l'Histoire. Elles ne sont pas moins capables de bien vſer de la colere, de purifier ſon feu par vn autre feu plus ſpirituel, & l'amener au ſupréme degré de l'Honneſte par vn tranſport heroïque. Et afin de terminer ce point par vn ſeul exemple, mais par vn exemple de marque & de couronne, il n'y a que des ſaillies aueugles, & vne impetuoſité de fougue & precipitée, en tout ce qui ſe raconte des Heros que nous connoiſſons, s'il eſt comparé à ce que Semiramis fit en ce ſujet.

Vne Prouince qu'elle auoit conquiſe aſſez fraiſchement, ayant chaſſé ſes Lieutenans, & ſecoüé le ioug par vne renolte publique, la nouuelle luy en fut portée à l'heure qu'elle ſe faiſoit coëffer. Elle ne cria point à cette nouuelle, qu'on preparaſt des cordes & des gibets, comme quelques Princes ont fait en de ſemblables occaſions. Mais ſans éleuer tant ſoit peu la voix, ny dire vne ſeule parole d'aigreur, ſans ſe témoigner alterée ny ſurpriſe : elle fit ſerment de n'acheuer iamais de ſe coëffer, qu'elle n'euſt chaſtié ces Rebelles. Ce ſerment fait auec vn ton de raillerie, & vne fierté maieſtueuſe & bien-ſeante, elle commanda a ſes Femmes de reſſerrer ſes parfums & ſes pierreries : enuoya querir ſes armes, & donna les ordres pour la marche des troupes : monta à cheual ayant les cheueux moitié dreſſez & moitié épais : & non ſeulement elle commença, elle acheua la guerre en cét eſtat: & s'il m'en ſouuient, ce fut apres cette guerre acheuée, qu'elle ſe fit ériger cette Statuë ſi enorme & ſi monſtrueuſe dont i'ay parlé. Auoüons qu'il y euſt bien du magnanime & de l'heroïque en ce tranſport. Auoüős que cette teſte demy coëffée, estoit soustenuë d'vn grand cœur, qu'elle estoit des plus fortes & des plus capables, & qu'il ne pouuoit y auoir de Couronne trop grande ny trop haute pour elle.

Iusques icy i'ay pris la Vertu Heroïque, par des veuës purement humaines, & n'ay presque parlé que de celle qui a esté connuë des Philosophes. Mais s'il est question de celle qui est Chrestienne, & que la Grace a sanctifiée, qui a esté éclairée des lumieres de Iesus-Christ, qui a esté imbuë de son sang & penetrée de ses esprits sur le Caluaire, qui est appellée à ce Bien Diuin & Souuerain, lequel est d'vn ordre infiniment éleué au dessus de tous les Biens de la Nature; il n'y a point de doute que les Femmes n'y puissent pretendre aussi bien que nous, & que leurs pretentions ne soient aussi legitimes, & fondées en aussi bon droict que les nostres. Iesus-Christ nous a donné son Sang & son Esprit en commun: il nous appelle en commun à la participation de sa Croix & au Caluaire: & il est remarqué particulierement, que quand il y fut en Personne, il monta bien plusieurs Femmes apres luy, mais il n'y monta qu'vn seul Homme. Ie ne voudrois pas dire qu'il y eust du presage en cela, & que ce fust vne figure de l'auenir. Ie diray seulement que tousiours depuis on les y a veu monter en plus grand nombre, & auec plus d'ardeur que nous, & faire plus de presse autour de la Croix, qui est le vray Thosne de la Vertu heroïque. Il s'est donc trouué des Heroïnes, selon toutes les formes & dans tous les degrez de la Vertu heroïque, dans le degré des Patientes, dans le degré des Magnifiques, dans le degré des Courageuses &

des Vaillantes; & sans étendre dauantage les raisons, l'exemple que ie vay produire en sera vne seule preuue vniuerselle & abbregée.

EXEMPLE.

ISABELLE REYNE de Castille.

LE dessein de la Monarchie d'Espagne n'est pas du temps de Platon, ny de la maniere de sa Republique. Il est moderne & de la memoire de nos Peres. L'Autheur neantmoins n'en est pas connu si generalement : & encore auiourd'huy on en dispute, comme on feroit d'vne Antique demy effacée. Quelques-vns attribuent cette entreprise à Ferdinand, qui estoit vn Prince rusé, mais timide & sedentaire; qui ne touchoit sa besongne que de l'esprit & du conseil; & faisoit toutes choses par les mains de ses Capitaines & de ses Lieutenans. D'autres veulent au contraire, qu'elle soit de Charles-Quint, de cét Ouurier heureux & hardy, qui estoit aussi bon pour la Campagne que pour le Cabinet: qui mettoit luy-mesme la main à l'œuure auec sa Fortune, qui estoit tout à la fois & l'Entrepreneur & l'Artizan de ses ouurages. Mais quoy que puissent dire les vns & les autres; ce dessein si vaste & si énorme, n'est à vray dire, ny du Timide, ny du Conquerant : il n'est ny de la teste de Ferdinand, ny du bras de Charles : il est de l'esprit & du courage d'Isabelle de Castille. Ce mot seul est pour elle vn grand eloge racourcy : c'est l'abregé d'vne longe Histoire, & la matiere de plusieurs Volumes: Et la Vertu heroïque de cette grande Reine ne peut auoir vne preuue plus magnifique ny plus ample, qu'vn Edifice qui est de l'étenduë des deux Hemispheres; & qui embrasse la Nature découuerte & la Nature à découurir.

Cette si grande entreprise fut d'vne Ame encore plus grande, & assistée de toutes les grandes Vertus: Celles qui dessinent ingenieusement, & celles qui consultent auec prudence, celles qui executent auec adresse, & celles qui agissent de force, y trauaillerent coniointement auec elle. Il n'y eut que du grand & de l'heroique en toutes les parties de sa vie, tous ses iours furent des iours de trauail, ou de preparation au trauail: & auant qu'elle fut en âge de vaincre par l'action, elle apprit à vaincre par la souffrance. La Prouidence Diuine l'ayant choisie pour faire voir à ces derniers Siecles, iusques ou peut aller vne grande Vertu, assistée d'vne grande Grace, luy osta de bonne heure son Pere & sa Mere: & la mit toute seule & sans support dans le chemin de la Vertu, aussi-tost qu'elle se peut soûtenir. Ce ne luy fut pas vn petit auantage, d'auoir esté si-tost seuree des tendresses qui amollissent & des douceurs qui corrompent. Pour le moins elle ressembla par là aux anciens Heros; & pour vser des termes de ce temps-là, il y eut moins de laict que de moëlle de Lyon en sa nourriture. Son enfance aussi en fut disciplinée & laborieuse de meilleure heure: elle fut serieuse & instruite, temperante & seuere, dés l'âge des joüets & des bagatelles: Et au temps que les autres Filles flattent des Pouppées, ou sont flattées par des nourrices, elle fut aguerrie

DES FEMMES FORTES. 155

par l'aduersité, & apprit à vaincre la Fortune.

Cette enfance seuere & disciplinée fut suiuie d'vne ieunesse agitée & pleine de troubles: & Dieu qui ne luy vouloit souffrir que des satisfactions graues & des contentemens solides, permit que les premieres fleurs de son mariage fussent trauersées d'épines. Elle auoit choisi Ferdinand Prince d'Aragon & Roy de Sicile, entre Alfonse Roy de Portugal, & Charles Duc de Guyenne Frere de Loüis onziéme: & ce choix ou l'inclination se trouua fortifiée de l'interest, auoit esté generalement approuué de tous les Ordres du Royaume. Le Roy son Frere qui deuoit estre le premier à faire les honneurs de sa Couronne & de sa Maison, s'opposa tout seul à cette approbation generale, & corrompit la ioye publique par l'aigreur d'vne enuie particuliere. Il tendit des pieges sur tous les chemins & de toutes les façons à l'innocence de sa Sœur: il vsa d'adresse pour dénoüer son mariage: il voulut vser de violence pour le rompre. Mais ce lien ne pouuant ny se rompre ny se dénoüer; & d'ailleurs ses pieges estant trop grossiers & trop mal tendus pour prendre la proye qu'il poursuiuoit, il tourna ses forces & sa colere contre les Places qui estoient du patrimoine d'Isabelle: & si sa malice eust esté plus heureuse & mieux conduite; s'il ne se fust éleué des Défenseurs du droict de l'Innocente, il l'eust chassée en chemise hors du Royaume.

Mais Dieu qui se plaist à déconcerter les desseins d'iniquité, & qui lie quand il veut les mains aux Vsurpateurs, ne permit pas que l'Iniustice, quoy que puissante & assistée de l'authorité, preualust au Droist desarmé & à l'Innocence delaissée. Il voulut se seruir de Henry pour exercer Isabelle, comme la Nature se sert du vent pour affermir les ieunes Palmes, comme les Arts se seruent du feu & du fer pour purifier l'Or, & luy donner vne espece de souueraineté auec l'Image du Prince. Et apres que la vertu d'Isabelle, aguerrie & fortifiée, instruite & embellie par cét exercice, eust receu la derniere forme de la Vertu heroïque, il enuoya la Mort qui osta la Couronne au Frere enuieux & vsurpateur, & la mist sur la teste de la Sœur destinée à la gloire de l'Espagne, & à la découuerte du nouueau Monde.

Il ne se peut dire quelle preparation elle porta sur le Throsne: auec quelle addresse & quelle force, auec quelle pureté d'intention & quelle capacité d'esprit, elle mit la main au Gouuernail. La Politique ne fut iamais plus habile, ny plus saine & mieux intentionnée; la Raison d'Estat plus étenduë ny plus forte; les Graces plus vigoureuses ny plus efficaces, qu'en cette Princesse. Elle estoit l'Oracle domestique de Ferdinand, & la visible Intelligence de son Conseil. Les Sages & les Speculatifs de son Regne, receuoient d'elle leurs plus pures illustrations: ils ne deliberoient de rien qu'en sa presence, & sous les lumieres de son esprit: & ordinairement l'incertitude & les doutes de la consultation, ne finissoient que par ses aduis, qui demesloient les opinions confuses, qui fortifioient les timides, qui donnoient le ply & la consistence aux affaires. Aussi tenoit-elle lieu de Cause premiere & d'Agente Principale en la conduite de cette grande Machine

DES FEMMES FORTES. 137
Machine: & l'Histoire d'Espagne auoüe, que Ferdinand, ie dis ce capable & cét habile Ferdinand, n'agissoit que par la direction & comme le Subalterne d'Isabelle.

Son premier soin fut de r'allier les parties de l'Estat, que les troubles passez auoient diuisées. Les ayant ralliées, elle vsa d'adresse à les reioindre; & son adresse fut si efficace & si heureuse, qu'elle les remit toutes en leurs places; & rendit à chacune sa premiere fermeté & ses fonctions naturelles. A peine eut-elle rendu la santé & le repos à ce grand Corps, qu'il luy fallut mettre les armes à la main pour le défendre. Alfonse Roy de Portugal, appellé par des mecontens & des factieux, estoit entré dans la Castille, auec de grandes forces, & des pretentions encore plus grandes. Apparemment le feu deuoit estre grand, qui auoit esté attiré par les domestiques, & allumé par les estrangers. Isabelle accourut au bruit & à la fumée; & ne retourna point qu'elle ne l'eust éteint dans le sang de ceux qui en auoient preparé ou l'amorce ou la matiere.

Sa Couronne estant affermie, elle pensa aux moyens de l'agrandir, & d'y adioûter de nouueaux fleurons & de nouueaux titres. Et parce qu'il n'y a point de conquestes plus iustes, plus illustres, ny plus heroïques, que celles qui étendent les bornes de l'Eglise & de la Religion, & donnent à Iesus-Christ de nouueaux Sujets & de nouueaux Royaumes: elle eut reprit la ruine de l'Empire des Maures, qui depuis tant de Siecles estoit la honte, le scandale & le ioüg de l'Espagne. Il est vray que cette entreprise fut son

M

chef-d œuvre. Elle y fit aussi tout ce qu'vn Capitaine consommé eust pû faire de l'esprit & de la teste: elle fut de toutes les Campagnes: elle assista à la prise des principales Places: & apres plusieurs années de fatigue & d'agitation, elle fit tomber cette grande masse, que tant de Siecles & tant de mains auoient éleuée; & reuint auec la Grenade ajoûtee à sa Couronne, & le titre de Catholique qu'elle acquist pour soy & pour les Rois ses Successeurs.

Non contente de regner dans vn Monde qui estoit connu, & de vaincre au Soleil de l'Europe, elle voulut vaincre & regner dans vn autre Monde & sous d'autres Astres. Pour cela elle assista de son courage & de ses finances, la hardiesse & les desseins de Colombe: elle enuoya sa fortune auec luy à la queste d'vn Ciel caché, & d'vne Nature inconnuë: & si aujourd'huy l'Europe est parée de l'Or & des Pierreries des Terres neuues, si les Terres neuues sont éclairées de la Foy & de la Religion de l'Europe, & l'Europe & les Terres neuues doiuent leur ornement & leur lumiere à la magnanimité d'Isabelle.

Cette intelligence & cette magnanimité estoient accompagnées d'vne iustice exacte & seuere, incorruptible & des-interessée. Sur quoy il me souuient, qu'estant sollicitée de faire grace à vn Criminel de condition, qui luy offroit vne somme tres-considerable pour la subsistance des troupes qui alloient contre les Maures: elle fit bien entendre à ses Solliciteurs, qu'elle n'auoit pas esté éleuée sur le Trône, pour faire trafic de graces & d'abolitions; & mettre à l'encan l'impunité & les crimes. Et afin qu'il ne semblast point qu'il y eust de l'interest en son integrité, & qu'elle visast à la confiscation du Criminel, elle la remit toute entiere à ses Enfans, & ne voulut jamais souffrir que leur succession fust diminuée d'vn double.

Bien loin de mettre les crimes & les peines en party, bien loin de mettre dans ses coffres le prix du sang, & le reuenu des larmes; elle n'auoit point de plus grand plaisir, que de donner à pleines mains, que de faire des riches & des heureux. Elle mesuroit les felicitez de son Regne par l'étenduë de ses bien-faits : elle contoit ses reuenus par les gratifications qui sortoient de son épargne : & son fonds principal, son plus cher & plus precieux tresor, estoit des cœurs & des affections de ses Peuples. Iamais liberalitez ne furent plus naturelles ny moins contraintes, plus obligeantes, ny mieux dispensées que les siennes. Iamais la Magnificence n'agit plus hautement, ny d'vne maniere plus Heroïque, que par ses mains, jamais elle ne fut plus vniuerselle, ny ne s'étendit à plus d'vsages & à vn plus grand espace.

Ses profusions ne s'écouloient pas en pompes inutiles, & passageres : elles n'estoient pas semblables aux Torrens qui ne sont que pour la montre, qui ne durent qu'vn jour : elles ressembloient aux Riuieres qui sont fertiles & de durée : elles portoient des richesses stables & solides, & faisoient la felicité des Nations, & l'abondance des Siecles. Et pour ne rien dire de celles qui sont demeurées en Espagne, ou elles sont encore regardées auec étonnement : la grande Bible d'Alcala, qui a esté si long-temps le plus ample & le plus riche spectacle des Sçauans, le plus vtile & le plus superbe ornement de nos Bibliotheques, n'est pas moins l'ouurage d'Isabelle que du Cardinal Ximene son Ministre. Cette grande Princesse fit les premieres auances de ce grand trauail : & fournit du sien aux preparatifs qu'il fallut faire long-temps auant que de mettre la main à l'œuure.

Mais comme il n'y eut iamais de si hardy Entrepreneur, qui n'ait eu des successeurs plus hardis que luy : & que d'ailleurs le mesme temps qui ruine d'vn costé les ourages de l'Art, les perfectionne de l'autre ; la Bible de Ximene apres auoir regné prés de soixante ans, & tenu le premier rang dans les Bibliotheques, fut depossedée de ce rang par la Royale, que Philippes second fit imprimer à Anuers. Et tout fraischement, la Royale vient d'estre dégradée par celle que Monsieur le Iay, apres vn trauail de vingt ans a donnée au Public, auec vn applaudissement general de tous les Doctes.

Il est vray aussi que cette entreprise n'estoit pas l'entreprise d'vn Particulier, ny d'vne Fortune priuée, elle estoit d'vn Monarque, voire d'vn Monarque somptueux & porté aux belles dépenses; elle estoit d'vne Fortune souueraine & magnifique. Et si ce grand corps à sept langues ne demeure pour se montrer tout entier à la posterité, ie ne sçay si la plus credule Posterité croira iamais qu'vn simple Particulier de ce Royaume assisté seulement de son fonds & de sa generosité, ait fait dauantage, qu'vn Roy d'Espagne n'a fait auec ses Montagnes d'argent & ses Sources d'or, auec ses Mines & ses Indes

Mais ce sont les grandes Ames, & non pas les grands moyens qui font les grandes actions, & il falloit que la Regence d'Anne d'Austriche eust encore cét auantage sur le Regne d'Isabelle, & sur celuy de Philippes ses Ayeuls. Il falloit qu'vne Fortune mediocre donnast de la ialousie & de l'instruction à toutes les grandes Fortunes de l'Europe, & que les Princes & leurs Ministres apprissent d'vn Particulier à estre magnifiques chrestiennement, & auec la benediction de Dieu & des Hommes.

Isabelle n'estoit pas seulement intelligente, courageuse, magnanime, iuste & magnifique. Ces Vertus publiques & d'action estoient accompagnées d'autres Vertus domestiques & de repos, qui n'auoient pas moins de force, quoy qu'elles fissent moins de bruit, & n'estoit pas de moindre merite, quoy qu'elles fussent moins regardées. Ie mets en ce rang sa deuotion qui eust esté remarquable en vne Religieuse ; sa modestie & sa ciuilité qui n'auoient rien de l'enflure de sa condition ; sa patience qui eust pû faire vne Heroïne dans vne Fortune priuée.

Sa Cour estoit vne Escole de pieté, de pudeur & de modestie pour les Filles qui estoient nourries auprés d'elle. Elle estoit vn Academie d'esprit & d'Honneur pour les Caualiers, & de cette Academie sortit ce fameux Gonzales de Cordouë, à qui l'Espagne liberale en titres & en eloges, a donné le nom de Grand Capitaine, en recompense de ce qu'il chassa la Fortune de France du Royaume de Naples. Sa Vertu au reste n'estoit pas de ces vertus de Theatre qui ne font bien

M iij

que deuant le monde & aux yeux des Spectateurs. Elle n'estoit pas de ces mercenaires & de ces interessées, qui ne seruent que sur de bonnes conditions ou sur de bons gages. Elle estoit aussi iuste & agissoit aussi fortement, & auec autant d'ordre, dans le particulier, qu'aux yeux du Public & à la montre: elle alloit aussi droit durant l'orage que dans le calme, & n'auoit pas vn autre visage, ny vn autre cœur dans l'affliction que dans la prosperité.

On a sceu par le rapport des Femmes qui la seruoient, qu'en toutes ses couches, la douleur de l'enfantement, qui est la torture naturelle de son sexe, ne luy tira iamais vne plainte. La moderation fut merueilleuse, dont elle souffrit auec la mort du Prince son Fils, la mort de son nom & l'extirpation de sa race. Et certainement s'il n'y a point d'arbre qui ne plie, & qui ne se plaigne, quand vne branche luy est ostée par la tempeste: quoy que ce soit vn arbre sauuage; quoy que la branche qui luy est ostée soit demy seche: quelle force fallut-il à vne telle Mere, pour n'estre point abbatuë du coup qui luy osta vn tel Fils, qui luy arracha vn rejetton si noble & de si grande esperance, vn rejetton qui deuoit s'étendre à de nouueaux Mondes & à vne nouuelle Nature? Non seulement elle ne tomba point de ce coup, à peine en fut-elle émuë. La Femme Forte preualut en son esprit à la bône Mere, & la nouuelle de cette pitoyable mort, luy estant portée la veille du mariage de sa Fille Isabelle auec Emanuel Roy de Portugal; elle sceut si bien fermer son cœur, elle accommoda si à propos son visage à l'action qu'elle preparoit, qu'il ne luy échappa du cœur aucun soûpir, ny ne luy tomba des yeux vne seule larme qui ternist la serenité de la Feste.

La constance ne fut pas moindre, dont elle souffrit les extrauagances publiques de la Princesse Ieanne sa Fille, qui estoit malade de l'amour de Philippes son Mary. C'estoit veritablement vn amour legitime que le sien ; & il auoit receu la benediction de l'Eglise. Mais ce ne sont pas seulement les amours bastards qui sont monstrueux : les legitimes qui sont énormes & disproportionnez n'ont pas meilleure grace: Et les feux que l'Eglise a benis, s'ils ne sont entretenus auec moderation, peuuent faire mal à la teste, & éblouïr de leur fumée non moins que les autres. L'amour de Ieanne estoit de ces legitimes disproportionnez : il estoit de ces feux honnestes qui échauffent trop, & qui éblouïssent de leur fumée. Et certes il falloit qu'elle en fust bien éblouïe, lors qu'elle se voulut embarquer en la plus fascheuse saison de l'année & exposer à l'Hyuer & à l'Ocean, sa vie, sa grossesse, & l'esperance de tant de Royaumes, pour se rendre auprés de son Mary qui s'estoit retiré en Flandres. Mais Fonseca Euesque de Burgos, & Iean de Cordouë Gouuerneur de Medine l'ayant empeschée de s'embarquer, elle ne pût estre ramenée au logis ny par prieres ny par raisons: elle demeura des iournées & des nuits entieres sans manger & sans dormir, exposée à l'air & à toutes les iniures de l'air : & asseurément elle fust morte sur la terre, si la Reine sa Mere ne luy eust apporté en grande haste la permission d'aller s'exposer à perir sur la Mer. Elle se sauua neantmoins de la Mer & du mauuais temps: mais sa ialousie s'en sauua aussi auec elle, & la suiuit iusques en Flandres, où elle renouuella ses playes & ses maladies d'Espagne, & aiousta le tragique à l'extrauagant. Pour ne rien dire dauátage, il y eut beaucoup de l'vn & de l'autre, au traitemét qu'elle fit à vne de ses Filles, dont Philippes estoit deuenu amoureux. Elle luy déchira le visage à coups de verges, comme si elle eust chastié les yeux de Philippes sur le visage qu'il aymoit: elle luy fit couper les cheueux iusques à la racine, comme si par là elle eust coupé les liens qui tenoient le cœur de Philippe. Et la nouuelle de cette cruelle extrauagance estant portée en Espagne, il ne fallut guere moins de force à Isabelle pour vaincre son affliction, qu'il luy en auoit fallu pour vaincre les Maures.

Ces dernieres victoires d'Isabelle, furent des victoires paisibles & sans tumulte: neantmoins si nous les considerons auec des yeux purifiez de la poussiere que fait le tumulte: si nous nous souuenons que cét Alexandre qui auoit defait tant de Nations barbares, fut défait par la mort de son Fauory: & que cét Auguste qui auoit resisté à toutes les forces de l'Orient, fut abbatu par la mauuaise reputation de ses Filles: nous trouuerós qu'Isabelle sans arme & toute seule, a vaincu plus fortement qu'Alexandre & qu'Auguste n'ont fait auec toutes leurs Armées. Quant à sa mort elle fut magnanime, & de la force de celle des Heros. Elle luy vint d'vn vlcere secret, que le trauail & l'agitation du cheual luy auoit causé à la guerre de Grenade. Son courage luy fit le mal, sa pudeur l'entretint: & n'ayant iamais voulu l'exposer ny aux mains ny aux yeux des Medecins, elle mourut enfin de sa vertu & de sa victoire.

VNE Dame de Chipre, met le feu aux Galeres
des Turcs. Thuanus. lib. 49.

LA CAPTIVE VICTORIEVSE.

NE vous étonnez-vous point de voir des nauires qui brûlent sur l'eau ? de voir vn naufrage fait au port & sans tempeste ? L'accident est étrage & sans exemple ; & ie ne sçay si la Mer, qui est le Theatre des grandes auantures, qui est l'Element des monstres & des prodiges, a iamais rien porté de plus merueilleux.

Cette coste est la partie Orientale de l'Isle de Chypre. Les Turcs spectateurs de cét embrasement, sont de l'Armée qui vient saccager Nicosie, & ces Galeres ardentes auoient esté équipées par Mustafa, pour porter à Selim les nouuelles & la montre de sa victoire. Mais la Fortune s'est moquée de sa vanité, & a supprimé ces nouuelles. Vne Captiue genereuse & plus digne d'vne Couronne que d'vne chaisne, ne se pouuant resoudre à l'infame seruitude qui luy estoit preparée dans le Serrail, a mis le feu aux poudres d'vne des Galeres, & le feu répandu de cette Galere à toutes les autres, a remis la captiue en liberté, & vengé l'iniure faite à sa Patrie depoüillée & deuenuë esclaue des Infideles.

Cette resolution auoit besoin d'vne Ame veritablement Heroïque & du premier ordre : Et il falloit vne hardiesse bien entreprenante & bien inuentiue, pour défaire sans armes & d'vn seul coup, toute vne Armée triomphante ; pour oster le fruict & le sentiment de la victoire à des victorieux ioüyssans, pour brûler iusques à la montre, & à la nouuelle mesme de leur triomphe. Cela est merueilleux, qu'vn dessein si haut, & qui eust remply les Ames de quatre Conquerans, ayt pû entrer dans l'Ame d'vne Captiue. Mais il est encor plus merueilleux, que de l'Ame de cette Captiue, il soit sorty vne flame qui a fait vn embrasement sur la Mer, qui a brûlé la substance & les Ames d'vne Ville prise, qui a consumé le deüil de toute vne nation vaincuë, & la ioye de toute vne Nation victorieuse.

Si nous fussions arriuez vn moment plûtost, nous eussions veu la premiere lueur de cette flame. Nous l'eussions veuë sortir toute pure, de cette grande Ame qui n'a pû estre prise auec Nicosie, qui est demeurée victorieuse aprés des tours abbatuës, & des murailles forcées, qui a conserué sa liberté parmy tant de chaisnes & tant de Gardes. Mais si cette flame ne se voit plus, nous en voyons au moins les effets; & la Posterité les verra encore aprés nous. Nous voyons vne Ville qui est vengee de la violence des Hommes, par la violence du feu, qui est brûlée sur la Mer aprés auoir esté pillée sur la Terre. Nous voyons vne Mort vindicatiue & officieuse; vne Mort qui punit des Pirates, & déchaine des Captifs.

Ces coffres qui brûlent estoient remplis des tresors de plusieurs races. L'epargne des auares, & le luxe des magnifiques estoient entassez dans ces balles qui fument: & Nicosie captiue dans ces Galeres auec ses Filles, deuoit estre à Selim & eux Sultanes, vne superbe & pretieuse montre de

DES FEMMES FORTES. 149
la victoire de Muſtafa. Mais il ne reſte dé-ja plus que la cendre & la fumée de cette montre de rapine: Et Muſtafa perd auec elle les marques de ſa victoire, & les enſeignes de ſon triomphe. La flame deuore les preſens qui eſtoient deſtinez à Selim, & les vagues engloutiſſent ce qui deuoit parer les Sultanes.

Vous diriez que ces deux Elemens ſi incompatibles d'ailleurs, ſont d'intelligence au partage de la proye qui leur eſt eſcheuë. Le feu a pour ſoy tout ce qui eſt leger & qui ſurnage, & tout ce qui eſt peſant & qui coule à fond eſt la part des vagues. Cent hardes curieuſes & de prix, periſſent là également, & font vne commune fumée. Celle de la pourpre & des toiles d'or, eſt auſſi obſcure, que celle des cordages & des voiles: Et la cendre des ouurages d'Ebene & d'yuoire, eſt de meſme couleur, que celle des maſts conſumez, & des rames qui ſont bruſlées. Mais ny les rames bruſlées, ny les maſts conſumez, ny les corps de cinq galeres en feu, ne font pas vn ſi tragique ſpectacle, que les mal-heureux qui ſouffrent deux morts tout à la fois, & qui ſe noyent en meſme temps qu'ils ſont bruſlez.

La Fortune des victorieux eſt égale à la Fortune des Vaincus: & vne meſme flame a fondu les chaiſnes des Captifs & les armes de leurs Gardes. Les vns emportez en l'air par le premier effort du feu, n'ont point ſenty leur liberté, ny n'ont veu la mort qui les a deliurez. Les autres attaquez moins ſoudainement, ſe ſont iettez dans la Mer, & ont éteint leur vie, croyant éteindre le feu qui n'eſtoit encore qu'à leurs habits. Ceux-là ne ſont pas

N iij

plus heureux, qui se sont fiez à des planches separées, & à des lames flottantes. On ne se sauue pas ainsi d'vn naufrage que les vents & les écueils n'ont pas fait. L'embrasement les a sauués, & ce qui leur deuoit estre vne planche de salut, leur est vn bûcher flottant, & n'apporte à terre que leur cendre. Cela certainement est pitoyable, de voir vn si étrange & si nouueau jeu de la Fortune : de voir des vagues ardentes & des flames qui écument : de voir des mal-heureux qui se noyent dans le feu, & brûlent dans l'eau, qui vont à la mort par deux Elemens contraires, qui tombent tout à la fois en deux extremitez opposées.

Ie voy bien que vous estes en peine pour la courageuse Captiue, qui s'est sauuée par cét embrasement. Vous voudriez pouuoir acheuer sa déliurance, & l'arracher à la Mort, comme elle s'est arrachée à la seruitude & à la honte. Vos yeux la cherchent inutilement dans cette confusion de Morts de toute couleur & de toute forme. Le feu a commencé son effet par elle, & comme s'il eust voulu la déliurer toute entiere, il n'a laissé que son Ame & sa reputation, qui ne sont plus en estat de seruir ny d'estre souillees. Vne Beauté si chaste & si genereuse, ne deuoit pas estre défigurée ny mourir par pieces : & non seulement il falloit sauuer l'honneur & la pureté de son corps ; il falloit encore en sauuer la grace : il en falloit sauuer iusques à la décence, & à la dignité de la mine, & sa mort deuoit estre au moins vne mort de belle apparence & bienseante. Parlons plus équitablement, elle ne deuoit pas mourir : elle deuoit disparoistre comme les Heros, qui estoient enleuez tous entiers: & il ne deuoit rien demeurer d'elle, qu'vn nom de bonne odeur, & vne memoire toute lumineuse.

A present son Ame déchargée du faix de la matiere, & libre des chaisnes de la Fortune, joüit en repos de la tempeste qu'elle vient de faire, & offre au Dieu des Chrestiens, vn sacrifice de quatre Galeres Turquesques, & de plus de quatre cens Ames innocentes, qu'elle a retirées de la seruitude & sauuées de l'Apostasie. Toutes ces belles Ames, glorieuses de leur liberté & de leur innocence, montent auec le feu & la fumée de ce grand holocauste. Et ne doutez point qu'en montant elles n'applaudissent à leur Liberatrice: & ne regardent auec ioye, leurs liens rompus, & les pieces de leurs prisons brûlées, qui flottent sur les vagues, auec les corps de leurs Gardes.

Cependant Mustafa vaincu à son tour, regarde du bord de la Mer le sac de sa victoire & de ses Galeres, Il ne sçait encore à qui s'en prendre: & par auance il s'en mord les léures de dépit, & en blaspheme contre l'Alcoran & contre son faux Prophete. La confusion est barbare & teinte de sang dans ses yeux, & le desordre de son esprit augmente la fierté de son action, & la cruauté de sa mine. S'il n'estoit point si éloigné, vous entendriez les iniures qu'il dit au Ciel, qui a souffert que le feu se prist à sa Fortune : & que les enseignes de sa valeur & la matiere de son Triomphe fussent brûlées. Les Capitaines & les Soldats qui l'accompagnent, ne sont pas moins en desordre, ny moins furieux que luy : & leur

N iiij

desespoir n'est pas moindre, de voir perir le prix de leur sang & la recompense de leurs blessures.

Le Peuple de la ville voisine, & les Parens des captiues destinées au Serrail, ont des sentimens bien differens. Le peuple assemblé sur la muraille regarde auec étonnement la fumée de sa dépouille, & la confusion de l'auarice des Barbares: & ceux-là qui frappent des mains, semblent vouloir donner force à l'embrasement qui est venu le punir. Les Peres surpris & les Meres étonnées, souffrent sur le riuage, tout ce que leurs Enfans souffrent dans le feu & sur leurs vagues. Il leur coule des larmes de ioye pour la deliurance de leurs Filles: il leur en coule de compassion & de tristesse pour leur perte: & les vnes meslées auec les autres, font sur leurs ioües vne expression commune à leur courage & à leur tendresse. Ces larmes pourtant n'ont pas éteint les sentimens de l'Honneur. Les Meres mesmes rendent graces de l'auanture qu'elles pleurent: Et vous diriez qu'elles attendêt au bord auec les cendres de leurs Filles leur memoire sans tache, & leurs Ames toutes pures & glorieuses.

SONNET.

Sur ces flotans buchers Nicosie enflamée
Se sauue en se perdant, & brûle dans les eaux:
Vn feu noble & vengeur porté par ces vaisseaux,
De sa captiuité la chaisne a consommée,

La flame qui boüillonne & la vague allumée,
Du Maistre & du Captif sont les communs tombeaux:
Tant de tresors diuers, tant de meubles si beaux
Rauis au Rauisseur ne font qu'vne fumée.

Dans le tumulte ardent des flames & des flots.
Eudoxe monte au Ciel & iouït en repos
Du feu qui fond ses fers, & qui fait sa couronne:

Iamais Heros n'y fut par vn plus noble sort:
Non mesmes quand d'vn bras plus fort qu'vne colonne,
Le braue Hebreu tua tout vn Peuple à sa mort.

ELOGE DE LA CAPTIVE VICTORIEVSE.

Cette Peinture represente vne Captiue genereuse, qui brûla la chaisne qu'elle ne pouuoit rompre: & vengea sa miserable Patrie saccagée, en mettant le feu au butin & aux Pirates qui l'emportoient. De la memoire de nos Peres, la perte de la Chypre commença par la prise de Nicosie: & Dieu la permit, pour auertir les Princes Chrestiens, d'estre sur leurs gardes: & se défier de la paix qu'ils ont auec l'ennemy commun. C'est vne Beste farouche qui fait bien quelquefois la saoule, & quelquefois l'endormie, mais qui ne s'appriuoise iamais de bonne foy. Ses amitiez mesmes sont infidelles & dangereuses & ses caresses égratignent: & quand tous les autres pretextes luy manquent, son auidité est son droit commun, & le tort general de ses Voisines. Cette Ville qui estoit si riche, si ancienne & de si grande reputation, qui estoit grosse de plus de soixante mille habitans, & superbe d'vne magnificence immemoriale, fut la proye de Mustafa & de son Armée, & vne grandeur que tant de Siecles & tát de generations auoiét eleuée, abbatuë en vn iour & mise en pieces, assouuit de sa dépouille & de son ság l'auarice, & la cruauté qui les partagerét.

Apres que la fureur des Barbares fut éteinte par les ruines qu'elle auoit faites ; le Bacha fit apporter en sa presence, le butin encore tout moëte, & tout degouttant du sang des morts, & des larmes des viuans, qui estoient plus à plaindre que les morts. Il tira de ces pitoyables restes, tout ce qu'il y auoit de plus precieux, & auec tout ce qui se trouua de beautez rares & entieres, soit en la Ville prise, soit à la Campagne desolée, le fit mettre sur quatre vaisseaux de charge; & les enuoya à Selim, comme les plus glorieuses & les plus certaines dépesches qu'il pust receuoir de sa victoire. Ces mal-heureuses Innocentes s'embarquerent auec larmes : & furent auec larmes conduites des yeux de leurs Meres, qui ne sçauoient quel souhait faire pour des infortunées, qui deuoient craindre également & le calme & la tempeste, qui ne pouuoient arriuer qu'à vne infame seruitude par le bon vent, qui ne pouuoient gagner qu'vne pitoyable mort par le naufrage.

Le signal de partir estoit donné, & déja les vaisseaux s'eloignoient du Port, quand la plus belle & la plus courageuse de cette miserable troupe, considerant derriere soy sa liberté, son honneur, & sa Patrie captiue & demy brûlée, & deuant soy la seruitude, l'infamie & la prison des-honneste ou elle estoit portée par le vent, apres mille maledictions données, & à la Fortune qui l'auoit mal-heureusement sauuée du feu & des ruines de sa maison, & à son sexe qui l'auoit renduë indigne d'vne honneste mort, se mit dans l'esprit, que l'Ombre de sa Patrie luy demandoit quelque action, qui fist

DES FEMMES FORTES.

plus de bruit que n'en auoit fait sa chute.

Comme elle estoit toute pleine de cette pensée, elle apperçoit vn soldat qui entroit dans le magazin des poudres : elle y entre adroitement apres luy : & ayant trouué du feu à propos, assistée de son bon Ange, comme il est à croire, & inspirée du Dieu ialoux de l'honneur des Vierges, elle se saisit de ce feu ; & se ietta dans vn tonneau de poudre, qui se trouua preparé pour la receuoir. L'effet ne se fit point attendre : au mesme instant l'embrasement se répand auec vn bruit effroyable par tout le vaisseau : & de celuy-là déborde sur les trois autres ; qui s'étoient approchez pour le secourir. La courageuse Fille emportée la premiere, n'eut pas le loisir de sentir sa liberté ny sa victoire. Mais apparemment sa belle Ame sortant de son beau corps, s'arresta au moins quelque temps à iouïr de l'vne & de l'autre, & sa premiere ioye, fut de voir ce superbe embrasement; qui vengeoit le sac de Nicosie sur le Victorieux, & brûloit auec la prison & la seruitude de ses Compagnes, le nouueau Serrail, que Mustafa auoit fait embarquer pour l'enuoyer à Selim.

REFLEXION MORALE.

IL est vray ce que i'ay déja dit en vers, & ie puis bien encore le dire en prose. Le Fort Hebreu qui abbatit vn Palais, & accabla tout vn grand Peuple en mourant, n'en fit pas dauantage que cette Fille. Si elle n'eut pas tant de force au bras, elle n'en eut pas moins dans le cœur. Pour le moins elle vainquit l'Amour & le

Plaisir, qui furent les vainqueurs de Samson, & sa mort qui fut comme la sienne, vne victoire sanglante sans combat, a fait voir en ces derniers temps, que la vertu ne deuient point caduque auec les années: qu'elle est encore auiourd'huy la mesme qu'elle estoit au temps des Heros, & que le changement que nous y voyons, est de ses sujets, & non pas de sa vigueur, ny de ses forces.

Mais cette pudique & victorieuse Fille, parle principalement à celles qui pretendent en pudicité, & qui sont ialouses de la fleur & de la gloire de leur Sexe. Elle leur apprend, que la Chasteté parfaite a ses enthousiasmes & ses transports, qu'elle ne peut souffrir d'estre attachée, quelques riches que soient les liens dont on l'attache, que la Fortune n'a point de montagnes d'or ny de riuieres d'argent qu'elle ne trauerse: que l'Ambition ne luy sçauroit bastir de Palais si éleué, d'où elle ne se precipite, que le Luxe & la Volupté ne la sçauoient attacher de si douces chaisnes, qu'elle ne rompe, que la Mort mesme ne luy sçauroit opposer d'obstacles qu'elle ne surmonte.

Il seroit donc bien honteux à vne Femme qui feroit la pudique, si elle estoit attachée a vne bagatelle: si elle ne pouuoit rompre vn filet de soye, si elle n'osoit s'exposer à deux épines. Et ie ne sçay pas ce qu'elle feroit de son honneur, si pour le conseruer, il luy falloit mettre le feu à sa maison, sauter dans vn precipice, s'exposer à des épées & à des roües. Les delicates & celles qui ayment leurs aises, répondront à cela, que ces transports ne sont pas de la

Vertu de leur sexe: & que la Chasteté n'a pas besoin que le desespoir la défende. La Question suiuante fera voir ce que vaut cette réponce, & si la Philosophie Chrestienne est pour elle.

QVESTION MORALE.

Si le transport Heroyque est necessaire à la perfection de la Chasteté des Femmes.

LA question suppose, que le transport est essentiel à la Vertu Heroïque, & qu'il y a vn enthousiasme qui fait les Heros, comme il y en a vn qui fait les Poëtes. Ce transport, afin de le définir distinctement, & d'en donner vne notion expresse & démeslée; est vn effort extraordinaire, par lequel l'ame s'éleue auec violence aux objets qui passent la commune portée des Hommes. Et parce que nos forces ne sont pas de la mesure de ces hauts objets & que les mieux disposez & les plus habiles d'entre nous, ne sçauroient aller gueres loin, s'ils ne sont portez; on a tousiours crû qu'il entroit necessairement en ces efforts extraordinaires, ie ne sçay quoy de diuin qui enleuoit la Nature: & de ce ie ne sçay quoy, que l'on veut estre ou vn esprit ou vn feu diuin, est composé le mot d'enthousiasme, que les Grecs ont fait tout exprés pour ces transports,

Icy neantmoins il se faut souuenir, que les enthousiasmes & les transports sont diuers & de differente espece, selon la diuersité des facultez qui sont transportées, & selon la difference des objets ausquels elles sont transportées. Si le transport n'est que de la Partie Intellectuelle, & de l'imaginatiue qui luy est subalterne, il tend à des idées lumineuses & releuées; à des phantosmes & à des images nobles & de grande montre : Il se fait par des visions illustres, & par des expressions hardies & magnifiques : & c'est proprement cét enthousiasme, que les ignorans & les profanes appellent la folie des Poëtes. Mais si le transport est de toute la personne, si la partie intellectuelle emporte l'Appetitiue, si l'Ame enleue le corps ; & que d'vn commun effort elles aillent toutes, ou au Bien diuin & souuerain, ou à cét Honneste éminent, qui est en cette vie le dernier terme de la Vertu consommée ; ce transport general qui est vn transport d'action, est l'enthousiasme qu'on attribuë aux Heros, & que les Philosophes cherchent en la Vertu Heroique.

Et certes il luy est absolument necessaire : soit à cause de la hauteur & de la difficulté de son Objet, où l'on n'arriue point en passant chemin & contant ses pas, soit a cause des épines & des obstacles qui l'enuironnent. Et pour s'éleuer au dessus de ces épines, pour surmonter ces obstacles, il faudroit aussi auoir des aisles au cœur : il faut pour le moins y auoir vn esprit qui le porte aussi viste, & aussi haut que feroient des aisles. On ne fait aussi point de doute pour ces raisons, que le transport ne soit necessaire aux Vertus Heroïques ; mais il y a grand lieu de douter, si la Chasteté est de ces Vertus-là, si elle a esté appellée à la communication de cét esprit, si elle ne peut aller à son Bien qu'auec

DES FEMMES FORTES.

violence & par enthousiasme.

Et d'abord, si nous en croyons l'apparence & les notions communes, nous serons pour la negatiue. Premierement l'esprit de pudeur qui est le propre esprit & comme l'ame de la Chasteté, est vn esprit apprehensif & timide, vn esprit qui retient & qui resserre, qui craint le bruit & le grand iour, qui fuit le Theatre & les Spectateurs, qui ayme le particulier & cherche la solitude. Or il n'y a rien de plus contraire à cét esprit craintif & de retenuë, que l'esprit de transport, qui est hardy & entreprenant ; impatient & actif; ennemy de la retenuë & de la contrainte, incapable de bornes, & encore plus incapable de chaisnes.

Dauantage, tous les Maistres de Morale nous enseignent, que la Chasteté ne doit combatre qu'en reculant : qu'elle se met en peril, quand elle fait la hardie, & qu'elle tourne teste à son ennemy : qu'elle ne peut aller à la victoire que par la retraite, voire par la fuite, & par la plus prompte & la plus soudaine fuite. Tout cela ne s'accorde point auec l'esprit de transport, qui ne conte aucune sorte d'ennemys, & les attaque tous sans les reconnoistre, qui ne mesure point les dangers ny les precipices, & se iette sans crainte dans les vns & dans les autres, qui ne cede à quoy que ce soit, non pas mesme à cette terrible, à laquelle toutes les autres choses cedent.

En trosiéme lieu, la chasteté n'est pas de ces Vertus violentes, qui sont nées à l'action & pour la Campagne, & ne sont de seruice que dans le tumulte & dans l'orage. Elle est des tranquilles & des sedentaires : elle est amie du repos & de la retraite : elle a l'innocence des Agneaux, & la douceur des Tourterelles : elle est d'vn temperament contraire aux Lyons & aux Aigles. Dequoy seruiroit donc l'esprit de transport à cette sedentaire ? De quel vsage seroit-il dans le repos & dans la retraite ? Que feroit cét Agneau d'vn cœur de Lyon ? Que feroit cette Tourterelle d'vne violence d'Aigle ?

Toutes ces raisons prouuent bien, que la Chasteté est vne vertu retenuë de son naturel, & amie du repos : mais elles ne prouuent pas qu'elle n'ayt iamais de hardiesse, que iamais elle ne prenne courage ; qu'elle soit tousiours cachée, & tousiours saisie de crainte. Il y a des occasions où il faut bien qu'elle change d'humeur & de conduite : qu'elle trouue de la resolution & de la force : qu'elle agisse, voire qu'elle s'éleue & s'éleue auec transport. Les Colombes qui sont naturellement si douces & si innocentes, ont bien des saillies & des coleres. La patience qui est pour le moins aussi tranquille que la Chasteté, deuient bien furieuse quand elle est blessée : Et cét Agneau sans tache & sans voix, qui est venu pour nous enseigner la Chasteté & la Patience, cesse bien quelquefois d'estre Agneau ; & deuient Lyon quand on l'irrite.

Disons donc que cét esprit Heroique & de transport, n'est point necessaire à la Chasteté, quand elle n'est point attaquée : & qu'elle ne se propose point d'ennemis à défaire, ny de couronne a gagner. Il luy est permis alors de s'eloigner du tumulte ; elle peut honnestement aymer le repos, & ioüit sans blasme du benefice

de la

DES FEMMES FORTES. 161

de la paix. Sa condition en cét estat-là, n'est pas vne autre condition que celle de la vaillance mesme, qui n'est pas continuellement émeuë & en fougue; continuellement couuerte de sueur & de sang: & qui ne met pas à tous les iours son visage & ses mains d'assaut, son esprit & ses habits de bataille. Mais quand cette paisible Chasteté est assallie: quand les perils & les ennemis la pressent: quand elle est reduite à la necessité de se rendre, ou de vaincre par quelque effort extraordinaire & surnaturel; où trouuera-t'elle dequoy fournir ce surnaturel & cét extraordinaire, si le feu heroïque dont ie parle ne l'embrase: si l'esprit d'enthousiasme ne la possede: s'ils ne la transportent l'vn & l'autre, où elle n'iroit iamais auec ses craintes & ses retenuës? Et en cela mesme sa condition est encore égale à celle de la vraye Vaillance, qui a vn autre visage & vn autre cœur sur vne bresche que dans vn Cabinet, qui marche bien auec vne autre action & vne autre mine, à vn iour d'assaut, qu'à vn iour de ceremonie.

Qu'on n'oppose point à cela, que la comparaison n'est pas iuste, entre la Chasteté & la Vaillance, entre vne vertu de paix & sedentaire, & vne Vertu de guerre & de tumulte. La Chasteté a ses guerres & ses combats, & ses guerres sont plus longues & plus opiniastres, ses combats sont plus dangereux & de plus grand trauail; que ne sont ceux de la Vaillance. Aussi a-t'elle besoin de plus de courage, & de plus de force, comme ie l'ay dé-ja montré, & par consequent, l'esprit de transport, qui est l'esprit du courage & de la force, luy est plus necessaire qu'à cette vertu de fer & de sa

Et icy il ne faut pas que les Vaillans & les Braues s'en faſſent à croire, ny qu'ils penſent le gagner par la fierté de la mine & la grandeur des paroles. L'honneur des chaſtes n'eſt pas en lieu moins difficile, ny moins éleué que le leur. La Nature ne ſçauroit monter juſques là de ſes ſeules forces : les Sens n'en connoiſſent point le chemin, & de quelque coſté que ſoit ce chemin, il eſt tenu par des Ennemis qui violentent meſme en plaiſant ; & ſont terribles par leurs agrémens, & par leurs careſſes. Il y a d'vn bout à l'autre & à chaque pas, des pieges qui ſont d'autant plus à craindre, que l'appas en eſt plus riche : & que les filets en ſont tiſſus de plus de ſoye, & couuerts de plus belles fleurs.

Encore ſi l'on n'auoit là à ſe garder que des fleurs & de la ſoye : & ſi l'on n'auoit à ſe défendre que contre des agrémens, & des careſſes. Mais il y a quelquefois des poignards cachez ſous ces fleurs, & ces filets de ſoye deuiennent des cordeaux qui étranglent. Ces ennemys ne ſont pas touſiours agreables, & careſſans : ils changent d'art & d'eſcrime ſelon la reſiſtance qui leur eſt faite : ils employent le fer où l'or n'eſt pas aſſez fort : & où la douceur eſt foible, & les preſens ne font rien, ils mettent en œuure la cruauté : ils déployent la terreur & les ſupplices. Ie veux dire, qu'il n'y a pas ſeulement des tentations agreables pour les Chaſtes : il y en a de terribles & de ſanglantes. Elles n'ont pas ſeulement à ſe défendre de l'auarice & de la volupté, elles ont à vaincre & la douleur & la mort ; ie dis la douleur, qui eſt de l'inuention des Tyrans, & de la façon des bourreaux : Ie dis la Mort armée de tous ses feux & de toutes ses machines.

Est-il croyable que la Chasteté, sans faire d'effort extraordinaire, sans se mouuoir ny changer de place, puisse vaincre tous ses ennemis, soit les agreables, soit les barbares ? Qu'elle puisse se démesler de tous ces liens & de tous ces pieges, soit de ceux qui plaisent, soit de ceux qui étranglent ? Qu'elle puisse surmonter toutes ces tentations, soit les douces & les éclattantes, où il entre de l'or & des pierreries, soit les cruelles & les terribles, qui se font auec des chaisnes, comme celles que souffrit Ioseph : auec des pierres, comme celles qui furent montrées à Susanne : auec le cimetere, comme celles que vainquit la Fille de Paul Erici décapitée par Mahomet à la prise de Negrepont ; Encore vne fois, est-il croyable que la Chasteté puisse estre victorieuse de tant d'aduersaires & en tant de combats, si elle n'est penetrée de ce feu diuin, de cét instinct surnaturel, de cét esprit qui fait l'enthousiasme & les extases de la Vertu Heroïque.

La Nature est forte & attrayante, il faut que la Chasteté resiste à ses forces, & qu'elle se démesle de ses attraits. Les Sens tiennent extrémement aux interests qui leur sont commodes, & le corps a d'étranges attaches aux plaisirs, où il entre de la chair & de la matiere. Il faut, ou que la Chasteté separe les Sens de ces interests, & qu'elle rompe tout ce qui attache le corps à ces plaisirs, ou qu'elle se separe des Sens elle-mesme, & rompe de viue force auec le corps. La Mort a de cruelles & d'épouuentables armes : elle est accompagnée de terribles & de furieuses Suiuantes. Il faut que la Chasteté soit preparée de passer par toutes ces armes, & d'éprouuer es dents & les ongles de ces Suiuantes, plûtost que de souffrir la moindre souïllure. Quoy qu'on puisse dire, l'honneur de la Vaillance n'est pas si cher, ny enuironné de si grandes difficultez. Ses couronnes, voire celles qui se font au feu des canons & des grenades ne coustent pas tant, & les Heros se font à moindres frais entre les piques & sur les bresches. Ie n'oublie pas ce qui a esté dit de la pudeur. Elle est le propre esprit de la Chasteté, & l'on veut qu'elle soit timide & apprehensiue, qu'elle ait de la moderation & de la retenuë. I'auouë bien que d'ordinaire elle n'est pas precipitée, & que iamais elle n'est impudente. Mais elle n'est pas plus craintiue que la crainte mesme; & la crainte a son courage & ses saillies, comme la colere & la hardiesse ont les leurs. On souffre courageusement vne douleur, de peur d'vne autre douleur, on se iette dans la Mer, de peur d'y tomber, & pour éuiter vne mort que l'on craint on se precipite dans vne autre.

Souuenons-nous de l'Ermine qui est le symbole de la Pudeur, & vne muette Maistresse de chasteté, que la Nature a donné aux Femmes. En quoy, pour dire ce mot en passant, elle les a traitées de plus d'honneur que les Hommes, à qui elle n'a donné qu'vne fourmis pour Maistresse de trauail & de diligence. L'Ermine est extrémement timide, & n'a ny force ny armes, & neantmoins cette desarmée & timide, ayme mieux mourir que de se souïller. Et quand elle est poursuiuie, plûtost que d'exposer sa blancheur à vne tache, & de se sauuer par vn peu de boüe, emportée de l'instinct qu'elle a pour la pureté, elle se iette dans les traits des chasseurs, & perit auec courage. Voila vn transport, & vn transport de pudeur, voila vne saillie, & vne saillie de pureté en vn Animal innocent & craintif. Et nous refuserons vn mesme transport, & vne semblable saillie aux Femmes chastes. Elles en sont capables, n'en doutons point. L'Esprit heroïque & d'enthousiasme se mesle quelquefois à leur Vertu: penetre dans leurs cœurs, & y met le feu: rompt tous les liens de leurs Ames, les arrache de leurs Corps, & les enleue de viue force.

De cét esprit fut transporté cette Pelagie d'Antioche; dont Sainct Ambroise nous a laissé vn si beau portrait. Se voyant assiegée par des Ennemys, qui en vouloient plus à sa pudicité qu'à sa foy; elle se precipita auec tous ses ornemens & toutes ses pierreries, dont elle s'estoit parée pour faire honneur à sa mort; & donner de la grace à son courage. Du mesme esprit furent possedées sa Mere & ses Sœurs, lors qu'estant poursuiuies par les mesmes Ennemys elles se ietterent dans vne riuiere: & là éteignirent auec leur vie, les mauuais feux des impudiques qui les poursuiuoient. Vne Fille d'Alexandrie possedée du mesme esprit, ayant sçeu le mal que ses yeux, quoy que retenus d'ailleurs & modestes, auoient fait à vn jeune Homme, se les arracha de la teste: & les enuoya au malade, afin qu'il en fist telle punition qu'il voudroit : ou que du moins il guerist auec leur sang, la blesure qu'ils luy auoient faite.

Blanche de Rossi emportée du mesme esprit, se démesla des mains du Tyran Accolin, & se precipita d'vne fenestre. Le mesme esprit souffla le tison aidant, que Marie Coronele Femme de Iean Cerda se mit dans le corps, pour éteindre vn feu dangereux que l'âge & les occasions commençoient d'y allumer. Et cét Exemple de vertu fut donné à l'Espagne, au temps de Pierre le cruel & de Marie Padille : c'est à dire sous le regne des Adulteres, & au Siecle de la licence.

Il faut croire pour l'amour de la Vertu & en l'honneur de ces Heroïnes Chrestiennes, qu'il y eut quelque étincelle de feu diuin en ces hardiesses, & que l'esprit qui les transportoit, estoit venu de plus haut & d'vne plus pure source, que celuy qui fait les transports que nous pouuons suiure, & les exemples qu'il est permis d'imiter. Ceux-là ne sont pas de tous les iours, ny à l vsage de toute sorte de personnes. Dieu n'enuoye pas aussi des Anges à toute sorte de personnes : ny ne fait de nouuelles Estoilles tous les iours : & à moins que d'auoir vn Ange pour guide, & de suiure vne nouuelle Estoille : Il est bien temeraire de vouloir marcher dans la Mer, & de faire vn chemin d'vn precipice. L'exemple suiuant n'est pas de ces extraordinaires : il est neantmoins des grandes & heroïques : & s'il y a du transport, il est d'vn esprit qui va droit & qui n'enleue que regulierement, & par des routes qui sont frayées

EXEMPLE.

LA CHASTE VENITIENNE.

IL est vray que la Vertu a des aduersaires par tout ; & dans les lieux mesmes ou elle est estimée & en honneur, sa paix est vne paix de

DES FEMMES FORTES. 167

trouble & d'agitation ; & son repos vn repos inquiet & d'interualles ; il y a neantmoins des pays de guerre, & comme des regions frontieres, où elle est plus exposée aux courses & aux entreprises de ses Ennemys. Et en ces regions-là, elle doit estre plus resoluë & mieux aguerrie que par tout ailleurs : elle doit estre instruite en toutes les manieres de combats, & preparée à toute sorte d'euenemens : elle doit presque tousiours estre en garde & sous les armes. La Foy & la Chasteté qui sont voisines des Infidelles & des Barbares, ont besoin de cette preparation de courage, & de cette discipline tenduë & continuelle. Aussi est-ce de ces Pays-là, que nous sont venuës toutes ces Vertus Heroïques & victorieuses, qui triomphent tous les ans dans l'Eglise ; & qui font l'honneur de nos Annales. Il en est venu outre celles-là, vn grand nombre d'autres, qui n'ont pas combattu moins courageusement, ny vaincu de moindre force, quoy que leurs combats n'ayent pas fait tant de bruit ; & que leurs victoires n'ayent point laissé de feste à l'Eglise. Ie mets en ce nombre, la courageuse Captiue qui vient d'estre representée en cette Peinture. Et parce qu'elle estoit suiette de la Republique de Venise ; i'ay crû que pour luy donner vne compagne de connoissance, & qui s'accordast auec elle, il luy falloit ioindre la Fille de Paul Erici : qui triompha de Mahomet & du Serrail, à la prise de Negrepont : comme celle-là triompha de Mustafa & de la Porte, à la prise de Nicosie.

Il est à croire que la colere de Dieu estoit bien grande, quand il abandonna la Grece aux Othomans : & l'iniquité deuoit estre enorme & consommée, qui merita que la Maistresse des Arts & des Sciences, & la Mere de tant de Saints, fust mise à la chaisne. Elle y fut mise pourtant : & iusques icy il ne s'est trouué personne qui l'en ait tirée. Mahomet second ne s'endormit pas sur l'occasion : il en ménagea tous les momens : & profita si bien de la diuision des Chrestiens, qu'en peu de temps il desarma tous ses voisins : & se rendit maistre de tous les lieux, par ou la liberté pouuoit venir à la Grece. L'Isle de Negrepont qui appartenoit aux Venitiens, fut attaquée des premieres. Le Bacha Machmut la ceignit d'vne flotte de trois cens voiles : & Mahomet suiuy de six vingt mille hommes, y entra par vn pont, qu'il fit dresser sur l'Eurippe ; & assiegea par terre la ville capitale. Elle eut à se défendre contre la trahison & contre la force des intelligences & des assauts. Et sans doute la force eust esté vaincuë aussi bien que la trahison, & les assauts n'eussent pas mieux reüssi que les intelligences ; si le Cardinal Canalis qui commandoit la flotte de la Republique, eust seulement voulu laisser faire la fortune : & se seruir du courage & du vaisseau de deux Gentils-hommes de Candio, qui s'offroient d'aller rompre le pont qui estoit dressé sur l'Eurippe.

La ville fut donc prise en la presence, & par la faute de ce Sage lasche & timide. La poussiere & le bruit des murailles abbatuës, les cris & le sang des Citoyens furent le luy reprocher iusques à son vaisseau. Apres auoir esté Spectateur de la ruine d'vn Peuple, dont auec peu de courage il pouuoit estre le sauueur, il se retira tournant le dos à sa reputation qu'il laissoit, & à la fumée de toute l'Isle, qui le suiuit bien loin sur la Mer. Le butin fut grand pour les victorieux; mais la cruauté des victorieux fut bien plus grande pour les vaincus. Il se fit des pyramides de leurs testes à la porte de l'Eglise, & dans les places publiques; & leurs corps iettez dans le canal, répandirent au loing auec leur sang vne funeste & pitoyable relation de leur infortune.

Paul Erici Gouuerneur de l'Isle, auoit fait & entrepris durant le Siege, tout ce que peut faire la valeur instruite & disciplinée, tout ce que peut entreprendre le courage quand la Religion l'échauffe, & que le desespoir le transporte. Il auoit tenu plus long-temps que les tours & les bastions, & estoit demeuré debout apres leur chute. Il auoit combattu sur les ruïnes & dans les cendres de la Ville prise : & on ne l'auoit peu auoir que par composition, & en luy promettant la vie. Mais bien loing de luy tenir cette promesse; Mahomet eut la cruauté de le faire scier au trauers du corps : Encore adiousta-t'il la raillerie à la cruauté, comme les Tyrans adioustent le sel au feu, & le vinaigre aux blesseures; & luy dit par vn equiuoque amer & de Barbare, que luy laissant la teste de laquelle il luy auoit répondu, il pourroit faire du reste à sa discretion sans luy manquer de parole.

Ce supplice si estrange & si tragique, fut le triomphe de Paul Erici, & luy donna plus de solide gloire, que n'eussent fait quatre Villes prises & autant de Batailles gagnées. Il est bien à croire, qu'ayant vaincu en martyr, il receut aussi la palme du martyre, & que la fie du Tyran,

P

Turc, luy fit vne Couronne de mesme forme, que celles qui se faisoient autrefois auec les cheualets & sur les roües. Sa gloire neantmoins ne fut pas sans confusion; & quelque foy qui le fortifiast contre la Mort, il ne mourut pas sans grande crainte. L'honneur de sa Fille qu'il laissoit captiue, mesloit de la confusion à sa gloire, & il craignoit dauantage pour elle, l'amour & les caresses de Mahomet que sa fureur & ses supplices.

Cette excellente Fille n'auoit point alors de pareille en aucune sorte de perfection: & si elle eust esté mise à rançon, tous les thresors de la Republique ne l'eussent pas payée ce qu'elle valoit. La Nature fait tous les iours des pierreries & des perles, elle trauaille tous les iours en or & en argent, mais il ne luy arriue gueres de faire de ces Personnes acheuées, & son trauail merite d'estre loüé, quand elle en a fait vne seule en tout vn siecle. Au temps mesme que ses desseins estoient plus nets & plus reguliers, & que la matiere auoit encore sa premiere pureté, elle n'estoit pas si exacte, ny n'apportoit tant de soin à l'acheuement de ses ouurages. Et quand auiourd'huy elle en acheue quelqu'vn, il deuroit auoir presse à le voir, comme il y en a à voir les miracles, il deuroit estre dans l'Histoire la marque d'honneur de son Siecle. Cette noble Venitienne estoit de ces ouurages extraordinaires, & les yeux du Monde les plus critiques n'y eussent rien remarqué que de rare & d'acheué; rien qui ne fut bien-seant auec dignité, & maiestueux auec grace.

Aussi elle éblouït d'abord ceux qui se presenterent pour la prendre, & cét éblouïssement

DES FEMMES FORTES. 171

suiuy d'vne espece de religion, pensa leur faire adorer leur ployé. Neantmoins comme ce premier étonnement fut passé, ils s'approcherent d'elle auec des respects barbares, & vne ciuilité stupide & begayante, ils tascherent de luy faire entendre qu'il ne luy arriueroit point de mal, qu'ils la meneroient en lieu où elle seroit libre & honorée, & comme ils s'auancerent pour la prendre: Barbares, dit-elle les repoussant, ou me voulez-vous mener; & à quelle nouuelle auanture me reseruez-vous? Ie mouriay icy plus honnestement & plus contente, & mon sang ne sera pas ailleurs plus agreable ny de meilleur goust. Ne soyez pas plus impitoyables à me conseruer, que vous ne l'auez esté à massacrer tant d'innocens, faites au moins vn meurtre de grace, apres tant de meurtres faits par cruauté, & souffrez vne seule tache de clemence en vostre victoire & sur vos armes. Elles n'en seront point des-honorées; & ma depoüille n'en sera pas moins precieuse.

Elle se fust opiniastrée dauantage, mais il suruint deux Bachas, qui luy remonstrerent qu'elle n'estoit pas assez forte pour resister à la Fortune: & pour changer le droict de la guerre qui l'auoit donnée à leur Prince. Qu'elle n'auoit rien à craindre de sa victoire: Que ce n'estoit pas contre celles de son sexe & de son merite qu'il estoit armé: Qu'il sçauoit punir & pardonner à propos, & mettre la rigueur, & la clemence en leurs iustes places. Qu'elle souffrist seulement qu'on la menast deuant luy, & qu'elle se remist du reste à la disposition de la Fortune. Ces paroles ne la persuaderent

P ij

pas, mais elle s'accommoda à la necessité presente, qu'elle ne pouuoit pas forcer, & se laissa conduire deuant Mahomet.

N'ignorant pas à quel peril on la menoit & de quel secours elle auoit besoin dans le combat qu'elle auoit à rendre, elle pria en silence & auec larmes en chemin faisant, & demanda à Dieu cét Esprit de force & de conseil, qui fait les Martyrs, & qui conserue les Vierges. La voix de ses larmes fut exaucée, Dieu luy enuoya l'esprit qu'elle demandoit, & fortifiée de ce secours, elle marcha d'vne asseurance de mine, & auec vne resolution de visage, qui estoit plustost d'vne victorieuse que d'vne captiue.

Elle ne perdit point cette asseurance deuant Mahomet, & il ne se changea rien en la resolution de son visage, non plus qu'en celle de son cœur. Au contraire, elle parut là plus majestueuse que d'ordinaire, & la presence de son Ennemy, luy fit venir vne certaine pudeur hautaine & dédaigneuse, & vne fierté, mais vne fierté modeste & de bien-seance, qui donna de la force à la douceur, & adiousta de la dignité à la grace. Cette fierté n'eut pas l'effet qu'elle pretendoit. Mahomet qu'elle croyoit irriter, l'en estima dauantage, & prit cette alteration pour vne teinture de bon sang & pour vne effusion des esprits qui font le courage.

A la prise de Constantinople, il s'estoit trouué vne ieune Grecque nommée Irenée, qui auoit triomphé du Conquerant, & l'auoit fait son esclaue. Les Bachas auoient trouué mauuaise triomphe d'vne Captiue, & cette seruitude de leur Maistre victorieux, & en auoient fait des plaintes iniurieuses & meslées de raillerie. Mahomet pour faire cesser ces plaintes de ses Bachas, & pour leur montrer qu'il sçauoit aussi bien vaincre ses passions que prendre des Villes, auoit decapité de sa propre main à la veuë de toute son Armée, son innocente & mal-heureuse Maistresse. Et cette tragique execution suiuie d'vne triste barbare, l'auoit porté à faire vn serment, par lequel il s'obligea de garder son cœur à l'aduenir, & de le défendre d'vne seconde seruitude. Cette tragedie, & son serment luy reuinrent bien en l'esprit, à la veuë de la chaste Venitienne, mais cette veuë là fut plus forte que la foy de son serment, & que l'apprehension d'vne seconde tragedie. Il n'estima la prise de Negrepont que par la prise de cette Fille, & quoy qu'il fust passionnément amoureux de Rhodes & de la belle Italie, la cōqueste de Rhodes & de l'Italie ne luy eussent pas donné plus de satisfactiō.

Afin d'entrer dans son cœur, & de se rendre maistre de son esprit, comme il le croyoit estre de son corps, il luy dit en termes magnifiques, & qui sentoient le victorieux & le pretendant.
,, Qu'ayant à tomber auec vne Ville qui auoit
,, voulu perir, elle ne pouuoit tomber plus heu-
,, reusement qu'entre ses mains, & que la For-
,, tune ne la pouuoit mieux éleuer que par cette
,, chute. Qu'il ne luy demandoit que son con-
,, sentement pour la faire la plus heureuse de son
,, sexe, & de son siecle, & la mettre en lieu ou
,, elle auroit la Seigneurie de Venize & toute
,, l'Italie à ses pieds. Que les richesses & la gloi-
,, re estoient à sa disposition : qu'il estoit le di-
,, stributeur des Sceptres & des Couronnes, &

,, que Dieu & son Prophete l'auoient ennoyé,
,, pour faire les destins des Roys & la fortune des
,, Nations. Qu'elle se defît du chagrin que la
,, perte des siens luy auoit laissé. Qu'il estoit de
,, l'ordre du Monde & de la disposition des cho-
,, ses, que les grands gains fussent precedez de
,, petites pertes, & qu'il ne falloit pas attédre que
,, la Fortune fut plus indulgente que la Nature,
,, qui ne fait venir la moisson qu'apres la semée.

La courageuse & sage Captiue, contraignit sa patience iusques-là ; mais incontinent qu'il vint à luy vanter la magnificence & les délices de son Serrail, la gloire & la felicité de ses Sultanes, & qu'il aiousta, que si elle se disposoit à faire sa volonté, il la feroit la Maistresse de ses Sultanes & la Reyne de son Serrail. Ie suis Chrestienne, luy
,, repartit-elle assez brusquement, & suis De-
,, moiselle, & ie ne connois ny Royauté à esperer
,, ny supplices à craindre, qui me persuadent de
,, rien faire contre la promesse de mon Baptesme,
,, ny contre la dignité de ma naissance. A cette
,, profession de foy & d'honneur, faite en termes
,, si affirmatifs, & d'vn ton de serment & d'au-
,, thorité, Ie voy bien que c'est, repliqua Maho-
,, met, vous estes encore estourdie de vostre chu-
,, te, & la fumée de cette mal-heureuse Ville, que
,, vous aués encore dans les yeux, vous empesche
,, de connoistre le bien qui vous est offert. Mais
,, i'espere que vous reuiendrez de cét estourdisse-
,, ment, & qu'apres que cette fumée sera dissipée,
,, vous ferez meilleur visage à vostre bonne for-
,, tune. Il se retira auec ces paroles, & la laissa à
,, deux Eunuques, à qui il commanda d'en auoir
grand soin, & de la disposer à prendre de meilleurs conseils.

Ils la menerent dans vn Pauillon, ou il sembloit que toute l'Inde fut en or & en pierreries. Ayant autour d'eux de si magnifiques preuues de la puissance de leur Maistre, ils ne manquerent pas d'en faire des exagerations encore plus magnifiques, & d'aiouster à vne si grande montre, des promesses enormes & sans mesure. Ils luy firent en petit vn modele du Serrail: mais ce modele en petit estoit plus grand que le naturel, estoit tout composé de somptueuses menteries & de visions éclatantes, & il ne leur coust arien de le bastir d'or ciselé & de diamans taillez en bosse. La Poësie la plus magnifique & la plus prodigue n'en sçauroit tant mettre en œuure que ces bonnes gens en mettoient en hyperboles & en promesses : Et à leur dire, si elle consentoit à la volonté de Mahomet, elle ne deuoit marcher que sur des Sceptres & sur des Couronnes, elle deuoit entrer en possession de tous les biens de la Fortune. Mais toutes ces richesses peintes & enflées, sortant de leur bouche, se dissipoient auec le vent qui les formoit, & n'alloient pas iusques aux oreilles de la vertueuse Captiue. Elle auoit l'Esprit attentif à de plus hautes promesses, & à des grandeurs plus solides & plus durables, & la Foy luy auoit mis si auant dans l'imagination, les Nopces de l'Agneau, les Couronnes preparées aux sages Vierges; & le rebut eternel des Vierges folles, qu'elles ne voyoit, ny les pompes du Serrail qu'on luy montroit, ny les delices des Sultanes dont on luy vouloit faire enuie.

Ces fâcheux s'estant retirez pour luy laisser vn peu de repos, il luy vint en l'esprit, que ce moment de liberté luy estoit peut-estre procuré par son bon Ange, afin que par vne mort auancée & courageuse, elle rompist sa chaisne elle-mesme; elle triomphast de Mahomet & de sa Fortune, & se défist tout d'vn coup des iustes craintes qu'elle auoit & des vaines esperances qu'on luy vouloit faire prendre. L'occasion estoit belle, & les moyens specieux & magnifiques. Il y auoit là vne table de pierreries, & de grands vases de vermeil doré: il y auoit autour de son lict des cordons de soye, qui pouuoient seruir à cette execution, & luy donner vne mort aussi entiere & aussi noble, que la luy eust donnée le fer ou le feu, le precipice ou la corde.

Elle se leue auec cette pensée, & considerant ces superbes pieces d'vn luxe barbare; comme si elle eust deliberé sur le choix de celle qui la deuoit mettre en liberté: A quoy te reserue-tu, ,, dit-elle, Virginité captiue & enchaisnée? Tu ,, te reserue au Martyre, & te crois assez forte ,, pour vaincre la mort & tous ses tourmens, & ,, armée de toutes ses machines? Mais si l'occa,, sion du Martyre t'est ostée? Si tu n'as point de ,, mort à combattre? Si le Tyran ne se prend ,, qu'à ton honneur? S'il t'attaque auec des vio,, lences qui soüillent sans oster la vie? Virgini,, té captiue & enchaisnée, auec quelles armes ,, te deffendras-tu de ces violences? Pourquoy ,, remettras-tu ta liberté à vne mort incertaine, ,, & qui ne viendra peut-estre qu'apres ton ,, des-honneur; en ayant vne si asseurée & toute ,, preste, innocente & toute pure? Cette vaine ,, monstre de richesses, est vn piege qui t'est ten,, du: ne va pas chercher plus loin ta liberté: elle

„ t'attend dans ce piege, L'or est auſſi dur que le
„ fer : vn coup de ces vaſes, peut auſſi bien cou-
„ per ta chaiſne qu'vn coup d'épée, & ſi tu es
„ bien reſoluë à mourir, il y a pour toy des rochers
„ il y a vn precipice à la pointe de cette table.
„ Dieu pardonnera à la neceſſité, & excuſera vne
„ violence ſi iuſte. Il en a autrefois inſpiré &
„ couronné de pareilles, & l'Egliſe honore des
„ Sainctes qui ſe ſont noyées pour ſe ſauuer, qui
„ ont montées au Ciel par le precipice. Mais
„ qui ſuis-ie pour m'attribuer des inſpirations,
„ & me donner rang parmy les Sainctes ? De qui
„ ay-ie appris à diſcerner les Eſprits & leurs
„ mouuemens ? Sçay-ie bien de quelle couleur
„ eſt celuy qui me ſollicite ? Et ſi c'eſt vn Eſprit
„ impoſteur & traueſty : ſi ce que ie prens pour
„ zele, eſt deſeſpoir : ou arriueray-ie par ce de-
„ ſeſpoir & ſous la conduite de cét Eſprit im-
„ poſteur, qu'à la malheureuſe fin des folles
„ Vierges ? Laiſſons l'incertain à la Prouidence
„ de Dieu : puis qu'il eſt le Dieu ialoux, il doit
„ prendre ſoin de l'honneur de ſes Epouſes. Et
„ s'il a autrefois oſté la chaleur au feu, & ſuſ-
„ pendu la faim des Lyons, il ſçaura bien s'il luy
„ plaiſt, éteindre l'ardeur du Tyran, & ſuſpendre
„ ſa concupiſcence.

Cette reſolution fut ſuiuie d'vne priere qu'elle
fit plus de cœur que des lévres, & ou il entre
plus de foy que de paroles. Encore fut-elle bien-
toſt interrompuë par les Eunuques, qui la vinrent prendre pour la mener à Mahomet, à qui
ſa nouuelle paſſion ne donnoit point de repos.
Le mépris de ſa Captiue l'auoit irrité : il luy faſ-
choit que dans les ruines & parmy les cendres

d'vne ville saccagée, il se fut trouué quelque chose de plus fort que sa victoire de plus grand & de plus éleué que sa Fortune. Et il ne vouloit pas qu'il fust dit, qu'vne Fille, voire vne Fille sans armes & enchaisnée, eust tenu contre luy, apres tant de Places fortes prises, apres tant de Flottes & tant d'armées défaites.

Il s'adoucit neantmoins en sa presence, & luy renouuella les mesmes promesses, augmentées d'additions sans bornes & sans reserue. Mais cette seconde batterie l'ébranla aussi peu que la premiere. Et comme le Tyran se preparoit d'ajouster la violence aux promesses, la courageuse Fille le repoussa auec vne fierté de mine & d'action qu'il luy montra bien qu'elle sçauoit tenir contre la violence aussi bien que contre les promesses, & qu'il ne l'auroit ny par composition ny par force. Il est bien vray que l'amour est impatient sur tout dans les testes couronnées; qu'il est fier & delicat dans les cœurs qui sont accoustumez à obeïr. Celuy de Mahomet blessé au vif par ce refus dédaigneux, quitta la place à la colere, qui n'est iamais plus furieuse ny plus terrible, que quand elle succede à vn grand Amour. Et Mahomet transporté de cette seconde passion, mit la main au cimeterre, & d'vn mesme coup couronna sa Captiue, coupa sa chaisne, & luy abbatit la teste.

Cette victoire n'est pas du temps de la primitiue Eglise: elle n'est pas moins illustre pourtant que celles de ce temps-là. Mahomet le Conquerant estoit bien aussi redoutable que Neron l'effeminé: & sa Tente estoit vn Champ de bataille aussi dangereux qu'vn Amphiteatre. Les

Dames doiuent apprendre de là, que la Chasteté Heroïque a ses enthousiasmes & ses transports, & ces enthousiasmes doiuent aller au delà de toutes les craintes & de toutes les esperances: ces transports doiuent franchir tout ce qu il y a d'agreable & de terrible; mais ils ne doiuent iamais la precipiter, si le Saint Esprit ne l'emporte, ou si elle n'est poussée par vne violence étrangere.

MARIE Stuart. Augustus Thuanus. lib. 88.

MARIE STVART.

VOVS aurez peine de croire ce que vous allez voir, & quelque témoignage que vos yeux rendent à la verité de ce tragique spectacle, vous les démentirez plus d'vne fois, & y soupçonnerez de l'illusion & de l'imposture. Veritablement aussi, c'est vn étrange phantosme qu'vne Sainte criminelle, & vne Reyne executée: Et c'est quelque chose de plus prodigieux que tous les prodiges des fables, de voir trois Royaumes des-honnorez sur vn eschaffaut: de voir sous la hache d'vn Executeur, vne teste qui a porté deux Couronnes. La tragedie n'en est pas seulement inhumaine, elle est monstrueuse: & l'Angleterre neantmoins applaudit à cette Tragedie qui sera pleurée de toute l'Europe.

Marie autrefois Reyne de France, & maintenant Reyne d'Ecosse va mourir sur vn eschaffaut, apres auoir vieilly dans vne prison. L'heresie insolente & furieuse ne respecte en vne si belle Reyne, ny la Royauté qui est vne espec de Diuinité visible & de commission, ny la Beauté qui est vne Souueraineté de droit naturel, & vne domination sans violence. Et ce que la plus barbare Antiquité n'a peut-estre iamais veu, ce que la plus credule Posterité ne croira peut-estre iamais, toutes les Vertus, & toutes les Graces sont violées en sa Personne, & condamnées au mesme supplice.

Elle y va courageusement, & d'vn visage qui porte encore la marque de sa dignité, & l'expression de son innocēce. Elle a conserué l'vne & autre, apres la perte de son Royaume & celle de sa liberté: Et la Fortune qui luy a osté ses Sujets, & qui va luy oster la vie, ne luy sçauroit oster la souueraineté du cœur: ny l'authorité de la mine. Elles ne luy sont pas attachées, elles sont nées auec elle, & luy font vne maiesté independante de la couronne & de la pourpre : Et par là elle ne sera pas moins Reyne sur l'eschaffaut, qu'elle l'a esté sur le throsne.

Vous ne luy voyez pas maintenant ces premiers rayons de beauté & de ieunesse, qui faisoiēt autrefois la lumiere & le Spectacle du Louure, qui estoient la ioye & la serenité de toute la France. Mais pour le moins vous ne la voyez pas abbatuë de son mal-heur, ny obscurcie par sa mauuaise fortune. Sa grandeur paroist toute entiere, à present que les degrez & le marchepied luy sont ostez, & si les lumieres de ce temps la estoient plus agreables & plus gayes, celles de maintenant sont plus fortes & moins suiettes à s'éteindre. Non seulement les aduersitez l'ont fortifiée, elles l'ont agrandie, & les admirateurs de sa beauté, qui l'appelloient autrefois le Soleil du Nord & l'Astre de la Mer, ne preuoyoient pas qu'il seroit de sa vertu, comme du Soleil & des Astres, qui paroissent plus grands au trauers des broüillars, que dans vne serenité toute pure & sans nuage.

Les cheueux blancs que vous luy voyez, ne sont pas de ses années: ils sont de ses afflictiõs & de ses Persecuteurs. Il y en a de ses mauuais Parens & de ses mauuais Sujets: il y en a d'Elisabeth & de ses Ministres, & s'il est bien indigne, il n'est guerres, moins étrange, qu'vne si belle teste, ait blanchy auant le temps, sous tant de mains occupées à la noircir. Mais cette blancheur ne la des-honore point, & ne luy oste rien de sa grace. L'Innocence & la Sagesse sont de cette couleur: & la Majesté mesme s'en pare quelquefois, & en est renduë plus venerable & plus auguste.

Croiriez-vous que ceux qui l'ont conduite à cette mort violente, par vne vieillesse precipitée, ne luy reuiennent point sur le cœur auec amertume, ny ne troublent le calme de son Esprit ? Bien dauantage, elle a mis au pied de la Croix, le souuenir mesme de leurs iniures. Elle a retiré ses pensées de tous les sujets où elles se pouuoient aigrir : elle les a rapellées de tous les lieux, d'où il pouuoit luy venir du secours & de la pitié, & les a toutes mises en dépost auec son cœur & sa foy, dans les playes de son Sauueur crucifié, qui l'a assistée durant sa prison, & qui l'assiste encore maintenant, & la fortifie contre la Mort, par l'image & par la vertu de la sienne.

Il l'encourage de la voix de son sang, & luy parle par autant de bouches qu'il a de playes. Il la munit de ses épines & de ses cloux : il la couure de sa croix, qui luy est vne arme inuincible, & sacrée, vne arme qui n'a pû encore estre faussée de tous les traits de sa mauuaise Fortune, & ne le sera pas mesme de la hache de l'Executeur qui luy abbatra la teste. Sous cette arme, & à la veuë de cet exemple, elle va courageusement à la mort : Et quoy que Reyne & innocente, il ne luy est point rude de passer par les mains d'vn Bourreau, ayant deuant les yeux vn Dieu executé, & l'innocente crucifiée.

Vous fiez-vous assez à vos yeux, pour les exposer à ce pitoyable spectacle ? les miens blessez auant le coup, refusent d'en voir dauantage. Neantmoins il faut les contraindre de tout voir. Les derniers rayons du Soleil mourant sont les plus beaux, & les dernieres gouttes de sang que versent les grandes Ames, sont plus éclatantes que les autres, & ont ie ne sçay quoy de plus vigoureux & de plus noble. Il faut certes que cette action soit bien noire puis qu'on l'a voulu cacher au iour. Mais les tenebres ausquelles on l'a exposée, ne luy feront pas vne plus belle couleur, & sans doute si elles auoient du sentiment, elles craindroient d'estre soüillées. Vous diriez que ces flambeaux n'y contribuent leur lumiere qu'à regret : vous diriez que de dépit, ils ne font que de l'ombre & de la fumée.

La sale, toute pleine de Spectateurs, est tenduë de velours noir, & il n'est pas iusques au funeste eschaffaut, qui ne porte le deüil de la barbare tragedie à laquelle il va seruir. Les cruels Ministres d'vne si cruelle action, ont crû adoucir l'iniustice, & ciuiliser la cruauté : ils ont crû appaiser la maiesté violée, & abuser la patience par cette vaine & pompeuse hypocrisie. Ils deuoient sçauoir, que la pompe & l'ostentation ne iustifient point les crimes, que la cruauté artificieuse & parée, n'est pas vne autre Furie que la cruauté toute nuë & sans artifice, & que la voix du sang, se fait aussi bien ouyr sur vn tapis de velours que sur la terre.

Il n'est pas besoin que ie vous les montre, ces cruels Ministres. Ils sont assez reconnoissables à l'auidité de leurs yeux alterez de sang, l'impatience

patience & à la ferocité de leur mine. A voir l'attention qu'ils apportent à ce spectacle, vous diriez que chacun d'eux est l'Executeur: que chacun va donner le coup auec les yeux: Et que c'est à l'Eglise Catholique, & non pas à la Reyne d'Escosse, que ce coup doit oster la teste.

Tous les autres Spectateurs, à qui il reste quelques gouttes de sang humain autour du cœur, detestent ce cruel exemple. Et autant de larmes qu'ils versent, sont autant de voix & d'imprecations, contre ceux qui l'ont conseillé, & contre ceux qui l'executent. Mais la voix du sang iuste répandu iniustement, fera tantost bien plus de bruit. Elle sera entenduë de tous les Peuples & de tous les Siecles: elle sera l'eternelle malediction de la barbarie, qui viole si indignement la Nature en vne parente, la Maiesté en vne Reyne, l'Hospitalité en vne Refugiée, & l'Aduersité mesme en vne Malheureuse, que plus de vingt ans de miseres ont consacrée.

Vous la voyez bien à genoux deuant l'Executeur; mais vous ne voyez pas son esprit déja éleué deuant Dieu, où il prend par auance possession du Throsne qui luy est preparé. Ses Femmes desesperées sont à genoux auec elle comme si sa condamnation estoit la leur, & qu'elles dûssent mourir de sa mort. La fatale hache a desia penetré leurs ames, & le sang leur en coule par les yeux iusques à terre. Leur douleur n'est pas de celles qui s'agitent & qui font du bruit: elle leur a osté iusques au mouuement & à la voix, iusques au sentiment de leurs soûpirs & de leurs larmes, & en l'estat où elles sont, ie ne voy rien qui leur ressemble, que ces figures de marbre à qui on fait pleurer des fontaines.

L'innocente & courageuse Princesse, void d'vn ſage ſerain cette triſteſſe de ſes Femmes. Son Ame éleuée au deſſus de la partie inferieure, n'eſt plus ſujette à ſes vents & à ſes pluyes, à ſes ſoûpirs ny à ſes larmes. Les nuages de la matiere cõmencent à s'éclaircir autour d'elle: & déja elle répand hors de ſoy, de certains rayons de gloire auancée, qui ſe meſlent à la lumiere de ces Anges, qui ſont venus pour la conduire, & pour donner commencement à ſon Triomphe.

La couronne qu'ils luy ont apportée eſt bien d'vne autre matiere, que celles qui luy ſont oſtées. Il n'y entre point d'épines ny de roſeaux : il n'y a rien de piquant ny de fragile, rien qui bleſſe ny qui charge : & ce n'eſt pas vn ornement de meſme étoffe, ny de meſme tiſſure que nos Diadémes, qui ne ſeruent qu'à faire de glorieux Eſclaues, & de ſuperbes Miſerables. Elle eſt d'vne gloire ſolide & toute pure : Elle eſt indépendante de la Fortune, & plus forte que le Temps : Et la ſage Reyne qui connoiſt ce qu'elle vaut, auroit donné toutes les Couronnes de la Terre, pour en auoir vne ſeule feüille.

Voyez auec quelle fermeté d'eſprit, elle preſente la teſte à l'Executeur, pour receuoir de ſes mains cette glorieuſe Couronne. Mais non ; ne ſoüillez pas vos yeux du meurtre de l'innocente. Dieu recherchera iuſques aux moindres gouttes de ſon ſang : Et mal-heur aux mains & aux cœurs ; mal-heur aux bouches & aux oreilles, mal-heur aux yeux meſmes ou il s'en trouuera quelque tache.

SONNET.

Verrons-nous sans pitié cette Scene cruelle,
Où s'éteint par la Mort l'Astre des Escossois!
Marie est sous le fer : Honneur, Iustice, Loix,
Verrez-vous la Vertu traittée en criminelle?

Son deüil est heroique, & la hache mortelle
Ne peut faire pâlir le sang de tant de Roys,
Si sa langue se tait, sa grace a de la voix,
Et son modeste orgueil parle à nos yeux pour elle.

Quel Enchanteur a fait vn prodige si beau :
La ioye & le regret naissent de ce tableau :
Et la veuë y reçoit du plaisir d'vn supplice :

L'Art dessus la Nature y fait vn doux effort :
Et sans auoir de mal, ny souffrir d'iniustice,
Vne Innocente y souffre vne eternelle mort.

ELOGE DE MARIE STVART.

I'Aurois scrupule, si dans l'Eloge, que i'ay à faire de Marie Stuart, i'auois fait entrer sa noblesse, sa beauté, son esprit, ses graces, sa magnificence. Son portrait demande bien d'autres couleurs & d'autres traits, il veut estre fait d'vne bien autre maniere, que celuy de Semiramis, & que celuy de Cleopatre : & il faut brusler d'autre encens, & mettre d'autres couronnes deuant vne Martyre, que sur l'autel d'vne Idole. D'ailleurs tous ces titres sont des termes équiuoques : & ne signifient proprement ny la Vertu ny le Vice Les Magnanimes ne se font pas toûjours de grande maison. Il croist des Cedres & de

Palmes dans les vallées, & il vient du geneſt & de la fougere ſur des montagnes. La Beauté eſt rarement innocente, & les graces ſont des fleurs qui peuuent eſtre de mauuaiſe odeur, & naiſtre en vne mauuaiſe terre. Quant à l'éleuation & aux lumieres de l'Eſprit: elles ſont communes aux bons & aux méchans: & ſouuent il ſe voit des Cometes, qui ont plus de feu & ſont plus éleuez que de grands Aſtres. La Magnificence de meſme, eſt vne vertu qui peut eſtre infidelle & heretique: qui peut eſtre imprudente & damn-e auec les folles Vierges: & nous ſçauons que les Pyramides d'Egypte, & d'autres ſemblables miracles, ont eſté faits par des Femmes débauchées.

Laiſſons donc les titres equiuoques & les éloges ambigus: nous en auons de propres & de formels. Ne diſons point que Marie Stuart eſtoit deſcenduë d'vne longue ſuite de Roys: mais diſons qu'elle auoit le cœur plus haut, l'ame plus Royale, & la raiſon plus ſouueraine, que la Couronne de tous les Roys dont elle eſtoit deſcenduë. Ne l'eſtimons point d'vne Beauté, qui eſt commune à la roſe & au pauot, aux chaſtes & aux impudiques; mais d'vne Beauté vertueuſe & diſciplinée, de bonne odeur & de bon exemple. Ne loüons point ſes graces ny ſon Eſprit: mais loüons la retenuë & la modeſtie de ſes graces, loüons la diſcretion, la douceur & l'égalité de ſon Eſprit. Et ne parlons point de ſes liberalitez, ou diſons qu'elles eſtoient judicieuſes & ordonnées: qu'elles eſtoient de choix & faites auec methode. Diſons qu'elle ſçauoit l'art & le ſecret du Bien-fait, qu'elle ſçauoit donner

Cœur & de l'Esprit, du visage & de la mine : & qu'encore apres que la Fortune luy eut tout osté elle ne laissa pas d'estre magnifique en desirs de sentimens : & de faire de grands presens auec de petites choses.

Les Muses Françoises qui estoient de son temps, n'ont pas manqué de loüer cette partie de ses vertus, qui les auoit accommodées, & auoit fait l'honneur des Lettres. Et veritablement elles auroient esté bien ingrates, si elles ne l'auoient loüée. Il ne tenoit pas à cette bonne Princesse, qu'elles ne fussent toutes riches, & à leur aise, toutes habillées de drap d'or & logées au Louure. Elles les traittoit de familieres & de compagnes : elle ioüoit en Prose & en Vers auec elles & le ieu ne se passoit iamais sans quelque present, qui acheuoit la rondeur des periodes, & faisoit sonner les Stances.

Quant à la Force qui a esté sa vertu dominante, & qui luy a donné place dans cette Gallerie; elle a parû en France, en Escosse, en Angleterre. En France elle resista à la prosperité; & vainquit le luxe & les delices, que quelques-vns ont cruës estre plus difficiles à vaincre, que la douleur & les souffrances. Elle se défendit des corruptions de la Cour, & du mauuais air qui se fait des aises, & qui suit la bonne Fortune. Elle conserua son innocence dans la grandeur, & ce qui n'est gueres moins rare, que les Astres de nouuelle creation, elle fit voir vne grande modestie sous vne grande Couronne : & sur le plus haut Throsne du Monde, vne haute deuotion & vne Pieté consommee.

Mais parce que la Vertu heureuse & à son aise,

est dans vne violence continuelle; & que les choses violentes ne peuuent durer que par miracle; Dieu qui auoit choisi cette Princesse & la vouloit auoir toute entiere, la tira de la prosperité, qui l'eust pû corrompre à la longue; & la liura à l'aduersité, qui la traitta comme le Sculpteur traitte le marbre : & luy ostant tantost vne chose & tantost vne autre, acheua la figure de la Femme Forte, qui n'estoit encore qu'ébauchée en elle.

Estant retournée en Escosse, vefue de François second & de sa bonne Fortune, & sa ieunesse iointe aux prieres de ses Peuples & à la Raison d'Estat, l'ayant obligée de se remarier; ce qui deuoit estre son appuy fut la cause de sa ruïne. L'Heresie enragée du zele qu'elle apportoit à la conseruation de la Foy Catholique, mit le feu à la Maison Royale, afin de le faire passer de là plus aisément à l'Eglise. La Calomnie, l'Ambition, & la Ialousie preparerent l'amorce de ce feu, & en attiserent la matiere. Mais la bonne Reyne l'ayant éteint par sa prudence & par son addresse; l'Heresie qui vouloit regner par quelqu'vn de sa faction, luy enleua le Roy son Mary par vne mine. Encore la voulut-on noircir de l'inuention & du feu de cette mine : & on l'accusa de son dueil; on la fit criminelle de son second vefuage.

Cette calomnie luy fut vne rude épreuue : elle ne fut pourtant qu'vn essay, & côme vne auance des desordres & des mal-heurs qui la suiuirent : & il n'y a point de tragedie si embroüillée, que le fut la vie de cette bonne Princesse. Tous ses iours furent marquez de quelque reuolte, ou de quelque

DES FEMMES FORTES.

conspiration: ils furent celebres par quelque combat ou par quelque fuite. Il ne luy manquoit plus que la Couronne du Martyre: Et Dieu la luy donna en Angleterre, apres vn combat de dix-neuf ans, rendu en diuerses prisons, & terminé enfin sur vn eschaffaut, qui luy fut plus glorieux que les Throsnes qu'elle auoit perdus.

REFLEXION MORALE.

CEtte Peinture est pitoyable & de grand exemple, il y a beaucoup à plaindre, & encore plus à imiter: & pour l'instruction des hautes fortunes, & la consolation des basses la Grandeur y est innocente & malheureuse. Marie Stuart conserua son innocence sous deux Couronnes, & dans la grandeur de deux Royaumes qu'elle perdit l'vn apres l'autre, elle fut Chrestienne plus longuement, & auec plus de constance, qu'elle ne fut Reyne.

D'vne part cela apprend aux Personnes éleuées qu'il n'y a point de condition éloignée de Dieu, ny de Fortune reprouuée, pourueu qu'elle soit iuste. Que l'onction qui fait les Roys & les Reynes, n'efface point celle qui fait les Saints & les Saintes. Que les Palais & les Hostels ne sont pas hors des routes du Ciel. Qu'encore que la Pieté, la Modestie, & la Patience ne soient pas ordinaires à la Cour, elles n'y sont pas pourtant étrangeres. Et que la Vertu est plus persuasiue & de meilleur exemple sur vn Throsne, qu'elle n'estoit dans le tonneau du Cynique.

D'autre part aussi, elles doiuent apprendre des afflictions de cette grande Reyne, à faire moins d'estat des Diadémes qui se déchirent, des Sceptres qui se rompent; & des Thrônes qui tombent pour peu que la mauuaise Fortune les touche, que de la Grace de Dieu laquelle fut vne Pourpre qui demeura à cette Reyne dépoüillée : vne onction qui ne s'obscurcit point dans sa prison, ny ne s'effaça de son sang ; vne Couronne qui ne luy pût estre ostée auec la teste.

Non seulement elle fut Reyne innocente & vertueuse, elle fut Reyne mal-heureuse & persecutée, & par là elle enseigne aux Grandes & aux Riches, qu'il n'y a point de condition priuilegiée en cette vie. La Pourpre des Souuerains a ses épines aussi bien que celle des Roses, les grandes fortunes, & les grands edifices ont leurs orages : les testes éleuées ont leurs larmes, comme les montagnes ont leurs eaux : Et quoy que l'Ambition nous fasse accroire, les plus grands Patiens ne sont pas sur les roües, ils sont sur les Throsnes & entre les Balluftres.

Enfin les mauuais bruits qui ont couru de Marie Stuart, & l'insolence de la calomnie qui l'a déchirée, apprennent à celles de son Sexe & de sa condition, qu'il n'y a ny Vertu ny Couronne qui soit inuiolable à la médisance. Les chiens iappent bien contre la Lune qui est si pure : les grenoüilles crient bien contre le Soleil, qui est si bien-faisant & si illustre : on a bien imposé des figures monstrueuses & des noms de bestes aux Vertus du Ciel : & il n'y a pas vn astre de reputation, qui n'ayt esté accusé de quelque crime. Ils ne s'en vengent point pourtant, & quelques taches qu'on leur impose, quelques vapeurs

qui

qui leur viennent de la Terre, ils ne laissent pas de faire du bien aux imposteurs qui les deshonorent: ils ne laissent pas d'éclairer la Terre qui les obscurcit.

Il y a bien d'autres considerations à faire icy, sur la Prouidence de Dieu, sur les aduersitez des Vertus souffrantes, & de l'Innocence affligée, sur les biens & sur les auantages de ces aduersitez. Mais ces considerations sont trop importantes, & de trop grand vsage, pour estre resserrées dans vn petit espace: il leur faut plus de loisir & plus d'étenduë: & si des volumes entiers y seroient bien employez, ie ne dois pas craindre que la Question suiuante, & l'Histoire qui la terminera y soient perduës.

QVESTION MORALE.

Si les grandes Dames heureuses, sont de meilleure condition, que les grandes Dames affligees.

CE n'est pas d'auiourd'huy qu'on trouue à dire aux œuures de Dieu, & que sa Prouidence a besoin d'Apologie. De tout temps il y a eu des Censeurs impies & des Critiques blasphemateurs, qui ont cherché des défauts dans les plus belles pieces du Monde: & du desordre en la conduite & au mouuement de ses pieces. Le plus grand desordre & le plus insupportable, au gré de ces Suffisans, est celuy qui se remarque en la distribution des biens & des maux de cette vie. Si on les en croit, il n'y a que du trouble &

R

de la confusion ; que des hazards iniustes & fans regle ; que des fortunes tumultuaires & hors de leurs places. La gresle tombe également sur la moisson de l'Homme de bien ; & sur celle du méchant : La foudre abbat les Eglises, & pardonne aux lieux de débauche : Les vents ne sont pas meilleurs, ny la Mer plus douce & plus fauorable aux Pelerins du Saint Sepulchre, qu'à ceux de la Mecque : Et il arriue assez souuent, que le Turc se sauue du mesme écueil, où le Chrestien a fait naufrage. Ils adioustent à cela, que la violence est toûjours accommodée & en honneur : & la probité toûjours necessiteuse & méprisée. Ils font voir sous les pieds des Riches superbes & prodigues, le sang, la substance & la vie des Pauures qui meurent de faim. Ils montrent les lieux & cotent les temps, où l'iniustice heureuse & couronnée, profitoit de son impieté, & regnoit auec le mépris de Dieu & des Hommes : tandis que l'innocence chargée de chaisnes & executée, luy faisoit sur vn échaffaut, vn spectacle de son deshonneur & de son supplice.

Il est vray qu'il s'est veu souuent de semblables Tragedies : & dernierement encore, Elisabeth en donna vne toute pareille, en la personne de Marie Stuart. L'Angleterre & l'Escosse y assisterent auec des passions bien differentes : & la France la vit de loin en soûpirant & auec larmes. La Peinture de cette Histoire, par laquelle cette Gallerie est terminée me donne lieu de iustifier icy la Prouidence Diuine, en la conduite de cette innocente Princesse : de découurir aux grandes Dames affligées & souffrantes, les tichesses qui sont cachées dans les afflictions: & leur persuader qu'elles sont plus heureuses, & de meilleure condition dans la souffrance, que si elles estoient dans une prosperité continuelle.

Ie presuppose qu'il est meilleur aux Femmes pour qui i'écris, d'estre dans la vertu, que dans le vice; d'estre du nombre choisi, de celles que Dieu cherit particulierement, & qu'il prepare à la gloire, que d'estre laissées dans la foule, sans marque & sans rang, sans droit & sans pretension sur l'auenir. La presupposition est raisonnable & fondée en droit, parce que ie n'écris pas sous la Loy de l'Alcoran, ny au temps des Fables: i'écris sous la Loy de l'Euangile, & au siecle de la Verité: & ce que i'écris sera lû par des Chrestiennes, & non pas par des Sultanes, il sera lû par des Agathes, par des Catherines, par des Lucies, & non pas par des Stratonices, par des Cleopatres, par des Messalines. Or l'Aduersité est le propre estat de la Vertu & des Personnes vertueuses, elle est le plus commode & le plus fauorable traittement, que Dieu puisse faire aux Ames de prix, qu'il cherit d'vn amour de Pere, & qu'il a retirées de la foule, elle est l'ornement & la preparation de droit qu'il demande en ses Espouses. Et ces trois auantages de l'Aduersité, valent bien au moins qu'on ne luy fasse point mauuaise mine, si on ne la veut caresser, ils valent bien qu'on la reçoiue auec patience, si on n'a pas le courage d'aller au deuant d'elle, & de se reiouir à sa venuë.

Premierement il est certain que le mauuais temps est le propre temps de la Vertu, ses bonnes saisons se font auec la gresle & le vent, par l'orage & par la guerre, & si l'Aduersité n'est sa mere, elle est pour le moins sa nourrice & sa gouuernante. Il y a vne Grimasse aiustée & radoucie, parée de grains bénis & de chapelets, fardée d'vne modestie contrainte, & de larmes épreintes de force, & cette Grimasseuse veut qu'on la prenne pour la Vertu. Mais il ne s'y faut pas méprendre, elle n'est pas la vertu, c'est vne trompeuse qui la veut imiter, & l'imite mal, qui la contrefait, & n'a pas vn cheueu à la teste par lequel elle luy ressemble. La Vertu n'est pas comme pensent quelques-vns, vne qualité oysiue & de repos, vne habitude faite pour la montre & composée de mines. C'est vne qualité de trauail & d'action, c'est vne habitude de combat & de victoire, & les Sages à qui elle s'est apparuë autrefois, ne l'ont iamais veuë qu'Armée, ils ne l'ont iamais veuë qu'entre des épines sur des montagnes. Ils ont crû que son Palais estoit basty de pieces de naufrage, de restes de maisons bruslées, de grands chesnes & de rochers noircis & abbatus de la foudre. Il luy faut donc de la contrarieté, afin qu'elle trauaille, il luy faut de la resistance qui l'excite, & qui donne force & vigueur à son action, & si elle n'auoit point d'aduersité ny d'aduersaires, si toutes ses heures estoient tranquilles, & tous les iours des iours de Paix, contre qui rendroit-elle combat? en quel temps emporteroit-elle des victoires? sur quel titre demanderoit-elle des couronnes?

Cela est du deuoir general de toute sorte de vertus, ie dis de celles-là mesme qui ne sont qu'industrieuses, qui ne trauaillent qu'au dehors

DES FEMMES FORTES. 197

sous les Arts, qui sont bornées du temps & de la matiere. La vertu d'vn Pilote à sa principale action, dans le tumulte des vagues émuës & des vents laschez, dans la confusion du Ciel qui tombe, & de la Mer qui s'éleue. La vertu du Medecin & celle des drogues, ont leur force sur les membres coupez, & sur les playes par où le sang coule auec la vie. Par la mesme raison, vn lutteur n'est pas lutteur à la table, & vn soldat n'est pas soldat en vn bal. La vertu de l'vn & de l'autre veut estre attaquée: elle demāde de la resistance & des aduersaires: elle se fait sous la sueur & dans la poussiere: auec du sang & des playes.

Il en est de mesme de la Vertu Morale, voire de la Chrestienne, qui est d'vn ordre superieur à toutes les autres. Sa condition est de trauailler & de combatre; de donner son sang, & de receuoir des blessures. Et si la condition luy semble fascheuse; elle se doit souuenir que dans la lice de cette vie, le prix du combat & les acclamations, ne sont pas pour les spectateurs: pour ces Faineans couronnez de fleurs & parfumez, qui se contentent de regarder en repos & à leur aise. Elles sont pour ceux qui combatent courageusement: qui meslent leur sang & leur sueur a la poussiere de la lice: qui montrent de grands cœurs & de grandes ames par de grandes playes.

Mais la vertu est innocente: & les blessures des innocens sont plus douloureuses que ne sont celles des coupables. Ceux qui sont blessez & abbatus dans vne lice; ceux qui souffrent la pluye & vent dans vne tranchée; ceux qui laissent les bras & les iambes sur vne bresche, ou sur le champ d'vne bataille, ne sont pas des criminels

R iij

qu'on ait tirez d'vn cachot ou d'vne galere. Et aprés tout, si les playes cuisent si fort à cette Innocente, elle peut poser les armes & sortir de la lice : elle peut encore si bon luy semble, se ranger auprés de la Volupté, se farder & se parer comme elle : prendre la moitié de ses bouquets & de ses parfums : emprunter son miroir & son éuentail. Mais cela fait aussi, il ne faudra plus qu'elle s'appelle la Vertu, ny qu'elle pretende à la gloire & à ses Couronnes. Il n'a point encore paru de Vertu délicate & voluptueuse ; de Vertu peinte & parfumée, & on n'a veu encore Personne, pretendre à la gloire, & courir à ses couronnes, auec vne teste couuerte de fard & chargée de fleurs, auec vn éuentail à la main, & vn miroir à la ceinture.

 Les afflictions & les aduersitez sont donc le propre estat de la Vertu, comme la guerre est la propre saison du soldat, comme la lice est le propre lieu de celuy qui pretend au prix & à la course. Et partant ne disons plus, que les innocentes & les vertueuses sont iniustement assiegées, n'imputons plus au hazard & au tumulte, ce qui est de l'ordre naturel, & dans vne iuste conuenance. Et apprenons vne fois pour toutes, que si la Vertu est dans sa place, quand elle est dans l'aduersité, si elle fait sa propre faction quand elle souffre, les Dames qui la suiuent librement & de bonne foy, ne sçauroient se plaindre d'estre mal-traittees, quand Dieu les oblige à la mesme faction, & les veut dans la mesme place.

 Au contraire il ne leur sçauroit donner vne plus importante preuue de son amour, ny leur témoigner plus efficacement, qu'il a pour elles des pensées de salut & vn cœur de Pere. Par la il les purifie & les décharge des superfluitez vicieuses: il leur oste ce qui altere & ce qui gaste, il les prepare aux couronnes, & à l'heritage de la vie future. Il est certain, qu'il n'y a point de Vertu si pure, qui n'ait quelque tache, il n'y en a point de si saine, qui n'ait quelque partie, ou gastée ou malade. Et si cela est veritable de la Vertu qui s'est sauuée du Desert, qui a quitté ses souliers, & a laissé auec eux, la bouë & les grands chemins au pied de la montagne: que sera-ce de la Vertu, qui est de la Cour & du grand monde, qui a esté nourrie auec vne Fortune dangereuse & corrompuë, qui a des domestiques si décriées que les richesses? si scandaleuses & si débauchées que les délices? Est-il possible qu'elle soit saine, & qu'elle ait de si bons preseruatifs, que l'air de la Cour ne la gaste point? qu'elle ne souffre rien des opinions & des coûtumes du grand monde; qu'elle ne soit point infectée par la contagion de la Fortune? que les richesses ne luy fassent point tourner la teste? que les délices ne luy causent point de dénoyement, ny de pourriture? Que s'il n'y a point de Vertu si forte, ny de raison si bien munie, qui puisse resister à tant de choses qui gastent & qui corrompent, ie demande à vne Dame, quel traittement luy pourroit estre le meilleur en cét estat-là, & quel choix elle feroit, si Dieu en estoit remis à son sens? I'ay peine à croire, qu'elle choisit d'estre abandonnée du Medecin. Le choix ne seroit guerres meilleur, que si elle choisissoit le precipice, la difference en cela ne seroit pas du terme; elle ne seroit que du chemin, & si elle perissoit plûtost par le precipice, elle ne periroit pas moins certainement par ses maladies. Il reste donc qu'elle se mist entre les mains du Medecin, & se fiast à luy du traittement de ses maladies & de ses playes.

Mais elle seroit bien ignorante, si elle attendoit qu'il dûst la guerir en la divertissant, en la mettant à son aise, en la faisant rire. Les maladies du corps se rendent-elles à de semblables remedes; Guerit-on ses playes auec des feüilles de roses, & de l'huile de iasmin? N'agit-on pas contre-elles auec l'amertume & la douleur, auec le fer & le feu; Cependant ces playes ne sont que de la superficie, & ces maladies ne sont que d'vn grain de sable qui pique, ou d'vne goutte d'humeur qui a coulé hors de sa place. Et l'on croira, que des maladies interieures & spirituelles, que des playes volontaires & inueterées, se guerirront auec des ragousts & des parfums, qu'elles s'en iront au ieu ou à la table. On croira que des Passions amies & domestiques de l'Ame, que des vices auoüez de la volonté & habituez dans le cœur, s'enfuyront au son des instrumens, seront chassez par la fumée d'vne cassollette. Il leur faut des purgations ameres, & des incisions douloureuses, n'en doutons point, il leur faut des remedes de fer & de feu, & ces remedes de fer & de feu, sont les aduersitez que Dieu leur ordonne, & qui leur sont appliquez vtilement & auec succés par la patience. Il est donc meilleur aux Dames, qu'elles soient purgées & gueries par l'Aduerfité, de quelque mauuais gouft que foient fes remedes, que fi par vne fu-este indulgence, elles eftoient abandonnées à vne Profperité contagieufe, qui acheueroit de les corrompre.

Ce traittement fi rude & fi douloureux en apparence, fe treuuera encor plus auantageux & plus falutaire; fi nous adiouftons que par là, elles font preparées à la Nopce de l'Agneau, & aux couronnes de l'autre vie. On n'eft pas receu à cette nopce auec vne robe fale, & des mains foüillées de boüe; & la plus belle tefte du Monde, qui aura feulement vne tache, n'y fera iamais couronnée. Il eft donc neceffaire de fe purifier auant que de fe prefenter à cette fefte, & celles-là fans doute font les plus heureufes, qui arriuent-là toutes purifiées. Outre qu'on ne les fait point attendre à la porte; elles ont icy la pureté à bien meilleur conte qu'en ce pays-là. Le feu de l'aduerfité quelque main qui l'attife, & quelque vent qui le fouffle, n'eft pas à beaucoup prés fi bruflant que le feu de Purgatoire: Et on reçoit bien meilleur traittement de la tribulation, voire de la plus feuere & de la plus rude; que de ces Demons Purificateurs, qu'vn Saint Pere dit, qui font fur les Ames, la mefme action que font les foulons fur les étoffes, qui font mifes à la teinture.

Cette pureté fi entiere & fi parfaite, doit eftre accōpagnée de tous les traits d'vne beauté exacte & acheuée: & cette beauté encore doit eftre dottée royalement, & auoir vn ample fonds de richeffes. Or la beauté de l'ame qui eft aimée de Dieu & des Anges, ne fe fait pas auec du finabre & du plâtre; auec de la soye & des bouquets. Elle se fait auec des maladies & des playes, & son plus agreable fard, se doit composer de sang, de larmes & de cendres. La beauté de Sainte Thecle se fit auec le feu & les ongles des Lyons: celle de Sainte Apolline auec des cailloux, dont les dents luy furent cassées: celle de Sainte Cecile auec de l'eau boüillante d'vne estuue: celle de Sainte Agate auec les tenailles, dont on luy coupa les mammelles: celle de Sainte Catherine auec vne épée & vne rouë. Et generalement il n'y a point de Beauté dans le Ciel, que l'Aduersité n'ait faite, & que la patience n'ait parée.

Quant aux richesses qui doiuent faire le dot de cette Beauté, elles ne sont pas le fruit de la douce vie, ny le reuenu du plaisir & des passe-temps. Les richesses mesmes de la Terre; ces grossieres & materielles richesses, qui sont du plus bas estage du Monde, sont les fruits de l'aduersité, & nous viennent des tourmens & des afflictions de la Nature. Les perles & le corail se forment dans vn Element d'amertume & de tempestes: les pierreries viennent dans les precipices & sur les rochers: l'Or & l'Argent naissent prisonniers & dans des cachots: & si on les tire de leurs cachots, c'est pour les faire passer par le fer & par le feu; c'est pour leur faire souffrir tous les supplices des criminels. Certainement si des richesses terrestres & de simple fantaisie, sont les fruits du trauail, & les Filles de l'Aduersité: il ne seroit pas iuste que les richesses de l'Esprit, qui sont les Grands du Royaume de Dieu, & les Aisez de l'Eternité, fussent le prix de l'oysiueté,

& la possession des délices. Elles sont donc l'Heritage & le reuenu de l'Aduersité: & de ce costé là encore par consequent, cette rude & laborieuse aduersité est meilleure pour les grandes Dames, que la prosperité qui les souille & les infecte: qui les empoisonne mesme quelquefois & les étrangle.

Elles seroient certes bien délicates, si elles portoient leur bien impatiemment & auec plainte: si elles estoient blessées de leurs ornemens, si elles gemissoient sous la matiere de leurs couronnes. Puisque l'Aduersité leur est enuoyée de l'Espoux, pour les preparer à ses nopces; il est bien iuste, qu'au moins vn si bon office, leur fasse prendre en gré, la rudesse de ses mains, & la seuerité de son visage. Elles pleureroient certes de fort mauuaise grace, si elles pleuroient de ce qu'elle les charge d'or & de pierreries, de ce qu'elle les pique en leur attachant des guirlandes & des couronnes. Elles souffrent bien la torture de leurs testes, & la gesne de leurs corps, elles s'exposent bien au fer & au feu, pour paroistre belles aux yeux des Hommes, & il seroit bien indigne, qu'elles voulussent plaire à Dieu, auec moins de peine & plus à leur aise. Mais en voila assez pour iustifier la Prouidence de Dieu, & pour apprendre aux grandes vertueuses & affligées, l'estat qu'elles doiuent faire de la grace & des richesses de la tribulation. Il reste de les confirmer par vn second exemple, qui n'aura pas moins de force que le premier, ny ne sera moins persuasif, quoy qu'il soit moins frais & plus éloigné de nostre veuë.

EXEMPLE.

MARGVERITE D'ANIOV
Reyne d'Angleterre.

IL est vray que les Couronnes sont de grands ornemens aux belles testes. Ce sont pourtant des ornemens qui parent moins qu'ils ne piquent : & ie doute fort que personne s'en voulust charger, si toutes les épines en estoient visibles. Leurs épines neantmoins ne sont pas si bien cachées, qu'il n'en paroisse toûjours quelques pointes, & outre les rouës secretes & les croix interieures, que souffrent les grandes Fortunes; il y en a d'exterieures & de publiques, fur lesquelles par vn ordre particulier de la Prouidence, elles sont tourmentées aux yeux du monde, pour l'instruction des Peuples qui assistent a leurs supplices.

Et en cét endroit, les Peuples doiuent estre auertis que ces supplices des grands ne sont pas toûjours ordonnez pour de grands crimes. Il se voit des richesses sans vice, comme il se voit de l'or sans cuivre. Il est des Grands, qui ont comme les grands Astres, beaucoup de lumiere & fort peu de taches. Et assez souuent neantmoins, les croix de ceux-là sont plus rudes & plus pesantes, que celles des Riches violens & criminels; que celles des Grands sanguinaires & tyranniques. Dieu l'ordonne ainsi, comme i'ay déja dit, pour les preparer à la couronne par la Patience: & pour laisser aux Grands persecutez

DES FEMMES FORTES. 205
& aux Grandes affligées, des exemples de leur rang, & des modeles de leur taille. Et parce qu'il y a vne patience immobile, qui souffre tranquillement & sans action, & vne patience remuante & de trauail, qui aiouste l'action à la souffrance; il est iuste qu'apres auoir donné vne Reyne d'Escosse, pour exemple de la premiere, ie donne pour exemple de la seconde, vne Reyne d'Angleterre.

Marguerite d'Anjou, fille de René Roy de Sicile, fut vne des plus rares & des plus parfaites Princesses de son siecle: & ses perfections toutes rares qu'elles estoient, ne furent point respectées par la mauuaise Fortune. Elle estoit de la plus grande race du Monde. Mais ce ne sont pas les roseaux qui sont abbatus par la tempeste: ce ne sont que les branches des plus grands arbres. Elle estoit des plus belles, & des plus spirituelle. Mais les Astres qui sont si beaux, & qui sont gouuernez par de purs esprits, ont leurs défaillances & leurs éclipses, sont persecutez de broüillas & de nuages; d'imprecations & de calomnies. Elle estoit liberale & bien-faisante. Y a-t'il vne liberalité plus continuelle que celle des Sources? plus répanduë que celle des Riuieres? y a-t'il vne plus grande inclination à bien faire, que celle de la Terre; Et nous voyons cependant, qu'on iette des pierres dans les Sources publiques: & qu'on porte toute sorte d'ordures aux Riuieres, nous voyons que la Terre est battuë des orages, foulée des Animaux, déchirée par les Hommes, appauurie & dépoüillée vne fois tous les ans. Il n'y eut donc rien d'estrange, & contre l'ordre du Monde, dans les afflictions d'vne Princesse si noble, si belle, si habile, si bien-faisante : & la Fortune ne fit rien contre-elle ; dequoy elle n'eust des exemples publics dans la Nature.

Elle fut mariée à Henry sixiéme Roy d'Angleterre : & par ce mariage la tréfue fut continuée, entre les deux voisins du Monde les plus ennemies, & les plus ialouses l'vne de l'autre. La pauure Princesse ne ioüyt gueres du repos qu'elle donna au public : & il luy arriua comme aux victimes, qui portoient les pechez du Peuple pour qui elles estoient sacrifiées. Les Nopces furent celebrées a Nancy, auec grand appareil de Carrousels & de Tournoys, selon la mode des Caualiers de ce temps-la, qui ne connoissoient que des ioyes fortes & viriles ; que des ieux qui valoient des batailles, & qui produisoient des iustes victoires. En quoy certes, pour dire ce mot en passant, ils estoient plus Caualiers & plus Hommes d'armes que ceux d'auiourd huy, qui ne connoissent point d'autres carrieres que le Cours, ny d'autres Tournoys que la danse qui ont efféminé la magnificence, & osté aux ieux & aux diuertissemens, tout ce qu'ils auoient de noble & de militaire.

Marguerite estant passée en Angleterre, n'y trouua pas la douceur & la tranquillité qu'elle auoit laissée en France. Ce n'est pas qu'elle fust de ces mal logées, qui ont toûjours, ou la pluye ou la fumée dans leur Maison. Et son mariage n'estoit pas de ces iougs tyranniques, & de ces liens à torture, qu'vn ie ne sçay qui souhaitoit à son Ennemy, au lieu du gibet & de la corde. Elle iouïssoit au logis, d'vn calme tout pur &

sans broüillerie: & son mariage n'auoit rien de pesant ny d'incommode. Le Roy son Mary auoit toutes les qualitez d'vn honneste Homme & d'vn bon Prince: mais estant né sous vne constellation tres-contagieuse, & de mauuaise influence; la Reyne sa Femme n'auoit garde qu'elle n'en fust imbuë: & qu'elle n'eust sa part du venin de la mauuaise Fortune. Elle receuoit aussi auec patience, tout ce qui en tomboit sur elle. Encore aioustoit-elle la grace à la patience: & comme elle auoit l'humeur agreable & l'esprit galand, elle répondoit à ceux qui la plaignoient, qu'ayant le iour de ces nopces pris la Rose d'Angleterre, elle deuoit la porter toute entiere & auec ses épines.

Dauantage, Henry auoit vne grande inclination à l'oysiueté; & n'auoit point d'auersion au plaisir. La douceur & l'indifference de son esprit, ne s'accordoient pas auec les fonctions de la Royauté, qui demandent de la force & de la resolution. Le bruit & l'agitation luy faisoient tourner la teste: & quand les choses estoient à son choix, il se contentoit d'auoir ses aises & le repos pour sa part: & laissoit à ses Fauoris & à ses Ministres, l'authorité auec le trouble; & les affaires auec le tumulte.

Cette vie molle & faineante affligeoit la Reyne, qui auoit l'esprit haut & agissant; les pensées nobles & viriles, & la teste aussi capable de remplir vne Couronne, que Prince aucun qui fust de son siecle. Ce n'est pas qu'elle n'aimast le repos de son Mary; & ne le souhaitast à son aise. Mais son amour estant magnanime, & de la complexion de son cœur; elle luy eust mieux aimé vne agitation glorieuse, & accompagnée de dignité, que ce repos d'assoupissement, & ces aises messeantes qui le des-honoroient; en effet ce Prince, quoy que bon Prince d'ailleurs, n'estoit pas aimé de ses Subjets: & sa reputation portoit la peine de toutes les fautes de ses Favoris & de ses Ministres. Les revoltes des Grands, les seditions du Peuple les mutineries du Maire de Londres, qui estoit de ce temps là vn Souuerain du populaire, & vn Roy du tiers estat, & generalement tous les desordres de son regne furent couuerts de ce pretexte.

Tous ces mouuemens affligeoient la Reyne: mais ils ne l'effrayoient point. Elle couroit toûjours la premiere aux endroits les plus ébranslez: & ou la force & l'authorité pouuoient arrester le trouble. Son principal effort neantmoins estoit sur l'esprit du Roy: Elle luy representoit continuellement: & en termes pressans & efficaces, ,, que le repos des Roys ne se fait pas de la
,, mollesse de leur lit; mais de la fermeté de leur
,, Thrône. Que le Thrône ne peut estre ferme,
,, si l'estime & l'authorité ne l'appuyent, & que
,, l'estime qui naist de l'action, & l'anthorité
,, qui vient par la force, se perdent dans l'oysiueté,
,, & par la mollesse. Que les affaires sont
,, veritablement pesantes, mais que la pesanteur
,, fait la fermeté des choses: & qu'il ne peut
,, rien estre de plus mobile & de plus branslant,
,, qu'vn Roy qui se décharge de tout ce qui pese.
,, Que c'est faire vn fort mauuais personnage,
,, de faire le Roy titulaire, & de regner
,, par Agent & par Commis. Que l'Authorité

substituée

,, substituée & hors de sa place, est infirme &
,, sans vigueur, & que le Sceptre qui a de la
,, force, & se fait respecter en la main du Prin-
,, ce, est facile à rompre entre les mains du Su-
,, jet & ressemble à vn Sceptre de Theatre.

Ces remontrances & d'autres semblables, accompagnées de l'éloquence de la beauté, & de la persuasion de l'amour, fortifierent l'esprit du Roy, & luy firent prendre vne ferme resolution de regner à l'auenir sans Substitut, & d'agir par soy-mesme. Il reprit son authorité, qu'il auoit commise à Humfroy Duc de Glocestre son Oncle : & rappella à soy toutes les affaires. Et là il parut, comme les affaires gardent ceux qu'elles pressent, & comme l'authorité soûtient, & affermit ceux qu'elle charge. Le pauure Duc de Glocestre ne fut pas plûtost abandonné des affaires, & déchargé de l'authorité, que ses Ennemis qui ne l'ébranssoient pas auparauant le renuerserent, & peu de temps aprés sa chute, il fut estranglé en prison, par vne execution precipitée & contre les formes.

Ceux de la Rose blanche, qui ne pouuoient souffrir l'odeur des Lys ; & qui voyoient à regret vne Françoise si absoluë en Angleterre, ne manquerent pas de la charger de l'enuie de cette mort. Et quelque temps aprés, le peril de Richard Comte de Varuic, qui fut attaqué prés de Londres, par les Gardes du Roy, & poussé iusques dans la Tamise, donna cours & authorité à cette calomnie. Le Comte de Sarisbury son Pere, & Richard Duc d'Yorc Chef de la Rose blanche, firent là dessus cent manifestes de vnie voix : & publierent à la campagne &

,, dans les villes, que cette partie estoit vn ieu
,, de la Reyne, qui auoit entrepris de couper les
,, bras à l'Angleterre, & de luy oster auec son
,, meilleur sang, l'esprit & les forces, afin de
,, la liurer à la France. Qu'elle ne s'y prenoit
,, point mal, & que si la fin de l'entreprise ré-
,, pondoit au commencement, si les Grands ne
,, se gardoient mieux, que n'auoient fait le Duc
,, de Glocestre, & le Comte de Varuic, dans
,, peu de temps il ne resteroit pas vne goutte de
,, bon sang, ny vne seule partie noble au Corps
,, de l'Estat.

La bonne Reyne estoit bien éloignée de ces pensées tragiques. Et quoy que veritablement elle souhaitast de l'authorité & de la force à son Mary, elle ne luy souhaitoit pas neantmoins vne authorité qui fust haye & pleurée, ny vne force qui fist de la desolation & des mines. Encore moins pensoit-elle à faire perir l'Arbre sur lequel elle estoit antée, & si elle auoit beaucoup d'affection pour la souche de sa race, qui estoit en France, elle en auoit encore dauantage pour sa fleur & pour son fruit, qui estoient en Angleterre. Elle n'opposoit aussi à tous ces bruits, que la voix de sa conscience, qui parloit plus haut que la Calomnie: & la iustifioit deuant Dieu, de l'imposture des hommes.

La Calomnie neantmoins trouua tant de matiere preparée à prendre feu, & souffla si chaudement & si à propos sur cette matiere, qu'il s'en fit vn embrasement, qui deuoit brûler toute l'Angleterre, si la France eust sceu l'entretenir, & faire profit de l'occasion & du desordre. L'accident arriué au Comte de Varuic, & la nouvelle authorité du Duc de Sommerset, seruirent de pretexte à l'Ambition: & furent les causes de montre & superficielles de la Guerre. Le Duc d'Yorc accompagné du Comte de Sarisbury, & suiuy de toute la faction de la Rose blanche, leua vne puissante Armée, & la fit marcher droit à Londres. Le Roy sortit aux champs de son costé, auec le party de la Rose rouge, & tout ce qu'il pût assembler de forces. La bataille fut donnée a Northampton: & Dieu qui ne veut pas que le bon droit soit toûjours heureux, & que sa Fortune suiue la Vertu par tout, permit que l'Armée Royale fust défaite, & que le Roy mesm fust pris des Rebelles.

Le Duc d'Yorc insolent de sa victoire, le mena à Londres en triomphe, & le fit resserrer dans la grosse Tour. Se voyant asseuré de ce costé-là, il mit bas ce masque de pretextes & de couleurs, auec lequel il auoit commencé la guerre, & representa au Parlement, le double droit que sa Maison & sa Fortune luy donnoient à la Couronne. La force en de semblables causes est vne puissante piece, & la Victoire vne éloquente Aduocate. Le Parlement neantmoins n'accorda pas tout à la force & à la Victoire: il respecta le Droit vaincu, & n'osa pas dégrader la Majesté, quoy que dépoüillée & chargée de chaisnes. Sa resolution fut, que durant la vie de Henry, le Duc se contenteroit du titre & des fonctions de Lieutenant General du Royaume, & que la Couronne soit par succession à Edoüard, Comte de la Marche son Fils, à l'exclusion de la Maison Lancastre.

Il ne pouuoit pas arriuer vne plus grande affliction à la Reyne. Elle voyoit ses Enemis sur le Thrône, le Roy son Mary en prison, & sous la main de l'Executeur; Le Prince son Fils, dégradé publiquement, & exclus de la Couronne, par vn Arrest solemnel. Tout ce qui eust pû l'appuyer dans cette reuolution, estoit tombé, ou bransloit, & reserué son courage & ses esperances, que la Fortune n'auoit pû abbatre, il n'y auoit autour d'elle, que le debris & les pieces d'vne grandeur ruïnée. Mais la Vertu affligée ne se consume pas à faire des cris, & à s'arracher les cheueux : elle sçait discipliner l'affliction & animer la douleur : elle sçait mettre en vsage les pieces rompuës, & combatre auec des ruines.

La courageuse Reyne en vsa ainsi : & au lieu de s'épuiser en vaines plaintes & en larmes superfluës : au lieu d'imputer son malheur aux Astres, ou de s'en prendre à la Fortune, elle pensa à vaincre en dépit des Astres & de la Fortune, & se mit à faire de nouuelles troupes. Au défaut de l'argent qui luy manquoit, les graces de sa parole, & celles de son visage, tinrent lieu de paye aux Soldats ; & cette paye d'honneur laissa vn aiguillon dans les Ames les plus assoupies, & donna de la hardiesse aux plus timides. Ne croyant pas qu'elle pust honnestement commettre à des Lieutenans, vne affaire où il s'agissoit de la liberté du Roy son Mary, & de la destinée de sa Maison ; elle voulut auoir sa part du peril : & s'éprouuer en personne contre la Fortune. Elle se mit donc à la teste de son Armée, & marcha droit à Yorc, où estoit le place d'armes des Rebelles.

L'Angleterre n'auoit iamais vû d'Armée, qui euſt vne plus belle teſte: auſſi n'en vit-elle iamais, qui combatiſt auec plus de cœur. Le Duc d'Yorc qui ſe contoit pour dix mille Hommes, perſuadé qu'il auroit bon marché d'vne ieune Femme, alla au deuant d'elle contre l'auis des Chefs: & en vint incontinent à vne bataille generale. Il ne ſe peut dire, ce que fit la Reyne auec la grandeur & le courage de ſes paroles: auec le feu de ſes yeux & la hardieſſe de ſa mine: auec la vaillance de ſon viſage & de toute ſa perſonne. Elle donna de la force, de l'ardeur, de l'impetuoſité à ſes Gens: il ſembla meſme qu'elle donna à leurs armes, du ſentiment, de l'action & de l'addreſſe. La Victoire elle-meſme, ſi elle euſt marché deuant eux, auec l'équipage & les éclairs que noſtre imagination luy donne, n'euſt pû faire dauantage. La défaite des Rebelles fut generale. Le Duc d'Yorc pris auec ſon Fils le Comte de Rutlant, & le Comte de Sariſbury, paſſerent par les mains de l'Executeur. Leurs teſtes furent expoſées ſur les murailles d'Yorc au bout de trois lances; afin que l'exemple fuſt de plus grande montre & plus celebre, & que la Rebellion fuſt inſtruite de plus loin & auec plus de terreur. Vne couronne de papier attachée ſur la teſte du Duc, fut la marque & le ſupplice particulier de ſes vaines pretenſions.

Cette premiere victoire releua le cœur de la Reyne ſans l'enfler, & la nouuelle grandeur qu'elle luy donna, fut vne grandeur ſolide & modeſte: vne grandeur de deſſein & d'eſperances, & non pas vne grandeur bouffie & de vaine montre. Ne se pouuant croire victorieuse, tant que le Roy son Mary seroit prisonnier, elle resolut de passer sur toute sorte de perils, pour aller rompre sa prison, ou expirer à la porte. Cette resolution prise, elle tourne teste du costé de Londres : rencontre le Comte de Varuic, qui traisnoit vne Armée superbe, & grossie de la défaite du Comte de Pembroc : l'attaque courageusement & le met en deroute, entre dans Londres couronnée de deux victoires, tire son Mary de la Tour, & le remet sur le Throsne, auec vn applaudissement general de tout le Peuple. Certainement s'il n'y a point de victoires agreables, comme celles qui sont benies des mal-heureux, & à qui les captifs aplaudissent de leur prison & auec leurs fers, ce fut sans doute auec vn doux & agreable transport, que cette Princesse Victorieuse rompit la chaisne de son Mary, le tira de prison; luy remit la couronne sur la teste. Et quoy qu'on die de la gloire des anciens Triomphateurs, s'ils entroient à Rome auec plus de pompe & plus de tumulte, asseurément ils n'y entroient pas auec vne ioye plus pure ny plus legitime, que fut celle de Marguerite, quand elle entra dans la Tour de Londres.

Mais la ioye de ce Monde a des aisles, aussi bien que la Fortune : & fait comme elle, beaucoup de chemin & peu de giistes. Henry n'estoit pas encore bien accoustumé à la liberté, & à son nouueau regne : il n'estoit pas encore tout à fait remis sur son Throsne, qu'il apprit que toutes les épines de la Rose blanche n'auoient pas esté arrachées, & qu'Edoüard Comte de

DES FEMMES FORTES.

la Marche, heritier de l'ambition du Duc d'Yorc son Pere, & successeur de ses entreprises, s'auançoit auec vne puissante Armée, pour acheuer ce que son Pere auoit ébauché. Il ne fut pas conseillé de l'attendre, & de se fier au Peuple de Londres. C'estoit vn Monstre trop capricieux, qui auoit trop peu de cœur & trop de testes, & on luy fit esperer, qu'il auroit meilleure condition de la Fortune, que d'vne Beste si inconstante & si farouche. Il sortit accompagné de la Reyne sa Femme, du Duc de Sommerset & de tout le corps de son Party. Et sans doute s'il ne se fust hasté de sortir, il ne luy pouuoit moins arriuer, que d'estre resserré dans la Tour de Londres, & de voir de là le couronnement de son Riual, & les applaudissemens qui luy furent donnez de tout le Peuple.

Edoüard luy-mesme, quoy que nouuellement couronné, ne se fia pas à la nouuelle affection de ce Peuple, & crût ne rien tenir, s'il n'auoit encore de son costé la Fortune & la Victoire. Il suiuit Henry à grandes iournées: & Henry tournant teste de son costé, les deux Armées se heurterent si rudement & de telle force, que trente mille Hommes en furent abbatus sur la place. Henry défait entierement, se sauua en Escosse auec la Reyne, & la Reyne dont le cœur estoit encore debout & armé, passa en France, d'où peu de temps aprés elle repassa en Escosse, auec deux mille Hommes commandez par Brezé Senesehal de Normandie. Henry fortifié de ce secours, & de celuy que l'Escosse sa nouuelle Alliée luy fournit, rentra en

Angleterre, auec plus de droit & plus de courage que de bon-heur. Il fut défait de nouueau par le Marquis de Montagu, qui commandoit les troupes d'Edoüard, & sa déroute fut si grande, que la Reyne fut contrainte de se sauuer dans vn Bois, auec son Fils le Prince de Galles.

L'euenement montra, que la Fortune l'attendoit là, pour luy faire vne supercherie. N'ayant pû la vaincre honorablement, & luy oster le cœur de bonne guerre, elle entreprit de la voler dans vn coupe-gorge. Et peut-estre encore l'y eust-elle assassinée, si elle n'eût voulu s'en ioüer plus long-temps, & la reseruer à d'autres outrages. Ce ne luy estoit pas vn ieu nouueau, de voler vne pauure Reyne. Elle ioüe de la sorte en tous les Pays & tous les iours, & il ne se voit par tout, que des Roys détroussez, que des Princes nus, que des Riches appauuris, qui se plaignent de ses voleries. Mais il n'estoit point encore arriué, qu'vn Roy, & moins encore qu'vne Reyne eust esté dépoüillée si indignement que fut celle-là. Des coquins qui la trouuerent dans vne route écartée, attirez par la dignité de sa mine, & par l'éclat de ses pierreries & de sa robbe, la volerent auec si peu de compassion, & luy firent vne violence si brutale; que si rien ne la sauua de leurs mains, ce fut la querelle qu'ils eurent pour le partage de sa dépoüille.

Tandis qu'ils estoient aux mains, la Reyne que tous ces visages affreux, & tant d'epées nuës n'auoient point effrayée ny éblouye, se chargea du Prince son Fils, & se ietta dans l'épaisseur de la Forest. Il s'en trouua là vn autre,

qu'apparemment

DES FEMMES FORTES. 217

qu'apparemment la Fortune y auoit mis en embuscade, pour luy faire pis que tout ce qu'elle auoit déja souffert. Mais les Graces & la Majesté, voire les Graces affligées & la Majesté demy nuë, furent plus fortes à cette fois que la Fortune. La Reyne le voyant venir, s'auança d'vn pas ferme, & auec vne mine d'authorité : & luy presentant son Fils qu'elle portoit, luy dit en paroles souueraines & d'vn ton de commandement. Mon amy reçois de mes mains le Fils " de ton Roy & l'heritier du Royaume. Ie te " donne tout l'Estat à porter auec luy : sauue-les " tous deux de la Rebellion & de la Fortune qui " les poursuiuent. Elle n'en dit pas dauantage. " Les Graces & la Majesté dirent le reste : & ce qui est merueilleux, les Graces sans ornement, & la Majesté sans couronne & sans pierreries, humilierent ce Barbare ; & luy persuaderent que c'estoit vne Reyne qui luy parloit. Il prit le petit Prince entre ses bras ; & se mettant deuant la Reyne, la mena si heureusement par des sentiers détournez, qu'il la rendit au bord de la Mer.

Ce fut veritablement vn étrange ieu de la Fortune : ou pour en parler plus Chrestiennement, ce fut vn agreable spectacle à la Prouidence ; de voir vne grande Reyne, petite Fille de tant de grands Roys, fugitiue, demy nuë, & égarée dans vne Forest, comme vne coureuse ; suiure de son pied vn voleur, qui estoit tout seul ses Escuyers & ses Gardes, qui estoit toute sa suite & toute sa Cour : & en ce deplorable estat, qui faisoit pitié à la Barbarie mesme, conseruer ses esperances & sa resination : & benir

T

encore la Providence, à la veuë de laquelle elle auoit esté depoüillee.

Comme elle fut à la Mer, elle se mit auec son Fils sur la barque d'vn Pescheur, qui la porta à l'Escluse. De là elle passa en France & en Loraine: & par tout où elle passa, elle estoit montrée des Peuples, comme vn celebre ioüet de la Fortune, comme vne riche piece de naufrage comme vne grande teste tombée, d'vn grand Colosse. Mais cette grande teste tombée, estoit encore toute entiere. Le vent qui l'auoit abbatuë, ny luy auoit rien osté que sa place: & encore apres sa cheute, elle gardoit la dignité de ses premiers traits, & la majesté de sa mine.

Edoüard aussi la craignoit dauantage, fugitiue & toute dépoüillée qu'elle estoit, qu'il ne craignoit toute la Maison de Lancastre, soustenuë de toute l'Escosse, & de toute vne moitié de l'Angleterre. Elle fit en France tout l'argent & toutes les troupes qu'elle pût faire : & repassa la Mer, sous la conduite du Comte de Varvic, lequel irrité de l'attentat qu'Edoüard auoit fait sur la pudicité de sa Fille, auoit tiré Henry de la prison, où il s'estoit luy-mesme ietté, par l'impatience qu'il auoit eu de rentrer en son Royaume auant le temps, & en habit déguisé.

Ce second voyage de la pauure Reyne, ne fut pas plus heureux que le premier. Elle n'arriua en Angleterre, que pour assister à la défaite de son Fils, & au supplice de son Mary. Son Fils fut abbatu dés la premiere démarche qu'il fit ; & perit à la Bataille de Teuxisbery. Son Mary fut estranglé dans la Tour de Londres, & eut pour Executeur Richard Duc de Glocestre. Quant à

DES FEMMES FORTES.

elle, Edoüard la confina dans vne prison, où son courage & sa constance firent leur dernier acte, qui ne fut pas moins penible que les precedens, quoy qu'il se fist sans bruit & en repos, & il dura iusques à ce que le Roy René son Pere enuoya cinquante mille écus de rançon qui le terminerent.

Pour moy, ie ne pouuois terminer cette Gallerie, par la Peinture d'vne Vertu plus forte & plus courageuse, plus actiue & plus patiente, de plus belle montre ny de plus grand vsage. Il y a de l'instruction pour les basses conditions & pour les hautes : pour les Fortunes qui sont heureuses, & pour celles qui sont affligées : pour les Hommes aussi bien que pour les Femmes. Ceux qui sont à terre & dans le bas estage du Monde, apprendront de là, à se contenter du repos & de la seureté d'vne bassesse, qui n'est point suiette à l'agitation ny aux chutes : & à ne desirer point le tumulte & les orages qui passent au dessus de leurs testes. Ceux qui sont dans la haute Region, apprendront à ne faire pas tant de cas d'vne grandeur agitée & chancelante, exposée aux tempestes & aux precipices : fameuse par ses naufrages & par ses ruines. Et quand ils verront qu'il n'y a que les choses éclatantes qui se cassent, que les éleuées qui tombent, que les enflées qui creuent, ils auront peur de ce qui fait leur vanité, & apprehenderont leur éclat, leur éleuation & leur enflure. Dauantage les Fortunes heureuses en sont auerties de leur inconstance & de leur fragilité, & les mal-heureuses de la patience qu'elles doiuent auoir, & des merites qu'elles peuuent acquerir.

T ij

Enfin les Hommes & les Femmes, de quelque or ou de quelque terre que soit leur Fortune, & dans quelque estage du monde qu'elle soit logée, doiuent estre instruits par cét exemple, qu'il ne peut y auoir de condition priuilegiée en cette vie, ny de vertu faineante : que la carriere des aduersitez est ouuerte à toute sorte de personnes : que la Prouidence y donne à chacun le rang & l'exercice qui luy est propre : qu'il n'y a point de victoire qui ne soit precedée de quelque combat : & qu'il est bien honteux que les Chrestiens souffrent tant de peines, & s'exposent à tant de perils, pour vn bouquet d'vn iour ; pour vne fumée que le premier vent dissipe ; pour vne couronne de verre, que tous les momens peuuent casser : & que pour des delices sans degoust & sans fin, pour vne gloire solide & eternelle, ils apprehendent de souffrir la piqueure d'vne épine.

Et afin de n'épargner rien qui puisse seruir à fortifier les Patientes dont ie parle, & à fermer les blessures que la mauuaise fortune leur a faites, i'ay crû qu'apres les extraits de Morale & d'Histoire que ie viens de leur presenter, ie deuois finir par vn remede qui leur a esté preparé de la main des Muses. Il n'est pas de ces remedes de fer & de feu, qui sont deux playes pour en guerir vne. Il est encore moins de ces dangereux, qui tuent auec vn grain mal pesé, ou auec vne goutte prise à contre-temps. Il est de ces remedes agreables, qui sont de bon goust & de bonne odeur ; & qui ont vne efficace innocente & sans amertume. L'importance est, q'estant exposé à tout le monde, & aussi commun que les fontaines publiques, il ne se consumera point par le temps, ny ne s'épuisera par la multitude des malades qui en vseront. Et comme encore aujourd'huy toutes les meres affligées, trouuent dequoy se consoler dans la consolation que Seneque fit pour Heluie, & tous les Grands abbatus se peuuent appliquer l'appareil que la Philosophie offrit à Boece disgracié ; il pourra arriuer de mesme que les Vertus & les Graces mal-traittées de la Fortune, se trouuent bien du remede que ie presente icy à Eudoxe.

Ie ne voy point d'affligées, qui soient plus à soulager ny plus à plaindre que celles-là : & asseurément nous serions fort mal instruits, & prendrions la Charité pour vne autre, si nous croyons qu'elle ne pûst auoir d'employ que dans les Hospitaux & chez les Pauures. Elle peut encore auoir dans lieu les Palais & chez les Grands: elle peut assister des necessiteux à qui rien ne manque, & auoir de la pitié pour des malheureux qui font enuie : & il y a des misericordes que les puissans peuuent receuoir des petits : il y a des aumônes que certains pauures peuuent faire à certains riches.

Les grandes Fortunes que le mauuais temps a renuersées, sont veritablement dignes de compassion : & les pieces n'en peuuent estre veuës sans larmes. On m'auoüera neantmoins, que les Vertus affligées, & les Graces malheureuses sont encore plus dignes de cette compassion & de ces larmes. Et certes, s'il est fascheux de voir vne Figure de prix que le vent a abbatuë, si vne peinture de la main d'vn bon Maistre nous fait pitié, quand nous la voyons noircie ou déchirée : il ne seroit ny d'vn Chrestien ny d'vn homme, de voir indifferemment & auec dureté, les disgraces de ces Personnes extraordinaires, que Dieu a faites d'vne maniere plus curieuse & plus acheuée que les autres. Et nostre compassion seroit inhumaine & punissable, si à la veuë d'vn morceau de marbre brisé, ou d'vne toile rompuë, nous respections la memoire d'vn Artisan, & ne respections pas la presence, la lumiere, & l'impression de Dieu dans ses Images affligées.

Il est veritable aussi que les afflictions leur sont d'autant plus sensibles qu'elles ont esté faites plus délicatement & auec plus de soin. Et il arriue assez souuent, que iugeant de ce qui leur est deu, par ce qu'elles sont ; il leur est assez ordinaire de s'attribuer des immunitez sans titres, & des priuileges mal fondez, & se persuader que leurs Maisons au moins deuroient estre défendues à la mauuaise Fortune. La Consolation que ie leur presente, les guerira de cette fausse persuasion ; & leur fera voir par des exemples tirez de la Nature & de l'Histoire, qu'il n'est point de grace sans aduersité, ny de merite sans souffrance, & qu'il est generalement des plus parfaites Personnes, comme des plus belles Fleurs, qu'on ne voit point naistre sans épines.

CONSOLATION

Pour les vertus affligées & pour les graces malheureuses.

A L'ombre des Peupliers qui forment sur la Seine,
De leurs bras verdoyans vne mobile Scene,
Eudoxe, en qui le Ciel assembla les thresors,
Qui font valoir l'Esprit & qui parent le corps,
Se plaignoit à Cleon, de la fatale enuie,
Qui s'estoit attaché à la fleur de sa vie;
Et maudissoit le Sort, qui de ses plus beaux iours,
De pluye & de brouillars auoit troublé le cours.
Vn deüil noble & modeste estoit sur son visage,
Ce qu'est sur le Soleil vn lumineux nuage:
Les plaintes, en sa bouche auoient de l'agrement:
La grace, en sa douleur donnoit de l'ornement,
Et de ses yeux trempez, les larmes épandues,
Pareilles à ces grains de lumieres fondues,
Que l'Aurore au matin répand en se leuant,
Emouuoient à pitié les peupliers & le vent.
Les peupliers la plaignoient du bruit de leur fueillage:
Et le vent de regret en battoit le riuage.
  Cleon qui connoissoit son cœur & sa vertu,
Afin de releuer son esprit abbatu
Iustifioit le Ciel, excusoit la Fortune:
Alleguoit des Humains la misere commune:
Luy faisoit obseruer, que la Vertu iamais,
N'eut auec le mal-heur vne durable paix:
Et luy representoit des grandes de l'Histoire,
L'image encore souffrante & la triste memoire.
  Eudoxe, disoit-il, vous accusez à tort,
Les Astres & le Ciel de vostre mauuais sort:
Le Ciel ne peut mal faire à son plus rare ouurage:
Nul Astre ne peut nuire à sa plus belle image.

T iiij

La bonté ne fait point la guerre à la bonté,
Vn lys ne fut iamais par des lys mal-traité:
Et iamais on ne vit tomber le feu des roses,
Pour consumer les fleurs autour d'elles écloses,
Les Astres comme vous, sont doux & bien-faisans,
Leurs yeux, comme vos yeux sont chastes & luisans,
Et s'il n'est des clartez, à des clartez contraires;
Si les beautez ne sont des beautez aduersaires,
Ces celestes beautez, ces lumineuses sœurs,
Ne se peuuent, Eudoxe, accuser de vos pleurs.
    Leur fortune en ce point à la vostre est égale,
L'aduersité leur est adherente & fatale.
Combien tous les matins & combien tous les soirs,
De broüillas tenebreux, & de nuages noirs,
Effacent leur éclat, obscurcissent leur gloire,
Les font mesmes pleurer sur leurs Throsnes d'yuoire?
Vne fois tous les mois la Lune perd son teint,
Son visage decline & son lustre s'éteint:
Et soit fievre ou langueur, le mal qui la possede,
Depuis vn si long-temps n'a point eu de remede.
Cét autre corps si beau, qui voit tout, qui fait tout,
Qui pare l'Vniuers de l'vn à l'autre bout:
Ce Pere des beautez, ce Prelat des lumieres,
Ce riche Createur des plus riches matieres,
Le Soleil n'est pas né pour estre plus heureux:
Souuent, dés le matin malade & langoureux,
Il tombe en deffaillance étouffé d'vn nuage,
Et perd de ses rayons la vigueur & l'vsage:
La dignité, le rang, l'Ange qui le conduit,
Ne luy sçauroient sauuer vne mauuaise nuit,
Il a tout beau qu'il est fort peu de belles heures;
Le bon-temps n'entre pas en toutes ses demeures.
Et quelque or qui reluise en ces douze maisons
Qu'il change, au changement des mois & des saisons;
Malade en la pluspart, au milieu des dorures,
Il souffre des chaleurs, il souffre des froidures;
Et de ses yeux battus d'importunes vapeurs,
Souuent il ne nous vient que de l'ombre & des pleurs.
    Mais quoy? c'est le destin des choses les plus belles;
Il semble qu'il ne soit de tourmens que pour elles,
Cét autre bas soleil, precieux aux humains,
Ce Metal qui fait tout, sans esprit & sans mains,

DES FEMMES FORTES 223

C'est or que des rayons si puissans environnent,
Qui couronne les Rois & que les Rois couronnent,
Dechiré par les mains de ses propres Amans,
Souffre des criminels les plus rudes tourmens,
A peine est-il bien né, qu'il est mis sur l'enclume,
Que le marteau le bat, que le feu le consume,
Et que cours de tous il est iusques au cœur,
Iaune de son supplice, & glacé de sa peur.
   Ces precieux boutons de lumiere endurcie,
Où la beauté du Ciel est peinte & racourcie,
La noble & chaste perle, & le beau Diamant,
Ont aussi bien que l'Or, à souffrir leur tourment.
La Perle sous les flots supporte l'amertume,
De tout vn Element de tempeste & d'écume.
Et comme si c'estoit vn feu pris dans les Cieux,
Qui rend le Diamant superbe & precieux:
Cet illustre Innocent, lié par la Nature,
Sur le dos d'vn rocher sterile & sans verdure,
Est reduit au destin de ce fameux Voleur,
Qui déroba ce feu si fertile en mal-heur,
Dont la noire fumée attira sur la terre,
Les fiévres & la mort, les crimes & la guerre.
   Tout ce que nous voyons de beau dans l'Vniuers,
Est ainsi tourmenté de supplices diuers.
La Reine des iardins, cette fleur si pompeuse,
Est, comme vous Eudoxe, illustre & mal-heureuse.
Elle a le front auguste & l'esprit parfumé:
D'vne pourpre sans fard son teint est allumé
Et les rayons dorez dont elle est couronnée,
Font bien voir qu'à regner elle estoit destinée.
Ses parfums cependant, sa pourpre & sa beauté
Luy sont de foibles droits contre l'aduersité.
Elle est plus que la rouë exposée aux rapines,
Aux iniures du vent, aux pointes des épines:
Et son throsne épineux pique de tous costez,
Des traits que la Fortune a contre elle iettez.
Tel est l'iniuste sort de cette Fleur si belle,
Qui fait l'honneur des fleurs, en la saison nouuelle,
Dont les feux sont si purs & de si bonne odeur;
Et qui taint, comme vous, la grace & la pudeur.
   Sa grace à l'imposture est pourtant exposée,
Elle est d'affeterie & de luxe accusée.

De ces feux innocens l'honneur est soupçonné :
Les traits dont on luy voit le corps environné,
Ces inflexables traits du sort qui la renuerse,
Sont creus estre les traits de l'Amour qui la perce.

Le Soucy iaunissant est-il moins mal-heureux ?
Ne prend-on pas son tein, pour vn tein d'amoureux ?
Quoy que d'vn noble instinct & d'vn feu sans matiere,
Son esprit lumineux n'aime que la lumiere ?

Ces beaux & nobles corps, ces corps si bienfaisans.
Les Astres ne sont pas libres des medisans.
Dit-on pas que Cephale est aimé de l'Aurore,
Que c'est pour ce Galant que sa teste elle dore,
Et que tous les matins en rallumant le iour,
Elle mesle à son feu le feu de son amour ?

La fable est aussi vaine, & n'est pas moins publique,
Qui nous feint que la Lune aime vn melancolique ;
Et qu'elle paroist vuide, ou pleine de clarté,
Qu'elle s'éuanoüit, ou reprend sa beauté,
Selon que la douleur du traict qui la tourmente,
Luy fait venir la fievre, ou plus forte, ou plus lente.

Il n'est Astre de marque, en tout le Firmament,
Qui n'ait receu de nous vn pareil traitement.
On leur donne des noms & des faces de bestes,
De plume & de poil on profane leurs testes.
Les vns ont decrié la vertu de leurs rais :
Les autres en ont fait de monstrueux portraits :
Et tous les iours encore, mille vapeurs obscures,
Esteignent leur lumiere, & changent leurs figures,
La medisance donc, la peine & le mal-heur,
Sont le sort general des choses de valeur.

Vn semblable destin si vous n'en daignez croire.
Vous est, parfait Eudoxe, vn beau sujet de gloire.
Et quoy que vous souffriez, encore vaut-il mieux
Souffrir comme le font les Astres dans les Cieux,
La Palme sous le vent, la Perle dans l'écume :
La Rose sur l'épine, & l'Or dessus l'enclume ;
Que d'estre en la Nature, vn membre rebuté,
Vne piece sans art, vn corps sans dignité.

L'Histoire est vn theatre, où des beautez souffrantes,
A chaque page on voit les ombres gemissantes,
Là le fer à la gorge, & le regret au cœur,
Lucrece de son sang laue son deshonneur.

Là d'un dépit mêlé de luxe & de colere,
Cleopatre à sa mort incite une vipere.
Là pour executer par un nouueau tourment,
De son cruel Mary, le cruel testament,
Monime meurt, aux yeux des Graces & des Muses;
Meurt aux yeux des Vertus de son malheur confuses,
Et pour brauer la mort, de son Royal bandeau,
Se fait pour s'estrangler un superbe cordeau.
La mesme Marianne aussi chaste que belle,
Par un mary tyran, traitée en criminelle,
Sans respect de son nom, sans respect de son rang,
Subit la cruauté d'un Tribunal de sang.
Et ce modeste orgueil, cette grace hautaine,
Ces yeux des autres yeux le plaisir & la peine,
Ce visage où l'amour regnoit sous la Vertu,
Ce chef-d'œuure sans pair, sous le fer abbatu,
Et par l'iniuste arrest d'un ialoux tyrannique,
De la main d'un bourreau, la victime tragique.
   D'autres, dans les rigueurs d'une obscure prison,
Ont passé les beaux iours de leur belle saison.
Il coula de leurs yeux des fontaines de larmes,
Il en tomba des feux accompagnez de charmes:
Et leurs fers cependant ne furent point sondus,
Ny des feux ny des pleurs de leurs yeux épandus.
   La voix me manqueroit, Eudoxe, & la memoire,
Plustost que ie n'aurois recueilly de l'Histoire,
Tous les traits qu'autrefois la fortune a iettez,
Soit contre les vertus, soit contre ses Beautez,
Le nombre en est trop grand, & dans toutes les pages;
Il coule sang ou pleurs de leurs pasles images.
   Vostre merite, Eudoxe, estant égal au leur,
Pourriez vous refuser d'entrer dans leur malheur:
Et d'en souffrir, au moins, la part que vous destine
Celuy qui sous la fleur a fait naistre l'épine:
Il vous a fait des biens rares & precieux,   (cieux.
Des biens qu'il ne fait voir, que par grains, hors des
Auec profusion il vous en a comblées;
Autour de vous sa grace est toute rassemblée:
Et destinant en vous, un chef-d'œuure de prix,
Parfait au gré des yeux, comme au gré des esprits:
Pour vous faire il choisit des ames les plus belles,
Et des corps les plus beaux, les plus nobles modelles.

Au contraire, vos maux vulgaires & petits,
Sont de ceux, qu'en commun, Nature a departi:
Qui d'vne pante égale & d'vne égale course,
Depuis que le serpent infecta nostre source,
Débordent, sans respect de degrez ny de rangs:
Sur les testes du peuple, & sur celles des Grands,
Nul estat ne s'en sauue, & contre ce deluge,
Sur les plus hautes tours il n'est point de refuge.

 Ces Colosses fameux, que la Fortune a faits,
Que la Fortune a peints & dorez à grands frais:
Bien qu'ils soient éleuez sur des hautes colonnes,
Bien qu'ils soient à couuert sous de grandes couronnes:
Comme les plus petits haut & bas inondez,
Et battus de torrens autour d'eux débordez,
De leur vaine grandeur n'ont point d'autre auantage,
Que d'estre de plus haut exposez à l'orage;
De tomber auec bruit, & laisser en tombant,
Vne plus riche poudre à la mercy du vent.

 Le vulgaire abusé croit les hautes Fortunes,
Libres du commun rang, franches des loix communes:
Il ne sçait estimer que l'éclat & le son,
Il ne distingue point, le Grand d'auec le Bon.
Et donne son encens & ses vœux à la pompe:
Et cette pompe n'est qu'vn Spectre qui le trompe,
Qu'vn Phantosme fardé qui cache ses tourmens,
Sous la fausse lueur de ses faux ornemens.

 Eudoxe, il est ainsi, cette fatale roüe,
Où du sort des humains la Fortune se iouë,
Herissée au dessus, herissée au dessous,
Ne manque en nul endroit de crochets ny de clous.
Les vns sont precieux & brillent de lumieres,
Les autres sont obscurs, & de vile matiere;
Mais obscurs & brillans piquent également:
Et quoy que le ieu porte, or, fer & diamant.
Diamant, or & fer en ce ieu d'auanture,
Font, à quiconque y touche, vne égale blessure.

 Sur les Throsnes, Eudoxe, & dans les grands Palais.
Il est des malheureux qui se font à grands frais:
Il est de patiens qui parmy les Balustres,
Ont des tourmens de prix, & des gesnes illustres.
De leurs propres liens on les voit amoureux:
On voit leurs échaffauts éclater autour d'eux:

Et perſonne ne voit leurs ames déchirées,
Saigner de tous coſtez ſur leurs chaiſnes dorées.
Elles ſaignent, Eudoxe, & de leur cœur fendu,
On verroit leur eſprit goutte à goutte épandu,
On verroit de leur ſang, leurs Couronnes moüillées,
On en verroit leur pourpre & leurs perles ſoüillées,
S'il eſtoit des conduits, entre l'ame & le corps,
Par où le ſang coulaſt de l'Eſprit au dehors.

 Mais ſans qu'il ſoit beſoin, d'enuoyer ma memoire,
En chercher bien auant des preuues dans l'Hiſtoire:
Et ſans vous effrayer de hantoſmes venus,
Ou d'eſtranges Pais, ou de temps inconnus.
Le Louure eſt à nos yeux, de la Grandeur humaine,
Et des peines des grands vne fameuſe Scene.
La Grace & la Vertu, la Gloire & la Beauté,
N'ont pû là ſe munir contre l'aduerſité.
Sa longue & dure main qui n'epargne perſonne,
Iuſques deſſus le Troſne & deſſous la Couronne,
A ſouuent de nos Lys, piqué les belles fleurs,
Il en a fait couler le ſang auec les pleurs.

 Louiſe, cette Reine & ſi belle & ſi ſage,
Qui fit de tant de cœurs le ſecret eſclauage;
Se crût eſtre elle-meſme eſclaue dés le iour,
Que l'Hymen la voulut couronner ſans l'Amour.
Son eſprit fut geſné dans la couche Royale,
La Couronne luy fut vne chaiſne fatale;
Le Louure vne priſon, le Trône vn échaffaut,
Erigé pour montrer ſon tourment de plus haut.
Elle y mourut auſſi d'vn long regret ſechée,
Comme vne belle fleur de ſa tige arrachée,
Qui miſe dans vn pot d'agate ou de vermeil,
Regrette ſon terroir, regrette le Soleil,
Et quelque éclat qu'elle ait dans ſa priſon dorée,
Seche enfin de l'ennuy d'en eſtre ſeparée.

 Cette autre belle Fleur de l'Arbre des Valois,
En qui mourut le Nom de tant de braues Rois:
Marguerite pour qui tant de lauriers fleurirent;
Pour qui tant de bouquets, chez les Muſes ſe firent;
Vit bouquets & lauriers ſur ſa teſte ſecher.
Vit par vn coup du Ciel, les Lys s'en détacher:
Et le cercle Royal dont l'auoit couronnée,
En tumulte & ſans ordre, vn trop prompt Hymenée,

Rompu du mesme coup, deux unt ses pieds tombant,
La laissa comme un tronc degradé par le vent.
Espouse sans Espoux, & Reyne sans Royaume,
Vaine ombre du passé, grand & noble phantosme,
Elle traisna depuis les restes de son sort
Et vit iusqu'à son Nom, mourir auant sa mort.
Mais quelle aduersité se peut trouuer égale,
Au mal-heur qu'à souffert sa fameuse Riualité?
Ce fut un composé de Grace & de Vertu,
Aussi rare, aussi grand que siecle aucun ait eu.
L'Arme nous l'enuoya plus feconde & plus belle,
Que l'Astre qui preside à la saison nouuelle.
Sa clarté fit fleurir la tige de nos Lys,
Qu'une Estoille maligne auoit presque abolis:
Et de leurs rejettons qui sous sa main germerent,
Le Tage, la Tamise, & le Pô se parerent.
Le sort des Nations se forma de ses loix:
Son sang & ses Portraits regnerent sur les Rois:
Et pour se faire encore au cœur de cét Empire,
Vn Regne somptueux de marbre & de porphyre,
Et laisser de sa gloire & de sa dignité,
Vne superbe montre à la posterité,
Elle applanit des monts, épuisa des carrieres,
Sur des canaux voûtez suspendit des riuieres,
Fit rouler dans Paris ses liquides thresors,
Que la Seine étonnée admire de ses bords:
Et d'un Louure second, aux frais de la Nature,
Et par les mains des Arts, éleua la structure.
Mais quoy: les plus grands biens, sont icy les plus courts,
Son Estoille déchut & prit un autre cours
Et par son changement, changea de la Princesse,
La bonace en tempeste, & la ioye en tristesse,
Depuis nous l'auons veuë, en son éloignement,
De cert funestes bruits plus funeste argumens,
Et celebre iouet du sort & de l'orage,
Errer de mer en mer, de riuage en riuage:
Estre à toute l'Europe un Spectacle de deüil,
Sans pouuoir rencontrer le calme qu'au cercueil;
Ny laisser apres soy, de sa premiere gloire,
Qu'un grand titre, à remplir une tragique Histoire.
Eudoxe, il se voit donc des mal-heureux par tout:
Le Monde en est peuplé de l'un à l'autre bout:

Le cedre & le roseau, la fougere & la palme,
Ont en commun l'orage, ont en commun le calme,
Les barques sur la mer, & les plus grands vaisseaux,
Souffrent également & des vents & des eaux.
Et des Palais hautains les orgueilleuses testes,
Sont comme les hameaux sujettes aux tempestes.
Ce n'est pas un hazard, c'est une iuste loy,
Esgale pour l'Esclaue, égale pour le Roy.
Nous deuons nous soumettre à cette loy commune;
Ses charger de nos maux, ce Spectre de Fortune,
Qui n'est qu'un nom sans corps, & qu'un phantosme
  tout,
Que la folie a formé de fumée & de vent.
Scauert le sage Eudoxe, est comme une Statuë
Dont l'estoffe veut estre éprouuée & battue.
Plus on la fait souffrir & plus on l'embellit:
Le feu la purifie & le fer le polit:
Elle reçoit son prix de la main qui l'agite;
Et c'est de son tourment, que se fait son merite.

  Ainsi parla Cleon, l'Echo luy répondit:
Et de l'esprit d'Eudoxe un rayon s'espandit,
Qui sembla de son deüil dissiper le nuage,
Lui rendre auec le iour, la ioye à son visage.

FIN.

TABLE

Des Matieres principales contenues au second Volume de la Gallerie des Femmes Fortes.

A.

Acciolin, sa cruauté, & ses Impudicitez, 82

Actions heroïques de Susanne, de Iudith, & de deux Femmes d'Aquâ, 127. & suiuant, d'vne Fille de Nicosie, 147. 148. & suiuant.

Aduersitez salutaires & souhaittables, 55. aueuglement des hommes au Iugement qu'ils font des aduersitez, 160. & suiuant.

Aduersitez sont communes aux grands & aux petits, 192. elles sont meilleures aux grandes Dames, que les prosperitez continuelles, 195. L'Aduersité est le bon temps, & le propre estat de la Vertu, 195. elle est vne marque de l'amour de Dieu, 198. elle purge les Vertus imparfaites & gastées, ibid. elle est necessaire pour la guerison des Vices, 200. elle prepare l'Ame aux Nopces de l'Agneau, 201. elle l'embellit & l'enrichit, 202

Amitié est vne communauté de toutes choses, 18. vn beau mot de Seneque là dessus, ibid. le mariage est la plus estroite espece d'Amitié, ibid.

L'Amitié

TABLE DES MATIERES.

L'Amitié s'accorde rarement auec la fortune, 103. Voyez au premier Volume, Amitié.

Amolon est tué par la Iudith Françoise, combattant pour sa chasteté, 62. 63. & suiuant.

Amour coniugal estoit cruel dans le Paganisme, 93

Amour, Sauueur, ses miracles, & son pouuoir, 99. quelles doiuent estre ses conditions & qualitez, ibid.

L'Amour coniugal, exemple qu'en donne Seneque, 103. Il oblige la Femme à exposer sa vie pour celle de son Mary, 98. la dépendance qui suit l'Amour coniugal est plus grande du costé de la Femme que du costé du Mary, 100

L'Amour, donne aux personnes aimées, vn estre particulier en l'esprit de celles qui aiment, 96. Paroles notables de Seneque là dessus, 98. L'Amour est vne alienation & vn transport de la Personne qui aime, 100. Il est vne transmigration de l'esprit, 101

L'Amour s'accorde peu auec la grandeur & la majesté, 103. Il a lieu neantmoins dans les plus grandes Maisons, 104

L'Amour est vne Passion Heroïque, & pourquoy, 114

Amour legitime veut estre moderé, 143. exemple d'vn Amour extrauagant & excessif, ibid.

L'Amour est impatient, & délicat dans le cœur des Grands, 178

v

TABLE

Amours flotteurs & proprietaires, 80. & 87.
Amour sauueur & charitable, 86. Voyez au 1. Volume.

Antoine Perez Secretaire de Philippe Second, son merite, sa faueur & sa disgrace, 21. & suiuant, il aime la Princesse d'Eboli, ibid. Il en est plus aimé que Philippe son maistre, 25. & suiuant.

Arrie, sa Peinture, 3. son affection enuers son Mary, 9. sa resolution à la mort, sa constance, & son courage, 11. courageuses paroles d'Arrie, 11. & 12. belle leçon qu'Arrie a laissée aux Dames Chrestiennes, 13

Auanture estrange de Marguerite d'Anjou Reyne d'Angleterre. 216

B.

Beauté de l'Ame se fait des aduersitez, 202 Beauté, elle est faite pour le Ciel, & non pour la terre, ibid. Voyez au 2. Volume Beauté.

Bible de Ximene cede à la Royalle, & la Royalle à celle de Monsieur le Iay, 140

Bien, son action, & ses attraits au regard de la volonté, 73

Biens humains sont équiuoques & à deux faces, 188. Ils sont méprisables, 292. Voyez Biens, au 2. Volume.

Blanche de Rossi, ses vertus & ses perfections, 78. elle est prise combattant auprés de son Mary. 79. elle se precipite pour conseruer sa chasteté, 81. elle meurt sur les reliques de son mary, 82

C.

Calomnie, elle ne respecte aucune condition, 192

Canalis General de l'Armée Venitienne, est cause de la perte de Negrepont, 168. & suiuant.

Captiue victorieuse, sa peinture, 147. son Eloge, 153. belle leçon qu'elle fait aux Dames Chrestiennes, 156

Charité ordonnée, ses effets miraculeux & sa force, 92

Chaste Venitienne, sa vertu & son Martyre, 178. & suiuant.

Chasteté, est vne vertu courageuse & de combat, 71. la force & la constance luy sont necessaires, elle a besoin plus de courage que la vaillance, 72. les ennemis de la Chasteté sont en plus grand nombre, & plus difficiles à vaincre que ceux de la vaillance, ibid. sa façon de combatre & de vaincre, est plus difficile que celle de la vaillance, 76. Le nombre des Chastes, est moindre que celuy des Vaillans, 72

Chasteté est vne Vertu Heroïque, 157. Il semble que le transport heroïque ne luy est point necessaire, 159. elle ne doit combatre qu'en fuyant, elle est timide & sedentaire, ibid. & 160. quand elle est attaquée, le transport Heroïque, luy est plus necessaire qu'à la Vaillance, 161. & suiuant. Le bien de la Chasteté est plus difficile, & plus esleué que celuy de la vaillance, 142. la Chasteté a plus d'ennemis que la vaillance, ibid. exemples de ses trans-

TABLE

ports, 165. Voyez Chasteté au 1. Volume.
Colere est vne passion heroïque, & pourquoy, 124. Colere heroïque de Semiramis, 131
Complexion humide & délicate, sont les plus propres aux Sciences, 41
Comte de Dunois, sa peinture, & sa vertu, 117.
Crainte à ses transports, 164

D.

Delicatesse du corps, est vne marque de la bonté de l'esprit, & est propre aux Sciences, 41
Desespoir des Femmes qui se défont, pour ne pas suruiure à leurs Maris, est contraire à l'amour coniugal, 94. & suiuant, le desespoir est plus délicat que la constance, 97. & suiuant.
Duc d'Espernon est attaqué dans le Chasteau d'Angoulesme, 106. sa constance & l'assiduité de sa bonne Fortune, ibid. & suiuant.

E.

Edouard Comte de la Marche, est couronné Roy d'Angleterre, 131. Il défait Henry VI. & le chasse en Escosse, ibid.
Enthousiasme est necessaire à la vertu heroïque, 124. Enthousiasmes de quelques Femmes heroïques, 127. & suiuant.
Enthousiasme, sa définition, & ses especes, 157. Il est necessaire à la vertu Heroïque, 158. Il semble n'estre point necessaire à la parfaite

DES MATIERES.

e' asteté, 159. & 160. Il luy est neantmoins plus necessaire quand elle est attaquée qu'à la vaillance, 161. exemple de ses enthousiasmes, 165. & suiuant.

Ermine a vne inclination naturelle à la pureté, 164. elle semble capable du trasport heroïque, ibid. exemples d'vne Chasteté heroïque, 165. & suiuant.

F.

Femmes, quels sont les deuoirs de la Femmes enuers son Mary affligé, 14, elles sont obligées a suiure la mauuaise fortune de leurs Marys, 16. la Femme est coadiutrice du Mary, ibid. elle est sa moitié, ibid. L'Honneur, la bienseance & le contentement oblige vne Femme a souffrir auec son Mary, ibid. & suiu.

Femmes, desordre des Femmes qui refusent de souffrir auec leurs Marys, 20. Exemples des Femmes qui ont suiuy leurs Marys dans leurs mauuaises fortunes, 21. quelle doit estre l'affection d'vne Femme enuers son Mary, 28. les Femmes sont capables de la vraye Philosophie, 39. 40. raisons alleguées là dessus, ibid. leur Legereté ne les rend point incapables de sciences, 40. la Philosophie Morale est la plus propre pour elles, 46. & suiuant.

Femmes chastes, ont besoin de plus de force & de plus de courage que les Vaillans, 71. & suiuant.

Femmes qui se défont pour ne suruiure à leurs Marys, violent l'amour qu'elles leur doiuent, 95. Femmes Indiennes se bruslent toutes viues auec leurs Marys, 94

V iiij

TABLE

Femmes Veufues qui passent à de secondes nopces, offencent moins leurs Marys morts que celles qui se tuent, 95. les Femmes sont obligées par le deuoir de l'amour coniugal, d'exposer leur vie pour la conseruation de leurs Marys, 98. Exemple de cela, 85. & suiuant, 103. & suiuant. Voyez Femmes au 1. Volume.

Filles d'Antioche, & d'Alexandrie, d'vne chasteté heroïque, 165. de Nicosie, d'vne chasteté, & d'vn courage heroïque, 155. d'Agria, d'vn courage heroïque, 128. Fille de Venise est décapitée par Mahomet pour la chasteté, 178. & suiuant.

Fortune, son inconstance, sa malice enuers ses propres Idoles, 33

Fortune, elle s'accorde peu auec l'amitié, 103

Fortune, il n'y a point de fortune reprouuée, pouruue qu'elle soit iuste, 191. Volleries ordinaires de la Fortune, 216

G.

GRandeurs du Monde ne sont pas absolument incompatibles auec le salut, 189. elles sont tousiours affligées, mais non pas tousiours criminelles, 204

H.

HEnry VI. amy du repos, est cause des troubles de son Estat par sa modestie, 207. Il fait mourir Humfroy Duc de Glocestre son Oncle, 209. Il est défait & mis dans la Tour

DES MATIERES.
de Londres, par Richard Duc d'Yorc, 211.
Il eſt remis par ſa Femme, 229. Il eſt eſtranglé
dans la Tour de Londres, 214
Heros, quelle a eſté leur force & leur Vertu,
123 L'Amour & la colere ſont leurs paſſions
dominantes, 124

I.

IAlouſie extrauagante & furieuſe de Ieanne de
Caſtille, 143. Voyez au 1. Volume. Ialouſie.
Ieanne Coëllo Femme d'Anthoine Perez. 21. ſa
naiſſance & ſa vertu, 22. quel eſprit elle porta
dans le mariage, ibid. elle aſſiſte ſon Mary
priſonnier, 27. ſes combats & ſes victoires,
ibid. Son adreſſe & ſon courage en la déliurance de ſon Mary, 28
Ieanne Gray, ſes perfections de corps & d'eſprit, 48. elle eſt nommée Reyne d'Angleterre
à la ſuggeſtion du Duc de Northumbellan, 51.
elle refuſe la Couronne d'Angleterre auec
grande force d'Eſprit, 52. elle l'accepte enfin
preſſée des importunitez des ſiens, 54. Incon-
ſtance des Anglois enuers elle, ibid. meru il-
leuſe Prouidence de Dieu ſur elle, 55. ſa conſtance en ſa diſgrace, & durant ſa priſon, 56.
elle laiſſe trois Sentences en trois diuerſes
Langues, au Gouuerneur de la Tour de Londres, 57. elle veut eſtre décapitée de la meſme
hache dont ſon Mary auoit eſté décapité, 58
Intellect, eſt le meſme & auſſi parfait, naturellement en la Femme qu'en l'Homme, 125. 126
Iſabelle Reyne de Caſtille., 123. la Monarchie
d'Eſpagne eſt ſon ouurage, ibid. ſon enfance

TABLE

laborieuse & disciplinée, 134. elle Espouse Ferdinand, & est persecutée par son Frere, 155. son Intelligence dans ses affaires, 136 elle défait le Roy de Portugal, & ruïne l'Empire des Maures, 137. elle enuoye Colombe aux terres neufues, 138. Exemple merueilleux de sa Iustice, ibid. ses magnificences vtiles, 139. ses vertus domestiques, 141 Sa constance heroïque en ses couches ; & en la perte de ses enfans, 142. sa mort heroïque, 144

L.

Loüanges humaines, sont equiuoques, 187

M.

Magnificence Heroïque de quelques Femmes, 129. Exemple d'vne magnificence Chrestienne, 138
Mahomet Second, tuë de sa propre main vne Grecque qu'il aimoit, 172. Il est amoureux de la fille de Paul Erici, prise à Negrepont, ibid. Il la tuë ne la pouuant vaincre, 178
Mal, son action sur la volonté, 74
Marguerite de Foix Duchesse d'Espernon, 103 ses vertus naturelles, & acquises, 104. sa constance, & son courage, 108. son affection enuers son Mary, pour qui elle s'expose à la mort, 109. & suiuant.
Marguerite d'Anjou Reyne d'Angleterre, 204 elle est mariée à Henry VI. le malheur de son mariage, 206. les bonnes qualitez de son esprit, 207. elle fortifie l'esprit du Roy,
&

DES MATIERES

& le fait agir, ibid. elle donne at au Duc d'Yorc, & au Comte de Varuic, 213. elle tire son Mary de prison, 214. estrange auanture qui luy arriue, 216. sa prison, sa déliurance, 218

Mariage est vne communauté de maux & de souffrance, 14. & 15 fascheuse condition des mariez, ibid. abus general en la celebrité des mariages, 15. le mariage est la plus estroite espece d'amitié, 18. auec quel esprit vne femme doit entrer dans le mariage, 21

Marie Coronelle, sa chasteté heroïque, 166

Marie Stuart sa peinture, 181. sa constante mort, 182. & suiuant son Eloge, 187. sa magnificence & amour enuers les personnes de lettres, 189. sa constance, & ses aduersitez, 190. Instruction que l'on doit tirer de la vie de Marie Stuart, 191

Mezence, ses cruautez & ses tyrannies, 78

Mort tragique & exemplaire de Richard Duc d'Yorc, 216

Mort volontaire des Femmes desesperées, est contraire à la fidelité coniugale, & à l'amour qu'elles doiuent à leurs Marys, 95

Mort volontaire est vne marque de foiblesse, 97. & 98. Voyez Mort au 1. Volume.

N.

NEgrepont prise, & saccagée par Mahomet, 168

Neron, sa cruauté enuers sa Mere, & son Precepteur, 31. enuers Pauline & Seneque, 32

Nicosie prise & saccagée par les Turcs, 151

TABLE

...ion heroïque d'vne fille de Nicofie, 154

P.

PAssions agreables font plus difficiles à vaincre que les terribles, 71

Paul Erici Gouuerneur de Negrepont, se défend courageusement contre Mahomet, 169. il souffre le Martyre, ibid. sa fille est décapitée de la propre main de Mahomet, pour la défence de sa chasteté, 178. & suiuant.

Pauline, sa Peinture, 31. sa constance agreable, 33. son Eloge, 36. belle leçon qu'elle fait aux Dames Chrestiennes, 38. la grandeur & la liberté de son courage, ibid.

Pelagie d'Antioche, sa chasteté heroïque, 155

Philippe second, aime la Princesse d'Eboli, 24. fait mettre en prison Antoine Perez son Riual, 25. & 26

Philosophie, elle n'a point de sexe, 40. distinction de la vraye Philosophie, d'auec les fausses, ibid. quelles sont les fonctions de la vraye Philosophie speculatiue, 42. quelles sont celles de la Morale, ibid. les Femmes sont capables de l'vne & de l'autre, 43. diuerses raisons alleguées là dessus, ibid. la Philosophie Morale, est la plus propre pour les Femmes, 45. elle est la plus necessaire, la plus aisée, & la moins incommode, 46

Princesse d'Eboli, quoy que borgne, est aimée de Philippe Second, 24. elle aime mieux Antoine Perez que Philippe, 25. elle est cause de la disgrace de Perez, ibid. & suiuant.

Prosperitez dangereuses, 55. aueuglement de

hommes aux iugemens qu'ils font
perilez, ibid.
Prouidence de Dieu, les plaintes des Impies
contre-elle, 193. elle eſt iuſtifiée 194. &
ſuiuant.
Pucelle d'Orleans, ſa peinture, 113. ſon Eloge,
119. Inſtructions qu'il faut tirer de l'Hiſtoire
de la Pucelle d'Orleans, 121
Pudeur eſt capable de tranſport Heroïque, 164.
pudeur de l'Ermine, a quelque choſe d'Heroïque, ibid. Voyez au ſecond Volume.

R.

Richard Duc d'Yorc, leue les armes contre
Henry VI. & le prend priſonnier, il
eſt défait & puny par Marguerite d'Anjou,
213
Richeſſes materielles & ſpirituelles, ſe font des
Aduerſitez, 202
Royauté eſt l'entre-deux de Dieu, & des hom-
mes, 51. elle a eſté recherchée par les plus ſe-
ueres Philoſophes, ibid. Voyez Roy au 1.
Volume.

S.

Science, les Femmes y ſont auſſi propres que
que les Hommes, 39. 40. il eſt prouué par
raiſons, & par exemples, ibid. & ſuiuant.
Simiramis, ſa Magnificence heroïque, 130. ſa
colere heroïque, 131. Voyez Semiramis au 1.
Volume.
Seneque mourant, 31. ſa Conſtance, 32. Seneque donne vn remarquable Exemple

TABLE

our coniugal, 195
Statuë énorme faite d'vne Motagne, par l'ordre de Semiramis, 130
Susanne, sa Constance & son Courage, 77. elle a esté plus forte que Samson, 78

T.

Transports Heroïques de quelques Femmes, 127. d'vne fille de Nicosie, 155
Transport heroïque, sa définition & especes, 157. Il est necessaire à la Chasteté, 158. Exemples de ces transports de chasteté, 165

V.

Vaillance, elle a besoin de moins de force, & de moins de courage que la chasteté, 71. 72
Veufuage est vne longue mort, 102
Vertu heroïque, elle n'agit pas toûjours auec le bruit, 90
Vertu heroïque, sa définition, 122. quelles pieces luy sont necessaires, afin qu'elle soit parfaite, 123. elle agit principalement sur l'amour & sur la colere, 124. elle n'exclud personne, 125. les Femmes en sont aussi capables que les Hommes, ibid. Exemples la dessus, 127. 128. la magnificence est vne vertu heroïque, & les Femmes en sont capables, 129. Exemple de la magnificence des Femmes, 130. la Vertu heroïque du Christianisme, n'est pas hors la portée des Femmes, 132. la Chasteté est vne Vertu heroïque, & a ses transports, 157. & la

DES MATIERES.

Vertu heroïque ne peut estre sans transport, ibid.

Vertu a des ennemis en tous les Païs, 166. 67

Vertu, Il y a vne vertu contrefaite, 196. La vraye Vertu est actiue & laborieuse, ibid. il n'y a point de Vertus sans tache, 199. voyez Vertu au premier Volume.

Vices ne se guerissent que par l'aduersité, 200

Volonté, ses Instincts, & ses dispositions differentes au regard du bien & du mal, 73

Fin de la Table des Matieres Principales contenues au Second Volume de la Gallerie des Femmes Fortes.